Fredmund Malik

**Systemisches Management,
Evolution, Selbstorganisation**

Prof. Dr. Fredmund Malik

Systemisches Management, Evolution, Selbstorganisation

Grundprobleme,
Funktionsmechanismen
und Lösungsansätze
für komplexe Systeme

3., unveränderte Auflage

Verlag Paul Haupt
Bern · Stuttgart · Wien

Vom selben Autor sind bisher im Verlag Paul Haupt erschienen:

- Strategie des Managements komplexer Systeme
- Management-Perspektiven
- Praxis des Systemorientierten Managements (als Herausgeber)

(Bitte beachten Sie die letzten Seiten in diesem Buch)

1. Auflage: 1993
2. Auflage: 2000

Bibliografische Information der *Deutschen Bibliothek*

Die Deutsche Bibliothek verzeichnet diese Publikation in der Deutschen Nationalbibliografie; detaillierte bibliografische Angaben sind im Internet über http://dnb.ddb.de abrufbar.

ISBN 3-258-05993-4

Alle Rechte vorbehalten
Copyright © 2003 by Paul Haupt Berne
Jede Art der Vervielfältigung ohne Genehmigung des Verlages ist unzulässig
Umschlaggestaltung: Atelier Mühlberg, Basel
Dieses Papier ist umweltverträglich, weil chlorfrei hergestellt
Printed in Germany

www.haupt.ch

Inhaltsverzeichnis

Vorwort und Einführung 7

Vorwort zur 2. Auflage 21

1. Turbulenzen – Die Komplexität des Wandels als Herausforderung annehmen 25

2. Systemorientierte Managementlehre 79

3. Zwei Arten von Managementtheorien: Konstruktion und Evolution 101

4. Die Managementlehre im Lichte der modernen Evolutionstheorie 151

5. Evolutionäres Management: Ordnung und Regeln 175

6. Welches sind die Hemmnisse für spontane Ordnungen? 211

7. Evolution und Management 221

8. Das St. Galler Konzept der integrierten Management- und Unternehmungsentwicklung 235

9. Systemorientierte Management-Entwicklung 269

10. Gestalten und Lenken von sozialen Systemen 297

11. Die Selbstorganisation der Unternehmung: Entscheiden im Kontext komplexer Systeme 315

12. Organisationsentwicklung im Spannungsfeld von Klein- und Gross-Systemen 337

13. Selbstorganisation im Management 363

14. Quantitative Prinzipien der Informations-Transmission und ihre Bedeutung für das Management komplexer Systeme 373

Literaturverzeichnis 393

Stichwortverzeichnis 403

Quellennachweise 419

Vorwort und Einführung

Die in diesem Buch publizierten Vorträge und Aufsätze sind über einen Zeitraum von rund 15 Jahren entstanden. Sie haben ein gemeinsames Thema, nämlich die Frage, aus welcher von mehreren Perspektiven wir Unternehmen und andere soziale Institutionen am besten verstehen können und, darauf aufbauend, welche Art von Management diesen Institutionen am besten entsprechen kann.

Dieser Zeitraum hat mit Krisen begonnen – jenen Mitte der 70er und anfangs der 80er Jahre – und er endet mit krisenbehafteten Zeiten und fundamentalen Umbrüchen anfangs der 90er Jahre. Eine längere Zeit vergleichsweise stabiler Verhältnisse führt immer wieder zum Irrglauben, die jeweils vorherrschenden Verhältnisse und die dazugehörigen Denkweisen, Methoden und Vorgehensweisen würden sich auf unlimitierte Zeit aufrechterhalten lassen. Man muss aber schon sehr naiv sein, um, wie dies ein amerikanischer Autor tut, vom "Ende der Geschichte" sprechen zu können und damit zu implizieren, dass es jetzt ewig so bleiben werde und noch dazu in einer für alle günstigen Weise. Die Geschichte geht weiter, und die Zukunft war noch nie so, wie die Vergangenheit war.

Mit Ausnahme des Einführungskapitels wurden alle Aufsätze und Vorträge bereits publiziert, und ich habe sie – abgesehen von geringfügigen sprachlichen Korrekturen und Klärungen – unverändert gelassen. Es gibt daher auch gewisse thematische Überschneidungen und Wiederholungen. Insbesondere die Grundidee, dass es *zwei* ganz verschiedene *Arten von Ordnungen* gibt, die für gesellschaftliche Institutionen wichtig sind, und daher auch *zwei* ganz verschiedene *Arten von Management,* zieht sich durch alle Arbeiten durch, wird aber jeweils aus unterschiedlichen Perspektiven, in teilweise verschiedenen Kontexten und mit variierenden Akzenten behandelt.

Dies scheint mir deshalb gerechtfertigt zu sein, weil noch immer sehr viele Führungskräfte in Wirtschaft, Politik, Verwaltung und dem grossen und wachsenden Bereich der Non-Profit-Organisationen keine, oder zumindest keine ausreichende, Kenntnis über die hier behandelten Alternativen zu haben scheinen. Jedenfalls ist dies eine Beobachtung, die ich in den fast 20 Jahren machen konnte, in denen ich nun in der Ausbildung von Führungskräften und der Unternehmensberatung tätig bin. Ich konnte in dieser Zeit pro Jahr mehrere hundert Manager aus allen Führungsebenen und aus zahlreichen Branchen kennenlernen, mit ihnen arbeiten und sehen, welche Fragen und Probleme sie haben, was sie beschäftigt, wofür sie Methoden und Lösungen haben und wofür nicht.

Die Erfahrung zeigte immer wieder, dass zwar nicht alle, aber doch die meisten Führungskräfte ein erstaunliches Interesse an den in diesem Buch dargestellten Zusammenhängen hatten. Für manche hat sich damit ein völlig neuer Horizont aufgetan, und oft haben sie diese Perspektiven fast zu begeistert und euphorisch aufgegriffen. Andere haben diese Sicht als Bestätigung ihrer eigenen Erfahrungen und Denkweisen empfunden, über die sie sich allerdings oft nicht zu sprechen trauten, weil sie keine Diskussionspartner fanden und ihnen auch die betriebswirtschaftliche Literatur und die vielen Bücher über Management keine Hilfe waren. Natürlich gab es auch einige, die die hier vertretenen Vorstellungen rundweg ablehnten – meistens waren es solche, die anderen Auffassungen als jenen, die sie bisher schon vertraten, ohnehin nichts abgewinnen konnten.

Dieses Buch richtet sich an jene Führungskräfte, die eine Meinung *nicht* danach beurteilen, ob sie mit der eigenen übereinstimmt, sondern wissen, dass unaufhörliches Lernen und die ständige Auseinandersetzung mit neuen und andersartigen Auffassungen untrennbar mit gutem Management verbunden sind. Es richtet sich vor allem an jene Führungskräfte, die mehr über die Natur jener Systeme erfahren möchten, in denen und für die wir arbeiten, für deren Leistung und Funktionieren wir verantwortlich sind.

Wie Peter Drucker trefflich beobachtet und beschrieben hat, leben wir nicht mehr wirklich in einer Gesellschaft von Individuen, sondern in einer solchen von Organisationen – in einer organisierten Welt. Dies bedeutet selbstverständlich nicht, dass Individuen nicht wichtig wären, und dies braucht selbstverständlich auch nicht zu bedeuten, dass wir es mit gut funktionierenden oder zweckmässigen Organisationen zu tun hätten. Eher das Gegenteil ist der Fall – und gerade deshalb ist Management, jene gestaltende, lenkende, steuernde, regulierende und entwickelnde gesellschaftliche Funktion, so eminent wichtig.

Die *organisierte Gesellschaft* ist in einer vergleichsweise kurzen Zeitspanne von vielleicht 150 Jahren entstanden, und sie stellt uns vor völlig neue Probleme und Situationen. Selbstverständlich gab es früher, und durch die ganze Geschichte herauf, Organisationen. Es gab sogar sehr grosse Organisationen, wie etwa die Baustellen der Pharaonen und die Armeen. Diese waren zwar Grossorganisationen, wenn wir an die Zahl der von ihnen umfassten Menschen denken, aber sie waren doch recht einfach und homogen, verglichen mit der ungeheuren Zahl verschiedenartiger Organisationen der heutigen Gesellschaft. Sie waren einfach, im Gegensatz zu komplex.

Die früheren Grossorganisationen kannten kaum ein Kommunikationsproblem, weil die Aufgaben, die sie zu erfüllen hatten, *sichtbar* und mit den *Sinnesorganen erfahrbar* waren: die Erstellung eines Bauwerkes konnte man sehen und ebenso einen Feind, den es zu besiegen oder abzuwehren galt. Es gab in diesen Organisationen auch nur wenige Spezialisten – Baumeister, Offiziere usw.; die meisten Menschen aber haben in diesen Organisationen das Gleiche getan: Steine brechen, Steine transportieren und Steine aufeinanderschichten;

mit der Axt oder dem Säbel auf einen Gegner losgehen, ein Gewehr oder ein Kanone laden und feuern. Diese früheren Organisationen waren zu einem erheblichen Teil "Kraftverstärkungsapparate"; was einer allein nicht schaffen konnte, das haben eben zehn oder hundert gemeinsam geschafft. Wissen und Information spielten eine untergeordnete, marginale Rolle. Daher genügten in der Regel auch einige wenige, sehr einfache Anweisungen, um diese Organisationen zu bewegen und zu steuern: "Hau ruck", "Feuer" und ähnliche Kommandos waren für diese Organisationen typisch, und es war relativ einfach, Analphabeten für die erforderlichen Tätigkeiten auszubilden. Lesen und Schreiben zu können, wäre vermutlich in diesen Organisationen eher hinderlich gewesen, zumindest für die grosse Mehrzahl der Menschen. Selbst für die Ausübung der verschiedenen Handwerke war dies keine Voraussetzung.

In etwa 150 Jahren hat sich dies radikal verändert. Wir haben nicht nur eine ungeheuer grosse Zahl verschiedenartiger Organisationen, sondern diese sind auch von einer Komplexität, die um ein Vielfaches grösser ist: Lesen und Schreiben sind selbst für die allereinfachsten Tätigkeiten zur Vorbedingung geworden. Die heutigen Organisationen sind durch eine ungeheure Zahl und Vielfalt von *Spezialisierungen* gekennzeichnet; wir finden nicht mehr viele Menschen in den Organisationen, die alle das Gleiche machen. Fast jeder macht etwas anderes und ist auf anderes spezialisiert. Und für jeden ist Wissen und Information der wichtigste "Rohstoff". Jeder spricht eine andere Berufssprache, verwendet andere Kategorien und Begriffe und lebt buchstäblich in einer anderen Welt: Buchhalter, Marketingspezialisten, Entwicklungsingenieure, Gentechniker, Personalspezialisten, Produktionsfachleute, Juristen, Betriebswirtschafter, Psychologen usw. haben kaum Gemeinsamkeiten, ausser, dass sie *für eine Organisation* – für *ihre* Organisation – arbeiten. Sie brauchen eine Organisation, um *überhaupt* tätig werden zu können, denn ausserhalb einer Organisation gäbe es kaum Anwendungsmöglichkeiten für ihre Spezialkenntnisse und -fähigkeiten.

Damit ist die *Komplexität* um Faktoren gestiegen; *Kommunikation* und *Koordination* sind zu zentralen Problemen geworden – und ganz generell stellt sich somit die Frage nach der Gestaltung und dem Funktionieren von Organisationen in einer qualitativ völlig neuen Weise. Das Basismodell oder der Prototyp für unsere modernen Organisationen ist aber, bemerkenswerterweise, noch immer der alte, *einfache* Organisationstypus. Wie sonst wäre es zu erklären, dass noch immer ein Organisationsschema in den Unternehmen und in anderen Organisationen vorherrscht, das vielleicht die Funktionsweise der preussischen Armee von 1870 ganz gut abzubilden vermochte, aber wenig bis gar nichts zu tun hat mit dem wirklichen Funktionieren einer modernen, komplexen Organisation.

Kommunikation und Koordination sind *ordnungsschaffende* Funktionen. Von welcher Art aber sind diese Ordnungen? Welche Arten von Ordnungen gibt es überhaupt? Welches sind ihre Eigenschaften und Fähigkeiten? Worin bestehen ihre Leistungen, ihre Möglichkeiten und Grenzen? Welche Ordnungen sind besonders geeignet für die Erbringung konkreter Leistungen, die sinnesmässig erfasst werden können, und welche zeichnen sich durch die Erbringung abstrakter Leistungen aus, die man mit den Sinnen nicht erfahren kann? Gibt es Mischformen, die beides können? Gibt es Unterschiede zwischen Organisation und Ordnung, und wenn ja, welche? Wie beeinflussen und verändern wir eine Ordnung, und wie kann man in Ordnungen und Organisationen überhaupt wirksam werden?

Die Beantwortung von Fragen dieser Art, die für eine Gesellschaft wohl von nicht zu übersehender Bedeutung sind, hängt unmittelbar ab von Kenntnissen über die Natur von Ordnungen und Organisationen – über die Natur von komplexen Systemen. Es sind Fragen, die im

Zentrum der Systemorientierten Managementlehre und ihrer Grundlagen, der Allgemeinen Systemtheorie und der Kybernetik stehen – und sie berühren ihre praktische Anwendung, Systemisches Management eben, im Kern.

Die in diesem Band zusammengestellten Arbeiten befassen sich im Wesentlichen mit *drei Problemkreisen*. *Erstens* wird versucht, die Grundproblematik einer systemorientierten Managementlehre so scharf wie möglich herauszuarbeiten sowie ihre geschichtliche Entstehung und ihre Praxisbedeutung darzustellen. *Zweitens* geht es darum, den Charakter von Ordnungen oder Systemen und ihre Funktionsmechanismen darzulegen. Und *drittens* sollen Lösungen, zumindest Lösungsansätze, für verschiedenste praktische Problemstellungen aufgezeigt werden.

Die für den Leser am schwierigsten nachzuvollziehenden Gedankengänge sind wohl die folgenden drei: *zum einen* die Behauptung, dass wir von den Illusionen der Prognostizierbarkeit und der mehr oder weniger unbegrenzten Machbarkeit aller Dinge Abschied nehmen müssen. Aber erfahrene Praktiker im Management wissen natürlich, dass dies so ist, denn sie haben zu viele Prognosen erlebt, die falsch und irreführend waren, und sie haben zu viele bestens ausgearbeitete Pläne scheitern sehen; sie wissen nur zu gut Bescheid über die faktischen Grenzen ihrer Möglichkeiten.

Der *zweite* Gedankengang besteht darin, dass ein bewusster Verzicht auf die Regelung von und das Eingreifen in Details in Wahrheit nicht zu einer *Reduktion* unserer Managementmöglichkeiten führt, sondern im Gegenteil zu einer *Verstärkung* und *Ausweitung* managerieller Fähigkeiten. Allerdings verändern sich dadurch Funktion und Rolle von Management, seine Ziele und Resultate. Von besonderer Bedeutung ist dabei die Tatsache, dass der Mensch nicht nur ein *ziel*geleitetes, sondern in beträchtlich grösserem Ausmass auch ein *regel*geleitetes Wesen ist. Während die erste Tatsache klar ist und von zahlreichen wissenschaftlichen Disziplinen behandelt wird, wurde die zweite Tatsache in bemerkenswertem Masse übersehen. Eine Ausnahme bilden lediglich die Rechtswissenschaften, wobei sich diese allerdings im Grossen und Ganzen nur mit einer bestimmten Art von Regeln, nämlich bewusst und absichtsvoll gesetzten, befassen. Es gibt aber andere, weit wichtigere Regeln, die kaum Beachtung fanden. Ordnungen und Organisationen können aber ohne Kenntnis des allgemeinen Wirkens von *Regeln* und ohne Kenntnis der in ihnen wirkenden, speziellen Regeln nicht verstanden werden. Letztlich sind sich aber auch darüber viele Praktiker durchaus im Klaren, denn wozu sonst würden sie dezentralisieren und ganze Bereiche der Organisation autonomisieren, outsourcen und outfarmen, und wozu sonst würde ein so grosser Ausbildungsaufwand betrieben, um immer mehr Menschen in die Lage zu versetzen, selbständig zu handeln. Allerdings ist den meisten die Funktionsweise von *Regeln,* die verschiedenen Arten von Regeln und ihre Wirkung nicht sehr vertraut. Man pflegt daher auch keinen bewussten, systematischen Umgang damit. Zwar kommt keine Organisation ohne sie aus, aber sie sind unverstanden und meistens schlecht dokumentiert, und daher werden ihre Wirkungsmöglichkeiten *bei weitem* nicht genutzt. Sie sind aber der Schlüssel zur *Selbstorganisation* und *Selbstregulierung* von Systemen, und damit der wichtigste Management-Mechanismus in einer *komplexen Wissensorganisation.*

Die *dritte* Schwierigkeit hängt mit der Unterscheidung von *Klein-Systemen* und *Gross-Systemen* zusammen, von *einfachen* und *komplexen* Systemen. Der weitaus grösste Teil der neueren systemorientierten Literatur bezieht sich auf die Funktionsweise von *Kleinsystemen*, der Face-to-Face-Group – ob es nun betriebliche Arbeitsgruppen, Projektteams oder die Familie sind. Die meisten Schriften von Organisationspsychologen und -entwicklern, Psychologen, Sozialpsychologen und Therapeuten, Kommunikations- und Kognitionsexperten haben das Kleinsystem der Face-to-Face-Group im Zentrum ihrer Betrachtungen. Das ist ja in der Regel auch ihre konkrete Situation, wenn sie in Organisationen arbeiten. Ihre Methoden und ihre Interaktion beziehen sich deshalb praktisch immer auf eine relativ kleine Zahl physisch anwesender Menschen, die man erleben und erfahren kann, die unmittelbar agieren und reagieren.

Selbstverständlich sind auch das *Systeme*, aber eben doch relativ einfache. Es ist prinzipiell nichts dagegen einzuwenden, dass in diesem Kontext Systemtheorie und systemisches Management betrieben werden, und wir verdanken dieser Richtung eine Reihe von interessanten Ergebnissen. Es ist aber sehr fraglich, ob systemisches Denken und systemische Theorieansätze in diesem Kontext ihre volle Fruchtbarkeit entfalten können. Denn im Grunde brauchen wir sie hier gar nicht: In sehr vielen Fällen würde hier auch gesunder Menschenverstand und die allgemeine Lebenserfahrung ausreichen.

Ihre volle Reichweite können Systemtheorie und Kybernetik erst im grossen, wirklich komplexen System entfalten; dort brauchen wir sie wirklich. Und auch dies erkennen viele Praktiker sehr rasch, denn sie stehen eben doch gelegentlich vor der Aufgabe, nicht das Verhalten von zehn, zwanzig oder hundert Menschen zu beeinflussen und zu verändern, sondern jenes von zehntausenden oder hunderttausenden. Hier erst stellen sich die wirklich schwierigen Probleme. Solange wir die Grossorganisationen in Wirtschaft und Verwaltung, im Gesundheits- und Bildungswesen und in vielen anderen Bereichen unserer Gesellschaft haben, können wir uns nicht auf das Kleinsystem-Denken zurückziehen. Auch jene, die "small" für "beautiful" halten, kommen um diese Realitäten nicht herum, und sie werden auch nichts daran ändern können, dass für die Erfüllung bestimmter Aufgaben Organisationen eine beträchtliche Grösse benötigen.

Diese drei Gedankengänge mögen also gewisse Schwierigkeiten bereiten, aber sie sind wichtig – es sei denn, man gehe von der mir etwas naiv erscheinenden Vorstellung aus, wir würden oder wir sollten von der offenen Gesellschaft zu einer Ansammlung von mehr oder weniger geschlossenen Stammesgesellschaften zurückkehren. Dies wird schon aufgrund des inzwischen erreichten Bildungsstandes und der weltweiten Telekommunikation nicht mehr möglich sein, selbst wenn man sich dies wünschen würde – was ich für mein Teil nicht tue.

Voraussetzung für die Überwindung der Schwierigkeiten, die mit diesen drei Gedankengängen zusammenhängen mögen, ist eine Korrektur unseres inneren gedanklichen Modells über die Beschaffenheit und Funktionsweise der Aussenwelt. Dies ist mit gelegentlich mühsamem Lernen, Verlernen und Umlernen verbunden; dazu soll dieses Buch einen Beitrag leisten.

Jedes einzelne Kapitel ist in sich abgeschlossen und steht für sich allein. Es kann daher auch einzeln gelesen werden. Sollte sich aber jemand der Mühe unterziehen wollen, das ganze Buch von Anfang bis zu Ende zu lesen, so wird er den roten Faden und die verbindenden Elemente leicht entdecken, und es wird dem wohlwollenden Leser nicht schwer fallen, eine Ganzheit zu sehen – und die vielgestaltigen Anwendungsmöglichkeiten, die daraus resultieren.

Einer bestimmten Sorte von Kritikern wird es aber natürlich auch bei diesem Buch nicht schwerfallen, alles zu trivialisieren oder genau jenen Satz zu finden, der sich, wenn er aus dem Kontext herausgerissen wird, am besten dazu eignet, die Einfältigkeit des Autors zu beweisen. Dies ist ja noch immer eine weit verbreitete Methode der Kritik. Zwei derartige Beispiele haben mich in letzter Zeit besonders amüsiert – denn mehr als Amusement sind sie nicht wert:

So bemüht sich H.R. Fischer in seinem Beitrag "Management by bye?" zum Buch "Managerie - Systemisches Denken und Handeln im Management"[1] in geradezu rührender Weise, mir genau jene Interpretation von "Control" zu unterstellen, *gegen* die ich mich in meinem Buch "Strategie des Managements komplexer Systeme" auf über 500 Seiten wende. Das ganze Buch ist nichts anderes als eine Absage an genau diese mir von Fischer unterstellte Interpretation. Die beiden von ihm auf den Seiten 23 und 24 seines Beitrages zitierten Absätze sind bis heute noch von niemandem falsch verstanden worden – aber ich muss zur Kenntnis nehmen, dass selbst dies möglich ist.

Das zweite, nun wirklich belustigende, aber natürlich sehr bezeichnende Beispiel fand ich vor einiger Zeit in der Zeitschrift "Management Wissen", wo ein nicht genannter Autor aus meinem erwähnten Buch den *einen* Satz herausgreift: "Es ist erkenntnistheoretisch klar, dass man davon ausgehen muss, dass das menschliche Gehirn im Prozess der Erkenntnisgewinnung eine äusserst aktive Rolle spielt", ihn als "peinlich" bezeichnet und damit natürlich "bewiesen" hat, wes Geistes Kind der Autor eines solchen Satzes sein muss.[2]

Der inkriminierte Satz befindet sich auf Seite 298 meines Buches, der anonyme Kritiker hat aber selbstredend verschwiegen, dass der unmittelbar davor stehende Satz lautet: "Insbesondere in der Erkenntnistheorie wurde lange Zeit die Auffassung vertreten, dass das menschliche Gehirn bzw. der menschliche Geist mehr oder weniger *passiv* die einlaufenden Signale oder Wahrnehmungen empfange, und

---

[1] Fischer, H.R., Management by bye?, in: Schmitz, Ch. / Gester, P.-W. / Heitger, B. (Hrsg.), Managerie - 1. Jahrbuch für Systemisches Denken und Handeln im Management, Heidelberg 1992. Siehe dazu meine ausführliche Stellungnahme in: Malik, F., Strategie des Managements komplexer Systeme, 5. Aufl., Bern/Stuttgart/Wien 1996, S. 3ff. und v.a. S. 542 ff.
[2] Dass diese Kritik von der österreichischen Tageszeitung "Der Kurier" kürzlich wieder zitiert wurde, macht sie weder besser noch fairer.

dass sich daraus gewissermassen ein Bild der Wirklichkeit ergebe." Und er hat weiter unterschlagen, dass unmittelbar danach der Satz steht: "Darüber hinaus muss man davon ausgehen, dass viele Signale überhaupt erst durch die Aktivitäten des Organismus geschaffen werden." Es hat eines beträchtlichen Ausmasses an Wissenschaft bedurft, um diese Erkenntnisse zu Tage zu fördern und sie auch empirisch zu bestätigen, denn sie sind alles andere als offensichtlich, wie die Geschichte der Philosophie und der Wissenschaft beweist.

Der anonyme Kritiker hat verständlicherweise auch verschwiegen, dass sich das ganze Kapitel, dem er diesen *einen* "peinlichen" Satz entreisst, und darüber hinaus weitere Teile des Buches mit der Funktionsweise des menschlichen Gehirns und ihrer Bedeutung für Managementfragen befassen. Offensichtlich muss ihm entgangen sein, dass die Auseinandersetzung um die Frage, ob wir Wahrnehmungen *haben* oder ob wir sie *machen*, ob Gehirn und Geist also eine *passive* oder eine *aktive* Rolle dabei spielen, seit gut 2'000 Jahren die Philosophie beschäftigen und eine der Grundfragen menschlicher Erkenntnis und Erkenntnisfähigkeit schlechthin ist. "If you want to see, learn how to act" hat Heinz von Foerster einmal gesagt – und dies ist nicht nur für den Erkenntnisprozess, sondern auch für das Management komplexer Systeme von Bedeutung.

Eine solche Kritik ist dann auch gänzlich unbeeinflusst von der Tatsache, dass so eminente Köpfe wie Karl Popper (*Objective Knowledge*) und John Eccles (gemeinsam mit Popper: *The Self and Its Brain*) oder Jean Piaget, um nur wenige zu nennen, dieser Frage ganze Werke widmen und inzwischen ja auch Lösungen gefunden haben. Peinlich in der Tat, wenn man so wenig über die Wissenschaft weiss.

Ich mache mir daher keine Illusionen darüber, dass nicht auch das vorliegende Buch in ähnlicher Weise "kritisiert" werden wird. Ich hoffe aber sehr, dass darüber hinaus auch relevante und fruchtbare

Kritik zu vernehmen sein wird. Nur dadurch sind Fortschritte möglich.

Eine letzte Bemerkung erscheint notwendig zu einem Buch, in dessen Titel das Wort "Evolution" vorkommt, und damit zu einer Reihe von Kapiteln dieses Buches: Erst in den letzten vier bis fünf Jahren bin ich auf die Schriften von Gunnar Heinsohn und Otto Steiger gestossen. Insbesondere Heinsohns Buch "Privateigentum, Patriarchat, Geldwirtschaft - Eine sozialtheoretische Rekonstruktion zur Antike"[3] hat meine Auffassungen über das Funktionieren der Wirtschaft massgeblich beeinflusst. Der Autor weist meines Erachtens überzeugend nach, dass die Geschichte ökonomischer Systeme nicht *evolutionistisch* verstanden werden kann, also keine kontinuierliche, in kleinen Schritten erfolgende Entwicklung von archaischen Systemen mit Tauschwirtschaften über die "Erfindung" von Geld und Eigentum bis zu den heutigen, hochentwickelten Ökonomien darstellt. Im Gegenteil muss wohl davon ausgegangen werden, dass die Geschichte der ökonomischen Systeme gewaltige und gewaltsame Brüche aufweist, die mit katastrophischen Ereignissen zusammenhängen. Daraus ergibt sich ein völlig neues Bild und Erklärungsmuster wirtschaftlichen Handelns, als es zumindest mir bisher als vorherrschende ökonomische Lehrmeinung(en) geläufig war. Darauf näher einzugehen, ist an dieser Stelle nicht möglich. Es sei daher lediglich auf die Schriften der genannten Autoren verwiesen.

Ich glaube allerdings nicht, dass dieses wichtige Forschungsergebnis Einfluss auf die in diesem Buch dominierende Verwendung der Evolutionstheorie hat; denn es geht hier ja nicht in erster Linie um die historische Entstehung von Ordnungen – mit Ausnahme einiger weniger Stellen, die aber für die Argumentation, soweit ich sehen

---

[3] Heinsohn, G., Privateigentum, Patriarchat, Geldwirtschaft - Eine sozialtheoretische Rekonstruktion zur Antike, Frankfurt 1984.

kann, nicht von tragender Bedeutung sind –, sondern um deren aktuelles Funktionieren. Die von Heinsohn beschriebenen Brüche haben zweifellos die Regeln, nach denen Menschen handelten, total verändert. Regelgeleitetes Verhalten war aber auch für die *nach* den Brüchen entstehenden neuen Ordnungen und ihre Funktionsweise wichtig, ja sogar konstitutiv. Es waren nun eben nicht mehr die Regeln der Stammesgesellschaft oder der Feudalgesellschaft, sondern jene der Gesellschaft freier Privateigentümer. Dennoch mag dieser Hinweis für den interessierten Leser nützlich sein.

Ich danke den Verlagen, die mir ihre Zustimmung zu einer Wiederveröffentlichung dieser Arbeiten bereitwillig einräumten sowie Frau Ruth Blumer und Frau Ursula Hämmerle für die mühsame Arbeit der Manuskripterstellung.

St. Gallen, Juli 1993   Fredmund Malik

Vorwort zur 2. Auflage

Dieses Buch hat eine bemerkenswert positive Aufnahme gefunden, so dass eine zweite Auflage möglich wurde. Es wird von vielen Lesern als Ergänzung zu meinem Band "Strategie des Managements komplexer Systeme" verstanden.

Seit der Erstauflage hat das Thema des Buches ständig an Bedeutung gewonnen. Die Befassung mit Systemen, ihrer Komplexität und ihren Eigengesetzlichkeiten ist unter anderem wegen der technologischen Entwicklung und wegen der Managementprobleme, die sie stellen, unausweichlich geworden. Der entscheidende Grund scheint mir aber ein anderer zu sein: Man erkennt nach und nach – wenn auch vorläufig noch sehr vage und zum grösseren Teil in den falschen Kategorien – die immensen *Chancen*, die in einem kompetenten Umgang mit solchen Systemen liegen. Management selbst ist zu einem wichtigen, wenn nicht überhaupt zum wichtigsten *Wettbewerbsfaktor* geworden – und im Zuge dessen hat sich sein bisheriger Charakter grundlegend zu verändern begonnen: Der Gegenstand von Management – einige Pioniere haben das schon früh gesehen – ist heute im Kern *Komplexität*, auch wenn dies nicht immer klar erkannt wird, weil Komplexität in mannigfaltigen Erscheinungsformen auftritt.

Einfache Systeme stellen keine besonderen Schwierigkeiten; für deren Management genügen für gewöhnlich der Hausverstand und ein bisschen Erfahrung. Es ist daher gelegentlich amüsant, manchmal aber auch ein bisschen lächerlich, wenn unter dem Titel systemischen Managements die Probleme vergleichsweise einfacher und kleiner Systeme diskutiert werden – der Familie, der Kleingruppe, des Teams –, mit denen man doch im Allgemeinen kaum grössere Schwierigkeiten hat. Auch diese Probleme lassen sich, man kann es nicht verhindern, hochspielen und dramatisieren.

Die meisten, wenn nicht überhaupt alle echten und schwierigen Managementprobleme jedoch resultieren aus der *Komplexität* der Systeme, die man zu gestalten und zu lenken hat und für die man verantwortlich ist. Gleichzeitig aber – und darin zeigt sich die Janusköpfigkeit von Komplexität – ist sie eine *notwendige* Voraussetzung für alle *höheren Leistungen* sowohl in der Natur als auch in der von Menschen geschaffenen Welt. Als Schlüssel dafür, dass Systeme in einer komplexen Umgebung überhaupt funktionieren können, ist sie ein Grundelement der Architektur wirklich leistungsfähiger, im Wettbewerb überlegener Systeme.

Die gesamte Evolution kann als ein Prozess zunehmender Komplexifizierung verstanden werden, sowohl in der Natur als auch in Wirtschaft und Gesellschaft. Damit unmittelbar verbunden sind die wachsenden Regulierungsfähigkeiten, die bei hoch entwickelten Systemen zu beobachten sind – seien es höhere Organismen oder Institutionen von Wirtschaft und Gesellschaft. Komplexität und Regulierung gehören zusammen.

Erfahrene und kompetente Führungskräfte scheinen dies oft intuitiv richtig zu verstehen. Wie jedermann, sind sie im Prinzip zwar ebenfalls für möglichst einfache Lösungen, Strukturen und Prozesse. Dennoch folgen sie nicht blind den diesbezüglichen Managementslogans: So einfach wie möglich, ja – aber nicht einfacher... Die Primitiv- und Vulgärvarianten von Management, die Modewellen und Scharlatanerien, Halbwissen und Aberglaube, die eine so bemerkenswert grosse Faszination auf unerfahrene und inkompetente Leute ausüben, machen sie skeptisch, auch wenn sie häufig nicht näher begründen können, warum.

Wenn nicht alle Anzeichen trügen, werden die ersten Dekaden des neuen Jahrhunderts eine *Epoche der Systeme* sein – der kollabierenden ebenso wie der neu entstehenden, wachsenden und aufstrebenden.

Dies wird alle Ebenen und Bereiche der Gesellschaft berühren, und das – es wird sich kaum ändern lassen – weltweit. Dabei kann keineswegs damit gerechnet werden, dass Globalisierung gleichbedeutend sein wird mit wachsendem Wohlstand, der Realisierung von Frieden und Menschenrechten und der Teilhabe aller Menschen an den Segnungen des Fortschrittes. Globalisierung bedeutet zunächst nur, dass sich niemand mehr isolieren kann und alle betroffen sein werden, wobei dies durchaus auch negativ sein kann – und ich halte die Wahrscheinlichkeit für hoch, dass Globalisierung in letzter Konsequenz, zumindest eine Zeitlang, als eine neue Qualität von Feindseligkeit in die Geschichte eingehen wird.

Systeme zu verstehen, sie zu gestalten, ihre Gesetzlichkeiten zu kennen und zu nutzen, wird sich – wie auch immer die Entwicklung verlaufen wird – als eine Schlüsselkompetenz erweisen.

Für die Neuauflage des Buches wurde der Text nochmals zur Gänze überarbeitet und korrigiert. Inhaltlich habe ich jedoch keine Änderungen vorgenommen. Ich danke Herrn lic. oec. HSG Philipp Christ für die Korrekturarbeiten, Frau Ruth Blumer für die Betreuung des Manuskriptes und dem Paul Haupt Verlag für die Zusammenarbeit.

St. Gallen, Juli 1999   Fredmund Malik

1. Turbulenzen – Die Komplexität des Wandels als Herausforderung annehmen

- *Die seit Beginn der 90er Jahre bereits eingetretenen Veränderungen haben weltweit die Komplexität von Steuerungs-, Lenkungs- und Gestaltungsproblemen, d.h. des Managements gesellschaftlicher Institutionen und Organisationen, sprunghaft erhöht. Weitere ähnlich komplexe Prozesse des globalen Wandels stehen aber noch bevor und sind durch Ereignisse der Vergangenheit bereits programmiert.*
- *Die Fähigkeit der heutigen Entscheidungsträger, Managementsysteme und -strukturen zur Komplexitätsbewältigung ist, wie praktisch jede grössere Veränderung beweist, deutlich limitiert. Dies nicht zuletzt deshalb, weil das der Komplexitätsbeherrschung zugrunde liegende Grundgesetz, Ashby's "Law of Requisite Variety", kaum bekannt und fast unbeachtet geblieben ist.*
- *Die explizite Befassung mit diesem Gesetz und seine Berücksichtigung bei der Gestaltung und Steuerung von gesellschaftlichen Institutionen und Prozessen würde ähnliche Wirkungen zeitigen wie die Anwendung der Newton'schen Erkenntnisse in Physik und Technik. Die Missachtung dieses Gesetzes und seiner Konsequenzen verhindert aber jeden Zugang zu komplexen Systemen.*
- *Als Folge dessen muss mit einer immer häufigeren Implosion von Systemen der Gesellschaft gerechnet werden, vom Bildungs- bis zum Gesundheitswesen und von den Sozialsystemen bis zu den Organisationen der Wirtschaft. Demgegenüber würde sich durch eine bewusste Annahme der damit zusammenhängenden Herausforderungen unser Management- und Organisationswissen auf*

eine neue und höhere Stufe heben lassen. Management würde dadurch eine völlig neue Qualität erhalten.

Die Auffassungen der meisten Menschen, die heute in Wirtschaft und Politik aktiv sind, sind ganz wesentlich beeinflusst von der Entwicklung der 50er, 60er und 70er Jahre; ihr inneres Modell der Aussenwelt wurde geprägt durch Erziehung und Ausbildung in diesen Jahrzehnten, und somit durch die damals vorherrschenden Theorien über die Funktionsweise von Wirtschaft und Gesellschaft. Ihre Wahrnehmung der heutigen Situation und ihre Verhaltensweisen werden daher auch von diesen Auffassungen, von diesem Modell, gesteuert. Insoweit nun dieses Modell nicht mehr mit den heutigen Realitäten übereinstimmt, sind Fehlentwicklungen und fehlgeleitete Handlungen vorprogrammiert – und eine Reihe solcher Fehlentwicklungen kann in der Tat jetzt bereits konstatiert werden.

Obwohl die erwähnten Jahrzehnte der 50er, 60er und 70er Jahre selbstverständlich sehr facettenreich waren, können doch einige der wirklich prägenden Faktoren folgendermassen skizziert werden:

- Diese Jahrzehnte waren, zumindest bis Mitte der 70er Jahre, durch eine weitgehend ungesättigte Nachfrage auf praktisch allen Märkten gekennzeichnet. Diese stützte sich, jedenfalls in den 50er und 60er Jahren, auf einen echten und in der Regel dringenden Bedarf. Die Güter, die gekauft wurden, wurden gebraucht und man konnte ihre Anschaffung nicht, oder jedenfalls nicht beliebig, aufschieben.
- Diese Jahrzehnte waren weiter durch einen gewaltigen technologischen Fortschritt gekennzeichnet, dessen Basis wissenschaftliche Durchbrüche und Erfindungen kurz vor, während und kurz nach dem Zweiten Weltkrieg darstellten. Diese technischen Fortschritte waren daher nach dem Zweiten Weltkrieg auch unmittelbar kommerziell verwertbar.

- Da die Infrastrukturen praktisch sämtlicher kriegsführenden Länder – mit Ausnahme der USA – zerstört waren und dringend wieder aufgebaut werden mussten, fielen die technischen Möglichkeiten der damaligen Zeit auf Brachland und konnten unmittelbar Wirkung erzielen. Was selbstverständlich dazu notwendig war, war die erforderliche Finanzierung, die durch den Marshall-Plan aufgrund der vergleichsweise günstigen finanziellen Position der USA bereitgestellt werden konnte.

Schon bezüglich dieser ersten drei Aspekte haben wir heute eine gänzlich unterschiedliche Situation: Praktisch sämtliche Märkte weisen unübersehbare Sättigungserscheinungen auf. Dies bedeutet selbstverständlich nicht, dass keine Geschäfte mehr getätigt werden können. Sie können aber nur noch gegen eine immer härter werdende Konkurrenz abgeschlossen werden, und es wird immer schwieriger, noch neue Nachfrage-Nischen zu finden.

Dem wird man vermutlich sofort entgegenhalten, dass es doch riesige Bereiche ungedeckter Bedürfnisse auf der Welt gebe, so etwa in den Entwicklungsländern oder aufgrund der neuen politischen Situation in den Ländern des europäischen Ostens. Zweifellos ist dies richtig, doch sind Bedürfnisse eben noch keine Nachfrage, denn als solche können nur jene Bedürfnisse bezeichnet werden, für deren Befriedigung auch bezahlt werden kann: Unternehmungen leben letztlich nicht von Bedürfnissen, sondern von der Nachfrage – und dies sind zwei verschiedene Dinge.

Angesichts der weltweiten Verschuldungslage, über die noch zu sprechen sein wird, kann von einer echten Nachfrage kaum, oder nur sehr bedingt, die Rede sein. Ausserdem ist zu berücksichtigen, dass die Nachfrage in den entwickelten Industrieländern nurmehr teilweise aus einem echten und dringenden Bedarf entsteht. Zu einem wesentlich grösseren Teil beruht sie lediglich noch auf Wünschen der Menschen. Mit Ausnahme der zum täglichen Leben erforderlichen Konsumgüter kann die Nachfrage nach dauerhaften Gebrauchsgütern fast beliebig aufgeschoben werden, weil die meisten Güter in hoher Qualität, funktionssicher und mit langer Lebensdauer vorhanden sind: Fast niemand *muss* sofort ein Auto, eine Wohnungseinrichtung, Bekleidung usw. kaufen, weil diese Güter nicht mehr funktionstüchtig wären. Selbstverständlich wird man sich Wünsche dieser Art erfüllen, solange man sie sich leicht leisten kann, von einem dringenden Bedarf aber kann kaum gesprochen werden. Damit haben wir nicht nur eine hochgradig gesättigte, sondern auch eine sehr labile Nachfragesituation.

Selbstverständlich haben wir auch heute einen ungeahnten technologischen Fortschritt zu verzeichnen. Die Situation der Anwendung und Nutzung ist aber eine gänzlich andere als in den Jahren nach dem Kriege: Die Infrastrukturen der entwickelten Länder sind vorhanden und ebenfalls funktionstauglich – wo dies nicht zutrifft, ist es eindeutig auf die prekäre Finanzlage der öffentlichen Haushalte zurückzuführen –, so dass also zuerst etwas Bestehendes und Funktionierendes beseitigt werden muss, damit etwas Neues und Besseres an seinen Platz treten kann. Damit stellt sich in den meisten Unternehmungen nicht nur die Frage, ob man investieren soll oder nicht, sondern es stellt sich selbstverständlich auch die Frage, wann man dies tun soll und in welche der konkurrierenden neuen Technologien investiert werden soll.

Der Wirtschaftsaufschwung nach dem Krieg war weiter im Wesentlichen dadurch geprägt, dass wir vergleichsweise stabile ökonomische Rahmenbedingungen hatten. Wechselkursverhältnisse, Zinssätze, Rohstoffpreise usw. schwankten zwar, aber in relativ kleinen Bandbreiten. Auch hier hat sich die Lage radikal verändert. An dieser Stelle interessiert nicht so sehr das Warum, sondern die schlichte Tatsache, *dass* Schwankungen vorher nicht gekannten Ausmasses bei Wechselkursen, Zinssätzen und Rohstoffpreisen zu verzeichnen sind. Dies macht zumindest die Kalkulation von Investitionen – Wirtschaftlichkeits- und Investitionsrechnungen – zu einem sehr problematischen Unterfangen: Während sich beispielsweise bis Anfang der 70er Jahre die westlichen Währungen gegenüber dem US-Dollar in Bandbreiten von +/- 1-2% jeweils zum Monatsende bewegten, so haben wir seit diesem Zeitpunkt Schwankungsbreiten von +/- 15%. Zweifellos gibt es Möglichkeiten, auch damit fertig zu werden, die Anforderungen an die Robustheit einer wirtschaftlichen Entscheidung sind aber doch beträchtlich anders, als dies früher der Fall war.

Der letzte prägende Aspekt, den ich hier besonders erwähnen will, besteht darin, dass wir in jenen Jahrzehnten einen klaren sozialen Basiskonsens über wichtige Elemente der Wirtschafts- und Gesellschaftsentwicklung hatten, vor allem mit Bezug auf die Frage des wirtschaftlichen Wachstums. Es wurde kaum ernsthaft darüber diskutiert, ob die Wirtschaft wachsen soll, die Diskussion betraf die Frage, wie dieses Wachstum zu verteilen sei. Heute wird selbst in konservativen und durchaus wirtschaftsfreundlichen Kreisen gefragt, ob eine ewig wachsende Wirtschaft überhaupt eine sinnvolle Vorstellung sei und ob, selbst wenn es gelingt, die Wirtschaft auf einem anhaltenden Wachstumspfad zu halten, sich daraus nicht schliesslich beinahe unlösbare Probleme zum Beispiel ökologischer Natur ergeben könnten.

Im Gegensatz zu diesen sehr günstigen Rahmenbedingungen, die den lang anhaltenden Wirtschaftsaufschwung der 2½ Jahrzehnte nach Ende des Krieges zu einem erheblichen Teil zu erklären vermögen, sehen wir uns heute mit einer Situation konfrontiert, die beträchtliche Turbulenzpotentiale beinhaltet, die jederzeit schlagend werden können.

Die Nachfrage in den meisten Märkten ist, wie bereits erwähnt, weithin gesättigt, und wir stehen nach praktisch allen vorliegenden Studien inmitten eines massiven Technologieschubes, der noch lange nicht zu Ende ist. Typischerweise haben solche schubartig verlaufenden Innovationsbündelungen wirtschaftlich und gesellschaftlich vieles auf den Kopf gestellt; die historisch bisher zu verzeichnenden Schübe dieser Art werden daher auch mit Recht als industrielle Revolutionen bezeichnet. Dass es *nach* der Bewältigung eines solchen Technologieschubes auch wirtschaftlich jeweils wieder aufwärts ging, war für die unmittelbaren Zeitgenossen dieser Umwälzungen nur ein geringer Trost. Bis zum Ende dieses Jahrzehntes werden vermutlich noch weit mehr fundamentale Innovationen auf die Märkte drängen, als wir in den letzten zehn Jahren bereits erlebt haben, und bereits in diesen letzten zehn Jahren sind ganze Branchen und Wirtschaftsgebiete in arge Bedrängnis geraten und mussten fundamentale Strukturveränderungen hinnehmen.

Ein weiterer Faktor, vor dem auch die grössten Optimisten ihre Augen nicht mehr verschliessen können, ist die weltweite Verschuldungslage. Viel zu oberflächlich denkt man in der Regel an die Schulden der Entwicklungs- oder der Ostblockländer. So schmerzhaft die Lösung dieses Problems auch ist – und allen Finanzkunststücken zum Trotz wird es letztlich eben doch nur über die Wertberichtigung der Forderungen erfolgen können –, man könnte damit im Grossen und Ganzen wohl dennoch leben.

Das entscheidende Problem aber ist die Verschuldungssituation in den entwickelten Industrieländern, allen voran in den USA und in Japan: In Summe lässt sich konstatieren, dass mit Ausnahme der Schweiz kein Land der Welt derzeit in der Lage ist, die Zinsen auf die öffentlichen Schulden aus den Steuermitteln zu bezahlen Die öffentliche Netto-Neuverschuldung ist überall gleich hoch oder sogar grösser, als die Zinsbelastung auf die öffentlichen Schulden.

Dies bedeutet aber, dass damit nicht nur ein Zinsproblem besteht, sondern darüber hinaus auch der Zinseszinseffekt schlagend wird. Dies hat weiter zur Folge, dass die Schulden, unabhängig von den Budgetsanierungsbemühungen der Finanzminister, völlig autonom und ohne weitere Kontrolle wachsen – und zwar entlang einer Exponentialkurve. Ein Brechen dieses Zinseszinseffektes ist auch durch eine geringere Neuverschuldung nicht mehr möglich. Dies könnte nur noch durch einen effektiven Schuldenabbau erreicht werden, wie er etwa in der Schweiz in den Jahren 1986 bis 1990 zu verzeichnen war. Die öffentlichen Finanzspielräume tendieren daher gegen Null, und dies ausgerechnet zu einem Zeitpunkt, wo der Finanzbedarf in den Entwicklungsländern, zur Weiterführung der Reformen in den Ostblockländern, aber selbstverständlich auch in den Industrieländern selbst ungeahnte Ausmasse erreicht hat. Auch die Absorption des technologischen Fortschrittes ist damit nicht leichter, sondern ebenfalls schwieriger geworden; denn die Abschreibung bisheriger Infrastrukturen und deren Ersetzung durch neue ist eben an die Verfügbarkeit entsprechender finanzieller Mittel oder zumindest das Vorhandensein entsprechender Verschuldungsspielräume gebunden.

In Zusammenhang mit der Verschuldungslage sind aber nicht nur die öffentlichen Haushalte – Bund, Länder, Gemeinden sowie die zahlreichen ausserbudgetären Sonderfinanzierungsformen und Eventualverpflichtungen – zu berücksichtigen. Darüber hinaus weisen auch die privaten Haushalte der meisten Länder sowie der Unternehmenssektor einschliesslich der Banken und Sparkassen einen Verschuldungsgrad auf, der historisch einmalig ist. Selbstverständlich muss von Land zu Land differenziert werden; aber immerhin haben die G 7-Länder eine Gesamtverschuldung von mehr als 300% des Sozialproduktes. Die Bankensituation ist insbesondere in den USA und in Japan in einem einmalig prekären Zustand. So weisen beispielsweise die US-Banken die niedrigste Liquiditätskennziffer seit 126 Jahren und die niedrigste Solvenzratio seit 1863 aus.

Dabei ist zu beachten, dass diese finanzwirtschaftliche Situation nicht etwa am Ende einer langen Rezessionsphase zu konstatieren ist, sondern – im Gegenteil – am Ende der längsten sog. Prosperitätsphase, die wir ausser der unmittelbaren Nachkriegskonjunktur jemals hatten. Die Jahre 1982 bis 1990 gelten ja gemeinhin als Phase der Hochkonjunktur, und wenn ich sage "sogenannte Prosperität", so meine ich, dass es eine Scheinkonjunktur war, die ausschliesslich durch massive Aufschuldung finanziert wurde.

Die Probleme an der Ökologiefront sind ein weiterer Turbulenzfaktor, und zwar auch dann, wenn man sich nicht der allgemeinen Diskussion auf diesem Gebiet anschliessen will. Selbst wenn nur die Hälfte dessen stimmt, was seriöse Wissenschaftler behaupten, so ist die Lage schwierig genug. Wenn in diesem Zusammenhang immer wieder gesagt wird, dass sich aus den ökologischen Problemen eine Fülle neuer Märkte und Geschäftsmöglichkeiten auftue, so muss dem leider wiederum entgegengehalten werden, dass dies alles private und öffentliche Finanzen in gigantischem Ausmass erfordert.

Schliesslich ist auch auf das riesige Turbulenzpotential in Osteuropa zu verweisen. So sehr die dortigen politischen und wirtschaftlichen Reformbestrebungen wünschens- und anerkennenswert sind, so wenig scheint mir die Auffassung gerechtfertigt zu sein, dass die erfolgreiche Bewältigung dieser Probleme rasch und reibungslos vonstatten gehen könne und dort bereits in wenigen Jahren blühende Marktwirtschaften vorhanden seien. Ich meine, dass dies eine Aufgabe ist, die zumindest eine, wenn nicht sogar zwei Generationen in Anspruch nehmen wird, und dass dabei sehr viele Rückschläge in Kauf genommen werden müssen – selbst wenn diese in Zukunft nicht mehr, oder höchstens noch lokal, in der Anwendung militärischer Gewalt bestehen sollten.

Die Naivität bezüglich der zu bewältigenden Probleme war in den Jahren 1989, 1990 und 1991 nicht zu überbieten. Erst in jüngster Zeit sind etwas zahlreicher kritische Stimmen zu vernehmen, seit man wenigstens über vielleicht realistische Finanzsummen spricht, über die gigantischen logistischen Probleme, die unvorstellbaren Ausbildungs- und Erziehungsfragen sowie natürlich auch über die Gefahren einer Proliferation nuklearer Waffen und des damit verbundenen Knowhows.

Als letzter markanter Turbulenzfaktor ist die Bevölkerungsentwicklung zu nennen, die als Verursachungskomponente ihrerseits mit allen anderen Fragen zusammenhängt. Die Weltbank hat für 1991 die Zahl der unterernährten Menschen auf 1,1 Mrd. geschätzt. Weitere Überlegungen gehen davon aus, dass bereits im Jahr 2025 den etwa 1,3 Mrd. Menschen der Ersten Welt, die sich in einer vergleichsweise komfortablen Lage befinden, 7,2 Mrd. Menschen in den übrigen Teilen der Welt gegenüberstehen werden, und dass davon 2,5 Mrd. unterwegs sein könnten, um Not und Elend durch Wanderungen zu entkommen. Selbsterhaltungstrieb, Gier und darauf gestützte Kampfeswut werden die Organisationen der etablierten Welt vor Probleme einer völlig neuen Dimension stellen: Managementprobleme, aber auch solche der Ethik und der Menschenrechte. Wem das Jahr 2025 erfreulich weit entfernt zu sein scheint, der möge bedenken, dass die kritische Grenze zur Auslösung von Wanderungsbewegungen schon viel früher erreicht werden kann. Nach wie vor ungebremstes Bevölkerungswachstum und rasante Verelendung in den unterentwickelten Ländern kontrastieren mit der Überalterung der Bevölkerungspyramide in den entwickelten Ländern und mit der Schrumpfung der dortigen Bevölkerung. Dies verstärkt nicht nur die Finanzierungsprobleme von Pensions- und Gesundheitswesen, sondern es ist auch fraglich, woher das bevölkerungsabhängige Wirtschaftswachstum in diesen Ländern kommen soll.

Angesichts dieser Faktoren, die sich mit Zahlen und Fakten belegen lassen, ist es eher verniedlichend, von Turbulenzpotentialen zu sprechen. Es handelt sich vielmehr um ausgewachsene Katastrophenpotentiale. Dass solche Entwicklungen immer auch mit Chancen verbunden sind, versteht sich von selbst. Die Lage kann sich aber auch sehr rasch und für viele überraschend zum Schlechten wenden. Manager aller gesellschaftlichen Bereiche, nicht nur der Wirtschaft, werden daher nicht darum herumkommen, diese Dinge sehr gründlich zu studieren und sich selbst und ihre Organisationen entsprechend vorzubereiten.

Bei anhaltend positiver Wirtschaftsentwicklung mag es schwierig genug sein, eine Organisation erfolgreich zu führen. Die genannten Faktoren erhöhen diese Schwierigkeiten aber beträchtlich, denn sie haben die Komplexität, mit der Führungskräfte konfrontiert sind, dramatisch erhöht. Damit sind aber auch zwei weitere Faktoren, auf die Manager bisher weitgehend vertrauen konnten, zumindest mit Skepsis zu beurteilen: die Prognostizierbarkeit der zukünftigen Entwicklung und die weitgehende Kontrollierbarkeit einer Situation. Leider sind, summarisch betrachtet, zum ersten Mal seit 60 Jahren alle Voraussetzungen wieder erfüllt, die eine Wiederholung der 30er Jahre möglich machen. Es ist nicht unvorstellbar, sondern sogar von beträchtlicher Wahrscheinlichkeit, dass sich die nun weltweit zu verzeichnende Rezession zu einer deflationären Depression entwickelt, eine Lage, auf die nur wenige mental und unternehmerisch vorbereitet sind.

Der von diesen Faktoren getriebene Wandel ist von anderer Qualität, als die dominierenden, die Köpfe beherrschenden Theorien implizieren; diese sind daher nicht nur schlechte, sondern nachgerade *systematisch irreführende* Wegweiser. Dies lässt es angezeigt erscheinen, für die Entwicklung von Organisationen auf Kenntnisse zurückzugreifen, die auf diesem Gebiet eher ungewohnt sind, nämlich auf unser

Wissen über die Funktionsweise von komplexen, natürlichen Systemen: Organismen in allen ihren Erscheinungsformen hatten zu allen Zeiten das Problem, sich flexibel an veränderte Lebensbedingungen anzupassen, und die gesamte biologische Evolution kann durchaus als ein permanenter Prozess der Komplexitätsbewältigung verstanden werden. Fähigkeiten und Leistungen, die im organismischen Bereich beobachtet werden können, wären möglicherweise bessere Leitbilder, als wir sie etwa den Wirtschaftswissenschaften oder der Technik entnehmen können. Es erscheint daher durchaus lohnend, sich mit den vorliegenden Resultaten der Biologie, der Kybernetik und Systemwissenschaften sowie der Evolutionsforschung zu befassen.

Im Zentrum einer gesunden Unternehmungsentwicklung – und dies gilt auch für alle anderen Organisationen – stehen dann nicht Marketing, Finanzen, Personalwesen, EDV, Logistik und Produktion, sondern die Frage, ob und auf welche Weise eine Unternehmung ihre Umgebungskomplexität unter Kontrolle bringen kann und ob sie die aus ihrem eigenen inneren Funktionieren resultierende Komplexität ebenfalls zu beherrschen vermag. Es wird sich also die Frage stellen, ob die Systeme dieser Welt "under control" sind und gehalten werden können.

1.1 Komplexität und Control

" ... the control function is spread through the architecture of the system. It is not an identifiable thing at all, but its existence in some form is inferred from the systems behavior. "

Stafford Beer[4]

---

[4] Beer, S. Brain of the Firm, London 1972; 2. Aufl., Chichester 1981.

Das englische Wort "Control" kann zwar mit "Kontrolle" ins Deutsche übersetzt werden und bedeutet in gewissen Zusammenhängen dann Überwachung, Aufsicht, Inspektion; aber "Control" bedeutet ebenso – und dies ist im vorliegenden Kontext viel wichtiger – steuern, regeln, regulieren, lenken, Richtung geben. Strategie, Früherkennung und vernetztes Denken haben ja zu tun mit der Frage, wie man ein System unter Kontrolle bringt, und zwar nicht ein einfaches, sondern ein komplexes System – und dies ist nicht möglich mit Kontrolle im ersten Sinne des Wortes. Kontrolle im Sinne von Überwachung, Beaufsichtigung usw. kann dabei zwar eine Rolle spielen, trifft aber nicht den Kern: "Control" ist weniger etwas, was man tut, sondern etwas, was das System hat oder ist; etwas "unter Kontrolle haben" oder "unter Kontrolle sein" hat nicht so sehr mit spezifischen Aktivitäten zu tun, sondern mit einer Eigenschaft eines Systems. Diese Eigenschaft hängt, den Erkenntnissen der modernen Systemwissenschaften und der Kybernetik zufolge, zusammen mit der Struktur eines Systems und seinem Informationshaushalt.

Diese Dinge sind nicht sehr interessant, solange ein System *einfach* ist. – Oder vielleicht besser formuliert: sie sind dort eher Selbstverständlichkeiten; falls etwas versagt, ist es relativ leicht erkennbar und kann in der Regel mit einfachen Mitteln korrigiert werden. Ganz anders ist die Sachlage bei *komplexen* Systemen, deren innere Funktionsweise wir weder im Einzelnen kennen noch kennen können und deren Verhalten insofern schwer zu verstehen ist, als es interpretationsbedürftig ist und fast immer eine ganze Palette von verschiedenen Interpretationen zulässt, keine eindeutigen Ursache-Wirkungs-Zusammenhänge existieren oder erkennbar sind und Verhaltensprognosen und -beeinflussung daher vor ganz anderen Schwierigkeiten stehen als bei einfachen Systemen. Selbst relativ kleine Unternehmungen sind bereits komplex genug, um alle diese Aspekte aufzuweisen und ihre Gestaltung, Steuerung, Lenkung und

Entwicklung zu einer anspruchsvollen und schwierigen Aufgabe zu machen.

Dies ist im Kern die Aufgabe des Managements einer Unternehmung oder irgendeiner anderen Institution: sie so zu gestalten, zu lenken und zu entwickeln, dass sie "unter Kontrolle ist und bleibt." Daher konnte Stafford Beer meines Erachtens auch mit Recht sagen, dass der "Stoff," mit dem es Management zu tun hat, Komplexität ist[5] – und damit will er natürlich sagen, dass dieser Stoff nicht Geld oder eine andere ökonomische Grösse ist, wie die Wirtschaftswissenschaften nahelegen, auch nicht Maschinen und Materialien, wie man die technischen Wissenschaften verstehen könnte, und auch nicht Menschen, wie die Humanwissenschaften implizieren, sondern eben Komplexität. Denn all dies, Geld und Kapital, Maschinen und Materialien, Produkte, Preise, Deckungsbeiträge und Cash-flow, Gewinn und Investitionen, Mitarbeiter und Kunden usw., sind Manifestationen von Komplexität, die Form gewissermassen, in der sich Komplexität zeigt.

Eine Unternehmung mit wenigen Kunden, die wenige Wünsche haben, mit wenigen Produkten in einer kleinen Zahl von Variationen, mit wenigen Mitarbeitern, die wenige Bedürfnisse haben, ist leichter unter Kontrolle zu bringen, als eine Unternehmung, in der wir überall das Wort "wenig" durch "viel" ersetzen müssen. Das Problem stellt sich nicht wegen der Produkte, Kunden und Mitarbeiter, sondern wegen der Vielfalt und Verschiedenartigkeit, in der sie auftreten. Vielfalt und Verschiedenartigkeit führen zur Messgrösse von Komplexität, zu Varietät, die Ashby definiert hat als die "Zahl der verschiedenen Elemente eines Systems."[6] Mittels Extension können wir

---

[5] Beer, S. Platform for Change, London 1975, S. 221.
[6] Ashby, W.R., An Introduction to Cybernetics, 5. Aufl., London 1970, S. 124 ff.

auch sagen: die "Zahl der möglichen verschiedenen Zustände, die ein System aufweisen oder annehmen kann."

Seine Überlegungen führten ihn zur Entdeckung und Formulierung des Gesetzes der erforderlichen Varietät: "Nur Varietät kann Varietät zerstören."[7]

Dieses Gesetz ist für die Regulierung von Systemen, und natürlich besonders von komplexen Systemen, – für Management eben – genauso fundamental wie etwa Newton's Gravitationsgesetz oder die Hauptsätze der Thermodynamik für die Technik: Dieses Gesetz sagt uns, ebenso wie alle anderen Naturgesetze, was unmöglich ist, was nicht erreicht werden kann, damit aber, e contrario, natürlich auch, was möglich ist, was überhaupt erwartet werden darf.[8]

So sagen uns etwa die Gesetze der Thermodynamik, dass es nicht möglich ist, ein Perpetuum mobile zu konstruieren, und Ashby's Gesetz der erforderlichen Varietät sagt uns, dass es unmöglich ist, ein System ohne die dafür erforderliche Varietät unter Kontrolle zu bringen, zu regulieren, zu lenken. Im Rahmen dieser Gesetze können wir aber wissen, was möglich ist, und damit können Ressourcen erst sinnvoll eingesetzt werden: Es ist sinnlos, weil unmöglich, seine Kräfte für den Versuch zu verschwenden, ein Perpetuum mobile zu konstruieren; aber es ist natürlich sehr sinnvoll, den Wirkungsgrad von Maschinen zu verbessern. Es ist sinnlos, weil unmöglich, ein System ohne die erforderliche Varietät unter Kontrolle bringen zu wollen; aber es ist sehr sinnvoll, an der Verbesserung der Steuerungs- und Regulierungsfähigkeit von Institutionen zu arbeiten.

Betrachten wir Ashby's Gesetz, ohne allerdings auf dessen Mathematik einzugehen, noch etwas genauer: "Nur Varietät kann Varietät

---

[7] Ashby, W.R., An Introduction to Cybernetics, 5. Aufl., London 1970, S. 207.
[8] Popper, K.R., Logik der Forschung, 4. Aufl., Tübingen 1971, S. 384 ff.

zerstören." Was heisst in diesem Zusammenhang "zerstören"? – Sobald dieses Gesetz in eine Verbindung mit gesellschaftlichen Institutionen gebracht wird, ist klar, dass nicht alle prinzipiell möglichen Zustände auch akzeptabel oder wünschbar sind. Dies hängt zusammen mit dem Zweck und den Zielen einer Institution, mit anderen, quasi benachbarten Institutionen und deren Zwecken und Zielen, mit dem Zusammenwirken mehrerer Institutionen und mit den Bedingungen ihrer gesellschaftlichen Existenz und Legitimität. Es muss also dafür gesorgt werden, dass ein Teil der an sich möglichen Zustände nicht auftreten kann; dieser Teil der Varietät ist zu "zerstören" – und genau dies ist das Wesentliche am Begriff "Control": die Reduktion der Gesamtvarietät auf die Menge der "zulässigen" Zustände, wie auch immer diese definiert sein mögen. Um diese Reduktion in den Zuständen des Systems zu bewerkstelligen, braucht der Regler oder das Control-System ein entsprechendes Verhaltensrepertoire in seinen Zuständen. Ist diese Varietät zu gering, dann ist das Problem nicht zu lösen.

Damit wird klar: Um ein komplexes System unter Kontrolle zu bringen, benötigt das Control-System mindestens ebenso viel Varietät, wie das zu kontrollierende System selbst hat; oder: ein System kann nur insoweit unter Kontrolle gebracht werden, als das Control-System Varietät aufbringt; oder: in dem Masse, als das Control-System ein Varietätsdefizit hat, ist das zu kontrollierende System ausser Kontrolle. Einfache Systeme haben wenig Varietät und sind daher sehr leicht unter Kontrolle zu bringen; komplexe Systeme mit sehr grosser Varietät erfordern sehr hohe Varietät für ihre Regulierung – und dies ist exakt das Problem des Managements komplexer Systeme.

Eine letzte Idee ist wichtig für das Management komplexer Systeme: das Konzept der Selbstregulierung. Wie im Motto zu diesem Abschnitt ausgedrückt wird, ist "Control" kein Ding, sondern eine Funktion der Systemarchitektur selbst, der Struktur eines Systems also.

Wenn hier begrifflich bisher immer zwischen "zu kontrollierendem System" und "Control-System" unterschieden wurde, so ist dies demzufolge in gewissem Sinne irreführend, denn es könnte der Eindruck entstehen, dass es sich dabei eben doch um zwei unterscheidbare Dinge oder eben Systeme handle. Es gibt natürlich Fälle, wo dem so ist. Zwei Fussballmannschaften, die sich wechselseitig "kontrollieren," oder zwei Armeen, die sich gegenseitig in Schach halten, sind Beispiele dafür. Selbst wenn wir beide Mannschaften oder beide Armeen zusammen als ein System begreifen, können wir die relevanten Subsysteme doch relativ gut unterscheiden – obwohl wir natürlich auch hier nicht sagen können, das eine Teilsystem kontrolliere das andere, denn die beiden Teilsysteme kontrollieren sich eben gegenseitig und in Wechselwirkung.

Am leichtesten ist die Idee der durch die Struktur des Systems bedingten Kontrolle am Beispiel einer der ersten technischen Realisierungen eines Reglers zu veranschaulichen, nämlich dem Watt'schen Fliehkraftregler: Steigende Drehzahl der Maschine treibt die Gewichte nach oben und in eben dem Ausmass vermindert das Ventil die Dampfzufuhr, was wiederum zur Reduktion der Geschwindigkeit führt und damit die Gewichte nach unten sinken lässt. Es ist die Struktur dieses Systems, das zu "Control" führt, nämlich zu einer stabil regulierten Geschwindigkeit. An diesem Beispiel wird auch klar, dass wir es hier nicht mit der simplen Vorstellung von Soll-Ist-Abweichung und Korrektur zu tun haben, die man oft mit "Control" verbindet. Denn nicht eine Soll-Ist-Abweichung führt zur Regulierung, sondern der Prozess des Ausser-Kontrolle-Geratens selbst leitet die Regulierungsvorgänge ein: Wir können durchaus sagen, dass dieser Akt des Ausser-Kontrolle-Geratens in einem sich selbst regulierenden System "Control" ist. Wir gelangen somit zu einer Paradoxie: "Control" ist "Out of Control;" und "Out of Control" ist "Control" – in der Tat ein Paradoxon. Und dieses lässt sich – ähnlich wie die Frage, ob die Menge aller Mengen ein Element ihrer selbst sei – nur auf einer meta-sprachlichen oder meta-logischen Ebene auflösen.

Im Kontext des Managements komplexer Systeme gilt es nun zu berücksichtigen, dass sich Komplexität immer in bestimmten Erscheinungsformen zeigt – zumindest wird dies durch die organisatorische Arbeitsteilung impliziert: die Finanzen werden durch die Finanzabteilung reguliert, die Produktion durch den Produktionsbereich und das Personal durch das Personalwesen. Jedenfalls erscheint dies so und wird von einem beträchtlichen Teil der Betriebswirtschafts- und Managementliteratur ja auch so gesehen. Wohin aber gehören Probleme wie sinkende Umsätze, sinkende Cash-flows, schlechte Mitarbeitermotivation oder unzulängliche Marktleistungsqualität *wirklich*? Nur in den allereinfachsten Fällen lassen sich solche Probleme irgendeiner Abteilung oder einem Bereich zur Regulierung zuordnen. Probleme dieser Art können in der Regel nur durch sorgfältig koordiniertes Zusammenwirken verschiedenster Massnahmen, durch Vernetzung der Einflüsse, gelöst werden. Dies ist daher auch der harte Kern am Schlagwort vom "vernetzten Denken."

Sämtliche Methoden und Instrumente der Unternehmensführung und Organisationsgestaltung – von Marketing bis Strategieplanung und von Forschung & Entwicklung bis zur Produktionssteuerung – sind daher in diesem Zusammenhang darauf zu untersuchen, wie ihre komplexitätsbewältigende Wirkung tatsächlich ist. Denn auf zunehmende Umgebungskomplexität muss mit einer mindestens ebenso stark zunehmenden Steuerungskomplexität geantwortet werden. Gelingt dies nicht, so ist in eben diesem Umfange das System ausser Kontrolle.

Noch besser als der Versuch, mangelhafte Strukturen, die diese Probleme ja gerade erzeugen, durch zusätzlichen Koordinationsaufwand künstlich doch noch zum Funktionieren zu bringen, wäre es selbstverständlich, den organisatorischen Kontext der heutigen Regulierungsformen völlig aufzulösen und von Grund auf neu zu gestalten.

Angesichts der ungeheuren Zahl von Zuständen, die komplexe Systeme aufweisen können, ist es nicht zu erwarten, dass die limitierte Komplexität des einzelnen Menschen oder auch einer Gruppe von Menschen ausreichen würde, um alles selbst zu steuern, zu regulieren und zu kontrollieren. Praktisch gesprochen bedeutet dies, dass wir nie alles wissen können, was wir eigentlich wissen müssten, um eine Organisation wirksam unter Kontrolle zu halten. Eine der entscheidenden Herausforderungen in Zusammenhang mit der Bewältigung des Wandels besteht daher darin, die Idee der Selbstorganisation und Selbstregulierung von Systemen, des organisationalen Lernens und der Evolution ernst zu nehmen und sie für die Gestaltung von Systemen zu nutzen.

Darüber gibt es inzwischen zwar auch eine steigende Zahl von Publikationen. Dennoch droht die Befassung mit der Thematik des "systemischen Denkens" zur Modewelle zu werden, und ich kann mich des Eindrucks nicht erwehren, dass viele über die ständige Verwendung dieser Wörter hinaus nichts Wesentliches an Substanz beitragen: Es bringt naturgemäss nicht sehr viel, Selbstorganisation und Evolution ständig zu fordern, dann aber Antworten darauf schuldig zu bleiben, was sich eigentlich wie selbstorganisiert, was denn wirklich evolviert und in welche Richtung dies geschieht. Und die Forderung nach Vernetzung hat in weiten Bereichen auch nicht sehr viel weiter geführt, als zu graphischen Diagrammen, in denen alles mit allem durch nicht näher interpretierte Pfeile verknüpft ist.

Die Skepsis von Praktikern ist daher meines Erachtens recht verständlich: Natürlich wissen sie, dass ihre Organisationen über ein beträchtliches Mass an Eigendynamik verfügen; dies ist schliesslich ihr tägliches Problem. Die Forderung nach Selbstorganisation allein genügt aber nicht, wenn nicht auch ein gewisses Vertrauen geschaffen werden kann, dass die selbstorganisierenden Kräfte dann auch zu wünschenswerten Ergebnissen führen. Selbstverständlich weiss auch der Praktiker, dass so manche Dinge aus sich heraus evolvieren. Nur hat er auch die Erfahrung gemacht, dass dies manchmal direkt ins Chaos führt. Und der Ruf nach Vernetzung schliesslich ist spätestens seit dem Voranschreiten der Computerisierung ebenfalls ein Thema. Der Praktiker weiss aber auch, dass es sinnvoll ist, Dinge zu entflechten und sie getrennt zu halten, da eine Organisation manchmal nur auf diese Weise unter Kontrolle gehalten werden kann. Wozu sonst würde man Dezentralisierung benötigen? – Die Dinge scheinen also nicht ganz so einfach zu liegen, wie manche Abhandlungen und Diskussionen nahelegen.

1.2 Zwei Arten, wie Komplexität zu beherrschen ist

Es gibt im Wesentlichen zwei Arten, Komplexität unter Kontrolle zu bringen.[9] Die erste möchte ich als *technomorphe Variante* bezeichnen. Technomorphes Management verfügt über einen Prototyp, ein Grundmodell: die Maschine. Die Grundphilosophie der Vorgehensweise besteht darin, jeden einzelnen Teil nach einem vorgefertigten Plan im Detail zu konstruieren und die Teile nach einem ebenso im Vorhinein bestehenden Bauplan zusammenzufügen. Mit dieser Vorgehensweise haben wir ungeahnte Erfolge erzielt; unsere gesamte Zivilisation – wenn auch nicht unsere Kultur – beruht darauf. Es ist denn auch nicht weiter verwunderlich, dass in dieser Vorgehensweise die Lösung für sämtliche Probleme vermutet wird und sie zu *der* Problemlösungsmethode schlechthin geworden ist. Möglicherweise ist uns damit aber jener Fehler unterlaufen, den die Philosophen "the

---

[9] Vgl. Malik, F., Strategie des Managements komplexer Systeme, 5. Aufl., Bern/Stuttgart/Wien 1996.

fallacy of misplaced generalization" nennen würden, den Fehler der unzulässigen Verallgemeinerung: Der Umstand, dass eine Methode auf vielen Gebieten erfolgreich angewandt werden kann, bedeutet noch nicht notwendigerweise, dass sie überall und jederzeit Erfolg haben muss. Der Versuch, dieselbe Vorgehensweise im Bereich sozialer Organisationen anzuwenden und auch diese nach im Voraus erstellten Plänen und Konzepten im Einzelnen zu gestalten und zu steuern, letztlich jeden Teil durch Anordnung im Detail bestimmen zu wollen, stösst offensichtlich an Grenzen.

Die Dominanz dieser Philosophie hat zumindest dazu geführt, dass eine zweite Vorgehensweise fast unbeachtet geblieben ist, jedenfalls weit weniger hoch entwickelt wurde, und somit als Alternative kaum in Betracht gezogen wird. Diese zweite Variante möchte ich als *systemisch-evolutionäres Vorgehen* bezeichnen. Auch diese Methode hat einen Prototyp, ein Paradigma: es ist der Organismus. Zu betonen ist allerdings, dass es sich um den frei lebenden Organismus in seiner natürlichen Umgebung handelt und nicht etwa um den Organismus im Laboratorium. Selbst die grössten Erfolge auf dem Gebiet der Gentechnik haben bis heute nicht dazu geführt, dass wir auch nur den einfachsten Organismus im Detail hätten konstruieren können. Nach Aussagen führender Wissenschaftler auf diesen Gebieten ist dies auch in absehbarer Zeit nicht zu erwarten, und manche gehen soweit zu sagen, dass dies grundsätzlich unmöglich sei. Wie auch immer die Entwicklung aussehen mag, wir sind gegenüber organismischen Systemen dennoch nicht vollkommen "machtlos," wir können sie beeinflussen. Die Grundphilosophie des Umgangs mit Organismen ist allerdings eine gänzlich andere: Das Basismotto lautet hier nicht "Konstruieren im Detail," sondern "Schaffung und Gestaltung günstiger Bedingungen, damit sich die Eigendynamik des Organismus in die richtige Richtung entfalten kann." Dies mag zwar etwas abstrakt klingen, aber schliesslich weiss jedermann, dass Rosen an sonnigen

Plätzen besser gedeihen als an schattigen, und letztlich versuchen ja nur noch wenige Leute, ihre Kinder durch detaillierte Anordnungen – auf technomorphe Weise – zu erziehen. Die Überzeugung hat sich langsam durchgesetzt, dass man sich wohl auch hier eher auf die Herstellung günstiger Entwicklungsbedingungen konzentrieren sollte.

So einleuchtend dies möglicherweise ist, es stellt sich natürlich dennoch sofort die Frage, ob dies von praktischer Relevanz für das Management komplexer sozialer Organisationen sein kann. Ich meine, dass dies der Fall ist: Praktisch sämtliche zwischenmenschlichen Beziehungen – und diese sind für Organisationen zweifellos von Bedeutung – entziehen sich dem "Konstruieren im Detail." Andererseits können wir sehr wohl Bedingungen schaffen, in denen Achtung, Respekt, Vertrauen, Motivation usw. entstehen können. Ein "gutes" Organisationsklima kann man nicht "herstellen," man kann seine Entstehung aber begünstigen und vor allen Dingen die Art des Klimas durch die entsprechenden Bedingungen beeinflussen.

Ein anderes Anwendungsgebiet sind Verhandlungen: Selbstverständlich wird jeder erfahrene Geschäftsmann seine Verhandlungen sehr gründlich vorbereiten. Er kann aber nicht im Voraus wissen, wie die Verhandlung wirklich ablaufen wird. Könnte man das Verhandlungsergebnis auf technomorphe Weise, also durch Anordnung im weitesten Sinne, herbeiführen, so würde man sich ja die mühsame, risikoreiche und zeitraubende Verhandlung selbst sparen. Weil dies aber eben nicht möglich ist, kann man sich lediglich darauf konzentrieren, die Rahmenbedingungen so zu gestalten, dass eine grösstmögliche Chance auf ein günstiges Verhandlungsergebnis entsteht.

Die beiden Varianten sollen hier nicht als sich gegenseitig ausschliessend dargestellt werden. Denn die technomorphe Methode ist überall dort von grösster Effizienz, wo sie wirklich angewandt werden kann, wo also die Umstände es erlauben, durch Anordnung im Detail ein zuvor konzipiertes Resultat zu schaffen. Sie muss aber zwangsläufig dort scheitern, wo die Umstände dafür nicht geeignet sind, also im Bereich sehr grosser Komplexität. Dies bedeutet nichts anderes, als dass wir den zukünftigen Verlauf eines komplexen Prozesses, die Verhaltensweisen eines komplexen Systems nicht prognostizieren können und daher immer auf Überraschungen gefasst sein müssen, da unser Mangel an Wissen um die Wirkungszusammenhänge entweder mit den vorhandenen Mitteln oder grundsätzlich nicht beseitigt werden kann.

Es muss hier aber zugleich und sofort betont werden, dass jede Mystifizierung des systemisch-evolutionären Ansatzes falsch wäre. Ich lege darauf deshalb grössten Wert, weil es diese Tendenzen gibt und weil sie einer vernünftigen Anwendung, aber auch der systematischen Weiterentwicklung dieser Methode, eher schädlich als nützlich sind. Wir haben leider einmal mehr das Problem, dass die Freunde des systemischen Denkens möglicherweise gefährlicher sind als jene, die es ablehnen oder ihm skeptisch gegenüberstehen. Systemisches Denken hat nichts mit einer Wiederbelebung von Mystik und Magie zu tun, so sehr auch gewisse Publikationen diesen Eindruck erwecken. Es hat nichts mit Esoterik, allgemeiner Weltharmonie und der Beschwörung von geheimnisvollen Kräften zu tun.

Das Gegenteil ist der Fall. Wir wissen glücklicherweise genügend über komplexe Systeme, um zumindest gewisse Vorstellungen darüber zu haben, was mit ihnen getan und wie mit ihnen umgegangen werden kann. Der entscheidende Unterschied zwischen dem technomorphen und dem systemischen Denken besteht dann darin, dass man sich im zweiten Falle darüber im Klaren ist, dass wir über komplexe Systeme nie ausreichend Wissen oder Informationen haben können, um sie mit Hilfe technomorpher Methoden unter Kontrolle zu bringen. Wir wissen aber genug, um zumindest gewisse Modelle und Methoden entwickeln zu können, die auch dort hilfreich sind, und wir können den menschlichen Einflussbereich damit in gewisser Weise enorm erweitern – allerdings unter Verzicht auf die Einflussnahme auf die Details.

1.3 Wandel als Herausforderung annehmen: Drei Voraussetzungen

Der stattfindende Wandel und seine inhärente Komplexität sind also zweifellos eine Herausforderung, und es könnte sich herausstellen, dass es sich um die grösste Herausforderung der bisherigen Menschheitsgeschichte überhaupt handelt. Selbstverständlich haben auch frühere Generationen in allen geschichtlichen Epochen grosse Probleme zu bewältigen gehabt. Aber diesmal sind die Probleme wirklich "large scale," nämlich global; und sie sind von gigantischer Komplexität, nämlich von niemandem im Einzelnen zu verstehen.

Es darf ferner nicht übersehen werden, dass in früheren Epochen Probleme vergleichbarer Art auch selten wirklich gelöst wurden: Man hat sich mit ihrer Existenz vielmehr abgefunden und arrangiert – und in aller Regel war diese Tatsache verbunden mit dem Untergang der jeweils existierenden Imperien, ihrem dauerhaften Rückfall in die zumindest relative Bedeutungslosigkeit, dem andauernden Verlust des Wohlstandsniveaus und der buchstäblichen Verelendung breitester Bevölkerungskreise. Kriege, Revolution und Pogrome an Bevölkerungsgruppen und sozialen Gesellschaftsschichten haben selbstverständlich genauso zu solchen Ereignissen gehört wie der Verlust von Rechtsstaatlichkeit und individueller Freiheit sowie die Entstehung totalitärer Regierungssysteme und Gesellschaftsformen.

Die Herausforderung ist explizit – und vor allem effektiv – anzunehmen, und nicht nur als Medienereignis. Was Not tut, ist meines Erachtens eine tiefgreifende Reorientierung des Denkens, ein geistiger

Marshall-Plan gewissermassen (denn für einen finanziellen reichen die Reserven hinten und vorne nicht). Obwohl ich, gestützt auf Forschungen über den Umgang der Menschen mit komplexen Problemen, wie sie vor allem von Dörner und Reither durchgeführt wurden, wenig Hoffnung habe, dass so etwas geschieht, bevor es zu spät ist, möchte ich doch die drei Grundforderungen herausarbeiten, die zu erfüllen wären, um wenigstens einen Anfang zu machen:

1.3.1 Rückkehr zu einem kompromisslosen Realismus

Der erste Schritt wäre meines Erachtens die Rückkehr zu einem kompromisslosen Realismus in der Beurteilung der Lage. Leichtgläubigkeit und Naivität, Verniedlichung und Verharmlosung sind kaum noch zu überbieten. Sie sind typische Phänomene von "Go-go-Phasen," wie wir sie in den 80er Jahren hatten, und führen auch zu den dafür typischen Exzessen. Die Begriffe Optimismus und Pessimismus müssen zunächst und für die Lagebeurteilung aus dem sprachlichen Repertoire gestrichen werden: Eine Lagebeurteilung muss sachlich, nüchtern und auf eine vielleicht brutale Weise realistisch sein. Das darauf gestützte Handeln mag dann trotzdem von Optimismus getragen sein, wer sich das Denken aber schon bei der Lagebeurteilung durch eine rosarote Brille vernebeln lässt, kann keine gute Führungskraft sein und sollte aus den entsprechenden Positionen entfernt werden können oder jedenfalls den geballten Widerstand von Medien und Bevölkerung zu spüren bekommen. Wir wissen zu viel über die Phänomene des "Group Think" und der daraus resultierenden katastrophalen Entscheidungsqualität, um diese Dinge auf die leichte Schulter zu nehmen. Am Ende des 20. Jahrhunderts sollte man auch genug haben von den beschönigenden Worten und den rhetorischen Appellen und Parolen von Politikern.

1.3.2 Massstäbe, denen gute Führung genügen muss

Der zweite Schritt wäre eine neue, gründliche Befassung mit den Massstäben, denen gute Führung zu genügen hat. Es ist für mich bis heute unerklärlich geblieben, hängt aber mit dem oben angesprochenen fehlenden Realismus zusammen, wie Manager aller Ebenen und Bereiche unkritisch auch den grössten Schrott an Publikationen über Führungsfragen akzeptieren können, ihre Organisationen damit befassen und ihren Mitarbeitern damit deren wertvollste Ressource stehlen, nämlich ihre Zeit: Keine auch noch so abstruse Modewelle – von Sensitivity Training bis Esoterik und von New Age- bis Chaos-Management – wird hinterfragt; die Bereitwilligkeit, Wunderrezepte auszuprobieren und hohle Phrasen als Leitideen für die Führung zu akzeptieren, hat ein dramatisches Ausmass angenommen. Dabei bleiben die wirklich entscheidenden Massstäbe guter Führung fast völlig auf der Strecke, nämlich Leistung, Effektivität, echte – im Gegensatz zu vermeintlicher – Menschlichkeit und vor allem die Frage der Verantwortlichkeit von Führungskräften. "Der Soldat hat ein Recht auf kompetente Führung," war schon eine Maxime von Julius Caesar. Wir haben es bis heute nicht geschafft, dieses Recht zu einem Menschenrecht – und zwar zu einem einklagbaren – zu machen. Die Verantwortlichkeit von Managern ist zu des "Kaisers neuen Kleidern" verkommen.

1.3.3 Verständnis dafür, wie komplexe Systeme funktionieren

Drittens benötigen wir eine gründliche, kritische und für Führungskräfte obligatorische Befassung mit der Funktionsweise und den Funktionsgesetzmässigkeiten komplexer Systeme. Die Expertokratie immer weiter sich aufsplitternder, akademischer Disziplinen und die Arroganz und Indifferenz der allgegenwärtigen Spezialisten, die ihrerseits keinerlei Verantwortung für ihre Empfehlungen zu tragen haben, sind Gefahren grössten Ausmasses; der Terror der gelehrsamen, grossen, dunklen und bedeutungsschwangeren Worte, durch welche verbaler Schwulst an die Stelle klaren Denkens gesetzt wird, verhindern jede taugliche Problemlösung.

Von diesen Voraussetzungen ausgehend wäre es dann notwendig, die sozialen Institutionen und Organisationen, ihre Zwecke, Aufgaben und Ziele, ihre Führungssysteme und -prozesse und ihre Organisationsformen gründlich und gewissenhaft zu durchdenken und zu reformieren. Der vielfach zu hörende Ruf nach neuen Eliten beruht allerdings auf einer Verkennung der Lage: Was wir brauchen, ist nicht eine Elite von Personen, von neuen Führern, sondern eine Elite von Institutionen – solchen Institutionen, in denen gewöhnliche Menschen befähigt werden, Aussergewöhnliches zu leisten. Vorschläge sind genügend vorhanden; sie müssen nur realisiert werden.

1.4 Wie der Wandel praktisch bewältigt werden kann

Ich möchte im Folgenden versuchen, einige praktisch relevante Aspekte zu skizzieren, und zwar im Zusammenhang mit den drei vielleicht wichtigsten Aktivitätsfeldern moderner Unternehmensführung: der Unternehmungsstrategie, der Unternehmungsstruktur und der Unternehmungskultur.

Ich konzentriere mich hier bewusst auf das Gebiet der Wirtschaft; erstens, weil ich glaube, dass wir von hier die relativ grösste Problemlösungskraft erwarten dürfen, und zweitens, weil die für die Wirtschaft wichtigen Erkenntnisse, wenn auch mit Modifikationen, für andere Organisationen der Gesellschaft ebenso Gültigkeit haben.

Sind die drei genannten Gebiete unter Kontrolle, so spricht vieles dafür, dass eine Unternehmung robust genug ist, um ziemlich viele Schwierigkeiten überstehen zu können. Die Kriterien des Überlebens und der Lebensfähigkeit einer Unternehmung sind damit engstens verknüpft. Meine Absicht ist selbstverständlich nicht, hier eine mehr oder weniger vollständige Behandlung dieser Themen vorzulegen. Ich möchte mich im Gegenteil auf jene Aspekte konzentrieren, anhand welcher ich glaube zeigen zu können, was angewandtes Systemdenken, zumindest auf dem gegenwärtigen Entwicklungsstand, ist. Zukünftige Forschungen mögen weit darüber hinausführen; schon die Realisierung der heute vorliegenden Resultate würde aber einen grossen Fortschritt bedeuten.

1.4.1 Aktivitätsfeld Unternehmungsstrategie

Die Literatur zu diesem Thema ist fast unübersehbar geworden. Die theoretischen Ausgangspunkte sind sehr verschiedenartig und zum Teil ausserordentlich komplex, während sich die Praxis meistens mit ein paar einfachen – möglicherweise zu einfachen – Aspekten begnügt. In Abb. 1 sind die wichtigsten Zusammenhänge graphisch dargestellt.

Es würde den Umfang eines solchen Aufsatzes sprengen, auf sämtliche Details eingehen zu wollen; ich muss mich daher auf die wesentlichen Elemente beschränken: Zum einen finden sich hier die wichtigsten Steuerungsgrössen, die für die Lebensfähigkeit einer Unternehmung unabdingbar unter Kontrolle gebracht und gehalten werden müssen. Zum anderen sieht man die dazugehörigen Orientierungsgrössen, also jene Daten, anhand derer beurteilt werden kann, ob die Steuerungsgrössen tatsächlich unter Kontrolle sind oder nicht. Als weiteren, wichtigen Aspekt werden die Konsequenzen für den zeitlichen Horizont sichtbar, der mittels der Steuerungsgrössen zu erreichen ist. Dieses Schema erlaubt so eine klare Unterscheidung zwischen der operativen Unternehmenssteuerung und der strategischen Führung.

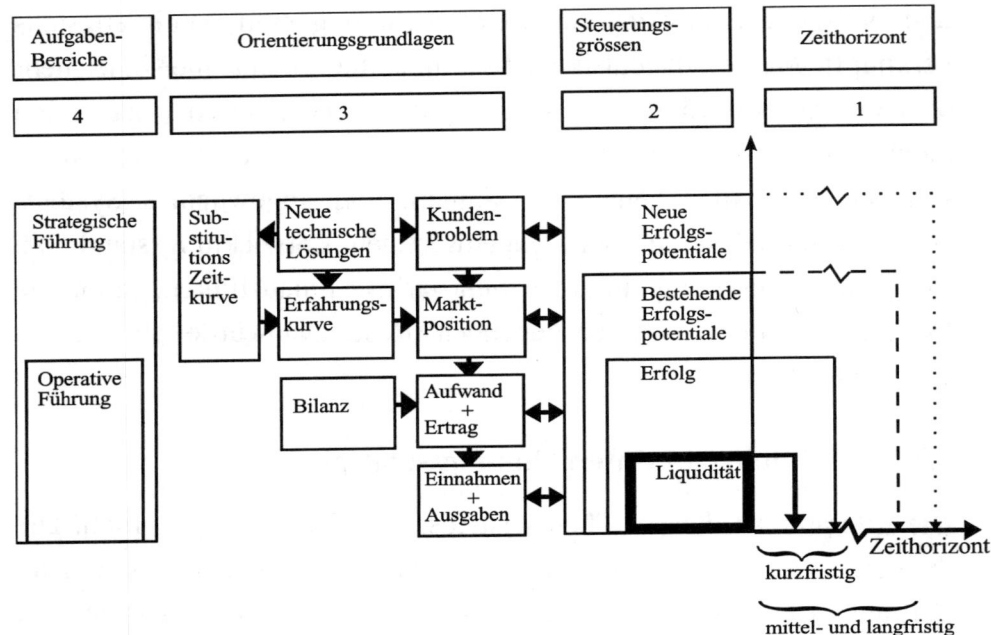

Abbildung 1: Das unternehmerische "Navigationssystem": Aufgabenbereiche der Unternehmungsführung mit ihren Steuerungsgrössen und der zunehmenden Komplexität der jeweiligen Orientierungsgrundlage

(Quelle: Gälweiler, A., Strategische Unternehmensführung, Frankfurt/ New York 1987)

Gleichzeitig können damit schliesslich die wirklich entscheidenden – im Gegensatz zu willkürlich angenommenen – Vernetzungen der relevanten Grössen dargestellt und die wichtigen Selbstorganisationsaspekte berücksichtigt werden. Man kann also mit gutem Grund von einem "Navigationssystem" sprechen.

An unterster Stelle steht die Liquidität als überlebensrelevante Steuerungsgrösse, denn Unternehmungen gehen bekanntlich nicht unter, weil sie keine Gewinne machen, sondern deshalb, weil sie illiquid werden. Die dazugehörigen Orientierungsgrössen sind die Einnahmen und Ausgaben sowie die direkt damit zusammenhängenden Bilanzgrössen einschliesslich der Kreditlimiten. Mit Hilfe der Liquidität kann aber nur ein sehr kurzfristiger Zeithorizont überblickt werden. Dies gilt völlig unabhängig von den Methoden, die man verwenden mag, um die Liquidität zu analysieren, und auch noch so sophistizierte Projektionsmethoden werden es nicht erlauben, die Liquidität über die branchenspezifischen Zeithorizonte hinaus zu prognostizieren.

Um den Steuerungshorizont in die Zukunft zu erweitern, muss eine gänzlich andere Steuerungsebene erschlossen werden: der betriebswirtschaftliche Erfolg. Die dazugehörigen Orientierungsgrössen sind die Erträge und die Aufwände – und diese sind, was für jeden Kaufmann völlig klar ist, wesensgemäss verschieden von den Orientierungsgrössen der Liquidität. Das Entscheidende ist nun, dass zwischen Liquidität und Erfolg eine logisch gegenläufige Beziehung in folgendem Sinne besteht: Die Liquidität kann positiv sein, obwohl Verluste gemacht werden; andererseits kann eine negative bzw. angespannte Liquiditätssituation vorliegen, obwohl man Gewinne macht.

Dies ist natürlich für den Praktiker nichts Neues oder Überraschendes, schliesslich hat er sein bilanzielles und buchhalterisches Handwerk gelernt. Dennoch wird häufig übersehen, dass wir es hier mit einer typisch kybernetischen Beziehung zu tun haben: einem Steuerungs- oder "Control"-Problem par excellence. Dieses besteht darin, dass wir durch die Signale einer Steuerungsgrösse systematisch irregeführt werden können und diese Irreführung nur vermeiden können, indem wir eine logisch höhere Steuerungsebene in Betracht ziehen. Gleichzeitig haben wir es aber auch mit wichtigen Kausalbeziehungen zu tun, denn der betriebswirtschaftliche Erfolg verursacht letzten Endes eben die Spielräume, in denen sich die Liquidität bewegen kann.

Genau dieser Zusammenhang ist es, der zu einer ganz natürlichen, fast organischen Weiterentwicklung des unternehmerischen Steuerungs- und Lenkungssystems führt. Denn auch der betriebswirtschaftliche Erfolg kann mit den ihn selbst definierenden Grössen nicht beliebig in die Zukunft projiziert werden, insbesondere wäre jede Form von Hochrechnung oder Extrapolation falsch. Um einen noch grösseren Zeithorizont zu erschliessen, benötigt man eine wiederum höhere Steuerungsebene, die in den gesamten Systemzusammenhang integriert werden muss.

Dies sind die Erfolgspotentiale, genauer: die heute und jetzt bestehenden, also gegenwärtigen Erfolgspotentiale. Der Begriff "Erfolg" wird hier nicht in einem vagen, umgangssprachlichen Sinne verwendet, sondern im Sinne des Rechnungswesens – nicht "success," sondern "profit." Es handelt sich also um das Potential, aus dem sich der betriebwirtschaftliche Erfolg durch entsprechende Nutzung schliesslich ergibt. Heutige Erfolgspotentiale als wesentliche Steuerungsgrössen haben wiederum ihre eigenständigen und spezifischen Orientierungsgrundlagen, mit denen allein eine Aussage über die Qualität und die Ergiebigkeit des Potentials gemacht werden kann. Zwischen den Steuerungsgrössen "betriebswirtschaftlicher Erfolg" und "bestehende Erfolgspotentiale" besteht wiederum exakt dieselbe logische Beziehung, wie zwischen "Liquidität" und "Erfolg:" Die Gewinne können heute ausgezeichnet sein, obwohl die Potentiale einem massiven und möglicherweise irreversiblen Erosionsprozess unterworfen sind; andererseits kann man sich heute in einer Verlustsituation befinden, obwohl die Erfolgspotentiale ausgezeichnet sind. Auch hier gilt wiederum der Grundsatz, dass man von einer untergeordneten Steuerungsgrösse so gut wie nichts über ihre Verursachung bzw. die Steuerungsgrösse höherer Ordnung aussagen kann. Umgekehrt aber – von oben nach unten gewissermassen – können sehr zuverlässige Ableitungen gemacht werden: je besser die Erfolgspotentiale sind, umso leichter wird es fallen, auch tatsächliche Gewinne zu erzielen; wo kein Erfolgspotential vorhanden ist, lässt sich auch bei noch so gutem Management kein Erfolg mehr erwirtschaften.

In diesem "Navigationssystem" sind nun als Orientierungsgrundlagen für die bestehenden Erfolgspotentiale wiederum zwei Grössen aufgeführt: die Marktanteile und die Erfahrungskurve, die als langfristig günstigstenfalls erreichbare Kostenuntergrenze verstanden werden muss. Aufgrund des empirisch festgestellten Zusammenhanges zwischen Marktanteilen und Kostenuntergrenze, dem sog. Erfahrungs- oder Boston-Effekt, kann eine hinreichend genaue Aussage über die Ergiebigkeit von Erfolgspotentialen gemacht werden.

Allerdings wird niemand erwarten, dass wir mit nur gerade zwei Grössen auskommen, um Erfolgspotentiale wirklich beurteilen und bestimmen zu können. Umfangreiche empirische Untersuchungen haben zum Ergebnis geführt, dass der weitaus grösste Teil des unternehmerischen Ertragspotentiales von einem runden Dutzend Faktoren bestimmt wird. Wird der betriebswirtschaftliche Erfolg letztlich als Gesamtkapitalrendite resp. als Return on (Total-) Investment (ROI) definiert, so lässt sich zeigen, dass der weitaus grösste Teil der Unterschiedlichkeit im ROI auf Unterschiedlichkeiten in eben diesen Faktoren zurückgeführt werden kann – und dies unabhängig von Branche, Land, Unternehmungsgrösse usw.

Hier können die einzelnen Grössen nur kurz aufgezählt werden.[10] Es sind dies:

- die relativen Marktanteile,
- die relative Marktleistungsqualität,
- die Investmentintensität,

---

[10] Vgl. ausführlich Buzzell, R.D. / Gale, B.T., The PIMS Principles - Linking Strategy to Performance, New York 1987.

- die Produktivität,
- die Innovationsrate,
- das Kundenprofil,
- die Wachstumsrate des Marktes und
- die vertikale Integration.

Für jeden einzelnen dieser Faktoren wurde durch vergleichende Studien bestimmt, wie seine Auswirkung auf die Gesamtkapitalrendite ist. Von entscheidender Bedeutung ist nun allerdings, dass diese Faktoren in sich wiederum ein komplexes Netzwerkgefüge bilden, das bei entsprechender Konstellation in dem Sinne zu Selbstorganisation beiträgt, als eine deutliche Tendenz hin zu einer günstigen Gesamtkapitalrendite gegeben ist, sobald diese Eckwerte unter Kontrolle gebracht sind.

Es handelt sich hier meines Erachtens um einen Paradefall von Selbstorganisation. Selbstverständlich ist es keine grosse Kunst, im Rahmen eines Modells Hunderte oder sogar Tausende von Faktoren zu beschreiben, die alle "irgendwie" mit dem ROI zu tun haben. Praktisch wäre es aber müssig, eine so grosse Zahl und das sich daraus ergebende, gigantisch komplexe Netzwerk im Einzelnen quantitativ bestimmen zu wollen: Jeder einzelne Faktor wäre mit sehr grossen Ungenauigkeiten und Schätzfehlern behaftet; die Bestimmung der einzelnen Vernetzungsbeziehungen, ihre konkreten Verläufe und ihre quantitativen Interdependenzen über alle kombinatorischen Möglichkeiten würde selbst in relativ einfachen Unternehmungen die Grenzen des prinzipiell Möglichen überschreiten. Dies wäre ein typisch technomorphes Vorgehen, der Versuch nämlich, jede einzelne Grösse im Detail zu bestimmen und entsprechend dem Gesamtziel zu organisieren.

Aufgrund der vorliegenden Forschungsresultate ergibt sich aber auch eine ganz andere Möglichkeit: Man nimmt die systemisch als wirklich entscheidend erkannten Variablen – und dies sind offensichtlich relativ wenige –, führt diese in eine günstige Bedingungskonstellation und "zwingt" damit Hunderte oder Tausende anderer Faktoren, im Rahmen dieser Konstellation in eine günstige Richtung zu driften. Per analogam könnte man sagen, dass dies dieselbe Methode ist, mit der man einen natürlichen Flusslauf mit relativ einfachen Mitteln durch eine entsprechende Anordnung einiger grosser Felsblöcke in eine neue Richtung leiten kann.

Damit erschöpft sich das strategische Steuerungssystem aber noch nicht. Es stellt sich nämlich zusätzlich die Frage, wie dauerhaft die heutigen Erfolgspotentiale sind. Nur in sehr günstigen Fällen wird man davon ausgehen können, dass die heutigen Potentiale gleichzeitig auch identisch mit den zukünftigen Potentialen sind. Daher – und aufgrund der exakt gleichen logischen Beziehung, wie sie bereits in Zusammenhang mit den früheren Grössen beschrieben wurde – müssen wir das Steuerungssystem noch um eine weitere Stufe ergänzen und eben auch zukünftige Erfolgspotentiale in den Systemsteuerungszusammenhang integrieren. Die Steuerungsgrösse der heutigen Erfolgspotentiale kann positive Signale senden, während gleichzeitig eine Analyse zum Ergebnis kommen kann, dass keine zukünftigen Potentiale vorliegen. Umgekehrt können die heutigen Potentiale relativ schlecht sein, während man zum Ergebnis kommt, ausgezeichnete zukünftige Potentiale zu haben, die allerdings noch nicht "reif" genug sind, um bereits genutzt zu werden. Mit dieser obersten Steuerungsgrösse kann der weitestmögliche zeitliche Horizont überblickt werden – und dies, wie der Leser festgestellt haben wird, ohne jegliche Hochrechnung oder Extrapolation: Wir brauchen keine dieser Grössen zu prognostizieren; die Erschliessung einer jeweils vor- und höhergelagerten Steuerungsgrösse erübrigt eine solche Prognose, die ohnehin nur in stabilen Zeiten möglich wäre und selbst dann mit grossen Unzuverlässigkeiten behaftet ist.

Die Orientierungsgrundlagen für diese oberste Steuerungsgrösse sind einerseits das sog. lösungsinvariant formulierte Anwenderproblem und andererseits die technologische Substitution. In diesem Zusammenhang stossen wir einmal mehr auf eminent systemische Gedankengänge und Zusammenhänge: Die Verwendung dieser Orientierungsdaten – und damit natürlich auch der Zwang, sie zu analysieren, zu identifizieren und besser zu verstehen – führt unmittelbar zu einer vom heutigen Produkt vollkommen unabhängigen Definition des Geschäftes, in dem sich das Unternehmen befindet. Nur so gelingt es, der systemwissenschaftlichen Forderung Rechnung zu tragen, das System gewissermassen unabhängig von seinem heutigen Output und nur noch von seiner grundlegenden Funktion, von seinem Zweck her zu verstehen.

In diesem Sinne produzieren Automobilunternehmungen eben nicht Autos, sondern Lösungen für ganz bestimmte Probleme ganz bestimmter Kundengruppen. Das Produkt "Auto" muss damit sofort verstanden werden als eine von mehreren möglichen Lösungen für dahinter liegende Problemstellungen – und es ist nicht übertrieben zu sagen, dass die einen Automobilunternehmungen eben "Transportvehikel" oder "Distanzüberwindungsgeräte" produzieren, während andere eher "Balzgeräte höherer Ordnung" herstellen.

Damit wird aber natürlich auch sofort klar, dass jede dieser Lösungen transient, also nur von zeitlich begrenzter Dauer ist. Keine einzige Lösung für irgendein Problem hat, in historischen Zeiträumen betrachtet, überdauert. Strategisches Denken, und ich meine, dass dies auch für Systemdenken typisch ist, beginnt immer mit dem grundlegenden Axiom: "Was immer heute existiert, es wird sich verändern – auch wenn wir heute noch nicht wissen, auf welche Weise." Dies ist zumindest einer der Anwendungsschwerpunkte des Begriffes "sich umstrukturierender Systeme," und weil, wie man gleich sehen wird, dies selten unter Kontrolle des Managements einer Unternehmung steht, kann man durchaus von "sich selbst umstrukturierenden Systemen" sprechen.

Dieser Umstand wird klar, sobald wir die zweite Orientierungsgrundlage der zukünftigen Erfolgspotentiale näher betrachten: die technologische Substitution, also die Verdrängung bisheriger Problemlösungen durch neue. Damit treten nämlich ganz bestimmte Typen von Verlaufsmustern des Wandels ins Blickfeld: Nichtlinearität und komplexe Interaktionsbeziehungen. Wir haben es den bahnbrechenden Arbeiten von Mensch, Marchetti und Nakicenovic zu verdanken, dass wir heute zumindest einiges über Sättigungs- und Substitutionsprozesse wissen. Sie folgen praktisch ausnahmslos einer S-förmigen Kurve, deren Verlaufsparameter, zumindest unter gewissen Umständen, bestimmt werden können. Eines der erstaunlichsten Ergebnisse dabei ist, dass wir die Wirtschaft, ja sogar die Gesellschaft schlechthin, im buchstäblichen Sinne als ein "lernendes System" verstehen können. Dies trifft deshalb zu, weil erstens S-förmige Kurven die typischen und klassischen Beschreibungen von Wachstums- bzw. Lernprozessen sind. Die Biologie liefert reichhaltiges Anschauungsmaterial dafür. Zum zweiten können wir damit aber auch ohne Bemühung von Analogien insofern von Lern- und Entwicklungsprozessen sprechen, als dies offensichtlich die Art und Weise ist, wie Ideen – verkörpert in Erfindungen und Innovationen – die Märkte erobern. Es verwundert daher natürlich auch nicht, dass diese Substitutions- und Diffusionsprozesse relativ lange Zeiträume beanspruchen, und dass wir daraus ganz wesentliche Eckwerte für das Verhalten von Systemen gewinnen können.

In den nachfolgenden Abbildungen 2 bis 7 sind einige Beispiele dargestellt, wobei es hier lediglich um die Illustration des grundsätzlichen Musters geht. (Zu beachten ist, dass die Ordinaten teilweise eine logarithmische Skala aufweisen, wodurch eine S-Kurve zu einer

Geraden gestreckt wird. Sämtliche Prozesse haben somit grundsätzlich logistischen oder S-förmigen Charakter.)

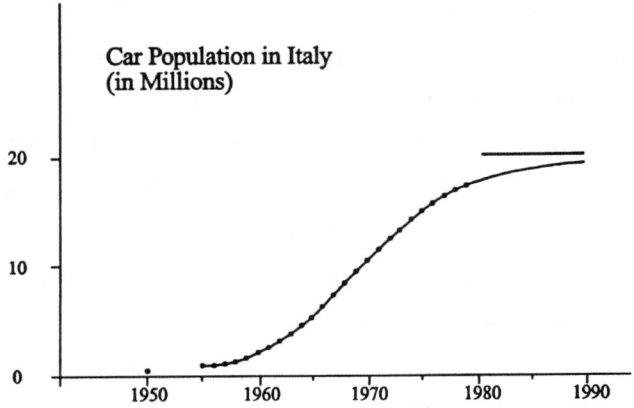

Abbildung 2: Wachstum des italienischen Automobilbestandes (in Millionen)

(Quelle: Nakicenovic, N., Patterns of Change - Technological Substitution and Long Waves in the United States, Laxenburg 1985)

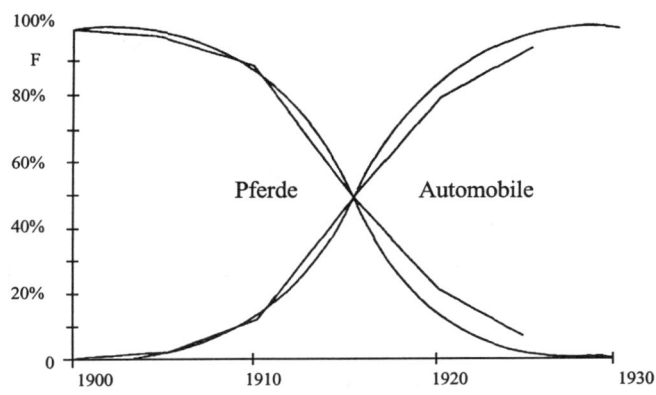

Abbildung 3: Substitution von Pferden durch Automobile (USA)

(Quelle: Nakicenovic, N., Transportation and Energy Systems in the United States, Laxenburg 1986)

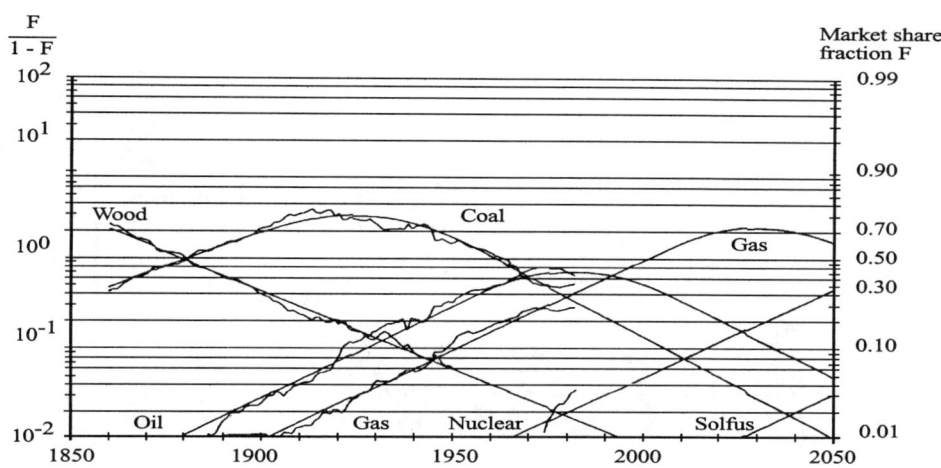

Abbildung 4: Primär-Energie-Substitution resp. Marktanteile versch. Energiearten am Gesamtverbrauch (USA)[11]

(Quelle: Marchetti, C., Technological Forecasting and Social Change, 1983)

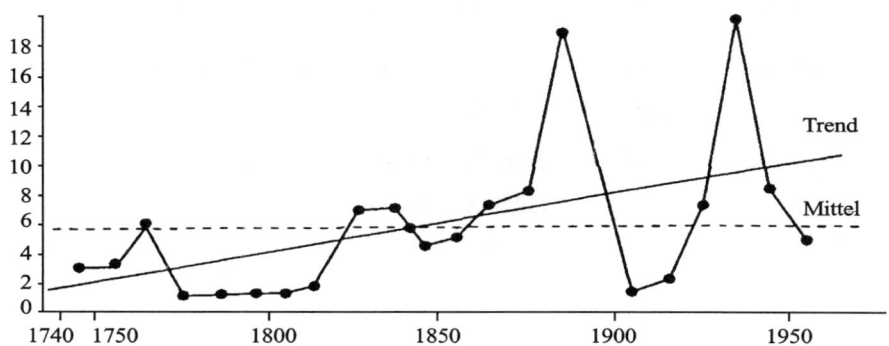

Abbildung 5: Häufigkeit von Basisinnovationen in 22 Dekaden (1740-1960)[12]

(Quelle: Mensch, G., Das technologische Patt, Frankfurt 1977)

---

[11] Die wirklichen Werte schwanken erstaunlich wenig um den errechneten idealen Verlauf.

[12] Basisinnovationen erfolgen in markanten historischen Schüben. Solche technologischen Schübe haben jedesmal zu totalen Veränderungen von Wirtschaft und Gesellschaft geführt. Deren Spitzen haben die bemerkenswerte Zeitkonstante von rund 55 Jahren.

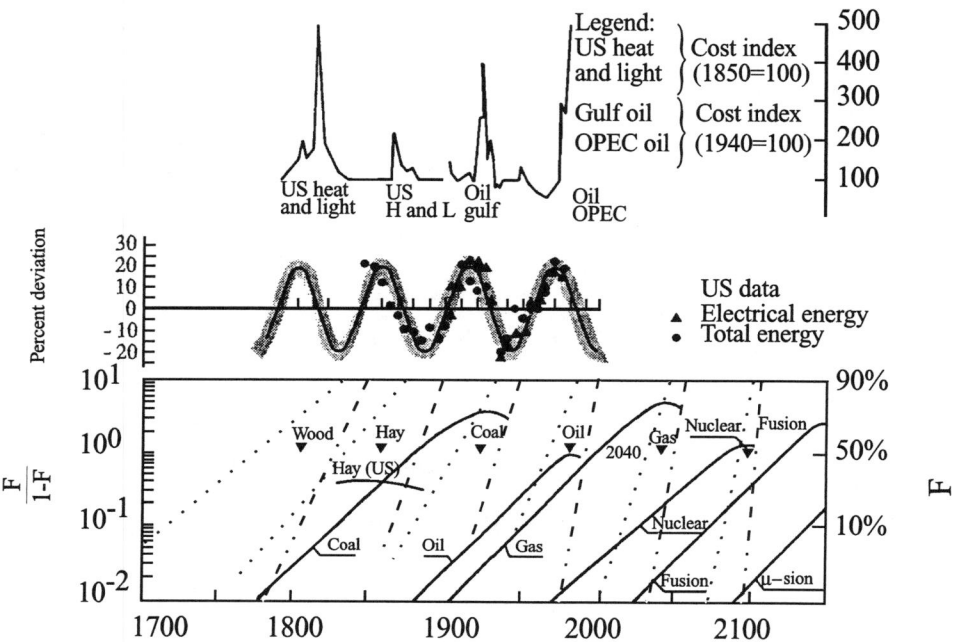

Abbildung 6: Szenario der Inventions- und Innovationszyklen oder -schübe von 1700-2100

(Quelle: Marchetti, C., in: Fifty-Year Pulsation in Human Affairs, Futures, Juni 1986, S. 383) [13]

---

[13] Abb. 6 stellt den Versuch dar, aus dem historischen Verlauf von Inventions- und Innovationszyklen Muster der Entwicklung abzuleiten, um daraus mutmassliche Regelmässigkeiten für die Zukunft zu bestimmen. (Da die vertikale Achse logarithmisch ist, stellen alle Geraden in einem gewöhnlichen Massstab S-Kurven dar.) Sie ist wie folgt zu verstehen:
Die punktierten Linien sind Schübe von Erfindungen, die strichpunktierten Linien sind der Verlauf der dazugehörigen Innovationen. Man erkennt, dass sich diese Entwicklung beschleunigt. Die Dreiecke jeweils in der Mitte von Invention und Innovation sind das sog. Zentraldatum eines Gesamtschubes, bestehend aus Invention und Innovation. Es ist das mittlere Datum zwischen 50% eines Erfindungsschubes und 50% eines Innovationsschubes. Diese

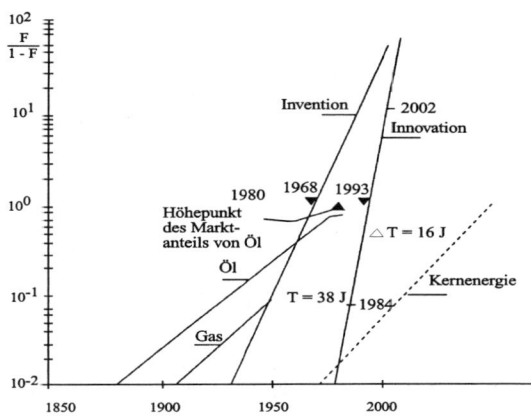

Abbildung 7: Der gegenwärtige Technologieschub
(Quelle: Marchetti, C., Society as a Learning System - Discovery, Invention and Innovation Cycles Revisited, in: Technological Forecasting and Social Change, Vol. 18, 1980)[14]

Zentraldaten liegen – trotz der Beschleunigung – in gleichem Abstand von rund 54 Jahren, was wiederum der Länge eines Kondratieff-Zyklus' entspricht. Die ausgezogenen Linien repräsentieren Aufstieg, Marktanteilsmaximum und Abstieg einer Primärenergieart (Holz, Heu, Kohle, Öl, Gas, Kernenergie). Die maximalen Marktanteile jeder Energieart fallen immer mit dem Zentraldatum eines Inventions-/Innovationsschubes zusammen. Im oberen Teil der Abbildung schliesslich sind die Energieverbrauchsschwankungen und die Entwicklung der Energiepreise festgehalten. Alle diese Grössen sind in überraschend regelmässiger Weise über den Zeitablauf koordiniert; sie pulsieren gewissermassen nach einem gemeinsamen Rhythmus.

[14] Marchetti konnte den Verlauf des Erfindungsschubes, der den heutigen Innovationen vorausgeht, sehr schön rekonstruieren: 1968 waren 50% aller Erfindungen gemacht; der Gesamtverlauf ist S-förmig. Mit einem beträchtlichen zeitlichen Abstand wurden diese Erfindungen zu nutzen begonnen, und auch dieser Innovationsschub verläuft S-förmig. Wenn sich an der Art, wie Menschen innovieren, nichts Grundlegendes verändert, wird dieser Schub den hier dargestellten zeitlichen Verlauf nehmen. 1993 müsste demnach etwa die Hälfte aller in diesen Schub fallenden Innovationen bereits getätigt sein; die noch vor uns liegende zweite Hälfte fällt im Wesentlichen in die 90er-Jahre. Das "T" bezeichnet die Zeit, die erforderlich ist, um von 10% auf 90% zu kommen. Das Zentraldatum, also der Mittelpunkt zwischen den 50%-Punkten,

Von besonderem Interesse sind in diesem Zusammenhang wohl die markanten verlaufsbezogenen Regelmässigkeiten und zeitlichen Konstanten der vier nachweisbaren säkularen Innovationsschübe, die C. Marchetti, aufbauend auf Arbeiten von G. Mensch, beschrieben hat. Die eigentümliche Koordiniertheit und Synchronisiertheit einer Vielzahl von wirtschaftlich relevanten Gegebenheiten ist immerhin bemerkenswert genug, um sich damit intensiv zu befassen. Die Grundlage dieser Prozesse scheint die Art und Weise zu sein, in der Menschen Wissen gewinnen (forschen), verbreiten (lernen) und schliesslich für praktische Zwecke zu nutzen beginnen (innovieren). Die wichtigsten Zusammenhänge und ihre Vernetzungen sind in Abb. 8 nochmals zusammengefasst.

Man sieht somit, dass das Steuerungssystem der Unternehmung selbst sowie die zwischen den relevanten Grössen bestehenden Verknüpfungen im Sinne klar definierter logischer Beziehungen einerseits und das Beziehungsgefüge der jeweiligen Einflussfaktoren für bestehende und zukünftige Erfolgspotentiale andererseits ein komplexes Netzwerk bilden.

Es liegt auf der Hand, dass hier Selbstorganisationsprozesse in grossem Umfange vorliegen, die teils unternehmungsendogen, teilweise aber auch unternehmungsexogen sind, die wir also zum Teil gestalten, zu einem anderen Teil aber nur quasi passiv – aber doch antizipierend – nutzen können.

---

fällt auf 1980. Marchetti prognostizierte schon in den 70er Jahren, dass ab diesem Zeitpunkt der Marktanteil von Öl als Primärenergie abzunehmen beginnen müsste und Öl immer stärker von Gas substituiert wird. Genau dies ist eingetreten. Die nun zu verzeichnenden Innovationen werden, allerdings mit beträchtlichem Zeitabstand, wieder zu einem Wirtschaftsaufschwung führen. Die Zeit bis dahin wird aber durch erhebliche Turbulenzen, wirtschaftliche Schwierigkeiten und Firmenzusammenbrüche gekennzeichnet sein.

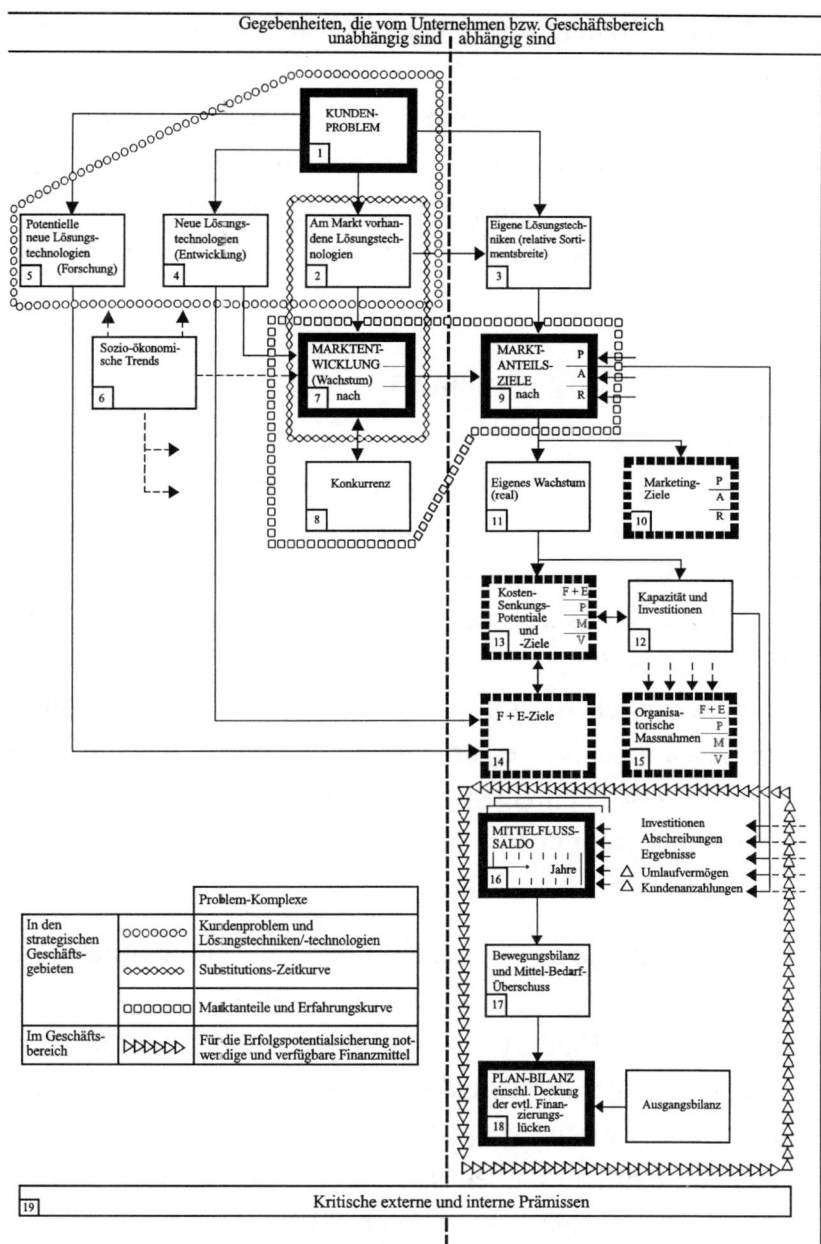

Abbildung 8: Grundsystematik der für strategische Planungen relevanten Problemfelder und ihrer Verknüpfungen

(Quelle: Gälweiler, A., Strategische Unternehmensführung, 1987, S. 31)

So erfreulich und nützlich die vorliegenden Resultate sind, so ist mir natürlich nur zu bewusst, dass wir uns erst am Beginn des Verständnisses derartig komplexer Zusammenhänge befinden. Weitere Forschungen werden mit Sicherheit zu bemerkenswerten Resultaten führen. Wie damit aber hoffentlich ebenfalls gezeigt ist, kann es nicht um irgendwelche Selbstorganisations-Mythen und arbiträre Netzwerkdiagramme gehen.

1.4.2 Aktivitätsfeld Unternehmungsstruktur

Unternehmungsstrategien werden nicht in einem strukturfreien Raum konzipiert, sondern im Rahmen einer bestehenden und in der Regel historisch gewachsenen Organisation. Damit stellt sich die Frage, ob als Folge – oder gar als Voraussetzung – der Neukonzipierung einer strategischen Richtung auch die Unternehmensstrukturen zu verändern sind. Die ganze Thematik an sich wäre selbstverständlich eine eigene Arbeit wert; ich muss mich daher auch hier auf die allerwesentlichsten Zusammenhänge beschränken. Daher möchte ich an dieser Stelle nur einen einzigen Aspekt herausgreifen, nämlich den Übergang von der stammbaum-ähnlichen Organisationsstruktur zur Netzwerkstruktur.

Fast alle Unternehmungen verfügen über ein Organigramm. Die meisten dieser Organigramme ähneln in verblüffender Weise einem Familienstammbaum. Eine Ausnahme bilden lediglich die Matrix-Organisationen, die aber, im Detail betrachtet, in sich selbst wiederum Baumstrukturen aufweisen. Man kann sich nun aber fragen, ob damit irgend etwas Wesentliches über das Funktionieren einer Unternehmung zum Ausdruck gebracht werden kann. Die kritische Frage lautet: Funktionieren Unternehmungen wegen oder trotz ihrer Organigramme?

Die meisten Praktiker werden wohl spontan zustimmen, dass ihre Unternehmung glücklicherweise *trotz* dieser eigentümlichen Gebilde funktionsfähig sind. Dann stellt sich aber sofort die zweite Frage: Warum verwendet man graphische Darstellungen, die niemandem wirklich zu helfen scheinen? Das klassische Organigramm, gleichgültig welche Grundstruktur es darstellt, ist für die Illustration gewisser Zusammenhänge zwar durchaus geeignet, sagt aber wenig über die tatsächliche Interaktionsweise der Elemente aus. Diese sind es aber, die die Realität der Führungskräfte praktisch bestimmen. Denn das Handeln von Managern kann sich längst nicht mehr im Rahmen ihrer direkten Abteilungsgrenzen bewegen, wenn sie wirklich Resultate erzielen wollen. Der Komplexitätsgrad, die spezifischen Formen der Arbeitsteilung und vor allen Dingen die Informationsflüsse in den Unternehmungen erfordern es, dass Manager in der Lage sind, innerhalb recht komplexer Netzwerke zu agieren und diese zu steuern – und zwar völlig unabhängig davon, ob ihnen in diesem Zusammenhang unmittelbare Kompetenzen zukommen, ob sie Anordnungs- oder Befehlsgewalt oder ähnliches haben.

Betrachten wir die Unternehmensrealität entlang dieser Linien, so stossen wir fast ohne Ausnahme auf Netzwerkstrukturen. Meine Erfahrung aus zahlreichen Seminaren und Workshops zeigt, dass kaum ein Manager Schwierigkeiten damit hat, sein tatsächliches Netzwerk zu visualisieren, sobald er dazu aufgefordert wird und die Freiheit bekommt, aus dem üblichen Modell der Organisationslehre auszubrechen. Natürlich könnte man nun die Auffassung vertreten, dies sei lediglich Strukturkosmetik. Immerhin kommen wir damit aber den täglichen Realitäten von Führungskräften einen ganz beträchtlichen Schritt näher. Darüber hinaus stehen wir mit einem Schlag zugleich inmitten einer ganzen Reihe von erstaunlichen systemischen Effekten: Die formale Organisation – und damit gewissermassen der technomorphe Aspekt jeder Struktur – zwingt die Führungskräfte geradezu, sich realitätsfremd zu verhalten; sie "dürfen", zumindest offiziell, gar nicht über ihre Bereichsgrenzen hinausdenken, denn dafür sind ja andere zuständig. Beinahe zwangsläufig – und dies ist selbstverständlich auch der betriebswirtschaftlichen Organisationslehre seit langem klar gewesen – entwickelt sich daher die sog. "informelle Organisation". Dies ist zweifellos ein erster Schritt in Richtung Selbstorganisation. Was ich mit den hier angedeuteten Netzwerkstrukturen jedoch meine, geht weit über die informelle Struktur hinaus: Netzwerkdenken bedeutet in diesem Zusammenhang, dass die einzelne Person für alles verantwortlich ist, was für ihre Resultate wirklich entscheidend ist, und zwar völlig unabhängig davon, ob es irgendwelche formellen oder informellen Strukturen gibt.

Die Aufforderung, die tatsächlichen Funktionszusammenhänge zu visualisieren, führt zunächst zu einer Form von geistiger Selbstorganisation, nämlich der gedanklichen Durchdringung der für die Erfüllung der Aufgabe tatsächlich erforderlichen Strukturen. Darüber hinaus ergibt sich aber ein Selbstorganisationseffekt in dem Sinne, als wir nunmehr sich gegenseitig überlappende Netzwerkstrukturen haben und ganz natürlich zu struktureller Redundanz gelangen.

Redundanz wird im Rahmen der Betriebswirtschaftslehre in der Regel als überflüssig und als Rationalisierungspotential verstanden. Aus den Systemwissenschaften und aus der Biologie wissen wir aber sehr genau, dass Redundanz eines der entscheidenden Prinzipien für die Funktionssicherheit eines Systems ist. Dies ist heute in der Technik völlig unbestritten und wird systematisch genutzt: Niemand würde wohl in ein Flugzeug einsteigen, wenn er nicht wüsste, dass eine ganze Reihe von Systemen, von Bordcomputern bis zu den Triebwerken, mehrfach – also redundant – ausgelegt sind. Redundanz der Funktionszusammenhänge und damit der manageriellen Verantwortlichkeit führt in gleichem Sinne dazu, dass die Funktionssicherheit der Unternehmung – und zwar ohne Kostenfolgen – massiv zunimmt. Man muss dafür möglicherweise die eine oder andere Motivationsschwierigkeit bzw. Konfliktsituation in Kauf nehmen. Dies ist aber bei weitem nicht so problematisch wie der Versuch, in einer komplexen Struktur Klarheit der Verantwortungsgrenzen durch gegenseitige Exklusion herbeiführen zu wollen.

Auf der Grundlage derartiger, keineswegs beliebig verknüpfter, sondern durch die Aufgaben gesteuerter Netzwerkstrukturen kommt man zu gänzlich anderen Organisationsformen, als wir sie bisher in der Betriebswirtschaftslehre entwickelt haben. Die Krönung bildet ja bis anhin eine zwei, drei oder noch mehr Dimensionen umfassende Matrix-Struktur. Bei genauer Betrachtung kommt man aber zwangsläufig zum Ergebnis, dass eine derartige Organisationsform lediglich die Schnittstellen maximiert, und bereits eine relativ oberflächliche Varietäts- und Komplexitätsanalyse zeigt, dass solche Organisationen nicht wirklich unter Kontrolle sein können. Es verwundert daher auch nicht, dass die meisten Praktiker bestätigen werden, dass Matrix-Organisationen in der Realität nicht wirklich funktionieren: Sie können beschrieben und graphisch dargestellt werden und bestechen sehr häufig sogar durch ihre visuelle Ästhetik und Symmetrie; die tatsächliche Funktionsweise sieht in aller Regel aber vollkommen anders aus. Um dies herauszufinden, darf man sich allerdings nicht ausschliesslich mit Vorstandsmitgliedern, Generaldirektoren oder gar mit den Organisationsfachleuten unterhalten, sondern muss jene Menschen befragen, die innerhalb solcher Strukturen wirklich zu arbeiten haben.

1.4.3 Aktivitätsfeld Unternehmungskultur

Als drittes Gebiet soll, ebenfalls in aller Kürze, schliesslich noch der Aspekt der Unternehmungskultur behandelt werden. Gerade dieses Gebiet hat in den letzten Jahren grosse Aufmerksamkeit gefunden. An dieser Stelle bleibe dahingestellt, ob dies zu Recht geschehen ist oder nicht und ob diese Facette tatsächlich, wie viele behaupten, bis anhin unberücksichtigt geblieben ist. Ich glaube, an anderer Stelle gezeigt zu haben, dass dies nicht so ist, und eine richtig verstandene Managementlehre diesem Aspekt immer schon Rechnung getragen hat.

Wie dem auch sei, die entscheidende Frage ist selbstverständlich das Problem der materiellen Ausgestaltung der Unternehmungskultur, das Problem also, welche Werte, Prinzipien, Überzeugungen etc. die Kultur prägen bzw. prägen sollen. Weitere Fragen, die damit zusammenhängen, beziehen sich auf das Problem der Veränderung und selbstverständlich auch der Wirkung einer Unternehmungskultur.

Wie auch immer diese Fragen beantwortet werden, über eines sind sich viele Fachleute einig: dass die Unternehmungskultur kaum – oder jedenfalls nur innerhalb sehr enger Grenzen – bewusst im Einzelnen gestaltet werden kann. Zweifellos gibt es einige Kulturtechnokraten, die der Auffassung sind, alles und jedes nach ihren eigenen Vorstellungen konzipieren zu können. Bei näherer Analyse stellt sich dies aber in aller Regel als Irrtum heraus. Bestenfalls gelingt solches noch in sehr kleinen und überschaubaren Unternehmungen, die aber auf diesem Gebiet meistens ohnehin keine Probleme haben. In allen anderen Fällen wird man zum Ergebnis kommen, dass die Unternehmungskultur ein klares Beispiel für das Selbstorganisationsphänomen darstellt.

Mit Hilfe von Abb. 9 möchte ich lediglich kurz skizzieren, welche Schlüsselgrössen meiner persönlichen Auffassung nach unter Kontrolle sein müssen, damit die Selbstorganisationstendenzen in die für Unternehmungen richtige Richtung tendieren. Denn Unternehmungen sind zwar soziale, in erster Linie aber produktive Systeme; sie existieren nicht um ihrer selbst willen – auch wenn man dies manchmal anzunehmen geneigt ist –, sondern um für ihre Umwelt, die Gesellschaft im weitesten Sinne, eine Leistung zu erbringen. Sie beziehen ihre soziale Legitimation ausschliesslich aus der Leistung nach aussen.

Aus diesem Grunde ist es von entscheidender Bedeutung zu akzeptieren, dass Unternehmungen – und meiner Auffassung nach auch alle anderen sozialen Organisationen – keine "Glücks- oder Zufriedenheitsvehikel" sein können, sondern letztlich nur nach ihrer Effektivität zu beurteilen sind. Die Spielregeln, die in einer Unternehmung bestehen, bestimmen nun ganz wesentlich die Richtung, in die sich Selbstorganisationstendenzen bewegen: Ist das dominierende Verhaltenskriterium de facto die individuelle Selbstverwirklichung, wird eine Unternehmung unvermeidlich eine gänzlich andere Kultur aufweisen, als wenn das Leitkriterium in Leistung, Effektivität und Ergebnissen besteht.

Wie mir scheint, ist es in letzter Zeit zur Mode geworden, systemische Selbstorganisation zu identifizieren mit Konzepten wie "kooperatives Führungsverhalten", "Selbstentfaltungsmöglichkeiten", "Hedonismusprinzip", "Freisetzung von Potentialen durch Selbstverwirklichung" und ähnliches mehr. Natürlich hören sich alle diese Dinge sehr schön an, und sie sind in gewisser Weise auch faszinierend. Ich zweifle aber sehr daran, ob dies erstens überhaupt irgend etwas mit Selbstorganisation zu tun hat und ob zweitens damit der produktiven Aufgabe einer Unternehmung Rechnung getragen werden kann. In den letzten Jahren ist um diese Dinge herum geradezu eine Ideologie entstanden, die kaum mehr Kritik oder Skepsis zulässt. Mit den Forderungen nach charismatischen Führerpersönlichkeiten, nach kreativen und innovativen Persönlichkeitstypen, nach Identifikation usw. verbindet sich das Ganze in jüngerer Zeit zu einer eigentümlich kollektivistisch-totalitären Philosophie.

Ich meine, dass eine wirklich geeignete – und dies bedeutet natürlich auch robuste – Unternehmungskultur auf ganz anderen Aspekten aufgebaut ist: Es ist eine Kultur der Effektivität und der Leistung. Diese fragt nicht nach der Motivation, sondern nach dem tatsächlichen Verhalten; nicht nach den Anstrengungen, sondern nach den Ergebnissen; nicht nach Gründen, sondern nach den Resultaten. Diese Unternehmungskultur ist vor allen Dingen insofern nicht nur realistischer, sondern auch humaner, als sie ihren Ausgangspunkt nicht bei irgendwelchen genial veranlagten Superpersönlichkeiten hat, sondern beim ganz gewöhnlichen Menschen. Ihre Grundfrage lautet nicht: "Warum ist das Genie so besonders leistungsfähig?" Dies ist etwas, was bei genauem Hinsehen ja niemanden wirklich überrascht. Die entscheidende Frage lautet vielmehr: "Was befähigt gewöhnliche Menschen, Ungewöhnliches zu leisten?" Dies ist im Kern das entscheidende Managementproblem; dies macht Management anspruchsvoll und schwierig, gleichzeitig aber eben human, weil der Ausgangspunkt der gewöhnliche Mensch ist.

In diesem Sinne wirksame Führungskräfte handeln und prägen damit auch die Unternehmungskultur nach einigen wenigen Grundsätzen, die sie aber recht konsequent einhalten (vgl. Abb. 9).

Der effektive Manager handelt sehr konsequent nach dem Prinzip, dass letztlich nur die Resultate zählen – er ist Output-orientiert. Natürlich weiss er, dass Input in Form von Arbeit, Anstrengung und Mühe erforderlich sind, um Output zu produzieren. Sein Denken kreist aber niemals um die Inputs; was für ihn zählt, sind die Ergebnisse. Dies mag nun sofort den Anschein erwecken, als werde hier einer Art von autoritärem, inhumanem und möglicherweise sogar brutalem Management das Wort geredet. Dies ist in keiner Weise der Fall, denn die äussere Erscheinungsform, der Stil, die Verpackung gewissermassen, können vollkommen verschieden sein.

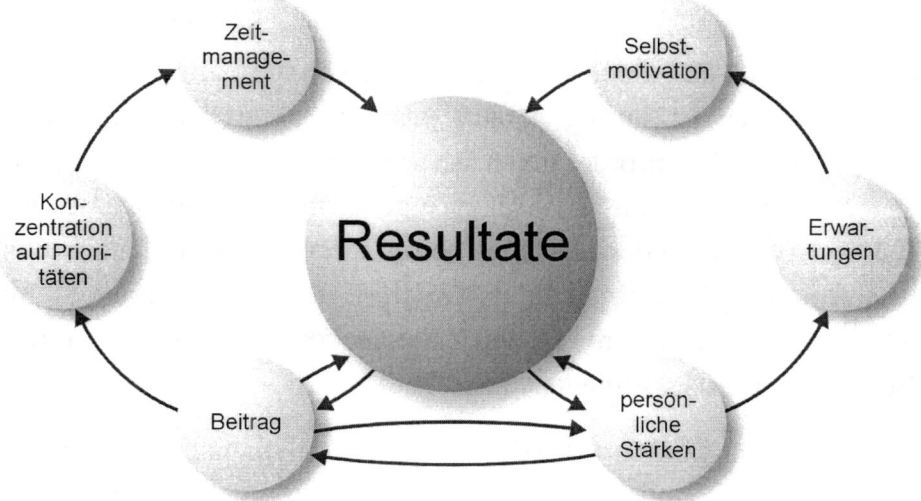

*Abbildung 9: Netzwerk der Faktoren managerieller Effektivität
(Quelle: Malik, F.: Effizienzsteigerung durch optimale Arbeitsmethoden, in:
Schweizer Ingenieur und Architekt, Heft 6/1987)*

Natürlich will ich nicht bestreiten, dass es unter den ergebnisorientierten Führungskräften auch solche gibt, die zu einem autoritären Stil neigen; es gibt aber mindestens ebenso viele, die diesem Grundsatz mit äusserster Konzilianz, um nicht zu sagen Liebenswürdigkeit, nachleben. Entscheidend ist die Verwirklichung dieses Prinzips und nicht so sehr die äusserliche Erscheinungsform.

Zum zweiten wissen wirksame Führungskräfte, dass sie ihre Aufgabe und ihre Arbeit nur dann sinnvoll gestalten und damit auch Resultate erzielen können, wenn sie sich auf ihren spezifischen Beitrag an das Ganze konzentrieren. Sie stellen sich daher immer wieder die Frage: "Was kann ich im Rahmen dieser Unternehmung im Besonderen beitragen?" Dies ist sozusagen der "Trick", mit dem man sich konsequent aussenorientiert und in einem sehr verallgemeinerten Sinne kundenorientiert macht.

Die wirksamen Führungskräfte wissen weiter, dass sie sich auf einige ganz wenige Gebiete konzentrieren müssen. Sie tun dies nicht, weil sie arbeitsscheu oder bequem wären. Sie tun es ausschliesslich aus der Erkenntnis oder Erfahrung heraus, dass an sie täglich derart viele verschiedenartige Anforderungen gestellt werden, ihre Arbeit immer wieder durch Störungen und Sachzwänge zerstückelt und fragmentiert wird und sie infolgedessen kaum damit rechnen können, auf vielen verschiedenartigen Gebieten tatsächlich Resultate zu erzielen. Sie widmen daher auch ihrem eigenen Zeitmanagement sowie jenem ihrer Mitarbeiter grösste Aufmerksamkeit.

Sie gehen auch konsequent davon aus, dass Resultate nur dann erwartet werden können, wenn man sich fast kompromisslos an den bereits vorhandenen eigenen Stärken sowie den Stärken der Mitarbeiter, Kollegen und Vorgesetzten orientiert. Schwächen erkennen sie selbstverständlich auch, und leiden unter diesen genauso wie alle anderen. Sie leisten sich aber nicht den Luxus, sich über diese Schwächen zu beklagen. Stattdessen zwingen sie sich, auf das zu achten, was Menschen können, und setzen alles daran, Menschen dort einzusetzen, wo sie ihre Stärken haben. Sie legen daher auch besonderes Gewicht auf die Aufgaben- und Stellengestaltung sowie auf die Einsatzsteuerung ihrer Mitarbeiter, und sie sorgen strikt für Kongruenz zwischen diesen Aspekten und bereits vorhandenen Stärken.

Diese Art von Führungskräften achtet weniger auf Motivationsfragen, und sie sind nicht besonders damit beschäftigt, ständig das Innenleben ihrer Mitarbeiter zu analysieren. Worauf sie aber sehr achten, das ist die gegenseitige Vertrauensbasis. Denn nur wenn und insoweit ein Manager es geschafft hat, sich das Vertrauen seiner Mitarbeiter zu erwerben und zu erhalten, ist es ihm gelungen, eine wirklich robuste Führungssituation zu schaffen. Eine solche Robustheit gegenüber den vielen Fehlern, die täglich, ob wir es wollen oder nicht, passieren, ist, wie schon erwähnt, eine der entscheidenden Facetten einer guten

Unternehmungskultur. Und schliesslich handelt es sich bei solchen Führungskräften um Menschen, denen es auf irgendeine Weise immer wieder gelingt, einer auch noch so misslichen Lage die positiven Seiten abzugewinnen. Sie warten nicht darauf, bis ein anderer sie motiviert; sie motivieren sich selbst – denn sie wissen, dass sie aus sich heraus die erforderliche Kraft entwickeln müssen, um mit den vielen Rückschlägen und Misserfolgen, die das Tagesgeschäft mit sich bringt, fertig werden zu können. Dahinter stehen keine besonderen, geheimnisvollen Methoden oder gar spezifische Persönlichkeitsveranlagungen; die meisten Führungskräfte lernen dies im Laufe ihrer Praxis – wenn auch zu viele leider erst sehr spät.

Diese Grundsätze mögen ganz simpel erscheinen – und sie sind es auch. Sie sind einfach – aber nicht leicht zu realisieren. Auch sie haben den Charakter von Eckpfeilern, relativ zu welchen sich schliesslich so etwas wie Selbstorganisation ergeben kann. Es sind die unverzichtbaren Fixpunkte, die Orientierung überhaupt erst ermöglichen und die das zu schaffen vermögen, was Stafford Beer einmal "the entropic drift" genannt hat. Damit meinte er nichts anderes, als die dem Physiker wohlvertraute Tatsache, dass entsprechend dem zweiten Hauptsatz der Thermodynamik ein System immer in seinen wahrscheinlichsten Zustand tendiert. Die Frage ist dann natürlich immer wieder: "Welches ist dieser wahrscheinlichste Zustand?" In einem physikalischen System ist es ein Zustand der Gleichverteilung der Energie; in einem sozialen System geht es darum, dass eine spontane Ordnung entsteht. Wie wir von Friedrich von Hayek lernen können, hängt dies mit der Existenz von Regeln im System zusammen, die das Verhalten einer grossen Zahl von Individuen so steuern, dass die daraus entstehende Verhaltensordnung ein hohes Mass an Zweckmässigkeit und Funktionssicherheit aufweist.

Eine gedeihliche Unternehmensentwicklung – und vor allen Dingen eine Unternehmensentwicklung, die auch unter dem Einfluss der genannten Turbulenzpotentiale einigermassen robust verläuft – wird ohne eine gründliche und gewissenhafte Anwendung dieser Erkenntnisse nicht möglich sein. Selbstverständlich werden die im Einzelnen zu realisierenden Lösungen, ihr erforderlicher Detaillierungsgrad und die konkrete Vorgehensweise je unterschiedlich sein und von der Unternehmungsgrösse, ihrer Entwicklungsgeschichte und den spezifischen Branchenbedingungen abhängen. Es wird aber entscheidend sein, dass die wesentlichen Kernelemente des hier Dargestellten umgesetzt und realisiert werden. Dies lässt sich in der Regel nur auf der Grundlage einer entsprechenden Ausbildung aller Mitarbeiter eines Unternehmens bewerkstelligen. Denn uninformierte Mitarbeiter können nicht nur nichts beitragen, sondern sie werden entsprechenden Massnahmen auch Widerstände entgegensetzen, die zwar nicht ausschliesslich, erfahrungsgemäss aber doch zu einem beträchtlichen Teil aus einem Mangel an Kenntnissen über die wesentlichen Zusammenhänge resultieren. Die besten Lösungen sind daher dort zu erzielen, wo die Mitarbeiter eines Unternehmens aktiv an der Lösung dieser Probleme mitwirken können. Dies führt in aller Regel nicht nur zu entscheidender Praxisnähe, sondern auch zu einer hohen Akzeptanz der entwickelten Lösungen.

Entscheidend wird somit nicht mehr die ökonomische Gewinnmaximierung sein, sondern die Entwicklung der Lebensfähigkeit und Robustheit einer Unternehmung; nicht das Herausquetschen der letzten Renditeprozente, sondern die Fähigkeit, auch Umsatzeinbrüche und massiven Preisdruck durchzustehen; nicht mehr das Geschäftemachen wird im Vordergrund stehen, sondern die Kunst, im Geschäft zu bleiben – und wesentlich werden weniger Fragen des Führungsstil sein, als vielmehr die Fähigkeit und Bereitschaft, Verantwortung zu übernehmen und wenn notwendig auch einzulösen.

(1992)

Zitierte und ergänzende Literatur

Ashby, W.R., An Introduction to Cybernetics, 5. Aufl., London 1970

Beer, S., Brain of the Firm, London 1972; 2. Aufl., Chichester 1981
- Platform for Change, London 1975

Buzzell, R.D. / Gale, B.T., The PIMS Principles - Linking Strategy to Performance, New York 1987

Dörner, D., Die Logik des Misslingens, Reinbek 1989

Dörner, D. et al. (Hrsg.), Lohhausen - Vom Umgang mit Unbestimmtheit und Komplexität, Bern 1983

Drucker, P.F., Die ideale Führungskraft, Düsseldorf 1967
- Management: Tasks, Responsibilities, Practices, London 1974

Gälweiler, A., Strategische Unternehmensführung, Frankfurt/New York 1987

Malik, F., Effizienzsteigerung durch optimale Arbeitsmethoden, in: Schweizer Ingenieur und Architekt, Heft 6/1987
- Strategie des Managements komplexer Systeme, 5. Aufl., Bern/Stuttgart/Wien 1996

Malik, F. / Stelter, D., Krisengefahren in der Weltwirtschaft, Zürich 1990

Marchetti, C., Society as a Learning System - Discovery, Invention, and Innovation Cycles Revisited, Laxenburg 1981
- Infrastructures for Movement, Laxenburg 1986

Mensch, G., Das technologische Patt, Frankfurt 1975

Nakicenovic, N., Patterns of Change - Technological Substitution and Long Waves in the United States, Laxenburg 1985
- Transportation and Energy Systems in the United States, Laxenburg 1986

Popper, K.R., Logik der Forschung, 4. Aufl., Tübingen 1971

2. Systemorientierte Managementlehre

In der Betriebswirtschaftslehre scheinen einige wichtige Annahmen empirischer Natur zu dominieren, die sich bei näherer Untersuchung als sehr fragwürdig erweisen und von denen ein Teil auch als falsch erkannt werden kann.

Unter der Bezeichnung "Betriebswirtschaftslehre" kann nun allerdings sehr Verschiedenartiges verstanden werden. Es würde zu weit führen, die ganze Spannweite der betriebswirtschaftlichen Richtungen und ihre ohnehin sehr unterschiedlichen Perspektiven zu diskutieren. Hier steht jene Form der Betriebswirtschaftslehre im Vordergrund, die sich als *Managementlehre* versteht. Dabei soll nicht weiter untersucht werden, ob es, wie soeben impliziert, richtig oder zweckmässig ist, die Managementlehre als Variante der Betriebswirtschaftslehre aufzufassen. Vieles spricht dafür, die Managementlehre als eigenständig und als etwas völlig anderes zu verstehen, als es zumindest die dominierende deutschsprachige Betriebswirtschaftslehre darstellt, die sich zu einem grossen Teil noch immer im Wesentlichen als wirtschaftswissenschaftliche Schwesterdisziplin der Ökonomie darbietet.

Es kann festgestellt werden, dass in der Wirtschaftspraxis betriebswirtschaftliche Probleme und ihre Lösungen nicht isoliert vorkommen, sondern immer im Verbund mit Problemen der *Unternehmungsführung*. Damit taucht aber sofort die Frage auf, was unter "Unternehmungsführung" zu verstehen ist, denn die gerade aufgestellte Behauptung stimmt natürlich nur unter ganz bestimmten Voraussetzungen, d.h. nur auf der Basis einer ganz bestimmten Vorstellung von Unternehmungsführung. Im Folgenden sollen daher die Basisannahmen dieser Vorstellung herausgearbeitet werden, um eben jene semantische Falle zu umgehen, die in der Bezeichnung unterschiedlicher Dinge mit demselben Namen besteht.

Einige historische Bemerkungen zur Entwicklung der Managementlehre, wie sie hier – zunächst noch ohne weitere Umschreibung – gemeint ist, mögen dem Verständnis dienlich sein: Vor dem Hintergrund einer Reform des betriebswirtschaftlichen Studiums an der Hochschule St. Gallen erschien 1968 Ulrichs Buch "Die Unternehmung als produktives soziales System."[15] Die darin vorgelegte, in ihren Grundzügen von einer grösseren Gruppe von Dozenten mitgestaltete Betriebswirtschaftslehre ist – wie der Untertitel zum Ausdruck bringt – als eine *allgemeine Unternehmungslehre* konzipiert, die explizit auf die Allgemeine Systemtheorie und die Kybernetik als Grundlagenwissenschaften abstellt und die Unternehmung als vieldimensionale Ganzheit versteht. Die Betriebswirtschaftslehre wurde bereits hier als Lehre von der *"Gestaltung und Führung von Systemen"* verstanden.

Der sog. "Systemansatz" wurde in den darauf folgenden Jahren von Doktoranden, wissenschaftlichen Mitarbeitern und Habilitanden weiter auszubauen, zu begründen und schliesslich auch praktisch anwendbar zu machen versucht. Ulrich ging davon aus, dass die Betriebswirtschaftslehre in ihrem damaligen Verständnis als Schwesterdisziplin der Volkswirtschaftslehre für die Lösung von praktischen Problemen nur sehr eingeschränkt Hilfe leisten konnte. Insbesondere Fragen der Unternehmungsführung blieben aufgrund der mehrheitlichen Beschränkung der Probleme auf ihre rein wirtschaftliche Dimension weitgehend ausgeklammert. Unternehmungsführung war aber im Verständnis Ulrichs das zentrale Problem überhaupt, und er beurteilte die Leistungsfähigkeit der Betriebswirtschaftslehre im Wesentlichen nach ihrem Beitrag zur Lösung von Unternehmungsführungsproblemen.

---

[15] Vgl. Ulrich, H., Die Unternehmung als produktives soziales System, 2. Aufl., Bern 1971.

Für Ulrich war Unternehmungsführung schon damals keineswegs reduzierbar auf Fragen der Menschenführung; vielmehr ging es ihm um die umfassende, der praktischen Wirksamkeit verpflichtete Gestaltung und Lenkung der Unternehmung. Es handelte sich hier somit um ein vieldimensionales Problem, das aus einer ökonomischen Perspektive allein nicht zu lösen war, und demzufolge musste auch die Ausbildung von Führungskräften über die Betriebswirtschaftslehre hinausgehende Aspekte umfassen.

Unternehmungen – in der weiteren Folge dann aber beliebige soziale Institutionen – als komplexe, vieldimensionale, offene und dynamische *Systeme* zu begreifen, schien ein fruchtbarer Ansatz zu sein, der eine Reihe von neuen Perspektiven eröffnete, neue Probleme aufwarf und trotz seiner sehr abstrakten Grundlagen doch wesentlich näher an die realen Problemsituationen von Führungskräften in der Praxis heranzuführen schien als die rein ökonomistisch ausgerichtete Betriebswirtschaftslehre. Durch diesen Ansatz schien die Betriebswirtschaftslehre an sozialer Relevanz zu gewinnen, ohne zu einer rein pragmatischen Kunstlehre zu degenerieren; im Gegenteil war zu vermuten, dass der Versuch der wissenschaftlich-theoretischen Fundierung zu interessanten Ergebnissen für die Praxis führen würde.

Dadurch, dass das Problem der Unternehmensführung im Sinne der umfassenden, ganzheitlichen Gestaltung und Lenkung der Unternehmung in den Mittelpunkt gestellt wurde, ergaben sich, wie erwähnt, neue Fragestellungen: Zum Ersten schloss diese Problemstellung selbstverständlich auch die Einbettung und Positionierung der Unternehmung in der für sie relevanten Umwelt – Märkte, politische und soziale Umwelt usw. – mit ein, die natürlich nicht als a priori bekannt vorausgesetzt werden konnte, sondern herauszufinden war. Zum Zweiten war von Anfang an klar, dass die Unternehmung nur als Teil eines viel grösseren Netzwerkes von Institutionen, das in sich wiederum einen Schichtenbau aufwies, begriffen werden konnte und dass die Reduktion dieses Netzwerkes auf nur gerade die Unternehmung selbst eine unzulässige Vereinfachung bzw. einen fundamentalen Fehler in der Systemabgrenzung darstellte. Zum Dritten schliesslich wurde durch die weitere Ausarbeitung dieses Ansatzes deutlich, dass sich die Problemsituation der in einer und für eine Unternehmung handelnden Menschen zum Teil wesentlich anders darstellen musste, als dies von der klassischen Betriebswirtschaftslehre angenommen wurde.

Insbesondere dann, wenn man eine wesentliche Eigenschaft von Unternehmungen, nämlich ihre Komplexität und Dynamik, ernst nahm und nicht durch reduktionistische Annahmen und die ceteris paribus-Klausel künstlich eliminierte, wurde deutlich, dass viele im Zentrum der klassischen, ökonomistischen Betriebswirtschaftslehre stehenden Fragen im Grunde von recht untergeordneter Bedeutung waren oder zumindest eher selten vorkommende Spezialfälle darstellten. Weiter zeigte sich, dass zahlreiche Probleme von grösster Relevanz bis dahin nur wenig oder gar keine Beachtung fanden. Die Beispiele sind zahlreich und umfassen Fragestellungen grundlegender Art, wie etwa ob Unternehmungsführung aus der Perspektive der Gewinnmaximierung oder -optimierung überhaupt richtig verstanden werden kann; ob das Problem der Faktorkombination sich für die Unternehmung in der von der Betriebswirtschaftslehre behandelten Weise stellt; ob die im Bereich der Absatzwirtschaft behandelten Preisbildungsmodelle und -hypothesen praktische Relevanz besitzen oder ob Investitionen wirklich nach den Gesichtspunkten der Investitionstheorie beurteilt werden. Wesentliches Element der klassischen Ansätze ist ja das Problem der Optimierung unter bestimmten Bedingungen oder der optimalen Entscheidungsfindung, wobei in der Regel die Verwendung ökonomischer und damit quantifizierbarer Parameter dominiert. Sind die unterstellten Voraussetzungen aber auch wirklich erfüllt? Genügt es, ökonomisch-quantitative Einflussgrössen allein zu berücksichtigen? Viele Beobachtungen zeigen, dass für die praktische Unternehmungsführung ganz andere Dinge eine wesentlich wichtigere Rolle spielen und es nur selten um Optimierungen geht, sondern man vielfach schon dann zufrieden sein muss, wenn man die Ereignisse überhaupt unter einer gewissen Kontrolle hat.

Denn Management – und dies wurde von einigen angelsächsischen Autoren, allen voran Peter Drucker, schon recht früh erkannt – hat weniger mit Optimieren als mit Balancieren zu tun; zwar auch mit Analyse, vor allem aber mit Integration und Synthese sehr verschiedenartiger Faktoren; weniger mit der Konstruktion widerspruchsloser Zielsysteme, als mit der sich täglich neu stellenden Problematik der Harmonisierung unvermeidlich widersprüchlicher Absichten und Erwartungen. Management kann man möglicherweise – so die Vermutung – viel besser verstehen als das ständige Bemühen, ein sehr komplexes System unter Kontrolle zu bringen und zu halten, das durch ein hohes Mass an Probabilismus gekennzeichnet ist, dessen Elemente sich ständig verändern – und zwar sowohl bezüglich ihrer Zustände als auch, grundlegender, bezüglich ihrer Art und Zahl – und dessen Eigendynamik bewirkt, dass es nur schwer und häufig mit unerwünschten Nebenwirkungen beeinflusst werden kann.

Es geht also im Wesentlichen darum, ein *System* zu *lenken* – und diese Aufgabe stellt sich je nach der Struktur und den Wirkungsmechanismen des Systems unterschiedlich dar. Die *Lenkbarkeit* von Systemen zu ermöglichen oder zu verbessern wiederum ist eine der wichtigen Gestaltungsaufgaben von Managern. Gestaltung und Lenkung von komplexen, dynamischen Systemen ist somit die Perspektive der systemorientierten Managementlehre.

Mehr und mehr aber wurde klar, dass der Schritt von einer wirtschaftswissenschaftlich ausgerichteten Betriebswirtschaftslehre zu einer systemorientierten Managementlehre weit grössere Konsequenzen haben könnte, als dies möglicherweise selbst die Väter des neuen Ansatzes vermutet haben dürften. Um den anspruchsvollen Forderungen einer ganzheitlichen und vieldimensionalen Unternehmungslehre und Unternehmungsführungslehre genügen zu können, war und ist es erforderlich, immer mehr Gebiete einzubeziehen, die bis anhin nicht einmal im Entferntesten etwas mit Betriebswirtschaftslehre zu tun hatten, ja nicht einmal in den Bereich der Wirtschafts- und Sozialwissenschaften im Allgemeinen eingeordnet werden konnten.

Die Verwendung des weitgehend formalen, jedenfalls aber sehr weiten Systembegriffes und der Versuch, eine so verstandene Betriebswirtschaftslehre systemtheoretisch zu fundieren, waren seither ebensosehr Vorteil wie Hindernis. Vorteil deshalb, weil durch die Orientierung an der Allgemeinen Systemtheorie eine ungewöhnliche Öffnung der Perspektive erfolgte, was dazu führte, dass bis dahin gänzlich ausgeklammerte Wissenschaften auf ihre mögliche Relevanz für die Lösung betriebswirtschaftlicher Probleme untersucht wurden. In einer Reihe von Arbeiten, die seither zur Systemorientierten Betriebswirtschaftslehre im weitesten Sinne in St. Gallen, aber auch andernorts, geschrieben wurden, findet man daher zahlreiche Beispiele dafür, dass sich die Autoren mit aus der Sicht der klassischen Betriebswirtschaftslehre recht exotisch erscheinenden Wissenschaften auseinandersetzten. Dominierendes Beispiel ist hier die Kybernetik mit all ihren Spielarten, von der Regelungstheorie über die Bio- und Neurokybernetik bis zu den Forschungen über künstliche Intelligenz, Linguistik und Evolutionstheorie.

Die Hindernisse bestanden und bestehen darin, dass durch die Beschäftigung mit derartigen Gebieten auch viele Missverständnisse entstehen. Der Versuch, Denkweisen, Theorien, Ergebnisse usw. aus gänzlich anderen Disziplinen in die Betriebswirtschaftslehre aufzunehmen, ist mit zahlreichen Schwierigkeiten verbunden, die nicht nur die Relevanz dieser Gebiete für eine in Entstehung begriffene Systemorientierte Betriebswirtschaftslehre betrafen, sondern von vornherein auch die Frage berührten, ob man die neuen bzw. andersartigen Wissenschaften überhaupt richtig verstanden hatte.

Ich möchte die Natur solcher Schwierigkeiten, die sich im Zusammenhang mit der Integration sehr verschiedener Wissensgebiete und ihrer Nutzung als Fundament einer Systemorientierten Betriebswirtschafts- bzw. Managementlehre ergaben, anhand einer kurzen Rekapitulation eines in den Jahren 1972 bis 1974 am Institut für Betriebswirtschaft an der Hochschule St. Gallen durchgeführten Forschungsprojektes zur Entwicklung einer sog. "System-Methodik" veranschaulichen.[16] Diese Rekapitulation erscheint nicht zuletzt auch deshalb als gerechtfertigt, weil ich immer noch der Auffassung bin, dass diese Wissensgebiete relevant sind und eine Theorie des Managements sozialer Systeme nicht ohne sie auskommt.

Zweck dieser "System-Methodik" sollte es sein, aufbauend auf dem damaligen Entwicklungsstand der Systemorientierten Managementlehre, für die Gestaltung und Lenkung von komplexen Systemen konkret anwendbare methodische Hilfsmittel im Sinne einer generellen Vorgehensweise sowie Regeln, Grundsätze und Techniken zu entwickeln. Allgemein gesprochen kann man sagen, dass die Grundidee darin bestand, eine Methodik für den *Umgang* mit komplexen Systemen zu schaffen, dabei bewusst die Tatsache einbeziehend, dass das Umgehen mit derartigen Systemen in der Realität, gemessen am Standard klassischer Rationalitätsvorstellungen, immer erhebliche Unvollkommenheiten aufweisen musste, oft weit entfernt vom theoretischen Optimum zu operieren hatte und das Erfolgskriterium oft

---

[16] Vgl. Gomez, P. / Malik, F. / Oeller, K.H., System-Methodik - Grundlagen einer Methodik zur Erforschung und Gestaltung komplexer soziotechnischer Systeme, 2 Bände, Bern/Stuttgart 1975.

nur darin bestehen konnte, das System so zu beeinflussen, dass ein einigermassen zufriedenstellender Output resultiert und dabei wichtige Systemeigenschaften, wie etwa die Anpassungsfähigkeit des Systems, erhalten bleiben.

Das Resultat dieses Projektes stützte sich auf meinen im ersten Band des zitierten Buches dargestellten, möglicherweise etwas kühnen und in vielen Belangen durchaus Kritik provozierenden Versuch, mehrere, sehr verschiedene Gebiete menschlichen Wissens miteinander zu vereinen, die prima vista nichts oder nicht viel miteinander zu tun hatten, bei deren näherer Analyse sich aber doch vermuten liess, dass sie einen Beitrag zur Lösung des gestellten Problems leisten könnten.

Einer der wesentlichen Bestandteile war Poppers Theorie des Wissens (Theory of Knowledge) auf ihrem Stand von 1972, also unter Einschluss und Berücksichtigung seines damals gerade erschienenen Buches "Objective Knowledge", weil, wie ich in Teil A des zitierten Buches begründet zu haben glaubte, Poppers Erkenntnistheorie, die er selbst im Wesentlichen als *Problemlösungsmethodik* versteht, gerade auch für die Lösung von Problemen, die im Zusammenhang mit der Gestaltung und Lenkung komplexer Systeme auftreten, von grundlegender Relevanz ist. Ich bin immer noch der Auffassung, dass die richtig verstandene Philosophie und Erkenntnistheorie Poppers für das praktische Management sozialer Institutionen eine unverzichtbare Grundlage darstellt.[17] In dieser Auffassung wurde ich in der Folge durch das Studium des wissenschaftlichen Werkes von Friedrich von

---

[17] Eine meines Erachtens überzeugende Darstellung der Relevanz der Methodologie Poppers für eine rationale Praxis findet sich auch in dem erst nach Abschluss des Hauptteiles des Manuskriptes zur zitierten Arbeit erschienenen Buch "Traktat über rationale Praxis" von Hans Albert (Tübingen 1978). Wichtige Argumente sind schliesslich auch im 1980 veröffentlichten Nachwort "Der Kritizismus und seine Kritiker" (in: Albert, H., Traktat über kritische Vernunft, 4. Aufl., Tübingen 1980) enthalten.

Hayek bestärkt, dem ich die wichtigsten Einsichten in das Funktionieren komplexer Systeme und in die Problematik, welchen Anforderungen eine Theorie komplexer Systeme zu entsprechen hat, verdanke.

Weitere Bestandteile waren bestimmte Richtungen der Kybernetik, insbesondere die Arbeiten von Stafford Beer, Gordon Pask, Ross Ashby und Heinz von Foerster, die deshalb als wesentlich erschienen, weil sie weit über das im deutschsprachigen Raum übliche Verständnis von Kybernetik als Regelungstheorie bzw. -technik hinausgingen und insbesondere in jenen Bereich vorstiessen, der durch hohe Komplexität gekennzeichnet ist.

Basis für die hier zugrunde liegende Auffassung von Kybernetik waren die drei bereits im Jahre 1958 erschienenen Artikel "Organic Control and the Cybernetic Method"[18] von Gordon Pask, "The Irrelevance of Automation"[19] von Stafford Beer sowie "Some Aspects in the Design of Biological Computers"[20] von Heinz von Foerster. Eines der grundlegenden Studienobjekte dieser Art von Kybernetik ist der frei lebende Organismus in seiner natürlichen Umgebung, namentlich seine Fähigkeit, sich ständig wechselnden Umständen anzupassen, zu lernen, zu evolvieren – allgemein vielleicht: erfolgreich zu leben. Von besonderer Bedeutung war in diesem Zusammenhang auch Ross Ashby's Werk "Design for a Brain", worin er das Problem wie folgt formuliert: "Our problem is, first, to identify the nature of the change which shows as learning, and secondly, to find why such changes should tend to cause better adaptation for the whole organism."[21]

---

[18] Pask, G., Organic Control and the Cybernetic Method, in: Cybernetica, I, 1958, S. 155-173.
[19] Beer, S., The Irrelevance of Automation, ebenda S. 280-295.
[20] Foerster, H. von, Some Aspects in the Design of Biological Computers, in: Proceedings of the 2nd International Congress on Cybernetics, Namur 1958, Paris 1960.
[21] Ashby, W.R., Design for a Brain, London 1952, S. 12.

Diese damals noch rudimentären ersten Versuche wurden von den genannten Autoren in bemerkenswerter und für eine systemische Managementtheorie höchst bedeutsamer Weise weiterentwickelt: Aus Pasks damaliger Auffassung entstand eine umfassende Theorie lernender Systeme, deren Basismodell ein sich frei entfaltender Konversationsprozess ist.[22] Beers Denken kulminiert vorläufig in seinem Modell lebensfähiger Systeme, einem explizit auf das Problem der Komplexitätsbeherrschung gerichteten Strukturmodell.[23] Heinz von Foerster muss als einer der ganz grossen Pioniere systemtheoretischen und kybernetischen Denkens angesehen werden. Seine Arbeiten sind äusserst vielseitig und facettenreich und können nicht in ein paar Worten zusammengefasst werden. Ein wichtiges Ergebnis ist seine kybernetische Epistemologie für beobachtende – im Gegensatz zu beobachteten – Systeme,[24] die darauf hinausläuft, dass das erkennende Subjekt und sein Erkenntnisapparat in die Erklärung des Erkenntnisprozesses miteinbezogen werden muss, um diesen und seine Ergebnisse – und das darauf beruhende Verhalten überhaupt – verstehen zu können. Diese Denkrichtung trifft sich mit der evolutionären Erkenntnistheorie und der Theorie autopoietischer Systeme, einer neueren Entwicklung aus der Biologie, die versucht, Leben als sich selbst produzierenden – nicht *re*produzierenden – Erkenntnisvorgang bzw. Ordnungsprozess zu begreifen.[25]

---

[22] Pask, G., The Cybernetics of Human Learning and Performance, London 1975 sowie ders., Conversation, Cognition and Learning - A Cybernetic Theory and Methodology, Elsevier Press 1974.
[23] Beer, S., The Heart of Enterprise, Chichester 1979.
[24] Foerster, H. von, Objects Tokens for (Eigen-)behaviours, in: ASC Cybernetics Forum. Vol. VIII, No. 3+4, S. 91-96.
[25] Vgl. hierzu Riedl, R., Die Ordnung des Lebendigen - Systembedingungen der Evolution, Hamburg/Berlin 1975; ders., Biologie der Erkenntnis, Hamburg/Berlin 1980 sowie Maturana, H.R. / Varela, J.F., Autopoiesis and Cognition, Dordrecht 1980.

Ich erwähne diese von den genannten ursprünglichen Ansätzen ausgehende Entwicklung deshalb, weil die Allgemeine Systemtheorie noch viel zu oft nur als spezieller Zweig der Mathematik – was sie sicher *auch* ist – gesehen wird und die Kybernetik mit der Regelungstheorie, insbesondere jener von Systemen mit bekannten oder identifizierbaren Transferfunktionen – was sie natürlich *auch* umfasst –, gleichgesetzt wird. Für komplexe soziale Systeme sind aber jene kybernetischen Denkweisen, die eben um das Phänomen von *organic control* entstanden sind, viel wichtiger.

Von Bedeutung für das "System-Methodik"-Projekt erwiesen sich ferner die Arbeiten von Jean Piaget zur genetischen Psychologie, dessen Denken meiner Auffassung nach eine nicht zu übersehende Verwandtschaft mit den Ansätzen der organischen Kybernetik hat, was übrigens erst jüngst in einem hochinteressanten Artikel von Heinz von Foerster bestätigt wird.[26]

Piaget's Arbeiten sind meines Erachtens ferner eine wesentliche Ergänzung empirischer Art zur Erkenntnistheorie Poppers und stellen einen wichtigen Schritt auf dem Wege zu einer empirischen und experimentellen Epistemologie dar, wie sie etwa von Warren McCulloch, einem weiteren grossen Pionier der Kybernetik, schon in den 40er Jahren gefordert wurde. Dies aus der Einsicht heraus, dass die Auffassungen der Philosophie letztlich durch Erkenntnisse über Anatomie und Funktion der den Organismen zur Verfügung stehenden Erkenntnisapparate, also über Gehirne und Zentralnervensysteme, gestützt werden müssen.[27] Diese Forderung findet eine eindrückliche

---

[26] Foerster, H. von, Objects Tokens for (Eigen-)behaviours, in: ASC Cybernetics Forum, Vol. VIII, No. 3+4, S. 91-96.

[27] Vgl. McCulloch's bis ins Jahr 1943 zurück reichende Aufsatzsammlung "Embodiments of Mind" (MIT Press 1965), insbesondere auch die Einführung zu diesem Buch von Seymour Papert, der ebenfalls die Beziehungen zur Theorie von Piaget klar herausarbeitet.

Erfüllung auch durch die Untersuchungen von Eccles[28] sowie die evolutionäre bzw. biologische Erkenntnistheorie.

Weiter habe ich dort das TOTE-Konzept und die damit verbundene Theorie kognitiver Prozesse von Miller/Galanter/Pribram verwendet, deren Konnex sowohl zur Kybernetik wie zur Erkenntnistheorie nicht zu übersehen ist, und schliesslich die Theorie der "Personal Constructs" von George Kelley, die einen interessanten Versuch darstellt, Erkenntnis und Lernprozesse als Bildung eines System zu verstehen.

Ergebnis dieser Integrationsversuche war eine Problemlösungsmethodik in Gestalt einer Schrittfolge, die als Ausgangspunkt die Konstatierung eines Problems im Sinne Poppers hat, wobei die Art des Problems allerdings eingegrenzt wurde auf eine ganz bestimmte Kategorie, nämlich die Klasse der *Lenkungsprobleme* (control problems). Die leitende Vorstellung bestand darin, dass Führungskräfte (Manager), wie schon erwähnt, in letzter Konsequenz immer vor der Frage stehen, wie sie den Bereich oder das System, für das sie zuständig und verantwortlich sind, unter Kontrolle bringen und unter Kontrolle halten. Dass es sich hierbei um ein ganz bestimmtes Verständnis des Wortes "Kontrolle" handelt, wurde im Rahmen jener Forschungen deutlich gemacht. Hier sei nur sehr verkürzt und bildhaft gesagt, dass Formulierungen wie "ein Orchester unter Kontrolle haben" oder "eine Sportart oder Fremdsprache beherrschen" jene Bedeutung von "Kontrolle" zum Ausdruck bringen, die in diesem Zusammenhang gemeint ist.

Wenn als Grundproblem die in diesem Sinne verstandene Beherrschung oder Kontrolle eines Systems angenommen wurde, so ergab

---

[28] Vgl. Eccles, J.C., The Human Psyche, Berlin/Heidelberg/New York 1980; ders., The Human Mystery, Berlin/Heidelberg/New York 1979; ders., Facing Reality, Berlin/Heidelberg/New York 1970 sowie Popper, K.R. / Eccles, J.C., The Self and its Brain, Berlin/Heidelberg/New York 1977.

sich die nächste Hauptkomponente der Methodik auf natürliche Weise. Die Frage, ob und in welchem Ausmass man ein System unter Kontrolle haben kann, hängt nämlich ganz wesentlich von den Eigenschaften der beteiligten Systeme ab – des Systems, das unter Kontrolle gebracht werden soll, und desjenigen Systems, dem sich diese Aufgabe stellt. Manche Systeme lassen sich, z.B. weil sie sehr einfach und unkompliziert sind, sehr leicht beherrschen; andere entziehen sich – möglicherweise grundsätzlich – jeder Form menschlicher Kontrolle.

Das Problem schien wesentlich von der *Komplexität* der fraglichen Systeme bestimmt zu sein und von der Frage, welche Voraussetzungen überhaupt eine Chance mit sich bringen, ein System unter Kontrolle zu bringen. Dies führte im Rahmen des damaligen Forschungsprojektes zu einer intensiven Beschäftigung mit den Charakteristika von Systemen, etwas unscharf ausgedrückt: mit der Natur von Systemen, und mit typischen Formen der Lenkung, sog. Control-Modellen.

Als nächstes Hauptelement der Methodik waren schliesslich Massnahmen zur Beeinflussung eines Systems vorgesehen, die in Kenntnis der Natur des Systems und seiner Lenkungsmechanismen Aussicht auf Wirksamkeit boten, wobei ganz im Sinne des für die Kybernetik typischen Kreislaufdenkens die dadurch erzielten Effekte, bzw. bereits die bezüglich der angenommenen Effekte gebildeten Erwartungen, wiederum zum Ausgangspunkt weiterer Beeinflussungen wurden.

Die der Entwicklung dieser "System-Methodik" zugrunde liegende Vorstellung des Grundproblems lässt sich durch folgende Beispiele veranschaulichen:

1. *Hüten einer Herde:* Je nachdem, um welche Tiere es sich handelt, wird es in Abhängigkeit des Geländes, der Witterungseinflüsse, der Bedrohung durch Gefahren usw. unterschiedlich schwierig sein, dieses Problem im Detail zu lösen: eine Herde halbwilder

Pferde beisammenzuhalten erfordert andere Methoden und Hilfsmittel, als eine Herde Schafe zu hüten. Das Grundproblem, die Herde unter Kontrolle zu halten, ist aber deutlich sichtbar.

2. *Dressur einer gemischten Raubtiergruppe:* Auch hier hängt die Gesamtstrategie und der Einsatz verschiedener Verhaltensweisen, Techniken und Tricks wesentlich von der Natur des Systems bzw. seiner einzelnen Elemente ab. Die Kontrolle muss unter grösster Konzentration und physischer wie psychischer Präsenz ständig aufrechterhalten werden. Der Dompteur muss auf die unterschiedlichsten Einflüsse und Störungen in richtiger Weise reagieren mit dem Ziel, einerseits die Nummer in vorgesehener Weise abzuwickeln und andererseits gleichzeitig Leben und Gesundheit zu bewahren und die Tiere nicht zu verderben.

3. *Ökologisches Gleichgewicht:* Die Interaktion verschiedenartiger Tiere und Pflanzenarten führt in der Natur zu Gleichgewichtszuständen, die für das Oekotop charakteristisch sind. Hier liegt allerdings insofern eine wichtige Besonderheit vor, als kein persönlicher Lenker im Sinne eines Hirten oder Dompteurs gegeben ist, sondern vielmehr eine Art systemimmanenter Kontrolle vorherrscht, die aus der Art und Weise der faktischen Interaktion der Systemelemente resultiert. Diese Form der sog. impliziten oder intrinsischen Kontrolle ist für eine System-Methodik von besonderem Interesse.

4. *Schaffung und Bewahrung einer glücklichen Familie:* Zusammenhalt und "Klima" einer Familie hängen von vielen Einflüssen ab. Unter den Einflüssen und Ereignissen im Laufe des Lebens der Familienmitglieder handelt es sich hierbei um eine sich immer wieder neu stellende Aufgabe, in der aber das Grundmuster der allgemeinen Problemstellung unschwer zu erkennen ist.

5. *Unternehmungsführung:* Wie im Zusammenhang mit der Skizzierung der Entwicklung des Systemansatzes in der Betriebswirtschaftslehre einleitend schon angedeutet, weist auch das Problem der Unternehmungsführung dieselben Züge auf wie die anderen Spielarten des Problems. Natürlich steht ausser Diskussion, dass die relevanten Variablen und Einflussfaktoren gänzlich anderer Art sind als in den anderen Beispielen. Abstrahiert man aber von den Besonderheiten der konkreten Umstände, so ist deutlich zu erkennen, dass das Grundmuster der kybernetischen Problemstellung auch hier wiederkehrt.

Die Schwierigkeiten der weiteren Entwicklung der Systemorientierten Managementlehre mit ihren recht ambitiösen Zielsetzungen liegen aber nicht nur in der Notwendigkeit, derart verschiedene Gebiete menschlichen Wissens zu integrieren. Im Laufe der Zeit wurde ebenso deutlich, dass der Entwicklung und Verbreitung einer systemorientierten Managementlehre noch andere Hindernisse entgegenstanden: Man musste zuerst lernen, die Welt der Praxis richtig zu verstehen, sie im Rahmen der Wissenschaft zu verarbeiten und schliesslich – nach vielfältigen und im Einzelnen möglicherweise gar nicht rekonstruierbaren Transformationsprozessen – in einer wiederum für die Praxis relevanten Weise einen Beitrag zur Lösung von Praxisproblemen zu leisten. Dabei war natürlich immer klar, dass es nicht nur um die jeweils gerade vorherrschende Sicht der Praxis oder gar einer ganz bestimmten Art der Praxis gehen konnte, sondern dass der Rahmen wesentlich weiter zu spannen war: Obgleich der Wert des Alltagsverständnisses keineswegs gering geschätzt wurde, man im Gegenteil davon ausging, dass diesem grösste Bedeutung beizumessen war, so war doch auch klar, dass sich eine *Wissenschaft* von der Gestaltung und Lenkung produktiver sozialer Systeme auch die Aufgabe stellen musste, die Praxis zu transzendieren, zu hinterfragen, Lösungen anzubieten, wo man noch gar keine Probleme sah, und Probleme zu entdecken, wo man schon Lösungen zu besitzen glaubte.

Kriterium war und ist aber immer der Praxisbezug oder der Anwendungszusammenhang. Und gerade dies brachte erhebliche Schwierigkeiten mit sich, denn es zeigte sich, dass die wie erwähnt massgeblich von Systemtheorie und Kybernetik beeinflusste Sicht und Denkweise des systemorientierten Ansatzes von der Praxis zunächst gar nicht verstanden wurde. Es ging daher nicht nur um die Entwicklung der systemorientierten Betriebswirtschaftslehre, sondern es musste auch darum gehen, die Transferierungsmechanismen eines neuen Ansatzes in die Praxis verstehen zu lernen. Hierbei stellten sich Fragen der Art: Wie sieht die Praxis die Wissenschaft? Was erwartet sie von ihr? Wie versteht sich die Praxis selbst? Auf welche Weise werden Wissen, Denkweisen, Verhaltensweisen, ja ganze Paradigmen in der Praxis aufgenommen und verarbeitet? usw.

Im Laufe der Auseinandersetzung mit derartigen Fragen zeigte sich nun sehr schnell, dass in der Praxis wie in der Wissenschaft ganz spezielle Annahmen und Überzeugungen vorherrschten, die primär von der Wirtschaftslage der 50er, 60er und frühen 70er Jahre geprägt waren. Es waren tief verwurzelte, vom Erfolg in diesen relativ stabilen Jahrzehnten geprägte Annahmen über die grundsätzlichen Möglichkeiten des Wirtschaftens, über die Voraussetzungen erfolgreichen Managements und über die "richtigen" Methoden und Prinzipien der Unternehmungsführung, die mit Basisannahmen der systemorientierten Managementlehre oft in Widerspruch standen und deren Verbreitung erschwerten: Dem Charakter einer Wissenschaft entsprechend, versuchte die systemorientierte Managementlehre den *allgemeinen* Fall zu behandeln, während in der Praxis der *spezielle* Fall der gerade vorherrschenden Wirtschaftslage dominierte. Weil diese Wirtschaftslage in ihrer Grundstruktur den Zeitraum einer ganzen Generation überspannte, konnte die Illusion entstehen, dass der *spezielle* Fall der *allgemeine* sei und Methoden und Prinzipien, die sich im speziellen Kontext der Hochkonjunkturlage der Nachkriegszeit bewährten, allgemeingültige Lösungen für allgemeingültige Probleme seien.

Diese Entwicklung in der Praxis fand ihre Parallele in der Wissenschaft: Auch hier begannen Denkmotive die Oberhand zu gewinnen, die ebenfalls auf diesen ganz speziellen Annahmen aufgebaut sind. Im Kontext stabiler Wirtschaftsverhältnisse mögen diese zwar ihre Berechtigung haben, sie sind aber gefährlich irreführend, wenn die ihnen zugrunde liegenden Annahmen nicht mehr zutreffen.

Inzwischen sind diese Ur-Überzeugungen, die Jahr für Jahr durch die sichtbaren Erfolge bestärkt wurden, ins Schwanken geraten. Die Erkenntnis, dass wir in einer Zeit der strukturellen Umbrüche und einer grundlegenden Trendwende leben,[29] beginnt sich durchzusetzen – noch nicht überall auf der kognitiven Ebene, wohl aber in Form der Auswirkungen der Umbrüche in den Bilanzen der Unternehmungen und in den Insolvenzstatistiken. Die Einsicht, dass sich als unerschütterlich angesehene Fundamente von Wirtschaft und Gesellschaft binnen kürzester Zeit vollkommen verändern können und damit die Voraussetzungen für eine ganz bestimmte Art der Unternehmungsführung wegfallen, bringt zum ersten Mal seit Beginn des grossen Wirtschaftsaufschwunges auf breiter Basis die Chance einer Besinnung auf die Natur jener sozialen Funktion, die wir Management nennen.

Gerade die Literatur der letzten zehn Jahre zu Fragen des strategischen Managements zeigt dennoch sehr deutlich, dass ganz bestimmte Denkkonfigurationen – im Sinne der zu Beginn dieser Einführung besprochenen Prämissensysteme oder Bezugsrahmen – nach wie vor dominierend sind, wobei der Gefängnischarakter derart konstruierter Realitäten – und dies mag ein wesentlicher Grund dafür sein –

---

[29] Kneschaurek, F., Der Schweizer Unternehmer in einer Welt im Umbruch, Bern 1980.

aufgrund der ihnen immanenten Perpetuierungstendenzen nicht einmal bemerkt werden kann.

Vor allem aber muss festgestellt werden, dass *ein* zentrales Phänomen, das für eine Theorie des Managements sozialer Systeme von grundlegender Bedeutung ist, konsequent ausgeklammert wird: *das Problem der Komplexität.* Je nachdem, ob man von komplexen oder von einfachen Verhältnissen ausgeht, stellen sich Managementprobleme gänzlich anders dar – und sind selbstverständlich auch die Merkmale ihrer Lösung fundamental verschieden. Denn je nach der Art und Weise, wie das Problem der Komplexität behandelt wird, ergeben sich zwei völlig verschiedene Arten von Managementtheorien: Die eine ist zwar noch immer faktisch dominierend, ich betrachte sie jedoch in ihrem Ansatz als überholt und letztendlich gefährlich und vermute, dass sie ein erhebliches Mass an Mitschuld an den gegenwärtigen Schwierigkeiten in Wirtschaft und Gesellschaft trägt.

Die zweite Art von Managementtheorien scheint mir wenigstens den Keim der Chance in sich zu tragen, aufgrund ihrer tieferen Einsicht gerade in das wirklich Soziale des Menschen und der Gesellschaft einen besseren Beitrag zur Lösung der Probleme unserer Zeit zu leisten, als dies jener erste Typ von Managementtheorien tut, der sich zwar auch sehr verhaltens- und sozialwissenschaftlich gibt, aufgrund von einseitigen oder gar falsch verstandenen Wissenschaftlichkeitskriterien jedoch auf jene Formen der Sozialwissenschaft zurückgreift, die durch sklavische Nachahmung von Denkweisen und Methoden der Naturwissenschaften zutiefst antisozial und in den Folgen ihrer faktischen Anwendung nicht selten asozial geworden sind.

Die erste Art von Managementtheorie ist ein Resultat der von Friedrich von Hayek so treffend bezeichneten und charakterisierten *An-*

massung der Vernunft,[30] jener kurzschlüssigen Illusion des Menschen, mit genügend Aufwand alles in beliebigem Detail unter Kontrolle bringen zu können, und dem damit einher gehenden Aberglauben an die im Prinzip unbeschränkte Machbarkeit aller Dinge resp. Lösbarkeit aller Probleme. Solange diese Illusion durch die Erfolge einer Epoche genährt wurde, die auf einer singulären Konstellation günstiger Faktoren beruhte, und die Folgewirkungen solchen Tuns noch nicht sichtbar waren, das systemische Zusammenhänge und Gesetzmässigkeiten nicht berücksichtigte, solange war es mehr oder weniger hoffnungslos, für die zweite Art von Managementtheorien Gehör und Interesse zu finden.

Die Voraussetzungen dafür, dass der Mensch durch Einsicht in die Grenzen seines Wissens, seiner Vernunft und seiner Macht lernt, diese Instrumente eben weiser und damit letztlich auch erfolgversprechender einzusetzen, sind inzwischen etwas günstiger geworden: Wir beginnen gerade zu begreifen, dass es ausser diesem durch ein selbst nicht lernfähiges Bildungssystem vermittelten Bild oder Modell der Welt und ihrem Funktionieren noch ganz andere Realitäten gibt; wir beginnen den systemischen Netzwerk-Charakter allen Geschehens langsam zu verstehen; und es wird mehr und mehr klar, dass die sich am wissenschaftlichsten gebärdenden Denkweisen und Methoden am wenigsten geeignet sind, zu unserem Verständnis der Welt beizutragen, sondern dass sie stattdessen vielmehr Pseudo-Erkenntnisse schaffen, die ihrem Status nach nicht besser sind als die Mythologien der Geschichte.

(1981)

---

[30] Vgl. z.B. seine beiden Artikel "The Errors of Constructivism" und "The Pretence of Knowledge" in: Hayek, F.A. von, New Studies in Philosophy, Politics, Economics and the History of Ideas, London/Chicago 1978.

Zitierte und ergänzende Literatur

Albert, H., Traktat über rationale Praxis, Tübingen 1978
- Traktat über kritische Vernunft, 4. Aufl., Tübingen 1980

Ashby, W.R., Design for a Brain, London 1952

Beer, S., The irrelevance of automation, in: Cybernetica I, 1958
- The Heart of Enterprise, Chichester 1979

Eccles, J.C., Facing Reality, Berlin/Heidelberg/New York 1970
- The Human Mystery, Berlin/Heidelberg/New York 1979
- The Human Psyche, Berlin/Heidelberg/New York 1980

Foerster, H. von, Some Aspects in the Design of Biological Computers, in: Proceedings of the 2nd International Congress on Cybernetics, Namur 1958, Paris 1960
- Objects Tokens for (Eigen-)behaviours, ASC Cybernetics Forum. Vol. VIII, No. 3+4

Hayek, F.A. von, The Errors of Constructivism, in: New Studies in Philosophy, Politics, Economics and the History of Ideas, London/Chicago 1978
- The Pretence of Knowledge, in: New Studies in Philosophy, Politics, Economics and the History of Ideas, London/Chicago 1978

Gomez, P., Die kybernetische Gestaltung des Operations Managements, Bern/Stuttgart 1978

Gomez, P. / Malik, F. / Oeller, K.H., System-Methodik - Grundlagen einer Methodik zur Erforschung und Gestaltung komplexer soziotechnischer Systeme, 2 Bände, Bern/Stuttgart 1975

Kneschaurek, F., Der Schweizer Unternehmer in einer Welt im Umbruch, Bern 1980

Maturana, H.R. / Varela, J.F., Autopoiesis and Cognition, Dordrecht 1980

McCulloch, W., Embodiments of Mind, MIT Press, 1965

Pask, G., Organic control and the cybernetic method, in: Cybernetica I, 1958

- Conversation, Cognition and Learning - A Cybernetic Theory and Methodology, Elsevier Press 1974
- The Cybernetics of Human Learning and Performance, London 1975

Popper, K.R. / Eccles, J.C., The Self and its Brain, Berlin/Heidelberg/New York 1977

Riedl, R., Die Ordnung des Lebendigen - Systembedingungen der Evolution, Hamburg/Berlin 1975

- Biologie der Erkenntnis, Hamburg/Berlin 1980

Ulrich, H., Die Unternehmung als produktives soziales System, 2. Aufl., Bern 1971

3. Zwei Arten von Managementtheorien: Konstruktion und Evolution

Die umfassend sozialwissenschaftliche Ausrichtung des Personalwesens, wie sie von Charles Lattmann[31] angestrebt wird, nehme ich als Anlass, um in diesem Beitrag zwei gänzlich verschiedene *Arten* von Managementtheorien einander gegenüber zu stellen, von denen ich die eine als zwar noch immer faktisch dominierend, jedoch in ihrem Ansatz als überholt und letztendlich gefährlich betrachte und sogar vermute, dass sie ein erhebliches Mass an Mitschuld an den gegenwärtigen Schwierigkeiten in Wirtschaft und Gesellschaft trägt. Die zweite scheint mir wenigstens den Keim der Chance in sich zu tragen, aufgrund einer tieferen Einsicht gerade in das wirklich Soziale des Menschen und der Gesellschaft einen besseren Beitrag zur Lösung der Probleme unserer Zeit zu leisten, als dies jener erste Typ von Managementtheorien tut, der sich zwar auch sehr verhaltens- und sozialwissenschaftlich gibt, aufgrund von einseitigen oder gar falsch verstandenen Wissenschaftlichkeitskriterien jedoch auf jene Formen der Sozialwissenschaft zurückgreift, die durch sklavische Nachahmung von Denkweisen und Methoden der Naturwissenschaften zutiefst antisozial und in den Folgen ihrer faktischen Anwendung nicht selten asozial geworden sind.

3.1 Zwei Arten von Managementtheorien

Die Umbrüche, die wir erleben, beziehen sich nicht nur auf die Welt der Wirtschaft. Sie haben nicht nur – vielleicht nicht einmal in erster Linie – damit zu tun, was in der öffentlichen, insbesondere von den

---

[31] Lattmann, Ch., Die verhaltenswissenschaftlichen Grundlagen der Führung des Mitarbeiters, Bern/Stuttgart 1981, S. 28 ff.

Medien bestimmten Diskussion das dominierende Thema ist, nämlich das Problem der Wirtschaftslage oder der Wirtschaftszyklen. Entsprechend bemerkenswert ist es, wie stark die Annahme vorherrscht, dass wir es mit einem Problem ausschliesslich wirtschaftspolitischer Natur zu tun haben. Es scheint der Glaube zu überwiegen, dass eine Veränderung dieser oder jener wirtschaftlichen Grösse(n) – der Inflationsrate, der Geldmenge, der Beschäftigung, der Staatsausgaben, des Steueraufkommens, der Leistungen der Sozialversicherung usw.–, allein oder in Kombination, die Situation verbessern oder zumindest eine Tendenz in Richtung Besserung einleiten könnte. Die Diskussion wird demzufolge auch beherrscht von Wirtschaftsjournalisten, Ökonomen und Wirtschaftspolitikern.

Man kann die gegenwärtige Misere aber auch aus einer ganz anderen Perspektive betrachten: Ein zumindest ebenso legitimer Standpunkt wie der ökonomisch-politische ist der *Management-Standpunkt*. Denn die Schwierigkeiten von heute sind ja nicht zuletzt ein Problem des Nicht- oder Schlecht-Funktionierens von Institutionen und ihres Zusammenwirkens – und die Funktionsweise einer Institution ist primär ein Problem ihrer Organisation oder "Architektur" und ihres dadurch bestimmten Verhaltens. Es sind daher Probleme der Gestaltung und Lenkung, also des Managements von Institutionen, die einen erheblichen Teil der gegenwärtigen Problematik ausmachen.

Ich möchte so weit gehen, zu vermuten, dass die Schwierigkeiten unserer Zeit im Grunde wahrscheinlich auf die Art und Weise zurückzuführen sind, wie unsere Gesellschaft organisiert ist, auf ihre Steuerungs- und Regelungsmechanismen und auf die grundlegenden Managementvorstellungen, die in unserer Gesellschaft vorherrschen. Im Lichte dieser Vermutung ist es bemerkenswert, dass an der Diskussion, die über diese Probleme geführt wird, praktisch kaum Managementwissenschafter teilnehmen, dass also die Relevanz der Managementtheorie für eine mögliche Lösung dieser Probleme gar nicht gesehen wird.

Um nun allerdings die Reichweite der Managementtheorie zu sehen und damit ihre potentielle Relevanz beurteilen zu können, ist es erforderlich, zwei grundlegend verschiedene Ansätze oder Theorietypen zu unterscheiden: den *konstruktivistisch-technomorphen* und den *systemisch-evolutionären* Ansatz. Diese beiden Ansätze unterscheiden sich fundamental in ihren Auffassungen darüber, welche logischen und empirischen Merkmale der Gegenstand von Management hat, über die Natur der Problemstellungen einer Managementtheorie, was als Lösungen zählt sowie auch über die Erkenntnis- und Handlungsmöglichkeiten, die den Menschen gegeben sind.

Lösen wir Management aus dem gegenwärtig vorherrschenden Kontext heraus, der ein primär wirtschaftlicher ist und Management auf Management von Wirtschaftsunternehmungen beschränkt, und verallgemeinern das Verständnis von Management im Lichte der Auffassung, dass es um Gestalten und Lenken von Institutionen, von soziotechnischen Systemen im Allgemeinen geht, so sind wir letztendlich gezwungen, das Grundproblem von Management in der *Beherrschung von Komplexität* zu sehen.

Komplexität als empirisches Merkmal von soziotechnischen Systemen bezeichnet die Mannigfaltigkeit von Zuständen und Zustandskonfigurationen von Systemen, die im Prinzip aus der *Interaktion* von Systemen und von Systemelementen resultiert.

Je grösser diese Anzahl möglicher Zustände eines Systems ist, umso schwieriger ist das Problem des Managements, denn in der Regel sind, welche Kriterien auch immer man verwendet, nicht alle dieser Zustände akzeptabel. Management besteht ja zu einem erheblichen Teil gerade darin, inakzeptable Zustände auszuschalten und die akzeptablen hervorzubringen oder zu bewahren. Für den allgemeinen Fall spielt es dabei wie angedeutet keine Rolle, welche Kriterien mit welchem konkreten Inhalt zur Beurteilung von Zuständen verwendet werden. Das Problem wird in seinem Grundcharakter dadurch nicht berührt, denn jedes Kriterium führt zu einer Scheidung von wünschbaren und nicht wünschbaren, von akzeptablen und nicht akzeptablen Zuständen.

Das Problem der Komplexitätsbeherrschung im soeben dargestellten Sinne kann nun auf zweierlei gänzlich verschiedene Arten zu lösen versucht werden: auf die konstruktivistisch-technomorphe und auf die systemisch-evolutionäre.

Das Basisparadigma des *konstruktivistisch-technomorphen* Theorietyps ist die *Maschine* im Sinne der klassischen Mechanik. Die Grundvorstellung über eine Maschine besteht darin, dass sie einerseits einer bewusst vorgefassten Zwecksetzung und einem Plan entsprechend zu konstruieren ist und ihre Funktion, Zuverlässigkeit und Effizienz andererseits abhängig ist von den entsprechenden Funktionen und Eigenschaften ihrer Einzelteile. Weiter ist damit die Vorstellung verbunden, dass alle Einzelteile nach exakten und bis ins Detail ausgearbeiteten Plänen konstruiert und in einer vorgängig genau bestimmten Art und Weise zusammengesetzt werden müssen. Eine Maschine muss also von ihrem Konstrukteur bis ins Einzelne und im Voraus durchdacht und beherrscht werden; nichts bleibt unbestimmt. Maschinenbau in diesem Sinne erfordert vollständiges Wissen über alle Details der Einzelteile und vollständige Informationen über deren Zusammenwirken. Die Erfolge, die in technologischer Hinsicht auf diesem Gebiet und mit dieser Denkweise bis heute erzielt wurden, sind so überzeugend, dass der Glaube an die Verallgemeinerungsfähigkeit der zugrunde liegenden Vorstellungen entstand, und schliesslich eine Art Paradigma, dessen Anwendungsmöglichkeiten weit über den angestammten Bereich der Ingenieur-Wissenschaften hinaus zu reichen schienen – oder faktisch jedenfalls über diesen Bereich hinaus ausgeweitet wurden.

Komplexitätsbeherrschung im Lichte dieses Paradigmas bedeutet also die Herstellung einer an bestimmten, im Voraus festzulegenden Zwecksetzungen zu beurteilenden und in diesem Lichte als rational geltenden Ordnung (von Elementen, Abläufen usw.) durch planvolles menschliches Handeln derart, dass das Resultat dieses Handelns aufgrund der dem Handeln inhärenten Zweckrationalität den vorgefassten Absichten und Zwecken entspricht. Zu diesem Paradigma gehört weiter die Vorstellung, dass ausser auf diesem Wege nichts Zweckmässiges entstehen *kann,* dass also jede menschlichen Zwecken entsprechende Ordnung ausschliesslich durch im beschriebenen Sinne zweckrationales und absichtsvolles Handeln zustande kommt.

Der zweite, als *systemisch-evolutionär* bezeichnete Typ von Managementtheorien geht von gänzlich anderen Grundvorstellungen aus. Sein Basis-Paradigma ist die spontane,[32] sich selbst generierende Ordnung, deren anschaulichstes und dem Alltagsverständnis wahrscheinlich am nächsten liegendes Beispiel der *lebende Organismus* ist. Organismen werden von niemandem wirklich gemacht; sie entwickeln sich. Auch im sozialen Bereich entwickeln sich spontane Ordnungen, die von niemandem gemacht werden. Sie entstehen zwar durch das Handeln von Menschen, sind also das Resultat menschlichen Handelns, entsprechen aber nicht notwendigerweise im Voraus gefassten menschlichen Absichten, Plänen oder Zwecksetzungen. Sie können dennoch in

---

[32] Der Ausdruck "spontan" wird primär von Hayek verwendet. Er weist aber darauf hin, dass sich aufgrund der Fortschritte in den Systemwissenschaften und in der Kybernetik, die wesentlich zum Verständnis sich selbst generierender Systeme beigetragen haben, die Ausdrücke "selbstgenerierend" oder "selbstorganisierend" in Zukunft als besser geeignet erweisen könnten als der Ausdruck "spontan" (vgl. Hayek, F.A. von, Law, Legislation and Liberty - Vol. 3: The Political Order of a Free People, London 1979, S. xi ff.).

hohem Masse zweckrational sein, d.h. sie können menschlichen Zwecken dienlich sein, obwohl sie nicht von Menschen in zweckrationaler Absicht gestaltet wurden.

Die Theorie der spontanen, selbstgenerierenden Ordnungen besagt im Wesentlichen folgendes: Der Mensch hat die ihm zur Bewältigung seines Lebens so überaus dienlichen sozialen Institutionen – Sitte, Moral, Sprache, Recht, Familie, Geld, Kredit, Wirtschaft, Unternehmung usw. –, die in ihrer Gesamtheit in der Regel mit den Sammelbezeichnungen "Zivilisation" und "Kultur" bezeichnet werden, nicht geschaffen oder erfunden, jedenfalls nicht im selben Sinne, wie er Maschinen und Werkzeuge erfunden und geschaffen hat. Es war nicht die menschliche Vernunft, die soziale Institutionen hervorgebracht hat, um damit im Voraus bestimmte Zwecke zu erfüllen, die menschliche Vernunft ist umgekehrt als Ergebnis der Evolution sozialer Institutionen entstanden. Ganz extrem und etwas zu überspitzt formuliert, kann man sagen, dass der Mensch nicht ein Kulturwesen ist, weil er Vernunft hat, sondern dass er umgekehrt Vernunft hat, weil er ein Kulturwesen ist. Jedenfalls ist diese Formulierung, auch wenn sie ins Extreme geht, weniger gefährlich und weniger irreführend als die konstruktivistische Auffassung, dass der Mensch seine zweckrationalen Institutionen mittels seiner Vernunft durch absichtsvolles Handeln seinen Zwecken gemäss geschaffen hat.

Diese dem Alltagsverständnis sozialer Phänomene so völlig widersprechende Auffassung führt nicht selten dazu, dass die Diskussion sehr emotional geführt wird: Es ist für manche im buchstäblichen Sinne nicht einsehbar, dass im sozialen Bereich etwas Zweckmässiges entstehen kann, ohne dass auf die Schaffung, Herbeiführung oder Konstruktion dieses Zweckmässigen gerichtetes menschliches Handeln vorausgesetzt werden müsste. Und noch viel unverständlicher scheint es zu sein, dass auf diese Art nicht nur sehr zweckrationale Systeme entstanden sind, sondern dass sie *nur* auf diese Weise entstanden sein *können,* weil sie, so die Theorie der spontanen Ordnung, selbst viel zu komplex sind und auch der Beherrschung viel zu komplexer Verhältnisse dienen, als dass sie jemals als Ganzes Gegenstand menschlicher Gestaltung hätten sein können.

Die Entstehung zweckrationaler Ordnungen wird im Rahmen des systemisch-evolutionären Paradigmas darauf zurückgeführt, dass der Mensch nicht nur ein von *Zielen* geleitetes Wesen ist, sondern sein Verhalten ebenso sehr auch von *Regeln* geleitet wird, die unabhängig von den konkreten Zielen des Einzelfalles die *Art und Weise* seines Verhaltens bestimmen. Während nun gerade in der Managementtheorie den Zielen menschlichen Verhaltens, vor allem im wirtschaftlichen Bereich, grosse Bedeutung geschenkt wurde, blieben die das Verhalten bestimmenden Regeln weitgehend unbeachtet, sieht man von den wenig befriedigenden Versuchen im Rahmen der Führungsstildiskussion ab, die auf weite Strecken gerade nicht systemisch-evolutionärer, sondern weit eher konstruktivistischer Natur ist. Mit "Stil" wird generell ja nicht, wie dies in der Führungsstil-Literatur der Fall ist, ein bestimmtes, konkretes Verhalten bezeichnet, sondern eine bestimmte *Art* des Verhaltens; man versucht damit die Tatsache zu bezeichnen, dass das Verhalten einer Führungskraft, unabhängig von den konkreten Umständen des Einzelfalles und der im Einzelnen verfolgten Ziele, an gewissen Normen und Regeln orientiert ist – oder zumindest sein soll. Stil in diesem Sinne hat demnach jemand, der bestimmte Normen und Regeln in seinem Verhalten berücksichtigt bzw. dieses an jenen orientiert.

Hieraus wird deutlich, dass Stil in dieser Wortbedeutung nur in einem gewissen Sinne gelernt werden kann; er kann gepflegt und kultiviert werden und sich auf diesem Wege entwickeln. Hier scheinen Vorbild und Imitation eine wesentliche Rolle zu spielen – oder jener Vorgang, den man Internalisierung nennt, ein Prozess, der in der Regel nicht bewusst vonstatten geht. Ich vermute, dass uns hier z.B. die Theorie von Piaget, die Konzepte von Akkommodation und Assimilation, wesentlich besser helfen könnten, als die Vorstellung von instruierendem Lernen. Der Führungsstil wird in der entsprechenden Theorie demgegenüber aber gerade als etwas Machbares angesehen, als etwas, das durch geeignetes Training bewusst verändert werden kann, obschon die Resultate praktischer Schulungstätigkeit ganz und gar nicht Anlass zu Optimismus geben. Es scheint sogar viel eher so zu sein, dass wir den Führungsstil ab gewissen Entwicklungs- und Altersphasen auf dem Wege des bewussten Einwirkens nicht mehr verändern können.

Die die Art des Verhaltens bestimmenden Regeln sind meistens negativer Art. Sie postulieren nicht, was zu tun ist, sondern weit mehr, was zu vermeiden, zu unterlassen ist. Diese Regeln haben den Charakter von Verboten, bestimmen somit den Spielraum zulässigen oder gefahrlosen Handelns. Regeln dieser Art und ihre spielraumbestimmende Wirkung sind ein äusserst wichtiger – vielleicht sogar der wichtigste – Mechanismus der Komplexitätsbeherrschung überhaupt, denn sie sind auch – oder gerade – dort hilfreich, wo positives Wissen über Ursache und Wirkung mangels Kenntnis der besonderen Umstände des Einzelfalles nicht möglich oder nicht ausreichend ist.

Ordnungen im Sinne des systemisch-evolutionären Ansatzes entstehen, wie bereits kurz erwähnt, dadurch, dass die Elemente eines Systems – bei sozialen Systemen also die einzelnen Individuen – allgemeine Regeln des Verhaltens faktisch befolgen, ohne dass vorausgesetzt werden muss, dass sie diese Regeln auch in dem Sinne kennen, dass sie sie nennen oder beschreiben könnten. Dadurch entstehen Regelmässigkeiten, die es – und das ist das Entscheidende – ermöglichen, *sich zu orientieren, stabile* Erwartungen über das Verhalten anderer mit hoher Erfüllungswahrscheinlichkeit zu bilden und sein eigenes Verhalten aufgrund dessen mit demjenigen einer unbestimmten, im Prinzip beliebig grossen Zahl anderer koordinieren zu können.

Es ist diese Orientierungsleistung, die Komplexität jener Art in gewisser Weise zu beherrschen erlaubt, die aus der andernfalls bestehenden Unberechenbarkeit und Unvorhersehbarkeit des Verhaltens anderer entsteht, aus unserem unvermeidlichen Nichtwissen bei Wegfall dieser Regelmässigkeiten also. Es ist diese Orientierungsleistung, die den Sinn der Ordnung ausmacht – und zwar in buchstäblicher Bedeutung: Denn die Verhaltensweisen der Individuen sind nur im Rahmen dieser Ordnung sinnvoll, und diese wiederum wird durch deren Verhalten aufrecht erhalten.

Nicht alle Regeln und Regelsysteme[33] führen allerdings zu einem diese Leistungen erbringenden Ordnungstyp. Vielmehr sind auch Regelsysteme denkbar, die zu einer Desorientierung der diese Regeln befolgenden Individuen führt.

Dies bedeutet aber auch, dass sich entwicklungsgeschichtlich nur jene Ordnungstypen und Regelsysteme erhalten konnten, welche die Orientierung und Koordination von Individuen im Rahmen eines sozialen Verbandes ermöglichten; alle anderen Verbände, Gruppen,

---

[33] Es ist ohne weiteres möglich, die Wirkungen verschiedener Typen von Regeln und Regelsystemen mit Hilfe von Computern oder auch "von Hand" zu simulieren, um herauszufinden, welche Ordnungstypen dadurch entstehen, ob diese stabil sind und ob sie auf bestimmte Zustände konvergieren (vgl. Eigen, M. / Winkler, R., Das Spiel, München/Zürich 1975).
Zusatz 1993: Die mathematisch-physikalische Chaostheorie hat inzwischen auch für die Naturwissenschaften den Zusammenhang zwischen Regeln und Ordnung weiter erhellt. Meines Erachtens kann eine Anwendung der Chaostheorie auf die Sozialwissenschaften und auf Management *nur* in diesem Kontext nützlich sein. Leider gibt es bereits wieder oberflächliche und recht einfältige Übertragungsversuche, die überhaupt keinen Fortschritt bringen, sondern eher eine Verschleierung dieses wichtigen Zusammenhanges von Regeln und Ordnung.

Gesellschaften usw. mussten auseinander fallen und als Sozialsystem untergehen: In der Konkurrenz verschiedener Gruppen mussten sich jene als überlegen erweisen, deren Regelsysteme ihnen zur Lösung der sich stellenden Probleme die bessere Orientierung und Koordination erlaubten. Entsprechend mussten jene Ordnungs- und Regelsysteme im Prozess der soziokulturellen Evolution auch die Oberhand erlangen. Um hier sogleich einem stereotypen Argument entgegenzutreten, das in diesem Zusammenhang von Sozialdarwinismus spricht, sei darauf hingewiesen, dass die Theorie der spontanen Ordnung bzw. der systemisch-evolutionäre Ansatz niemals von einer direkten Konkurrenz zwischen Individuen ausging, sondern ausschliesslich von einer Konkurrenz der Ordnungstypen und Regelsysteme: Jene Ordnungen "überlebten", deren Regeln tradiert werden konnten, weil ihre Befolgung für die sie befolgenden Gruppen kompetitive Vorteile brachte.

Zielrationalität im üblichen Sinne setzt wie erwähnt voraus, dass wir ausreichendes Wissen über die die Erreichung des Zieles bestimmenden Kausalitäten haben. Verhalten, das eine bestimmte Ordnung bzw. einen bestimmten Ordnungstyp bewahrt, ist demgegenüber auch dort noch möglich, wo wir uns lediglich an allgemeinen Regeln orientieren können, ohne damit konkretere Ziele zu verfolgen als dasjenige, ein die Ordnung störendes oder gefährdendes Verhalten zu vermeiden. Diese Regeln erlauben also ein in einem bestimmten Sinne zweckmässiges oder sinnvolles Verhalten auch dort, wo unser Wissen über die konkret vorherrschenden Umstände zu gering ist, um den Kausalzusammenhängen des besonderen Falles entsprechend überhaupt rational handeln zu können.

Es kann nun festgestellt werden, dass unser positives Wissen über die Besonderheiten des Einzelfalles, über die in einer spezifischen Situation konkret vorherrschenden Umstände, im Kontext komplexer Systeme in der Regel nicht vorliegt und nicht erworben werden kann, wodurch ein diesen Besonderheiten adäquates, rationales Verhalten verunmöglicht wird. Dies gilt sowohl für das Individuum, das in zahlreichen sozialen Situationen zur Erreichung sehr konkreter Ziele auch dann handeln muss, wenn ausreichendes Wissen über die Kausalitäten der Situation nicht zur Verfügung steht, als auch für jene Repräsentanten oder Organe von Institutionen, die für die Institution als Ganzes handeln. Auf dem Gebiet des Managements könnten viele Beispiele angeführt werden. Stellvertretend soll hier lediglich auf das Problem der Entscheidungsfindung hingewiesen werden, das ja kein Problem wäre, wenn wir alle notwendigen Informationen besässen oder erwerben könnten, die wir bräuchten, um rational entscheiden zu können. Die Befolgung bestimmter Regeln im hier dargestellten Sinne ermöglicht es aber selbst unter solchen Umständen, zeitlich aufeinanderfolgenden und verschiedene Aspekte betreffenden Entscheidungen eine gewisse Kohärenz zu geben, ja dies ist hierfür wahrscheinlich die einzige Möglichkeit. Um auf die praktische Relevanz dieses Mechanismus aufmerksam zu machen, sei lediglich auf das Phänomen des Präjudizes hingewiesen.

Die Annahme, dass die erforderliche Vollständigkeit der Information empirisch möglich sei, liegt, wie oben dargestellt, dem konstruktivistischen Theorietyp zugrunde. Nun wird natürlich auch in diesem Theorietyp der Fall der unvollständigen Information behandelt. Der paradigmatischen Natur des konstruktivistischen Ansatzes entsprechend, wird dieser Fall aber innerhalb dieses Paradigmas gewissermassen als besonders schwieriges Hindernis für die konstruktivistische Rationalität betrachtet, nicht hingegen als grundsätzliche Weggabelung, an der möglicherweise die Entscheidung zwischen gänzlich verschiedenen Theorietypen getroffen werden muss.

Im Gegensatz zur konstruktivistischen Einvernahme des Problems der unvermeidlichen Unvollständigkeit unseres Wissens stellt dieses Faktum für den systemisch-evolutionären Ansatz den Ausgangspunkt für eine völlig anders geartete Lösung dar, die darauf hinaus läuft, dass die sozialen Institutionen durch den besonderen Umgang mit der sich im menschlichen Nichtwissen manifestierenden Komplexität als evolutionäre Anpassungen an dieses Nichtwissen entstanden sind.

"Rational" im konstruktivistischen Theorietyp heisst im Wesentlichen, einem im Voraus bestimmten, konkreten Ziel entsprechend, auf der Basis erkannter oder praktisch erkennbarer Kausalzusammenhänge, möglichst ökonomisch zu handeln. "Rational" im systemisch-evolutionären Theorietyp heisst, sich in einer der Erhaltung eines Ordnungstyps förderlichen Weise zu verhalten, der selbst keinen konkreten individuellen Zielen oder Zwecken dient, sondern nur den Zweck der grösstmöglichen Orientierbarkeit aller sich an diesem Ordnungstyp orientierenden Individuen hat. Es geht also zunächst um viel bescheidenere Ansprüche, die gleichzeitig aber auch viel fundamentaler sind, weil sie die notwendigen Voraussetzungen für die konstruktivistischen Zielsetzungen darstellen.

Gewinnt das konstruktivistische Paradigma nun aber dort die Oberhand, wo es nur anwendbar ist, weil eine soziale Ordnung auf evolutionärem Wege gewachsen ist, die bereits so viel Komplexität zu absorbieren vermag, dass auf der Basis genereller Orientierungen auch die Verfolgung konkreter Zielsetzungen möglich wird resp. wurde, so ist eine erhebliche Gefahr gegeben, dass diese Basis durch eben jene Vorstellungen der Dominanz und Priorität menschlicher Vernunft zerstört werden, die davon ausgeht, dass die der allgemeinen Orientierung dienende spontane Ordnung ein Produkt menschlicher Vernunft und absichtsvollen menschlichen Handelns sei.

Im Rahmen des konstruktivistischen Paradigmas und der durch dieses bestimmten Form der Rationalität können die der Anwendung dieses Ansatzes zugrunde liegenden Voraussetzungen somit gar nicht hinterfragt werden, denn die Betrachtung dieser Rationalität als Schöpferin jener Systeme, die im Rahmen des evolutionären Ansatzes – gerade umgekehrt – Voraussetzung für die Entstehung und Anwendung dieser Form von Rationalität sind, lässt eine entsprechende Fragestellung gar nicht zu.

Für den konstruktivistischen Ansatz entsteht alles Zweckmässige aufgrund absichtsvollen, auf das Ziel gerichteten Handelns. Dementsprechend müssen nicht nur die Ziele im Voraus bekannt sein, sondern selbstverständlich auch die das Verhalten steuernden Regeln, meist in Form von Anweisungen, Anordnungen und Befehlen. Diese Anordnungen müssen nun – und hier liegt ein entscheidender Unterschied zum evolutionären Ansatz – so gestaltet sein, dass sie das Detail regeln können. Denn die reibungslose Funktion einer Maschine setzt ja, wie bereits dargestellt, voraus, dass alle Bestandteile bis ins Detail durchkonstruiert sind. Im Gegensatz dazu bestimmen die Regeln, die im Zentrum des systemisch-evolutionären Ansatzes stehen, nur den allgemeinen Charakter, bestimmte Züge und Merkmale von Verhaltensweisen. Sie schreiben nur bestimmte *Arten* des Verhaltens vor, nicht aber das Verhalten im Detail. Dieses ergibt sich sodann aus der Anwendung solcher allgemeinen Regeln auf die besonderen, im Einzelfall vorherrschenden, konkreten Umstände, die meistens nur dem Einzelnen bekannt sein können, mit Sicherheit aber nicht in einem vollständigen System von Verhaltensregeln ihren Niederschlag finden könnten.

Der Grund für den unterschiedlichen Charakter von konkreten Anordnungen einerseits und allgemeinen Regeln andererseits liegt also im Problem der Komplexität. Mit Anweisungen als Steuerungsinstrument, die das konkrete Detail betreffen und dieses determinieren, kann so lange gearbeitet werden, als die zu regelnden Sachverhalte einfach genug sind, um in ihren Einzelheiten ex ante erfasst werden zu können. Im Bereich sozialer Systeme ist diese Bedingung allerdings nicht mehr erfüllt, denn die das konkrete Verhalten der Menschen bestimmenden Umstände sind so zahlreich, dass sie aus informationstheoretischen Gründen nicht Gegenstand einer Regelung im Detail sein können, es sei denn, man würde den Charakter der sozialen Interaktion vollständig verändern – konkret: verarmen lassen.

Auf Management übertragen ist die Entscheidung zwischen Steuerung des Details durch entsprechende Anordnungen und Weisungen und Steuerung bestimmter genereller Züge des Verhaltens durch allgemeine Regeln bei genauer Analyse also weniger eine Frage der sozialen Akzeptanz, der Motivation und des Führungsstils, als vielmehr der faktischen Möglichkeit im Lichte der zugrunde liegenden Komplexität der Situationen und Sachverhalte.

Dieser Umstand wird gegenwärtig aber so gut wie gar nicht gesehen. Die Diskussion im Zusammenhang mit dieser Problematik wird fast zur Gänze beherrscht von den Aspekten der Humanität, der Motivation und bestimmter Wertvorstellungen. Es überwiegt die Vorstellung, dass man mit genügend grossen Anstrengungen, möglicherweise unterstützt durch moderne Technologie, alles im Detail regeln könnte, wenn man dies wollte, dies aber aufgrund der erwähnten Aspekte sozialer Akzeptanz nicht opportun sei. Wir haben es hier also mit einem ausgeprägt konstruktivistischen Denkmuster zu tun.

Demgegenüber geht der systemisch-evolutionäre Ansatz davon aus, dass eine Regelung im Detail gar nicht *möglich* wäre, und zwar völlig unabhängig davon, ob wir sie für sozial akzeptabel halten oder nicht. Dies bedeutet aber, dass die Erwartungen bezüglich der Möglichkeiten der Beherrschung und Kontrolle sozialer Systeme im Rahmen der beiden Paradigmas gänzlich verschieden sind: Der konstruktivistische Ansatz geht von der Vorstellung einer im Prinzip vollständigen Kontrollierbarkeit im Detail aus, davon also, dass auch soziale Systeme, im Prinzip wie Maschinen, durchgängig konstruktiv gestaltet und vollständig gesteuert werden können. Diese Vorstellungen werden nicht immer explizit zum Ausdruck gebracht, sind in den vorgeschlagenen Instrumenten und Methoden implizit aber häufig enthalten. So könnte zum Beispiel von einem Grossteil der in der Literatur zu findenden Planungssysteme für Unternehmungen gezeigt werden, dass eben solche Vorstellungen – bewusst oder nicht – das Denken ihrer Erfinder beherrscht haben müssen.

Der evolutionäre Ansatz dagegen geht davon aus, dass eine vollständige Kontrolle und Beherrschung *nicht möglich* ist. Durch die Verwendung genereller Regeln des Verhaltens kann in einem grösseren Bereich zwar eine grössere Orientierung ermöglicht werden als ohne solche Regeln, dies jedoch nur unter *Verzicht* auf Regelung des Details. Die ordnungserzeugende Wirkung allgemeiner Regeln im Sinne des evolutionären Ansatzes ermöglicht somit eine gewisse regulierende Wirkung auch in Bereichen sehr grosser Komplexität, dies allerdings um den Preis von Unbestimmtheit des Details. Der evolutionäre Ansatz impliziert daher nicht, wie manchmal unterstellt zu werden scheint, einen *generellen* Verzicht auf Regelung und Intervention – auf Management überhaupt also. Vielmehr empfiehlt er, ausgehend von den letztlich empirischen Tatbeständen der überaus grossen Komplexität realer Situationen und der damit verbundenen, unvermeidlichen Begrenztheit unseres Wissens, andere Methoden und Instrumente und führt zu anderen Denkweisen und Erwartungen als der konstruktivistische Ansatz.

Der überwiegend konstruktivistische Charakter der gegenwärtigen Managementtheorie und das fast vollständige Negieren des systemisch-evolutionären Ansatzes resultieren daraus, dass dem konstruktivistischen Ansatz bestimmte Prämissen über den Gegenstand von Management immanent sind, die zu einem sich selbst be- und verstärkenden Paradigma führen, innerhalb dessen es zunehmend schwieriger bis unmöglich wird, jene Züge der Managementrealität überhaupt zu sehen, die Zweifel an der Gültigkeit des Paradigmas aufkommen lassen könnten: Man versucht, eine systemische Realität mit Hilfe konstruktivistischer Methoden unter Kontrolle zu bringen, und wo immer Symptome mangelnder Kontrolle auftreten, wird dies nicht als Möglichkeit eines prinzipiellen Versagens der konstruktivistischen Denkschemas und Methoden interpretiert, sondern als ein momentan noch vorherrschender Mangel an konstruktivistischer Kontrolle, was fast durchwegs zur Reaktion führt, diese Form der Kontrolle einfach noch zu verstärken. Konkret wird einem Versagen von Reglementen mit noch mehr Reglementen begegnet; einem Davonlaufen der Kosten mit noch mehr Budgetierung und Kostenkontrolle; Planungsfehlern mit noch mehr Planung usw.

Charakteristisch für die konstruktivistische Managementtheorie ist ferner, dass sie sich vorwiegend mit *kleinen* – im Sinne von *einfachen* – Systemen beschäftigt bzw. den relevanten Kontext so wählt, dass er einem kleinen, einfachen System entspricht. Ein typisches Beispiel, das im folgenden noch öfters zur Sprache kommen wird, ist die Dominanz der kleinen Face-to-Face-Gruppe als Gegenstand der Managementtheorie: Ein sehr grosser Teil der Führungstheorie geht, wie man leicht feststellen kann, davon aus, dass Management im Kontext einer relativ kleinen Gruppe stattfindet. Dies ist interessanterweise auch dort der Fall, wo die Theorie in ihrem Geltungsbereich nicht explizit eingeschränkt wird, wo sie also dem Anspruch nach auch für Gross-Systeme – z.B. ganze Unternehmungen beliebiger Grössenordnungen – Gültigkeit haben soll. Manifest wird dies besonders im Zusammenhang mit Fragen der Mitarbeitermotivation, des Führungsstils und der Arbeitszufriedenheit.

Aber auch die in der Literatur sehr häufig behandelten Probleme der Planung, der Entscheidungsfindung, der Führung durch Zielsetzung, der Kontrolle usw. werden in einen Kontext gestellt, der die Charakteristika eines kleinen, überschaubaren, nicht-komplexen Systems hat. In einem derartigen Kontext können die Voraussetzungen für die erfolgreiche Anwendung einer konstruktivistischen Denkweise durchaus gegeben sein, denn im Zusammenhang mit kleinen, nichtkomplexen Systemen ist es im Prinzip möglich, die für eine in diesem Sinne verstandene Beherrschbarkeit erforderlichen Informationen zu besitzen oder zu gewinnen. Durch diesen selbst gewählten Kontext wird der Blick aber dafür verstellt, dass die Verhältnisse in der Realität oft gänzlich anders sind und vielmehr die Situationsmerkmale von Gross- bzw. komplexen Systemen vorherrschen.

Ein Hauptgrund für die immer häufiger beklagte, praktische Irrelevanz grosser Teile der Betriebswirtschafts- und Managementlehre dürfte letztlich auf eben diesen Umstand zurückzuführen sein, dass für die Theoriebildung ein Kontext gewählt wird, in dem sich sowohl die Probleme wie auch die möglichen Lösungen als konstruktivistisch-technomorph darstellen lassen. Eine derartige Theorie muss aber spätestens dann scheitern, wenn die unterstellten Kontextvoraussetzungen im realen Anwendungszusammenhang nicht gegeben sind. Die Wahl eines bestimmten Kontextes ist in der Regel keine bewusst getroffene Entscheidung, sondern wird wesentlich durch die implizierten Prämissen bestimmt, die oft so banal sind, dass sie nicht in Frage gestellt werden.

Aber nicht nur die scheinbare Banalität oder Selbstverständlichkeit der Prämissen ist ein Hindernis für das Aufkommen von Zweifeln, sondern vor allem die Tatsache, dass der konstruktivistische Theorietyp unserem Alltagsverständnis als ausgesprochen vernünftig erscheint. Die Erfolge im technologischen Bereich sind ja, wie bereits erwähnt, derart überzeugend, dass kaum der Verdacht aufkommen wird, dass mit der Art der vorgelegten Theorie etwas nicht in Ordnung sein könnte. Ein Scheitern der Theorie wird daher viel eher darauf zurückgeführt, dass sie noch nicht weit genug entwickelt ist, dass sie in diesem oder jenem Punkt materiell modifiziert werden muss oder dass sie möglicherweise auf den speziellen Fall nicht zugeschnitten ist. Dass das Problem viel tiefer liegen und es eine Frage des grundsätzlichen *Theorietyps* sein könnte, wird kaum in Betracht gezogen. Dies einerseits aus den soeben genannten Gründen, andererseits wohl nicht zuletzt auch deshalb, weil sich die wirklich relevante Kritik nicht auf die Inhalte der Theorie, auf ihre Objektaussagen bezieht, sondern metatheoretischen Charakter hat.

Die erwähnten, diversen Immunisierungsstrategien wären solange wirksam, als man auf breiter Basis die Annahme vertreten könnte, dass der Ansatz im Grossen und Ganzen richtig sei. Seit nun die Umbrüche und Turbulenzen deutlich ins Bewusstsein getreten sind, seit sie länger andauern, als man davor die Augen verschliessen könnte, und seit ihre Konsequenzen zu gravierend geworden sind, um sie in der Hoffnung auf eine baldige Besserung noch durch kurzfristig zur Verfügung stehende Massnahmen verschleiern oder beschönigen zu können, hat sich die Situation doch insofern verändert, als man an der grundsätzlichen Richtigkeit der bisherigen Methoden und Denkweisen Zweifel zu hegen und ernsthaft nach Alternativen zu suchen beginnt.

Da sich aber die vorherrschende, konstruktivistische Managementkultur während eines sehr langen Zeitraumes weitgehend ungestört entwickeln konnte, sind ihre Prämissen ungewöhnlich tief verwurzelt. So lange nicht diese Wurzeln freigelegt und die Basisannahmen Stück für Stück transparent gemacht werden, darf nur ein Kurieren der Symptome erwartet werden. Ich möchte daher im nächsten Abschnitt versuchen, einige dieser Prämissen, ohne Anspruch auf Vollständigkeit erheben zu wollen, herauszuarbeiten, um an ihrem Beispiel zu zeigen, wie die beiden Typen der Managementtheorie zueinander stehen und zu welchen Konsequenzen sie führen.

3.2 Sieben dominierende Denkmuster

konstruktivistisch-technomorph	*systemisch-evolutionär*
Management ... ➢ ... ist Menschenführung.	Management ... ➢ ... ist Gestaltung und Lenkung ganzer Institutionen in ihrer Umwelt.
➢ ... ist Führung weniger.	➢ ... ist Führung vieler.
➢ ... ist Aufgabe weniger.	➢ ... ist Aufgabe vieler.
➢ ... ist direktes Einwirken.	➢ ... ist indirektes Einwirken.
➢ ... ist auf Optimierung ausgerichtet.	➢ ... ist auf Steuerbarkeit ausgerichtet.
➢ ... hat im Grossen und Ganzen ausreichende Information.	➢ ... hat nie ausreichende Information.
➢ ... hat das Ziel der Gewinnmaximierung.	➢ ... hat das Ziel der Maximierung der Lebensfähigkeit.

Zum Zweck grösstmöglicher Klarheit werde ich die nachfolgend zu diskutierenden Prämissen der beiden Theorietypen als Paare dichotomischer Behauptungen formulieren. Ich bin mir durchaus bewusst, dass dabei Differenzierungen verloren gehen und ein recht grobes Bild entstehen muss. Ich meine aber, dass die dadurch gewonnene Eindeutigkeit für den Zweck dieser Arbeit wichtiger ist, als die Beschäftigung mit den feinen Differenzierungen, die bei andersartiger Zwecksetzung sicherlich vorzunehmen wären.

Es sind die in der Tabelle dargestellten sieben Prämissen, die ich vor dem Hintergrund der in Abschnitt 3.1 dargestellten Paradigmen für besonders wichtig ansehe:

3.2.1 Management als Gestaltung und Lenkung ganzer Institutionen in ihrer Umwelt (--> systemisch-evolutionär) statt als Menschenführung (--> konstruktivistisch-technomorph)

Ein erheblicher Teil von Managementtheorie und Führungslehre sowohl des englischen wie des deutschen Sprachraumes geht mehr oder weniger ausdrücklich von der Vorstellung aus, dass Führung im Wesentlichen Menschenführung sei. Führung wird verstanden als zielorientiertes Einwirken auf Menschen im Sinne von Individuen oder Gruppen.

Die dabei zum Ausdruck kommenden Annahmen verdienen insofern "technomorph" genannt zu werden, als sehr häufig die Meinung vorherrscht, eine ausreichend intensive Beschäftigung mit der Frage, worauf Menschen reagieren, würde schliesslich zu einer weitgehenden Beherrschbarkeit von Menschen führen. Es muss ausdrücklich betont werden, dass es hier zunächst überhaupt nicht um eine Wertung von Beherrschbarkeitsvorstellungen geht: Es ist *eine* Sache, die Bemühungen, Führung im Sinne von besserer Beeinflussbarkeit, Steuerung und Beherrschung von Menschen aus einer ideologischen Perspektive zu diskutieren – und es ist aller Plädoyers für den Einbezug von Wertungen in die Führungslehre zum Trotz eine gänzlich *andere* Sache, das Problem der Beherrschbarkeit und Steuerbarkeit von Menschen aus einer faktisch-empirischen Sicht zu untersuchen.

Ich möchte hier aber zu dieser Frage gar nicht Stellung beziehen, sondern den für eine Managementtheorie entscheidenden Aspekt herausarbeiten. Für eine systemische Managementtheorie stellt sich die Frage nämlich gänzlich anders. Sie lautet: Können wir die Funktion von Management verstehen, wenn wir uns auf den sinnlich wahrnehmbaren Menschen oder die Gruppe beschränken? Die systemische Managementtheorie beantwortet diese Frage mit einem klaren Nein: Die menschenbezogene Perspektive greift zu kurz, weil das Verhalten des Menschen, ob wir dieses nun als letztlich beherrschbar oder nicht ansehen, eben nicht allein aus der Interaktion von Führer und Geführtem heraus verstanden werden kann, sondern auch wesentlich durch den Kontext mitbestimmt wird, in dem sich die personale Führung abspielt. Dies wird in wachsendem Masse zwar auch von den menschen- bzw. mitarbeiterbezogenen Führungstheorien anerkannt, was aber zu wenig gesehen wird, ist die Tatsache, dass dieser Kontext in der Regel durch die Charakteristika des Gesamtsystems bestimmt wird.

Dieses Gesamtsystem wird für den Einzelnen als Ordnung des Handelns vieler zwar nicht als Ganzes manifest und ist auch mit den Sinnen nicht als Ganzes direkt wahrnehmbar. Sie zeigt sich aber derart, dass einzelne Verhaltensweisen keinen Sinn ergäben, wären sie nicht Elemente eines umfassenderen Musters.

Der Mitarbeiter verhält sich nicht einzelfallbezogen – so, als gäbe es keine Vergangenheit und Zukunft. Der Einzelfall ist vielmehr Bestandteil eines Gesamtsystems von Ereignissen, die zueinander in Beziehung stehen. Ganz einfach formuliert: Der Mitarbeiter verhält sich heute in einer bestimmten Weise nicht nur, weil dies heute vernünftig oder zweckmässig erscheint, sondern auch – und vor allem – weil er sich gestern in einer bestimmten Weise verhalten hat und sich auch morgen noch in einer bestimmten Weise verhalten können möchte. Aufgrund dessen wird er heute in vielen Fällen sogar bereit sein, in einer vom Einzelfall aus betrachtet unzweckmässigen Art zu reagieren, weil dies im grösseren Kontext zweckmässig sein kann.

Eine systemische Managementtheorie negiert selbstverständlich nicht, dass Erkenntnisse über die unmittelbare personale Interaktion von Führer und Geführtem resp. Geführten wichtig sind, und würde demzufolge auch nie darauf verzichten wollen, diese personalen Interaktionsformen zu erforschen. Es ist aber zu erwarten, dass ein und dieselbe Verhaltensweise und ein und dasselbe Interaktionsmuster zumindest anders interpretiert werden *können* – und oft auch anders interpretiert werden *müssen* –, je nachdem ob wir sie im Kontext eines personenbezogenen Bezugsrahmens oder einer gesamtsystemischen Betrachtungsweise sehen.

Hinzu kommt selbstverständlich, dass eine auf Gestaltung und Lenkung von Gesamtsystemen ausgerichtete Managementtheorie einen gänzlich anderen Charakter aufweisen muss, weil sich völlig andere Aufgaben stellen. Man kann als Konsequenz dieser Prämisse *keinen* Aspekt vernachlässigen oder wegdefinieren, der für die Bewältigung dieses Problems erforderlich ist.

Damit verlieren auch die bisherigen Einteilungen der Wissenschaftsdisziplinen ihre Relevanz: Gestalten und Lenken eines Gesamtsystems ist weder ein wirtschaftliches noch ein technisches noch ein psychologisches Problem; es ist all das zusammen – aber nicht in aggregierender Interdisziplinarität, sondern als *neue Disziplin*. Denn wenn wir eine Unternehmung unter Kontrolle halten wollen, so genügt es eben nicht, diesen oder jenen Aspekt zu beherrschen, diese oder jene Dimension im Griff zu haben, sondern *jeder* Aspekt und *jede* Dimension, die relevant sind, müssen unter Kontrolle sein: Machen wir *heute* Gewinne, ohne für die Gewinne von *morgen zu* sorgen, haben wir das Problem nicht gelöst; haben wir die Kosten im Griff, nicht aber den Markt; das Personal, nicht aber die Finanzen; die Finanzen, nicht aber das Personal usw., so haben wir die *Unternehmung* nicht unter Kontrolle.

In einer Welt voller Spezialisten ist dies keine leichte Aufgabe, wie jeder weiss, der lange genug die Gesamtverantwortung für eine Unternehmung oder eine beliebige andere Institution getragen hat, um auch die Auswirkungen seiner eigenen Fehler noch erlebt zu haben. Dennoch besteht zumindest die Möglichkeit und die Hoffnung, neben all den bereits vorhandenen auch noch Spezialisten für die Kontrolle von Institutionen ausbilden zu können. Und eben dies ist die Aufgabe der Managementlehre. Hierbei geht es allerdings wohlgemerkt nicht um Finanzmanagement, Personalmanagement oder Marketingmanagement, sondern schlicht um *Management*.

3.2.2 Management als Führung vieler Menschen (--> systemisch-evolutionär) statt als Führung weniger (--> konstruktivistisch-technomorph)

Dieses Prämissenpaar steht in direktem Zusammenhang mit dem unter 3.2.1 behandelten, in gewisser Weise folgt es sogar daraus. Denn wenn das Gesamtsystem im Zentrum der Bemühungen steht, so stellt sich sofort das Problem, wie man das Verhalten vieler Menschen *koordiniert*. In der direkten Interaktion mit einzelnen Personen oder mit kleinen Gruppen hat der Führer die Möglichkeit der direkten Einwirkung; seine Person und die Möglichkeit der unmittelbar sinnlichen Erlebbarkeit und Erfahrbarkeit seiner Person – sowie umgekehrt auch die sinnlich direkte Erfahrbarkeit der Person des resp. der Geführten – bestimmen den Kontext der Interaktion wesentlich. Führung und Koordination vieler bedeutet demgegenüber, dass man sich bestimmter Hilfsmittel bedienen muss, um überhaupt wirksam werden zu können. Führung wird dann *unpersönlich*, weil sie sinnlich nicht mehr – oder nur noch teilweise – erfahrbar ist: Die durch die Führung überhaupt noch ansprechbaren Sinnesmodalitäten werden geringer an Zahl, die Erfahrung verarmt und schlussendlich wird Führung nur noch durch anonyme Anweisungen und abstrakte Reglemente ausgeübt.

In einem gewissen Sinne ist diese Situation mit der moderner Kriegsführung vergleichbar, wo der persönliche Kontakt der Kombattanten, der Kampf "Mann gegen Mann" abgelöst worden ist durch technische Geräte und ferngelenkte Waffensysteme. Es ist bekannt, dass das Tötungserlebnis in diesen beiden Situationen ein gänzlich anderes ist, sich daher auch die Führungssituation in beiden Fällen wesentlich unterscheidet.

Ein Problem besteht naturgemäss in der Definition der Begriffe "wenige" und "viele": Bei welcher Zahl erfolgt der entscheidende Sprung von wenigen zu vielen? – Es wäre zweifellos wünschenswert, diese Zahl genau bestimmen zu können. Eine Reihe von Gründen führt aber zu der Vermutung, dass dies mit der wünschbaren Genauigkeit nicht möglich sein wird, weil die Zahl selbst keine Konstante, sondern eine Variable ist. Denn manche Situationen erlauben es, mehr Personen in den unmittelbaren Interaktionskontext einzubeziehen als andere: Manche Aufgaben erfordern Interaktionen, die mit mehr als drei bis vier Personen gar nicht möglich sind; andere wiederum benötigen für die notwendigen Koordinationen eine geringere Interaktionsintensität, so dass je Zeiteinheit mit einer grösseren Zahl von Menschen persönlicher Kontakt gepflegt werden kann.

Es ist hier nicht der Raum, auf diese Dinge näher einzutreten, so dass einige Hinweise genügen müssen. Es geht um die sog. *kritische Gruppe,* worunter die grösstmögliche Gesamtheit von Elementen – Menschen, Dingen und Bindungen – zu verstehen ist, mit denen die gute Funktion einer Organisation von bestimmter Struktur sichergestellt werden kann.[34]

Friedman zeigt auf sehr anschauliche Weise, dass die kritische Gruppe eine für jede Spezies zwar variierende, für diese absolut aber charakteristische Grösse hat, die teils von bestimmten biologischen Merkmalen der Individuen, teils von der topologischen Struktur der Gesellschaft abhängt: Die biologischen Faktoren bestimmen *Valenz* – Anzahl der in bewusster Aufmerksamkeit zugänglichen oder ansprechbaren Interessenzentren – und *Leitfähigkeit* – Aufnahme- und Weitergabefähigkeit von Einflüssen – des Individuums und damit,

---

[34] Vgl. Friedman, Y., Machbare Utopien, Frankfurt 1977, S. 38 ff.

etwas vereinfacht ausgedrückt, einerseits die Zahl verschiedener Dinge, mit denen sich jemand beschäftigen kann, und andererseits die Einflüsse, denen er ausgesetzt ist und die von ihm ausgehen. Damit ist sein Interaktionsspielraum abgesteckt. Über diese Grenzen hinaus beginnt die Welt für das Individuum im buchstäblichen Sinne *unbegreifbar,* nicht mehr direkt sinnlich wahrnehmbar zu werden; ab dann ist es auf die gedankliche, abstrakte Rekonstruktion eines Weltbildes aus immer ärmer werdenden, indirekten Signalen angewiesen und muss zur Ausübung eines Einflusses auf verstärkende Hilfsmittel zurückgreifen. Damit werden aber auch Kontrollmöglichkeiten, Abweichungs- und Fehlersignale, Feedbacks usw. von völlig unterschiedlicher Qualität – wir erreichen jene Grenze der Verstehbarkeit und Beherrschbarkeit, die bildhaft "Komplexitätsbarriere" genannt werden kann.[35]

Führung vieler ist somit etwas grundsätzlich anderes als Führung innerhalb der Grenzen der kritischen Gruppe. Es wäre wünschenswert, wenn jedem Manager – und zwar bevor er in eine Position kommt, in der es erforderlich ist, über die kritische Gruppe hinaus zu führen, Einfluss auszuüben, zu kontrollieren usw. – die nicht selten traumatische Erfahrung jener fühlbaren Ohnmacht vermittelt werden könnte, die sich spätestens dann einstellt, wenn man mit einer solchen Situation erstmals konfrontiert ist.

Mit Ausnahme sehr traditionsreicher und alt-etablierter Organisationen, die während langer Perioden Führungsformen entwickeln konnten, die mit diesem Problem fertig zu werden vermögen, sind die meisten Organisationen auf diese Situation nicht vorbereitet. Auch die meisten Führungskräfte verbringen ja die weitaus grösste Zeit ihres Lebens *innerhalb* der Grenzen der kritischen Gruppe. So machen wir

---

[35] Vgl. Beer, S., Decision and Control - The Meaning of Operational Research and Management Cybernetics, London 1966, S. 256 und S. 258.

insbesondere unsere frühen Lebenserfahrungen fast ausschliesslich im Kontext der erlebbaren und beeinflussbaren Kleinsysteme, sei es die Familie, die Kameradengruppen in der Schule, die verschiedenen Formen persönlicher Freund- und Feindschaft oder die kleine Arbeitsgruppe im Unternehmen. Und dennoch sind die unser Leben immer stärker erfassenden Systeme über jede Begreifbarkeit hinaus gewachsen, ohne dass das Wissen über die Gestaltung und Lenkung derartiger Systeme in ausreichendem Masse mitgewachsen wäre.

3.2.3 Management als Aufgabe vieler (--> systemisch-evolutionär) statt als Aufgabe weniger (--> konstruktivistisch-technomorph)

Der konstruktivistische Typ der Managementtheorie weist als dominierende Denkweise die Vorstellung auf, dass Management in jeder Unternehmung von relativ *wenigen* Personen ausgeübt werde. Mit der Bezeichnung "Management" ist sehr häufig jene kleine Gruppe von Personen gemeint, die die ranghöchsten Positionen einer Organisation inne hat. Mit Management ist im Rahmen dieses Theorietyps in der Regel also das sog. Topmanagement gemeint, und auch im Alltagsgebrauch werden mit diesem Begriff meistens die obersten Führungskräfte und Repräsentanten einer Organisation bezeichnet.

Obwohl de jure grundsätzlich klar ist, wer zum Topmanagement zu zählen ist, ist diese Gruppe de facto doch nicht ganz so eindeutig bestimmt bzw. bestimmbar. Denn über die rein juristischen, statutarischen und organisatorischen Vorschriften hinaus wirken in jeder Organisation zusätzliche Regeln und Rituale mitgliedschaftsdefinierend. Es gibt daher keine *allgemeine* Antwort auf die Frage, wer zum Management im Sinne von Topmanagement gehört; es gibt aber wohl in jedem Fall eine *spezielle* Lösung in dem Sinne, als in einer bestimmten Organisation meistens kein Zweifel darüber besteht, wer "dazu" gehört und wer nicht.

Trotz dieser soeben beschriebenen Art von Unbestimmtheit dürfen wir davon ausgehen, dass das Management im Sinne des konstruktivistischen Theorietyps im operativen Kontext eine kleine Gruppe ist.[36]

Wir begegnen erneut dem Phänomen, dass für die Theoriebildung ein Kontext oder eine Situationsbeschreibung unterstellt wird, die den konstruktivistisch-technomorphen Theorietyp als vernünftig erscheinen lässt. Es stellen sich aber gänzlich andere Probleme, wenn man – wie dies der systemisch-evolutionäre Ansatz tut – davon ausgeht, dass Management nicht Aufgabe weniger, sondern auf zahlreiche Personen verteilt ist; wenn jeder Mitarbeiter einer Unternehmung oder Institution, der es anderen Menschen ermöglichen soll, einen produktiven Beitrag zu leisten, im Grunde als Führungskraft, als Manager, gesehen wird. Welche Bezeichnung und welchen Titel er dabei trägt, welche juristischen Kompetenzen und welchen organisatorischen Rang er hat, spielt hierfür eine vergleichsweise untergeordnete Rolle – entscheidend ist allein seine Funktion im gesamten Netzwerk. Stark vereinfacht kann man deshalb sagen, dass jeder, der führt, eine Führungkraft ist; jeder, der für die Leistungen anderer Verantwortung zu tragen hat, der die Leistungserbringung anderer beeinflussen kann, ist in diesem Sinne ein Manager. Seine Tätigkeit wird wesentliche Merkmale dessen aufweisen, was heute in der Managementtheorie behandelt wird: Er wird eine bestimmte Art von Planung betreiben – zwar nicht notwendigerweise mit viel Papieraufwand, aber er wird doch versuchen, seine Arbeit im Voraus so vernünftig und ökonomisch wie möglich zu gestalten; er wird Entscheidungen treffen – von der Spitze der Unternehmung aus betrachtet vielleicht keine besonders wichti-

---

[36] Durch den Hinweis auf den operativen Kontext soll dem Umstand Rechnung getragen werden, dass es in grossen, konzernmässig strukturierten Unternehmungen oft mehrere Managementgruppen gibt, die sich zu gewissen Anlässen auch versammeln können; sie werden in dieser Zusammensetzung jedoch nicht operativ tätig.

gen, aber immerhin solche, die getroffen werden müssen, damit irgendein Ablauf funktioniert; usw.

Diese Analyse könnte leicht fortgesetzt werden. Sie würde zeigen, dass Management auf vielen, wenn nicht den meisten Ebenen der Unternehmung stattfindet, und dass Management in Wahrheit nicht von wenigen hohen oder obersten Führungskräften allein ausgeübt wird, sondern von sehr vielen Menschen durch ihr Zusammenspiel. Mit Ausnahme sehr kleiner Unternehmungen kann Management daher nicht als auf eine kleine Gruppe beschränkt verstanden werden – und daher ist auch die Wirksamkeit des technomorphen Theorietyps sehr fraglich.

Es ist nicht ein klar identifizierbares Zentrum, das, im Besitze sämtlicher relevanten Informationen, die für die Steuerung erforderlichen Entscheidungen trifft. Selbst dort, wo aufgrund bestimmter Organisationsstrukturen, bestimmter Kompetenzverteilungen, eines bestimmten Selbstverständnisses und bestimmter Rituale dem äusseren Anschein nach die Steuerung von einem Zentrum aus erfolgt, und selbst wenn faktisch von einem Zentrum aus eine objektiv sehr starke, vielleicht sogar dominierende Determinationswirkung auf das Unternehmensgeschehen entfaltet wird, so wird man doch feststellen können, dass für die wirkliche und vollständige Steuerung wesentlich mehr an Information erforderlich ist, als dem Zentrum zugänglich ist, und dass eine wesentlich grössere Zahl von Beziehungen ständig neu adjustiert werden muss, als dies durch Weisungen von einem Zentrum aus möglich wäre.

Wir sind, ob wir wollen oder nicht, darauf angewiesen, dass die weitaus grösste Zahl von Beziehungen, gewissermassen an Ort und Stelle, *sich selbst* adjustiert – und zwar unter Berücksichtigung der örtlich jeweils gerade vorherrschenden, sich häufig sehr schnell ändernden relevanten Umstände. Die einzige Möglichkeit dafür, dass aus dieser Vielzahl sich ständig selbstkoordinierender Elemente trotzdem etwas Sinnvolles, eine zweckmässige Ordnung des Geschehens resultieren kann, besteht in der Anwendung von abstrakten, allgemeinen Regeln des Verhaltens, wie sie bei der Besprechung des evolutionären Ansatzes in Abschnitt 3.1 diskutiert wurden.

Es wäre ein Irrtum, zu glauben, dass dies nur für die in der politisch-ökonomischen Ordnungstheorie zur Diskussion stehenden Systemtypen Gültigkeit habe. Unternehmungen sind zwar zumeist nicht so komplex wie eine Volkswirtschaft – obschon es Unternehmungen gibt, die sich nach gängigen Grössenmassstäben durchaus mit kleineren oder gar mittleren Volkswirtschaften vergleichen lassen –, sie sind aber, mit Ausnahme sehr kleiner Unternehmungen, komplex genug, um den Rahmen und die Möglichkeiten konstruktivistischer Steuerungssysteme bei weitem zu sprengen.

Vielleicht liegt hier der Kern des Irrtums der heutigen Managementtheorie überhaupt: Man akzeptiert zwar die grosse Komplexität einer Ökonomie und ist bereit, die sich in diesem Zusammenhang stellenden Steuerungs- und Koordinationsprobleme sorgfältig zu diskutieren. Wie selbstverständlich wird aber davon ausgegangen, dass die Verhältnisse auf der Ebene der Unternehmung vergleichsweise so einfach seien, dass die Erkenntnisse über die Regulierungsprobleme der ökonomischen oder sozialen Ordnungstypen hier nicht relevant sein könnten.

Diese Unterschätzung der Komplexität von Unternehmungen ist möglicherweise darauf zurückzuführen, dass das Problem der Komplexität ganz allgemein zu wenig verstanden wird, insbesondere die Tatsache, dass selbst bei Vorliegen schon einer relativ kleinen Zahl von Elementen die Komplexität der möglichen Zustände explosionsartig ansteigt, sobald diese Elemente interagieren können. Darauf wurde unter 3.1 bereits kurz hingewiesen.

Akzeptiert man dagegen die dem evolutionären Ansatz zugrunde liegende Prämisse, dass Management de facto nicht von wenigen, sondern von vielen Menschen ausgeübt wird, so hat dies zur Konsequenz, dass man den in der Unternehmung geltenden Regeln des Verhaltens eine viel grössere Aufmerksamkeit zuwenden muss.

Ein weiterer Aspekt besteht darin, dass damit die Mechanismen in den Vordergrund rücken, durch die *generelle Regelungen* in der Unternehmung produziert werden. Managementinstrumente wie Leitbilder, allgemeine Politiken usw. erhalten damit einen neuen Stellenwert und müssen wahrscheinlich viel besser theoretisch durchdrungen werden, als dies bis heute der Fall ist. Zumindest in dieser Hinsicht kann man sehr viel von den Rechts- und Staatswissenschaften lernen, den einzigen sozialwissenschaftlichen Disziplinen, die sich ernsthaft mit Natur, Logik und Wirkung von Regeln beschäftigen.

Unter dem Einfluss einer gründlichen Erforschung derartiger Steuerungs-, Koordinations-, Regulierungs- und letztlich Regierungsformen würde sich zeigen, dass die Managementtheorie von heute im Wesentlichen an archaischen Vorbildern einer geschlossenen Stammesgesellschaft orientiert ist – oder bestenfalls ein Analogon zur griechischen Polis darstellt, die ich zwar nicht als archaisch bezeichnen möchte, die wohl aber als eine ausreichend geschlossene Systemform gelten darf, um die Informationsprobleme der Steuerung und Koordination noch als lösbar ansehen zu dürfen. Die Managementtheorie wird sich aber eindeutig mehr an der Vorstellung einer offenen, abstrakten oder grossen Gesellschaft orientieren müssen,[37] um die erforderliche Wirksamkeit erzielen zu können.

---

[37] Vgl. Popper, K.R., Die offene Gesellschaft und ihre Feinde, 2 Bände, Bern 1958 sowie Hayek, F.A. von, Law, Legislation and Liberty, Vol. 1-3, London 1973-1979.

3.2.4 Management ist indirektes Einwirken auf der Metaebene (--> systemisch-evolutionär) statt direktes Einwirken auf der Objektebene (--> konstruktivistisch-technomorph)

Dem konstruktivistisch-technomorphen Paradigma ist, wie nun bereits in verschiedenen Zusammenhängen herausgearbeitet wurde, die Vorstellung eigen, dass es im Prinzip möglich sei, das Unternehmungsgeschehen durch Detailbestimmung der Funktion der Elemente und ihrer Beziehungen zueinander zu regeln. Damit verbunden ist die Konsequenz, in die Abläufe selbst auf der Ebene des realen Geschehens einzugreifen. Insbesondere wird davon ausgegangen, dass ein fehlerhaftes Resultat eines Prozesses durch direkte Korrektur des Resultates selbst sowie durch ein Eingreifen in das Prozessgeschehen zu berichtigen sei. Andere Möglichkeiten werden zwar nicht explizit ausgeschlossen, sie werden aber auch nicht speziell betont.

Im Gegensatz dazu geht der systemische Ansatz von der Vorstellung aus, dass der Output eines Systems immer von der Struktur des Systems, von den sein Verhalten bestimmenden Regeln und insbesondere von den Interaktionsmustern der Systemelemente und Subsysteme abhängig ist. Wenn also der Output nicht akzeptabel ist, so hat es im Rahmen dieses Ansatzes wenig Sinn, den Output direkt zu korrigieren oder in den den Output unmittelbar produzierenden Prozess einzugreifen Vielmehr muss die Struktur des Systems und das Interaktionsmuster seiner Teile verändert werden.

Bezeichnen wir die Ebene des direkt den Output produzierenden Geschehens, analog zum Begriff der Objektsprache, als *Objektebene* und die Ebene der dieses Geschehen bestimmenden Strukturen und Regeln, analog dem Begriff Metasprache in Linguistik und Logik bzw. dem Begriff Metakommunikation, wie er von Bateson[38] und in der Folge von Watzlawick und der Palo-Alto-Gruppe geprägt und

---

[38] Vgl. Bateson, G., Ökologie des Geistes, Frankfurt 1981, S. 241 f.

verwendet wurde, als *Metaebene,* so können wir feststellen, dass sich der konstruktivistische Ansatz vorwiegend auf der Objektebene bewegt, der systemisch-evolutionäre Ansatz hingegen auf der Metaebene.

In einfachen Fällen ist diese Unterscheidung nicht problematisch: Produziert im Rahmen eines Fertigungsprozesses eine Maschine ständig Teile, die nachgearbeitet werden müssen, so wird man in der Regel sehr schnell die Einstellung der Maschine adjustieren, um die Kosten für die Nachbearbeitung zu eliminieren. Werden in der Speditionsabteilung des öfteren Sendungen fehlgeleitet, so wird man nach einer gewissen Zeit ebenfalls nach einer grundsätzlichen Lösung suchen und sich nicht damit begnügen, die einzelnen Irrläufer zu korrigieren.

Schwierig und gleichzeitig relevant wird die Unterscheidung von Objekt- und Metaebene aber in komplizierteren Fällen. Als praktisches Beispiel kann hier ein Fall kurz beschrieben werden, in dem es in einer mittelgrossen Firma der metallbearbeitenden Industrie (550 Mitarbeiter) ständig zu Terminschwierigkeiten kam. Obwohl das Unternehmen über eine nach allen Kriterien der Betriebswirtschaftslehre gut ausgebaute Betriebsorganisation verfügte und insbesondere die Arbeitsvorbereitung, gemeinsam mit einer eigens eingerichteten Stelle für Arbeitssteuerung und Terminüberwachung, ständig bemüht war, den Durchlauf der Aufträge sorgfältig zu überwachen und zu steuern, konnte dieses Problem dennoch nicht unter Kontrolle gebracht werden. In Abhängigkeit der Bedeutung eines Auftrages und des entsprechenden Kunden wurde natürlich immer wieder versucht, Terminüberschreitungen mit Ad-hoc-Massnahmen zu vermeiden oder wenigstens zu verkürzen. Diese Massnahmen hatten aber oft "Brachialcharakter" und führten selbst wiederum dazu, dass andere Faktoren, wie etwa die Überstunden, ausser Kontrolle gerieten. Die Situation führte mehr und mehr dazu, dass die Fehler bei einzelnen

Personen und deren vermuteter oder behaupteter Unfähigkeit oder Unzuverlässigkeit gesucht wurden; es kam zu wachsendem gegenseitigem Misstrauen, und die Schuld wurde von einer Stelle zur anderen geschoben. Dem Umstand zum Trotz, dass das Unternehmen über gute Fachleute und, nach üblichen Massstäben, auch gute Führungskräfte verfügte und grosse Anstrengungen unternommen wurden, das Problem zu lösen, war man doch nicht in der Lage, Abhilfe zu schaffen. Und durch die Einführung eines computergestützten Produktionssteuerungssystems, von dem man sich viel versprach, wurde die Situation nur noch schlimmer, da dadurch gewisse Improvisationsmöglichkeiten, die früher noch vorhanden waren, eliminiert wurden.

Die Lösung des Problems konnte in diesem Fall folglich gar nicht dort liegen, wo sie vermutet wurde, nämlich im Produktions- und Lagerbewirtschaftungsbereich. Die Problematik entstand vielmehr aus den *Interaktionsmustern* von Verkaufs- und Produktionsbereich: Die Produktion war im Rahmen des grundsätzlich angestrebten Lieferbereitschaftsgrades durchaus in der Lage, einmal bestätigte Termine auch einzuhalten. Die zunehmend schwieriger werdenden wirtschaftlichen Gegebenheiten der Branche führten aber bei den Kunden dieser Firma zu einem – relativ zu früher – wesentlich geänderten Bestell- und Dispositionsverhalten. Dies war zwar den Verkaufsverantwortlichen des Unternehmens bestens bekannt und bewusst, diese Änderungen wurden aber an die Produktion *nicht als Ganzes,* als neues Gesamtbild der Lage gewissermassen, weitergegeben, sondern nur *bruchstückweise* in Form einzelner Dispositionen. Tatsächlich liess auch die spezielle Art der Planung in diesem Unternehmen zwar eine Kommunikation über Veränderungen innerhalb ein und desselben Musters zu, nicht aber über eine Veränderung des Musters selbst. Der Verkaufsbereich nahm also den Wandel von einem Verhaltenstypus der Kunden zu einem anderen durchaus als solchen wahr, die durch das Planungs- und EDV-System vermittelte und gefilterte Interaktionsweise zwischen Verkauf und Produktion verunmöglichte es aber, diese Meta-Veränderungen entsprechend zu kommunizieren. So blieb nur die Möglichkeit, auf der Objektebene ständig neu zu disponieren, was zu wachsender Instabilität und Orientierungslosigkeit führte, da die einzelnen Dispositionen und ihre Änderungen für die Produktion keinen Sinn mehr ergaben.

Der erste Schritt in Richtung einer echten Lösung des Problems bestand darin, dass zunächst, für eine befristete Zeit, das Planungssystem für diese Bereiche ausser Kraft gesetzt und gewisse EDV-Prozeduren umgangen wurden. Es wurde ein Steuerungsausschuss eingesetzt, der aus Mitgliedern des Verkaufs- und des Produktionsbereiches sowie der Arbeitsvorbereitung, Arbeitsplanung und der Lagerbewirtschaftung bestand und zweimal täglich zu kurzen, in der Regel nicht länger als halbstündigen Besprechungen zusammenkam, um durch die persönliche Interaktion jene Informationsreichhaltigkeit wieder in den Prozess einzubringen, die aufgrund der formalen Prozeduren reduziert und verarmt war. Alle Beteiligten sollten so ein Gefühl für die neu herrschenden Patterns gewinnen können, um dadurch wieder in der Lage zu sein, Einzeldispositionen und Informationsbruchstücke in ein Ganzes einordnen zu können, um ihnen dadurch den richtigen Sinn und die richtige Interpretation zuordnen zu können.

Die aus konstruktivistischer Perspektive durchaus vernünftig erscheinenden Mechanismen der gängigen Produktionsplanung und -steuerung, die laufend verstärkt und ausgebaut wurden, führten zu einer progressiven Unfähigkeit, die relativ zu den vielen Einzeldispositionen viel fundamentaleren *Formen* der Interaktion wesentlicher Subsysteme und Elemente überhaupt zu problematisieren.

In diesem doch einigermassen komplexen Fall war also die Unterscheidung zwischen Objekt- und Metaebene keineswegs trivial und auch nicht sofort einsichtig. Nach nunmehr langjähriger praktischer Tätigkeit in der Unternehmungsberatung und Managementschulung neige ich denn auch der Vermutung zu, dass ein sehr grosser Teil jener Probleme, die man fast täglich in Unternehmungen antrifft, letztlich nur gelöst werden kann, wenn die Unterscheidung zwischen Objekt- und Metaebene ständig im Auge behalten wird: Viel öfter, als man meint, liegt die grundsätzliche Möglichkeit, ein Problem überhaupt lösen zu können, auf der Metaebene.

3.2.5 Management unter dem Kriterium der Steuerbarkeit (--> systemisch-evolutionär) statt der Optimalität (--> konstruktivistisch-technomorph)

Ein beherrschendes Denkmotiv des konstruktivistischen Ansatzes ist das Streben nach Optimalität bzw. die Beurteilung von Problemlösungen mittels Optimalitätskriterien. Gerade dieses Streben zwingt den konstruktivistischen Theorietyp dazu, möglichst vollständige Informationen zu fordern, was fast notwendigerweise zur Folge hat, dass Situationskonstellationen unterstellt werden, in denen die Erfüllung dieser Forderungen möglich ist.

Die Idee der Optimalität etwa von Entscheidungen, betrieblichen Abläufen oder Organisationsstrukturen ist verständlicherweise faszinierend und scheint in einem ökonomischen Kontext auch rational zu sein, denn ökonomisches Verhalten ist ja beinahe untrennbar mit der Vorstellung von Optimalität verbunden.

Was aber soll wirklich optimiert werden? Unter welchen Bedingungen lässt sich überhaupt vernünftig bestimmen, worüber wir reden, wenn wir den Begriff des Optimums verwenden? und: Ist es im Managementkontext wirklich rational, Optima anzustreben – und wenn ja: Optima welcher Grössen?

In einem hinreichend stabilen Kontext, in dem die erforderlichen Informationen über die relevanten Variablen gegeben oder erhältlich sind, ist gegen die Verwendung dieser Vorstellung nichts einzuwenden. Es stellt sich aber doch die Frage, ob nicht gerade der konstruktivistische Theorietyp in seinem Streben nach Optimalität eine Entwicklung verursacht hat, die sich heute, nach Wegfall der Bedingungen der Stabilität des Kontextes und der Verfügbarkeit der Informationen, als gefährlich erweist.

In Verbindung mit der in Punkt 3.2.4 diskutierten Fixierung auf die Objektebene ist in den Unternehmungen nämlich ein erheblicher Aufwand getrieben worden, um Produktionsanlagen, Produktionsverfahren, betriebliche Abläufe, logistische Systeme usw. zu optimieren – und zwar primär im Lichte des übergeordneten Kriteriums der Optimierung der Wirtschaftlichkeit einer Unternehmung.

Aus einer technomorphen Perspektive ist Optimierung aber weitgehend gleichzusetzen mit der Elimination von Flexibilität: Eine Maschine kann umso optimaler ausgelegt werden, je stabiler der Input ist und je weniger Schwankungen bezüglich Qualität und Quantität des Verarbeitungsmaterials, Zeitpunkte der Zulieferung und Rhythmus der Verarbeitung zu verkraften sind. Dies zeigt sich etwa im Bemühen, optimale Losgrössen in der Produktion zu haben oder Umrüstvorgänge grösstmöglichst zu eliminieren. Sämtliche Variablen im Umfeld einer Maschine, die im üblichen Sinne optimal funktionieren soll, werden also zunehmend fixiert oder in zunehmend engeren Schwankungsbereichen einreguliert. Damit aber hat das Gesamtsystem nur scheinbar an Stabilität gewonnen; es ist in Wahrheit in zunehmendem Masse potentiell instabil geworden. Denn treten nun wirklich ernst zu nehmende strukturelle Änderungen in den nicht mehr unter Kontrolle des Managements stehenden Rahmenbedingungen auf, so wird man, weil die erforderliche Reaktionsflexibilität eben nicht mehr vorhanden ist, nicht mehr in der Lage sein, darauf angemessen reagieren zu können.

Vor diesem Problem scheinen wir gegenwärtig zu stehen. Die lang anhaltende Zeit relativ stabiler Wirtschaftslagen hat dazu geführt, dass im Streben nach Optimalität eine Anpassung – oder besser: Überanpassung – an die ehemals vorherrschenden Umstände erfolgt ist: Immer mehr relevante Variablen relevanter Systeme – Produktionskapazitäten, Produktionsverfahren, Vertriebssysteme, Preis- und Mengenverhältnisse, Organisationsstrukturen, Salärstrukturen usw. – wurden zunehmend in einem wechselseitigen Gefüge fixiert, jede noch Schwankungen und damit Dispositionen verursachende Variable wurde weiter durch entsprechende Abmachungen, Verträge usw. zu stabilisieren versucht, Besitzstände wurden immer härter verteidigt und jede bis anhin noch nicht organisierte Gruppe versuchte mit allen Mitteln, zu einer lobbyfähigen Interessengruppe zu werden. Als Ergebnis all dieser Bemühungen resultierten schliesslich Systeme, die jeglicher Flexibilität beraubt waren.

Wie sich in einem derartig starren System eine plötzlich auftauchende, massive Veränderung einer Variable in Form von völlig unkontrollierbaren Reverberationswellen auswirkt, hat die Veränderung des Ölpreises in der Weltwirtschaft deutlich gezeigt. Auch die Veränderungen, die mit der Mikroelektronik einhergehen, sind deshalb so gravierender Natur, weil unsere Systeme keine ausreichende Flexibilität aufweisen, um diese neuen Formen von Komplexität zu absorbieren.

Sie tun dies deshalb nicht, weil Flexibilität ein ökonomisches Gut ist und daher Kosten verursacht. Diese Kosten erscheinen im Rahmen des konstruktivistischen Theorietyps als Rationalisierungspotentiale, nicht aber als Ressourcen. Und je weiter die Annäherung an das Ziel konstruktivistisch interpretierter Optimalität erfolgte, desto mehr Flexibilität ging verloren. Die Konsequenzen sind an der Insolvenzstatistik ablesbar.

Im Gegensatz dazu geht eine systemisch-evolutionäre Managementtheorie nicht von der Prämisse mehr oder weniger unveränderlicher, stabiler Rahmenbedingungen aus. Vielmehr basiert sie auf der Annahme, dass, historisch gesehen, bis heute noch jede Konstellation lediglich vorübergehender Natur war. Dies hängt unter anderem mit der Komplexitätsproblematik und der komplexen Systemen inhärenten Eigendynamik zusammen. Die Bedingungen, unter denen eine Optimierung auf der Objektebene möglich ist, werden im systemischen Theorietyp als Spezialfall behandelt, während sie im konstruktivistischen Typ eher als allgemeiner Fall unterstellt werden.

Wenn aber davon ausgegangen wird, dass wir uns ständig an neue Umstände anpassen müssen, kann "Optimierung" nur noch auf der *Metaebene* Sinn machen. Wir dürfen dann nicht mehr einen speziellen *Anpassungszustand* optimieren, sondern müssen – wenn überhaupt – etwas ganz anderes optimieren, nämlich die *Anpassungsfähigkeit*.

Dieser Gedanke hat ein weites Feld an Anwendungsmöglichkeiten und eröffnet völlig neue Perspektiven, wenn er erst einmal richtig durchdacht wird: Hat unser Bildungssystem auf allen Ebenen nicht die inhärente Tendenz, die Beherrschung konkreter *Lerninhalte* zu optimieren, während es doch angesichts des Umstandes, dass kein Lehrer und kein Lehrplan-Planer heute wissen kann, was die Kinder von heute morgen wissen und können müssen, um ihre dannzumaligen Probleme zu bewältigen, zumindest ebenso wichtig wäre, die *Lernfähigkeit* zu optimieren? Versuchen wir nicht, Organisationsstrukturen von Unternehmungen zu optimieren, statt ihre *Organisierbarkeit?* und: Erleben wir nicht immer wieder aufs Neue, dass die optimalen Organisationsstrukturen von gestern, gerade wegen ihrer Optimalität, das entscheidende Hindernis für die heute erforderlichen Anpassungen sind?

Aus der Perspektive der systemischen Managementtheorie, die durch die Strukturänderungen des letzten Jahrzehnts stark an Relevanz gewonnen hat, ist der entscheidende Punkt folglich nicht die Optimierung von konkreten Zuständen der Objektebene, sondern die *Optimierung der Steuerungsfähigkeit* der Unternehmung, ihrer *Manageability*.

3.2.6 Management verfügt nie über ausreichendes Wissen (--> systemisch-evolutionär) statt Annahme einer ausreichenden Informationsbasis (--> konstruktivistisch-technomorph)

Im Rahmen des konstruktivistischen Theorietyps wird in der Regel davon ausgegangen, dass die Informationsbasis zur Lösung der diskutierten Probleme im Grossen und Ganzen ausreichend ist. Planungssysteme, Rechnungswesen, Kontrollsysteme, Zielsetzungsverfahren usw. sind derart konstruiert, dass aus ihrer Architektur geschlossen werden muss, dass die für ihren Einsatz erforderlichen Informationen vorhanden sind oder gewonnen werden können.

Selbst der im Rahmen der Entscheidungstheorie behandelte Fall der Entscheidung unter Unsicherheit wird derart angegangen, dass die Informationsleerstellen mit subjektiven Wahrscheinlichkeitsschätzungen gefüllt werden. Diese scheinbare Sicherheit wird auch hier dadurch gewonnen, dass, zumindest implizit, ein Kontext unterstellt wird, dessen Beschaffenheit nur sehr begrenzt realen Situationen entspricht.

Der systemische Typ der Managementtheorie geht hingegen explizit von der Annahme aus, dass wir nie – oder höchstens in Spezialfällen – genügend Informationen besitzen, um Entscheidungen wirklich *rechtfertigen* zu können. Daraus folgt, dass es eine falsche Vorstellung ist, sie überhaupt rechtfertigen zu wollen.

Dies könnte nun so verstanden werden, als wolle man einem willkürlichen Dezisionismus das Wort reden. Die vom systemisch-evolutionären Ansatz vertretene Auffassung läuft jedoch auf eine *revisionistische* Haltung hinaus, d.h. auf die Forderung, Entscheidungen wo immer möglich so zu treffen, dass sie – oder zumindest grösstmögliche Teile ihrer Folgen – revidierbar sind. Denn mit Ausnahme von sehr untypischen Fällen können wir nie davon ausgehen, dass selbst eine Entscheidung, die heute richtig sein mag, dies auch morgen noch sein wird. Die beste Entscheidung kann von sich ändernden Umständen überholt und obsolet gemacht werden.

Insbesondere haben wir nie ausreichend Informationen zur Verfügung, um Prognosen machen zu können. Es ist bemerkenswert, wie stark in der Literatur diskutierte Managementsysteme, -instrumente und -methoden nach wie vor auf die Prognostizierbarkeit der relevanten Variablen abstellen. Und auch in der Praxis der Unternehmungsführung sind die meisten Planungssysteme immer noch so aufgebaut, dass für wichtige Grössen – wie etwa Absatzmengen und -preise – Prognosen gemacht werden müssen, um überhaupt "planen" zu können.

Obwohl die Umbrüche der vergangenen Jahre in diesem Bereich die stärksten Zweifel geweckt haben und in manchen Unternehmungen zu gewissen Änderungen gegenüber früheren Versionen von Planungssystemen führten, in vereinzelten Fällen auch den vollständigen Verzicht auf Planung bewirkt haben mögen, so wird in der Theorie konstruktivistischen Zuschnitts doch nach wie vor versucht, Prognosemethoden zu entwickeln und zu verfeinern.

Der systemische Theorietyp geht dagegen konsequent von der Annahme aus, dass Prognosen der üblichen Art nicht möglich sind. Im systemischen Verständnis ist Planung im Grunde nicht eine gedankliche Antizipation zukünftiger Zustände, sondern darauf ausgerichtet, in der Gegenwart Entscheidungen mit grösstmöglicher Berücksichtigung ihrer zukunftsdeterminierenden, gewissermassen präjudizierenden Wirkungen zu treffen, solche Wirkungen von Vergangenheitsentscheidungen herauszufinden sowie – und hier wird das Hauptgewicht liegen müssen – die laufende Anpassung der Unternehmung an die sich ständig ändernden Umstände vorzunehmen.

In jedem Fall impliziert der systemische Ansatz aber grösstes Misstrauen gegenüber der Richtigkeit von Planungen und Entscheidungen. Die Aufmerksamkeit richtet er dementsprechend auf Vorsorgemassnahmen, namentlich mit Bezug auf die im vorherigen Punkt besprochene Steuerungsfähigkeit der Unternehmung.

Es gibt eine Reihe von Beispielen, die recht gut illustrieren, welches die zu kultivierende Handlungsweise sein sollte. Besonders anschaulich sind vielleicht hochalpine Bergtouren, die aller Fortschritte in der Technik zum Trotz nach wie vor ihre Risiken haben: Da man etwa von der Wetterlage in hohem Masse abhängig ist, wären zuverlässige Wetterprognosen sehr wünschenswert. Es gibt zwar Grosswetterlagen, die solche Prognosen erlauben, etwa grossräumige und stabile Hochdrucklagen. Dennoch ist jedem erfahrenen Alpinisten bekannt, wie schnell das Wetter in den Bergen umschlagen kann und wie oft die speziellen, lokalen Kleinklima- und Wetterbedingungen von der Grosswetterlage abweichen können. Weitere Risiken hochalpiner Bergtouren, von Stein- und Eisschlag über Verletzungsgefahr bis hin zu den subjektiven Gefahren, die in den körperlichen und psychischen Fähigkeiten des Einzelnen begründet liegen, können selbst den Verlauf einer hervorragend geplanten und sorgfältig vorbereiteten Bergtour zu einer Katastrophe werden lassen. Der erfahrene Bergsteiger weiss, ähnlich wie der erfahrene Unternehmer oder Manager, dass es in der Natur des Vorhabens liegt, dass man es nie vollständig unter

Kontrolle haben kann. Deshalb wird der Alpinist selbst auf die Gefahr hin – was er aber erst im Nachhinein wissen kann –, viel zu viel mitzuschleppen, auf jegliche Ausrüstungsgegenstände nicht verzichten, die sich im Ernstfall als lebenswichtig herausstellen können. Er wird bei der Routenwahl ferner sorgfältig auf jene Stellen achten, an denen ein ihm allenfalls aufgezwungener Rückzug nicht mehr möglich ist. Und er wird während des Aufstiegs gerade an diesen Stellen jeweils nochmals sorgfältig alle Voraussetzungen überprüfen, die dem Erfolg seines Vorhabens als Prämissen zugrunde liegen, um bei deren Veränderung möglicherweise lieber den Rückzug anzutreten, als in falsch verstandenem Heldenmut weiterzumachen. Die Devise lautet folglich: "Überleben", und nicht: "Gewinnen um jeden Preis."

3.2.7 Management mit dem Ziel der Maximierung der Lebensfähigkeit (--> systemisch-evolutionär) statt der Maximierung des Gewinnes (--> konstruktivistisch-technomorph)

Dem konstruktivistischen Typ der Managementtheorie ist nach wie vor das Gewinnmaximierungsdenken immanent. Zwar hat dieses Prinzip vielfältige Modifikationen im Detail erlebt, am Grundsätzlichen hat sich aber nichts geändert. Es geht hier nicht um eine Diskussion der Details, sondern der Frage, welche Orientierungsgrössen es erlauben, die Gefahr von *systematischen* Fehlentscheidungen zu minimieren.

Auch hier waren es die langen Jahre wirtschaftlicher Prosperität nach dem Zweiten Weltkrieg mit vollkommen ungesättigter Nachfrage auf allen Gebieten, mit kommerzialisierbarem, technologischem Fortschritt im Gefolge der Rüstungsforschung und Kriegswirtschaft, mit stabilen wirtschaftspolitischen Rahmenbedingungen und mit sozialem Basiskonsens über die grundlegenden Wertvorstellungen, die wegen ihrer langen, die Zeitspanne einer Generation übersteigenden Dauer zur Illusion führten, dass Dinge, die sich wegen dieser zufällig günstigen Konstellation bewährten, generell richtig sein müssten.

Schon die wenigen Jahre an wirtschaftlichen Turbulenzen, die es bisher zu überstehen galt, haben aber sehr deutlich gezeigt, wie irreführend die Orientierung am Gewinn sein kann und wie wenig selbst ein gewinnmaximierendes Verhalten die Existenz einer Unternehmung gewährleisten kann. Selbst grosse Reserven reichen in der Regel nicht mehr aus, um eine Unternehmung noch retten zu können, die den Anschluss an die technologische Entwicklung verpasst hat.

Drucker vertritt nunmehr seit Jahrzehnten bereits unermüdlich die Auffassung, dass es so etwas wie Gewinn überhaupt nicht gibt, sondern nur Kosten: Kosten des *laufenden Geschäfts* und Kosten, um *im Geschäft zu bleiben*. Er hat daher logisch konsequent auch betont, dass "the proper question for any management is not 'What ist the *maximum* profit this business can yield?' It is 'What is the *minimum* profitability needed to cover the future risks of this business?'".[39]

In den relativ wenigen Jahren, seit man sich in Theorie und Praxis nun ernsthaft mit dem Problem der strategischen – nicht nur der langfristigen – Planung beschäftigt, sind die Argumente wesentlich geklärt worden und zeigen deutlich die gefährliche Blindheit, zu der die Orientierung am Gewinnmaximierungsprinzip führt.

Gewinn entsteht ohne Zweifel nicht voraussetzungslos; es muss eine ganze Reihe von Bedingungen erfüllt sein, damit überhaupt ein Gewinn entstehen kann: Es müssen vermarktungsfähige Produkte vorliegen, ein nutzbares Vertriebssystem, kaufwillige und kauffähige

---

[39] Drucker, P.F., The Changing World of the Executive, New York 1982, S. 52.

Käufer usw. – kurz: es müssen gegenwärtige, d.h. hier und heute nutzbare *Erfolgspotentiale* gegeben sein.[40]

Gewinn im betriebswirtschaftlichen Sinne ist eine Folge der Nutzung von gegenwärtigen Erfolgspotentialen. Zweifellos kann diese Nutzung besser oder weniger gut sein, und in diesem Sinne ist es möglich, von einer Maximierung von Gewinnen zu sprechen. Aber je eher dieses Ziel im Zentrum manageriellen Handelns steht, umso grösser ist die Gefahr, dass die Voraussetzungen, auf denen die Erzielung des Gewinnes beruht, aus den Augen verloren und vernachlässigt werden.

Dies ist weniger ein betriebswirtschaftliches, als vielmehr ein psychologisches, genauer: ein wahrnehmungspsychologisches Problem. Dieses wird noch gravierender durch die Tatsache, dass wir eine "Buchhaltung" gewissermassen für die Erfassung von Erfolgspotentialen erst langsam zu entwickeln beginnen, während das klassische Rechnungswesen kaum Spuren von Erfolgspotentialen auszuweisen vermag. Erfolgspotentiale entziehen sich also im buchstäblichen Sinne der Wahrnehmung. Und dies ist nicht nur bei den gegenwärtigen Erfolgspotentialen der Fall, die ja schon harte wirtschaftliche Realität sein müssen, aber dennoch nicht erfasst werden; es trifft umso mehr zu bei den für jedes Unternehmen erforderlichen *zukünftigen* Erfolgspotentialen, also bei all jenen Voraussetzungen, die zu schaffen sind, um nicht nur heute, sondern auch "morgen" Gewinne machen zu können.

---

[40] Die Terminologie auf dem Gebiet der strategischen Planung ist nicht einheitlich. Ich verwende hier diejenige von Gälweiler, dessen Konzept mir sowohl für theoretische wie für praktische Zwecke ausserordentlich klar und nützlich erscheint (vgl. Gälweiler, A., Unternehmenssicherung und strategische Planung, in: ZfbF Schmalenbachs Zeitschrift für betriebswirtschaftliche Forschung, Heft 6, 1976, S. 362-379 sowie ders., Marketingplanung im System einer integrierten Unternehmensplanung, Neuwied 1979).

Je besser die Gewinne der Gegenwart sind, umso eher kommt ferner ein weiterer psychologischer Effekt hinzu: jener des unmittelbaren Erfolgserlebnisses, des Gefühls, alles richtig gemacht und alles unter Kontrolle zu haben. Es ist dies die trügerische Scheinsicherheit des konstruktivistischen Paradigmas, das seine stärkste Wirkung dort entfaltet, wo man mit Zahlen und Fakten arbeiten kann.

Obwohl eigentlich angebracht, muss ein Exkurs zu den Problemen der Quantifizierung als Pseudo-Kriterium von Wissenschaftlichkeit und des Operationalismus an dieser Stelle unterbleiben. Dasselbe gilt für den nicht minder notwendigen Exkurs zum Thema der sozialen Belohnung oder Bestrafung, die unter Verwendung des Gewinnkriteriums – sei es als "Earnings per Share" oder als "Cash-flow pro Mitarbeiter" –, primär durch die diesbezügliche Berichterstattung der Wirtschaftspresse, das ihre dazu beitragen, die Führungskräfte durch die Verwendung falscher Orientierungsgrössen in die Irre zu führen.

Der systemisch-evolutionäre Ansatz geht hier von der Idee der Lebensfähigkeit der Unternehmung aus. Dabei muss zugegeben werden, dass mit Bezug auf diese Vorstellung gerade erst ein Anfang gemacht wurde und noch sehr viel Arbeit zu leisten sein wird. Auf der Basis gewisser – obschon längst nicht aller – Ansätze der strategischen Planung bzw. des strategischen Managements ist ein solcher aber möglich: Liquidität, Gewinn, gegenwärtige und zukünftige Erfolgspotentiale müssen simultan ins Gleichgewicht gebracht werden, denn ihre Beeinfluss- und Steuerbarkeit bewegen sich in je unterschiedlichen Zeithorizonten und gehorchen unterschiedlichen Zeitrhythmen – Liquidität kann vorgesteuert werden mit Hilfe von Informationen über den Gewinn, dieser mit Hilfe von Informationen über gegenwärtige Erfolgspotentiale und diese wiederum mit Hilfe von Informationen über zukünftige Erfolgspotentiale. Die Beurteilung dieser Grössen und ihre Steuerung erfolgen anhand unterschiedlicher Orientierungsgrössen, beginnende bei Einnahmen und Ausgaben im Falle der

Liquidität und endend mit den möglichen Verläufen technologischer Substitution in der Zeit im Falle zukünftiger Erfolgspotentiale.[41]

Dies ist jedoch nur ein erster Schritt, um das Problem der Lebensfähigkeit einer Unternehmung in den Griff zu bekommen. Denn die Realisation von Strategien setzt bestimmte Strukturen voraus, und bestimmte Strukturen implizieren bestimmte Strategien – oder vielleicht besser: verunmöglichen bestimmte Strategien.

Wie unter Punkt 3.2.4 bereits diskutiert, sind die Strukturen abhängig von den Interaktionsweisen der relevanten Subsysteme und Elemente. Im Rahmen dieser Ausführungen – und in Abschnitt 3.2.5 – habe ich darauf hingewiesen, dass es weniger um konkrete Zustände auf der Objektebene gehen kann, als vielmehr darum, gewisse Potentiale, Fähigkeiten und Eigenschaften, die eher der Metaebene zuzurechnen sind, in den Mittelpunkt von Managementtheorie und Managementpraxis zu stellen. Ging es dort um die Optimierung von Steuerungsfähigkeit und Flexibilität, so kommen wir hier zu einer weiteren solchen Metavariablen, der Lebensfähigkeit eben. Sie scheint den bisher genannten Variablen in dem Sinne logisch übergeordnet zu sein, als sie noch eine Metaebene höher liegt und somit eine "Metavariable zweiter Ordnung" ist.

Das Kriterium der Lebensfähigkeit ist nicht auf Unternehmungen beschränkt, sondern auf jedes System anwendbar, und zwar nicht etwa als Formalkriterium, sondern im Sinne eines empirischen Problems. Manche Systeme können dieses Problem lösen, andere nicht. Und in Analogie zu Abschnitt 3.2.5, wo empfohlen wurde, Entscheidungen, Massnahmen usw. im Lichte der Steuerungsfähigkeit einer Unternehmung zu beurteilen, kann man jetzt einen Schritt weitergehen und nach den Auswirkungen auf die Lebensfähigkeit fragen. Denn die

---

[41] Vgl. zu dieser Theorie im Einzelnen: Gälweiler, A., Marketingplanung im System einer integrierten Unternehmensplanung, Neuwied 1979.

Erhaltung der Lebensfähigkeit ist der jeweils vorläufige Beweis dafür, dass die für das System relevante Komplexität unter Kontrolle gebracht werden konnte.

Dies impliziert allerdings nichts für die Zukunft und bietet namentlich keine Gewähr dafür, dass die Lösung des Existenzproblems auch in Zukunft gesichert ist. Das ist auch der Grund dafür, dass strategisches Management in seiner heutigen Form noch nicht genügt. Analog zu den Ausführungen in Punkt 3.2.5, wo es nicht um den jeweils optimalen Anpassungszustand, sondern um die allgemeinere Vorstellung der Anpassungsfähigkeit ging, also um die Fähigkeit, immer neue Anpassungszustände herbeiführen zu können, kann es im Lichte der Idee der Lebensfähigkeit somit nicht nur darum gehen, heute eine gute Strategie für morgen zu entwickeln. Im Zentrum der Bemühungen muss vielmehr die Fähigkeit stehen, *jede* Strategie ändern zu können, sobald sie sich als überholt erweist, die Fähigkeit also, ständig neue Strategien entwickeln zu können, mit eben dem Zweck der Erhaltung der Lebensfähigkeit.

3.3 Die Chance des Umdenkens

Die Prämissen des konstruktivistischen Typs der Managementtheorie führen fast unvermeidlich zu der Vorstellung einer im Prinzip möglichen, weitgehenden Beherrschbarkeit von Systemen. Die Prämissen des systemisch-evolutionären Ansatzes zerstören diese Hoffnungen. Auf ihren Grundlagen ist nur eine Form der Beherrschung zu erwarten, die man als "Soft- oder "Fuzzy-Control" bezeichnen könnte.

Damit ist der Anspruch dieses Theorietyps zunächst wesentlich bescheidener. Es wird akzeptiert, dass wir vieles – vielleicht sogar das meiste – nicht unter Kontrolle haben und es auch nicht unter Kontrolle bringen können. Dennoch scheint diese Theorie dem gegenwärtigen Zustand der Welt besser zu entsprechen als der konstruktivistische

Theorietyp, denn wir können ständig Symptome dafür beobachten, dass die Beherrschung des Geschehens wesentlich geringer ist, als man aufgrund der diesbezüglich stattfindenden Rituale annehmen möchte. Die Unregierbarkeit der Welt, die Ohnmacht von Politikern und Managern, die Unbeherrschbarkeit der Wirtschaft, die Ratlosigkeit der Ökonomen und das Wuchern ständig neuer Formen der Komplexität sprechen eine deutliche Sprache.

Es macht allerdings überhaupt keine Mühe, all diese Dinge nicht als Anzeichen einer ausser Kontrolle geratenen Welt, bestehend aus nicht beherrschbaren Systemen und ihren von niemandem antizipierbaren Interaktionsformen, zu begreifen, sondern als vorläufig noch zu akzeptierende Schwächen und Mängel auf dem Weg zur immer besseren Kontrolle der Systeme.

Dies ist eben eine Funktion der Paradigmen und ihrer Sprache: Je nach Paradigma bietet sich die Welt anders dar bzw. haben wir eine andere Interpretation für die beobachteten Ereignisse.

Der systemisch-evolutionäre Ansatz führt aber in einem gewissen Sinne zu einem Paradoxon: Einerseits ist im Zusammenhang mit wirklich komplexen Systemen nur eine bescheidene Form von "Soft-Control" zu erwarten. Gibt uns aber nicht gerade dies andererseits entscheidende Macht über das Geschehen? Können wir nicht gerade auf dieser Basis andere Erwartungen bilden, die eine wesentlich höhere Realisierungswahrscheinlichkeit besitzen, weil sie sich an den realen Gegebenheiten der Welt orientieren, in der wir leben? und: Eliminieren wir nicht gerade damit die Gefahr, Theorien, die für gänzlich andere Konstellationen geschaffen wurden, ausserhalb dieses Kontextes anzuwenden?

Eine systemische Managementtheorie birgt, wie mir scheint, genau diese Chancen als wesentliches Element. Denn der Ausgangspunkt für jegliches sinnvolles Handeln ist das Verstehen der relevanten Systemzusammenhänge und die darauf aufbauende Bildung von realistischen Erwartungen, die das Fundament jeglicher Orientierung darstellen. Aus dem tieferen Verständnis der Natur komplexer Systeme dürfen so auch neue Lösungsarten für manche der sich stellenden Probleme erwartet werden.

Ob die vorherrschenden Weltbilder und Paradigmen eine Realisierung neuer Lösungen allerdings überhaupt erlauben, ist fraglich. Gerade eine systemische Analyse des Anwendungskontextes stimmt hier nicht unbedingt optimistisch: Wir alle sind Output unserer Systeme; wir sind Produkte dieser Systeme; und nach allem, was wir über komplexe Systeme wissen, muss unsere eigene Natur in hohem Masse der Natur dieser Systeme angepasst sein.

Vielleicht sind technomorphes Denken und technomorphe Systeme schon so sehr aneinander angepasst, dass alles als normal und in bester Ordnung empfunden wird. Dies wäre historisch ja nicht zum ersten Mal der Fall. Die von der menschlichen Vernunft in ihrer Begrenztheit und Anmassung zugleich konstruierten Scheinwelten können zu kollektiven, sich selbst perpetuierenden Realitäten führen, die nur noch durch einen allgemeinen Kollaps verändert werden können.

The Natur of the Trap
is a Function
of the Nature of the Trapped

(Geoffrey Vickers)

(1983)

Zitierte und ergänzende Literatur

Bateson, G., Ökologie des Geistes, Frankfurt 1981

Beer, S., Decision and Control - The Meaning of Operational Research and Management Cybernetics, London 1966

Drucker, P.F., The Changing World of the Executive, New York 1982

Eigen, M. / Winkler, R., Das Spiel, München/Zürich 1975

Friedman, Y., Machbare Utopien, Frankfurt 1977

Gälweiler, A., Unternehmenssicherung und strategische Planung, in: ZfbF Schmalenbachs Zeitschrift für betriebswirtschaftliche Forschung, Heft 6, 1976, S. 362-379

- Marketingplanung im System einer integrierten Unternehmensplanung, Neuwied 1979

Hayek, F.A. von, The Sensory Order, London/Chicago 1952

- The Primacy of the Abstract, in: Koestler/Smythies (Hrsg.), Beyond Reductionism, London 1969
- Die Theorie komplexer Phänomene, Tübingen 1972
- Law, Legislation and Liberty, Vol. 1-3, London 1973-1979
- New Studies in Philosophy, Politics, Economics and the History of Ideas, London 1978

Lattmann, Ch., Die verhaltenswissenschaftlichen Grundlagen der Führung des Mitarbeiters, Bern/Stuttgart 1981

Popper, K.R., Die offene Gesellschaft und ihre Feinde, 2 Bände, Bern 1958

4. Die Managementlehre im Lichte der modernen Evolutionstheorie

Management wird häufig als "Erfindung" des 20. Jahrhunderts verstanden. Ich glaube, dass diese Auffassung – eine im Wesentlichen ausgesprochen ahistorische Haltung – entscheidend dazu beiträgt, dass die philosophischen Grundlagen der heutigen Managementlehre einer Konzeption entsprechen, die man als *naiven Rationalismus* oder auch als *technokratischen* bzw. *technomorphen Konstruktivismus* bezeichnen kann.[42] Obwohl die philosophischen Fundamente der meisten Autoren auf dem Gebiet der Managementlehre im Dunkeln bleiben und aus den Texten erschlossen werden müssen, und obwohl dort, wo sie explizit gemacht werden, sie meistens oberflächlich und mit den späteren Ausführungen häufig nicht konsistent sind, so lässt sich doch nicht übersehen, dass die Grundhaltung in dem im Folgenden darzustellenden Sinne *technomorph* ist.

Warum aber ist die philosophische Grundlage der Managementlehre überhaupt wichtig? – Es gibt dafür ein paar ganz einfache Gründe. Management ist – und das soll später noch belegt werden – zu allen Zeiten ein entscheidender Motor der Entwicklung gewesen. Zu allen Zeiten hat Management enorme Kräfte freigesetzt, ihre Richtung beeinflusst und ihr Zusammenwirken koordiniert – oder zumindest all dies zu tun versucht. Im 20. Jahrhundert ist allerdings noch eine wesentliche Komponente hinzugekommen – oder jedenfalls in einer völlig neuen Dimension hinzugekommen: Management hat sich mit der modernen Technologie verbündet, und diese Allianz ist zumindest mit Skepsis zu betrachten. Dies deshalb, weil die Dimensionen gigan-

---

[42] Vgl. zu diesen Ausdrücken Hayek, F.A. von, Die Irrtümer des Konstruktivismus und Grundlagen legitimer Kritik gesellschaftlicher Gebilde, München 1970.

tisch geworden sind: Die Reichweite moderner Technologie, die Geschwindigkeit des Wandels, den sie auslöst, die möglichen (beabsichtigten und unbeabsichtigten) Konsequenzen usw. weisen Ausmasse auf, die bis anhin nicht bekannt waren. Jede tiefere Analyse lässt ernsthafte Zweifel aufkommen, ob der Mensch in seiner Funktion als Manager bereits gelernt hat, mit solchen Dingen umzugehen.

Dies also sind die Hauptgründe – die gewaltigen Dimensionen gemanagter Technologie und die begründeten Zweifel an der soziokulturellen Reife oder Weisheit –, die die Fragen nach den philosophischen Grundlagen, nach den impliziten Axiomen des manageriellen Weltbildes und nach den Mechanismen, die dieses Weltbild bestimmen und verändern, so wichtig erscheinen lassen. Deren Bedeutung nimmt noch zu, wenn man bedenkt, dass je intensiver die Allianz zwischen Management und Technologie wurde, umso aphilosophischer wurde die Managementlehre und umso dürftiger und – man muss es offen sagen – naiver, von ganz wenigen Ausnahmen abgesehen, die Auseinandersetzungen mit den Grundlagen dieser sozial immer mächtiger werdenden Disziplin. Welches ist nun diese philosophische Basis der modernen Managementlehre, und damit natürlich auch weitgehend des modernen Managements? Denn eine zunehmende Zahl von Führungspositionen in allen gesellschaftlichen Bereichen wird ja von Menschen besetzt, die ihre Ausbildung – ihr Weltbild – an den wirtschaftswissenschaftlichen Fakultäten unserer Hochschulen oder an den Business-Schools erlangten und dieses ohne weitere Korrekturmöglichkeit in ihre Praxis mitnehmen.

Der naive Rationalismus oder technomorphe Konstruktivismus,[43] wie ich das vorher bezeichnet habe, besteht im Wesentlichen und auf

---

[43] Grundlegend zu diesem wie zum später dargestellten evolutionären Ansatz sind die zahlreichen Schriften von F.A. von Hayek, vor allem: Hayek, F.A. von, Freiburger Studien, Tübingen 1969; ders., Studies in Philosophy, Politics and Economics, Chicago 1967; ders., New Studies in Philosophy, Politics,

einen sehr kurzen Nenner gebracht in der Annahme, dass alle zweckdienlichen gesellschaftlichen Institutionen ausschliesslich von Menschen, in zweckrationaler Absicht, gestaltet – konstruiert – wurden, also durch planvolles und absichtsgeleitetes menschliches Handeln zustandegekommen sind und – aus diesem Grunde – vom Menschen auch jederzeit fast beliebig geändert werden können. Ein weiteres Charakteristikum ist die Ansicht, dass menschliche bzw. gesellschaftliche Institutionen auch nur insoweit rational und gerechtfertigt sind, als sie eben menschlichen Absichten, menschlichem Wollen und Planen entsprechen, während alles andere als irrational abgetan wird. Daraus folgt natürlich, dass soziale Institutionen auch nur insoweit menschlichen Zwecken dienen können, als sie rational geplant und gestaltet sind.

Die Wurzeln der modernen Variante dieser Welt- und Gesellschaftsanschauung lassen sich, wie man leicht zeigen kann, bei Descartes, bei Hobbes und bei Rousseau finden, wobei die eigentlichen Ursprünge natürlich viel weiter zurückgehen. Ihre möglicherweise klarste, aber auch naivste Ausprägung erreichte diese Auffassung bei Voltaire. Die von diesen Philosophen und Gesellschaftstheoretikern vertretene "Herrschaft der Vernunft" erweist sich heute, im Lichte neuer und wiederentdeckter alter Erkenntnisse, als in Wahrheit höchst unvernünftig und im eigentlichen Sinne irrational. Sie erweist sich ferner als Relikt einer primitiven Stammesgesellschaft, die Popper und andere scharf von der sog. offenen oder abstrakten Gesellschaft unterscheiden.[44] Sie entspringt einem anthropozentrischen Weltbild, das seinen Ursprung in der Auffassung hat, dass überall da, wo es eine

---

Economics and the History of Ideas, Chicago 1978 sowie ders., Law, Legislation and Liberty, Vol. 1-3, London 1973-1979.

[44] Vgl. Popper, K.R., Die offene Gesellschaft und ihre Feinde, 2. Aufl., Bern 1970; Hayek, F.A. von, Law, Legislation and Liberty, Vol. 1-3, London 1973-1979 sowie Polanyi, N., The Logic of Liberty, London 1951.

erkennbare Ordnung gibt, es auch einen persönlichen Ordnenden geben muss, wo ein Zweck erfüllt wird, es auch einen Zwecksetzer gibt, wo ein Plan erkennbar ist, es auch einen Planer geben muss und wo ein Einfluss spürbar wird, es auch einen Beeinflusser geben wird. Oder anders formuliert: damit es Ordnung gibt, muss es einen persönlichen Ordnenden geben, damit Zwecke erreicht werden, muss es einen Zwecksetzer geben, für einen Plan braucht es einen Planer und um Einfluss auszuüben einen Beeinflusser.

Der hier dargestellte naiv-konstruktivistische Rationalismus nährt im Menschen systematisch die Illusion der Machbarkeit und Beherrschbarkeit der Ereignisse und fordert ihn auf, von dieser scheinbaren Macht Gebrauch zu machen, um alles nach seinen Vorstellungen zu planen und zu gestalten, alles nach seinen Zwecken vernünftig zu ordnen. Voltaire hat diese Haltung am deutlichsten zum Ausdruck gebracht, indem er sagte: "Wenn ihr gute Gesetze haben wollt, verbrennt die, die ihr habt, und macht euch neue!" Bewusste, geplante Gestaltungs- und Lenkungsversuche haben als Konsequenz dieses Welt- und Gesellschaftsbildes in alle Bereiche Einzug gehalten und produzierten und forderten das ingenieurmässige, technomorphe Denken und Handeln.

Diese auf naiv-konstruktivistischer Basis aufbauende Illusion menschlicher Mach- und Beherrschbarkeit wird verstärkt durch die Erfolge mancher Naturwissenschaften und vor allem der Technologie, die dieses Denken par excellence aufweist und den bewussten menschlichen Zwecksetzungen schliesslich die nötigen Kraft- und Energiemaschinen geliefert hat, um sie hin und wieder auch tatsächlich realisieren zu können.

Machen wir uns aber nichts vor: Auch noch so grosse Erfolge im Umgang mit nicht-lebendiger Materie lassen keinerlei Rückschlüsse auf die Wirksamkeit von Methoden des Denkens und Handelns in jenen Bereichen zu, in denen wir es primär mit lebendigen oder geistigen Systemen zu tun haben. Lebendige und geistige Systeme verstossen zwar nirgends gegen die Gesetzmässigkeiten der nichtlebendigen, sie weisen aber *darüber hinaus* ganz andere, grundlegend verschiedene Eigenarten auf, die sich nicht reduzieren lassen. Wir können und müssen hier noch viel von Hartmann und anderen lernen, die das Problem der *emergenten* Eigenschaften anschaulich dargestellt haben.[45] Der Erfolg unseres an nicht-lebendiger Materie orientierten Denkens könnte sich hier sogar als entscheidendes Hindernis erweisen, um soziale Systeme verstehen zu können.

In der Tat hat die dominierende technomorph-konstruktivistische Philosophie jenen anderen Zweig der Gesellschaftsphilosophie fast völlig in den Hintergrund gedrängt, der für das Verständnis sozialer Systeme so bedeutsam ist: die *evolutionäre Philosophie* – und mit ihr die Auffassung, dass die Ordnung der Gesellschaft und ihrer Institutionen in hohem Masse nicht das Ergebnis bewusster menschlicher Planung und Lenkung ist, sondern das jeweils vorläufige Resultat von Evolutionsprozessen; dass nicht nur die Natur, sondern auch die Gesellschaft Ergebnis eines grossartigen, in seinen Grundprinzipien sehr einfachen Prozesses des organischen Gewordenseins ist.[46]

Einige Illustrationen mögen dies verdeutlichen: Während es lange Zeit vorherrschende Meinung war, dass die menschliche Sprache das Resultat einer bewussten Abmachung, eines Vertrages gewisser-

---

[45] Vgl. Hartmann, N., Der Aufbau der realen Welt, Berlin 1964; Lorenz, K., Die Rückseite des Spiegels, München 1973; Riedl, R., Die Ordnung des Lebendigen - Systembedingungen der Evolution, Hamburg/Berlin 1975; Jantsch, E., Design for Evolution, New York 1975 sowie Popper, K. R., Objective Knowledge, London 1972.

[46] Vgl. neben den zitierten Werken von F.A. von Hayek vor allem Riedl, R., Die Ordnung des Lebendigen - Systembedingungen der Evolution, Hamburg/Berlin 1975; ders., Die Strategie der Genesis, München/Zürich 1976 sowie ders., Biologie der Erkenntnis, Berlin/Hamburg 1979.

massen, zwischen Weisen oder Mächtigen sei, sich von nun an durch Verwendung bestimmter Zeichen und Worte zu verständigen, so wird diese oder verwandte Auffassungen heute natürlich niemand mehr ernsthaft vertreten. Die Sprachforschung, insbesondere die moderne Linguistik, kommt der Verdienst zu, gezeigt zu haben, dass die Sprache in einem sich über Jahrtausende erstreckenden Prozess der Entwicklung entstanden ist, der teils genetische, teils kulturelle Komponenten aufweist und von niemandem mit Absicht entworfen oder gestaltet wurde und auf niemandes Vereinbarung zurückgeht. Dennoch – oder vielleicht gerade deshalb – dient sie den vielfältigen, verschiedenartigen und im Einzelnen völlig unvorhersehbaren Zwecken der Menschen besser, als irgendeine beabsichtigte Konstruktion dies jemals auch nur annähernd hätte tun können. Genau gleich verhält es sich mit der Schrift.

Während verschiedene Wissenschaften genügend Erkenntnisse erworben haben, die die Evolution von Sprache und Schrift ausser Zweifel stellen, so ist doch noch viel zu wenig bekannt, dass praktisch alle sog. "zweckrationalen" Institutionen – wie Moral, Gesetz, Geld, Kredit, Familie, Unternehmung usw. – nicht das Ergebnis von Planung und Übereinkunft, sondern von Entwicklungsprozessen sind, die, nebenbei bemerkt, nicht etwa nur historischen Charakter haben, sondern selbstverständlich weiterhin am Wirken sind, wenn auch vielleicht unter geänderten Rahmenbedingungen.

Man mag dazu neigen, diese Behauptungen abzulehnen, weil sie möglicherweise in zu krassem Widerspruch zu dem stehen, was wir gelernt haben, zu dem, was uns unsere Vernunft als scheinbar unbezweifelbar vor Augen führt und womit wir unsere alltäglichen Erfahrungen scheinbar so erfolgreich organisieren und interpretieren. Eine solche Ablehnung wäre indessen allzu leichtfertig.

Um besser zu verstehen, was gemeint ist, und um die weitreichenden Konsequenzen für unser Denken und Handeln richtig einschätzen zu können, muss man sich etwas genauer mit einer bereits von den Griechen getroffenen, aber bis in unsere Zeit gültig gebliebenen Unterscheidung beschäftigen, jener zwischen *"natürlich"* und *"künstlich"* nämlich. Die Aufteilung aller Phänomene in natürliche und künstliche ist fast universell akzeptiert und erscheint uns völlig unproblematisch und zutreffend. Wir unterscheiden damit einerseits Erscheinungen, die von menschlichem Handeln und Wirken völlig unabhängig, und andererseits solche, die das Ergebnis oder das Produkt menschlichen Entwurfs sind. So sinnvoll diese Einteilung erscheinen mag, so sehr hat sie uns den Blick auf eine dritte Kategorie von Phänomenen verstellt, die die Existenz der Sozialwissenschaften und auch der sozialen Funktion "Management" überhaupt erst rechtfertigt und erforderlich macht.

Diese dritte Kategorie sind jene Ordnungen oder Systeme, die *zwar das Ergebnis menschlicher Handlungen sind, nicht aber das Ergebnis menschlicher Absicht darstellen.*[47] Die Beobachtung, dass es solche Systeme gibt, kann in ihrer Bedeutung gar nicht hoch genug eingeschätzt werden. Die Zusammenhänge können anhand der folgenden Tabelle leicht veranschaulicht werden (vgl. Tab. 1).

Im Grunde ist die Angelegenheit sehr einfach: *Evolutionäre Ordnungen oder Systeme* resultieren aus dem Zusammenwirken des Verhaltens sehr vieler, zum Teil gleich-, zum Teil verschiedenartiger Elemente, in einer sozialen Situation also von einzelnen Menschen oder Gruppen von Menschen. Das Verhalten jedes Einzelnen mag zwar durchaus in planvoller, bewusst gelenkter Absicht erfolgen, d.h.

---

[47] Vgl. Hayek, F.A. von, The Results of Human Action but not of Human Design, in: ders., Studies in Philosophy, Politics and Economics, Chicago 1967.

in der bewussten Absicht, bestimmte Ziele zu erreichen und bestimmte Zustände und Ergebnisse zu schaffen.

	Ordnungen (Systeme), die ohne menschliches Handeln entstehen	Ordnungen (Systeme), die Ergebnis menschlicher Handlungen sind
Ordnungen (Systeme), die Ergebnis menschlichen Entwurfs (menschlicher Planung) sind	-	künstliche (v.a. technische) und sehr einfache soziale Systeme = *konstruktivistische Ordnungen (Systeme)*
Ordnungen (Systeme), die *nicht* Ergebnis menschlichen Entwurfs (menschlicher Planung) sind	natürliche Systeme: Sonnensystem, Kristalle, Organismen	komplexe soziale Systeme: Sprache, Schrift, Geld, Kredit, Moral, Familie, Kultur = *evolutionäre Ordnungen (Systeme)*

Tabelle 1

Da der Einzelne aber eben nicht allein ist, interferiert sein Handeln mit dem Handeln und den Absichten anderer, so dass das tatsächlich erzielte Ergebnis in aller Regel nicht mehr das von jedem Einzelnen beabsichtigte Resultat ist, sondern etwas von diesem Verschiedenes, Abweichendes – unter Umständen etwas völlig anderes und vielleicht sogar etwas, was niemand wirklich wollte.

Die Geschichte ist voll von Beispielen dafür, dass das Handeln von Menschen neben den beabsichtigten Konsequenzen auch solche hatte, die niemand bewusst herbeiführte, mögen diese vom Einzelnen nun als günstig oder als ungünstig beurteilt werden. Selbstverständlich ist das nicht nur bei den grossen, aufsehenerregenden Ereignissen der Geschichte so, vielmehr ist es eine absolut alltägliche Erfahrung, dass wir unsere Pläne und Absichten immer wieder revidieren und an neue Gegebenheiten anpassen müssen, die häufig das Resultat des Verhaltens anderer Menschen sind. (Man darf natürlich keinesfalls den Fehler begehen, den anderen immer böse Absicht zu unterstellen. Dies würde geradewegs in eine primitive, vulgäre Verschwörungstheorie führen, die man so oft bei der Erklärung sozialen Geschehens antrifft.)[48]

Die oben besprochene, tief verwurzelte und geradezu in unsere Kultur eingebrannte technomorph-konstruktivistische Philosophie, die hinter allem Geschehen bewusst gesetzte Absichten und Pläne vermutet und davon ausgeht, dass sich soziales Geschehen auch tatsächlich planen und gestalten lässt, hat den Blick vieler Menschen für diesen ganz einfachen und alltäglichen Sachverhalt weitgehend vernebelt. Insbesondere für die Betriebswirtschaftslehre trifft dies in ausgeprägtem Masse zu, so dass wir darin von diesen Tatsachen und von diesem Ansatz so gut wie nichts auffinden können.

Ist es aber in Tat und Wahrheit nicht eher so, dass wir praktisch alle unsere Pläne laufend korrigieren müssen, von einfachen Terminvereinbarungen über die verschiedenen Arbeitsprogramme, Unternehmenspläne usw. bis zu dem, was wir unseren Lebensplan nennen könnten? Ist es nicht so, dass wir unsere Absichten selten in ihrer ursprünglichen Form realisieren können? Ist es nicht so, dass unerwartete Ereignisse unsere schönsten Konzepte und Programme obsolet machen? und: Ist es nicht so, dass das, was sich schliesslich als jeweils vorläufiges Resultat einstellt oder ergibt, meistens etwas anderes ist, als das, was wir erwarteten?

So alltäglich diese Erfahrung ist und so banal das alles klingen mag, umso erstaunlicher ist doch auf der anderen Seite die unbestreitbare

---

[48] Vgl. zur Kritik an den sog. Konspirationstheorien vor allem Popper, K.R., Die offene Gesellschaft und ihre Feinde, Band 2, 2. Aufl., Bern 1970.

und durch Analysen jederzeit beweisbare Tatsache, dass dieses Phänomen in den Sozialwissenschaften – und ganz besonders in der Betriebswirtschafts- bzw. Managementlehre – praktisch vollständig ignoriert wird: Fast die gesamte Managementlehre baut auf der früher erwähnten Illusion der mehr oder weniger totalen Machbarkeit und Beherrschbarkeit der Unternehmung auf, und weiter auf der Meinung, dass nur das auch akzeptabel ist, was Ergebnis bewusster Planung und zweckrationaler Lenkung ist. Organisationslehre, Planungsliteratur, Finanz- und Rechnungswesen, strategisches Management usw. sind in einem Ausmass von konstruktivistisch-technomorphem Denken durchdrungen, dass für die Behandlung eines der wichtigsten und weitverbreitetsten sozialen Phänomene, für jene Tatsache nämlich, die das Geschehen überhaupt erst *sozial* und damit zum Gegenstand einer Wissenschaft macht, noch nicht einmal eine passende Terminologie zur Verfügung steht.

Als einziger Bereich, der hier eine Ausnahme darstellt, ist vielleicht die Lehre von der informalen Organisation zu nennen. Natürlich ist in der Planungsliteratur auch von der Notwendigkeit zu Plankorrekturen die Rede, aber sie spielt eine vergleichsweise untergeordnete Rolle. Höchst selten nur werden die ständig erforderlichen, vielschichtigen Korrektur- und Anpassungshandlungen einer systematischen Untersuchung unterzogen um herauszuarbeiten, wie denn die einfach en passant postulierten Korrekturen wirklich vorgenommen werden, welche Faktoren dabei zu berücksichtigen sind und welche Logik dabei zur Anwendung kommt.

Als besonders fatal erweist sich hierbei die Tatsache, dass auch solche Plan- und Absichtskorrekturen ausschliesslich im Rahmen des technomorph-konstruktivistischen Paradigmas interpretiert werden. Es wird schlicht nicht zur Kenntnis genommen, dass die erwähnten trivialen Tatsachen keineswegs nur unglückliche Zufälle, Ergebnis schlechter Planung oder widriger Umstände sind, sondern – im Gegenteil – oft das sichtbare Resultat von Prozessen, die von völlig anderer Art sind, einer vollkommen anderen Logik folgen, zu gänzlich anderen Resultaten führen und ganz anders zu managen und zu koordinieren sind als jene, die man mit den naiv-rationalistischen Konzepten unter Kontrolle zu bringen hofft.

Um über die soeben besprochenen, alltäglichen – wenn auch weithin ignorierten – Beobachtungen hinaus ein vertieftes Verständnis für diese andersartigen sozialen Prozesse und Systeme zu erlangen, ist Folgendes wichtig:[49] Bewusst gesetzte Ziele, Pläne und Absichten genügen nicht, um das Verhalten von Menschen zu erklären oder dieses zu bestimmen. Ein weiterer, ebenfalls häufig übersehener oder in seiner Bedeutung jedenfalls unterschätzter Faktor besteht darin, dass menschliches Verhalten darüber hinaus in hohem Masse von *Regeln* bestimmt und geformt wird – und zwar derart, dass sie den grundsätzlich gegebenen Verhaltensmöglichkeiten gewisse Grenzen oder Beschränkungen auferlegen und eben deshalb zu *Regelmässigkeiten* des Verhaltens führen, die wiederum Voraussetzung dafür sind, dass wir im Allgemeinen bestimmte *Erwartungen* bezüglich des Verhaltens anderer bilden können. Und diese wiederum sind, aufgrund einer meistens ausreichenden Stabilität dieser Regelmässigkeiten, Voraussetzung dafür, dass wir überhaupt Absichten und Pläne aufstellen können, die eine gewisse Erfolgschance für ihre Realisierung aufweisen.

Ein Teil solcher verhaltensformenden Regeln – wie etwa das formal gesetzte Recht – ist von Menschen bewusst für Menschen gestaltet worden. Entsprechend kennen wir alle die Mechanismen ihrer Entstehung und Durchsetzung. Der weitaus grössere Teil der faktisch

---

[49] Vgl. zum Folgenden vor allem Hayek, F.A. von, Law, Legislation and Liberty, Vol. 1: Rules and Order, London 1973 sowie Eigen, M. / Winkler, R., Das Spiel, München/Zürich 1975.

befolgten Regeln aber ist von gänzlich anderer Art und wurde niemals von irgend jemandem erlassen, sondern hat sich in einem der organischen Evolution homologen Prozess entwickelt.

Das Erstaunliche an dieser zweiten Art von Regeln ist nun darin zu sehen, dass deren verhaltensformende Wirkung in keiner Weise davon abhängt, dass uns diese Regeln bekannt oder bewusst sind oder wir sie gar beschreiben resp. verbal formulieren können. Entscheidend ist vielmehr, dass sie faktisch befolgt werden – und dies ist auch möglich, ohne dass wir sie bewusst kennen. Es ist sogar so, dass wir, selbst wenn wir es wollten, die meisten dieser faktisch befolgten Regeln überhaupt nicht oder doch nur unter grossen Schwierigkeiten artikulieren könnten. Wie die diesbezüglichen Forschungen zeigen, müssen manche dieser Regeln sogar zwangsläufig und aus logischen Gründen unbewusst bleiben, weil eben sie die Voraussetzungen für die Entstehung und das Funktionieren unseres Bewusstseins und unserer Vernunft sind:[50] Sehr verkürzt ausgedrückt kann man sagen, dass wir nicht deshalb Regeln aufstellen und befolgen, weil wir Vernunft haben, sondern dass wir – umgekehrt – Vernunft haben, weil wir Regeln befolgen. Beispiele für derartige, durch das bloss faktische Befolgen von Regeln entstehende Verhaltensregelmässigkeiten sind etwa die weitgehend regelgerechte Beherrschung der Sprache durch Kinder, lange bevor diese etwas über die Regeln der Grammatik erfahren, oder die meisten handwerklichen und sportlichen Fertigkeiten oder Geschicklichkeiten. Ein diesbezüglich häufig feststellbares Phänomen ist ja, dass sehr gute Sportler grosse Schwierigkeiten mit ihren Bewegungsabläufen bekommen, sobald sie bewusst darüber nachzudenken beginnen, wie diese denn tatsächlich ablaufen. Zumin-

---

[50] Vgl. Hayek, F.A. von, The Sensory Order - An Inquiry into the Foundations of Theoretical Psychology, London 1976 sowie ders., Rules, Perception and Intelligibility, in: ders., Studies in Philosophy, Politics and Economics, Chicago 1967.

dest ein Teil dessen, was wir Intuition oder intuitives Verhalten nennen, ist in Wahrheit solches von faktisch befolgten Regeln geformtes Verhalten, die vom Betreffenden verbal nicht artikuliert werden können und ihm im hier diskutierten Sinne unbekannt sind.[51]

Die komplexen, evolutionären Ordnungen oder Systeme, die im rechten unteren Feld der oben aufgezeigten Tabelle einzuordnen sind, ergeben sich nun aus in diesem Sinne regelgeformtem Verhalten vieler Individuen oder Elemente; sie stellen das im Ganzen unbeabsichtigte und auch gar nicht vorhersehbare Resultat dieses Verhaltens dar. Solche Systeme sind also, wie bereits bemerkt, das Resultat menschlichen Verhaltens, nicht aber menschlichen Entwurfs. Obwohl solche evolutionären Systeme als Ganzes streng von dem sie produzierenden Individualverhalten unterschieden werden müssen, besteht zwischen der Ordnung als Ganzem und dem individuellen Verhalten der Elemente bzw. von Gruppen von Elementen natürlich dennoch eine Wechselwirkung, so dass sich beide – insbesondere unter dem Einfluss von Änderungen äusserer Faktoren – in einem dauernden Anpassungsprozess befinden.

Die Existenz von Regeln hängt, wie bereits ausgeführt, in keiner Weise von der Existenz regulierender oder Regeln erlassender Individuen oder Organe ab, sondern ist im Gegenteil ebenfalls das Resultat von Entwicklungsprozessen. Systeme von Verhaltensregeln können, wie die Forschung zeigt, aus primitivsten Voraussetzungen entstehen und praktisch beliebige Grade an Komplexität erreichen. Die Ordnungen oder Systeme, die indirekt durch ihre Befolgung entstehen, unterliegen als Ganzes einem Selektionsdruck analog der natürlichen Selektion, so dass Regelsysteme, die zu effizienteren, angepassteren Systemen führten, im Laufe der kulturellen Evolution jene verdrängten, die weniger angepasste Ordnungen zum Resultat hatten. Damit ist

---

[51] Vgl. Hayek, F.A. von, Rules, Perception and Intellegibility, a.a.O.

natürlich auch dem zeitweise heftig diskutierten Sozialdarwinismus der Boden entzogen, denn diese Selektion setzt nicht, wie dieser irrigerweise meinte, am einzelnen Individuum an, sondern eben an der Ordnung als Ganzem.

Die Regeln des Verhaltens, von denen hier die Rede ist, sind weder in einem gewöhnlichen Sinne normativ, noch sind sie willkürlich. Sie sind vielmehr jene grosse, buchstäblich epoche-machende, evolutionäre "Erfindung", die es dem Menschen erstens erlaubt, auch dort noch erfolgreich zu handeln, wo ihm aufgrund der Komplexität der Situation das konkrete Wissen um Ursache und Wirkung fehlt, und die es zweitens ermöglicht, dass das Handeln einer um Zehnerpotenzen grösseren Anzahl von Individuen und Gruppen ein grösseres Mass an Koordination und Kohärenz aufweist, als dies durch irgendwelche personalen Anordnungen, Vereinbarungen und Lenkungsmassnahmen je möglich wäre.

Diese Regeln sind somit jener wissens- und erfahrungscodierende und -speichernde Mechanismus, dessen "Erfindung" die Fortsetzung der genetischen bzw. organischen Evolution durch die soziokulturelle Evolution ermöglicht hat. Solche Regelsysteme entsprechen funktional, wenn auch nicht bezüglich der verwendeten Materialien, dem genetischen Code denn auch völlig – und wie dieser enthalten sie den Erfahrungsschatz von Abertausenden von Generationen, der unter ständiger Modifikation von Generation zu Generation weitergegeben wird. Auf diesem Wege geht in die Gestaltung und in das Funktionieren eines sozialen Systems wesentlich mehr Information bzw. Wissen ein, als irgendeinem Einzelnen oder einem Gremium – und seien diese noch so weise und erfahren – jemals zur Verfügung stehen könnte. Während also eine konstruktivistische Ordnung in ihrer strukturellen Komplexität, ihrem Wachstum und ihrer Anpassungsfähigkeit immer in einem absoluten Sinne durch die Informations- bzw. Wissensmenge begrenzt ist, die dem lenkenden Individuum bzw. der führenden

Gruppe verfügbar ist, treffen diese Beschränkungen für evolutionäre Ordnungen nicht zu.[52]

Eines der wichtigsten Merkmale evolutionärer Systeme – und gleichzeitig dasjenige, das sie und die damit verbundene Theorie für die Managementlehre so bedeutsam macht – besteht somit darin, dass sie aufgrund der Wirkung der hier diskutierten Regelsysteme praktisch beliebige Grade an struktureller Komplexität erreichen können, während konstruktivistische Systeme, die ja das Resultat bewusster Planung, Gestaltung und Anordnung sind, diese Komplexitätsgrade bei weitem nicht erreichen können. Folglich ist ein evolutionäres System auch in der Lage, mit einer erheblich grösseren Umweltkomplexität fertig zu werden als ein konstruktivistisches System – und entsprechend effizienter, anpassungs- und überlebensfähiger als dieses.

Durch das Studium evolutionärer Ordnungen können wir demnach lernen, wie man Komplexität managt, komplexe Prozesse unter Kontrolle bringt und in einer komplexen Umwelt, die sich ständig wandelt, überleben kann. Im konkreten Fall hat dies alles sehr viel mit individueller Freiheit, mit Selbstbestimmung, Dezentralisation und Delegation zu tun, besteht das Prinzip doch letztlich darin, auf Eingriffe in die Detailorganisation und die Detailfunktionen eines Systems zu verzichten und stattdessen jene exogenen Rahmenregeln zu schaffen und zu kultivieren, die das endogene Wachstum von Ordnung und Komplexität möglich machen. So ähnlich, wie wir durch bewusste Anordnung im Detail niemals bestimmen können, wie sich die einzelnen Teilchen (Moleküle) einer chemischen Lösung zu verhalten haben, damit sich ein Kristall bildet, so können wir doch günstige Voraussetzungen dafür schaffen, dass die Lösung kristallisiert – und damit indirekt den Organisationsprozess des Systems

---

[52] Vgl. Hayek, F.A. von, Law, Legislation and Liberty, a.a.O.

steuern. Verzicht auf Anordnung und Gestaltung im Detail bedeutet im sozialen Bereich in Wahrheit denn auch eine Verstärkung unserer Möglichkeiten, mit komplexen Situationen fertig zu werden, indem wir an jenen strukturbestimmenden Regeln ansetzen, die ihrerseits die Steuerung der Prozesse im Zusammenwirken mit vielen anderen Verhaltensregeln bewirken.

Wenn also in regelmässigen Abständen und unterschiedlichen Zusammenhängen immer wieder behauptet wird, Wirtschaft und Gesellschaft seien nun so komplex geworden, dass man nur noch mit zweckrationaler Planung und Lenkung weiterkomme, so ist das eine völlige Verkennung der eigentlichen Mechanik evolutionärer Systeme: Unsere komplexe Welt ist so komplex geworden, gerade weil sie nicht bewusst geplant und angeordnet wurde.[53]

Obwohl die jeweils vorläufigen Ergebnisse des umfassenden evolutionären Geschehens von enormer Komplexität sind und obwohl das Kausalitätsdenken der klassischen Wissenschaften in diesem Zusammenhang hoffnungslos ungeeignet ist, weil wir es mit vielen Schichten von Wirkungen und Rückwirkungen zu tun haben – mit einem "Kausalfilz", wie Otto Koehler dies anschaulich bezeichnete – so ist der Grundprozess doch einfach:

Es handelt sich um den von Charles Darwin und Alfred Wallace praktisch gleichzeitig entdeckten Prozess von Mutation, Selektion und Reduplikation (Reproduktion) resp. von Versuch und Irrtum – wobei die Versuche, um einem weit verbreiteten Missverständnis gleich vorzubeugen, keineswegs zufällig sind –, der heute von einer Vielzahl von Forschungsrichtungen in verschiedenen Disziplinen als richtig anerkannt wird. So einfach diese Grundstrategie zunächst erscheinen mag und so wenig man zunächst geneigt ist, die Mannigfaltigkeit aller organismischen Lebensformen, ihre komplexe Strukturiertheit und vor

---

[53] Vgl. Hayek, F.A. von, a.a.O.

allem ihre ans Wunderbare grenzende Angepasstheit, Optimalität und Ökonomie auf einen derart einfachen Grundprozess zurückzuführen, so führt doch kein Weg daran vorbei. Allerdings findet dieser Prozess in einer Fülle von Varianten statt und weist eine Unzahl von konkreten, spezifischen Manifestationen auf. Er findet simultan auf vielen Ebenen statt und baut auf seinen eigenen Ergebnissen und Produkten auf, um sich so, Schritt für Schritt, den Weg in der Unendlichkeit der Möglichkeiten zu suchen. Elementarer Baustein, die "Verkörperung" des Versuch-Irrtums-Prinzips quasi, ist ein zirkuläres System des Informationsflusses, gerade stabil genug, um seine Zirkularität, seine Struktur zu bewahren, und doch variabel genug, um experimentieren und damit neue Information gewinnen zu können.[54]

Dieses Experimentieren ist ein inkrementaler Prozess, der in kleinen und kleinsten Schritten erfolgt. *Ex ante* betrachtet ist es ein versuchsweises Herantasten an neue Gegebenheiten, ein Aufnehmen oder Abbilden von Umweltgegebenheiten. Manchmal verfestigen sich die Resultate solcher Prozesse zu relativ dauerhaften Strukturen, die dann, als vorläufig bewahrter Baustein, die Möglichkeit auftun, dass das Evolutionsgeschehen, der Experimentierprozess nun von einer anderen Ebene aus – abgestützt auf das Bewahrte gewissermassen – weitergehen kann. *Ex post* betrachtet ist es ein folgerichtiges, ein scheinbar zielgerichtetes, planvolles Geschehen.

Gegen diese Erklärung der existierenden Mannigfaltigkeit von Formen und Arten des Lebens sind selbstverständlich immer wieder zahlreiche und scharfsinnige Einwände vorgebracht worden. Kaum eine Theorie hat so viele kritische Diskussionen zu bestehen gehabt, wie die darwinistische Evolutionstheorie. Eine Besprechung der verschiedenen Argumente und Gegenargumente und der diversen

---

[54] Vgl. die Ausführungen von Eigen, M. zum Hyperzyklus in: Eigen, M. / Winkler, R., Das Spiel, a.a.O.

Modifikationen der Theorie von ihrer ursprünglichsten Variante bis zu ihrer heutigen Gestalt würde hier zu weit führen. An ihrer grundsätzlichen Richtigkeit kann es aber heute keinen Zweifel mehr geben, und fast täglich wird sie durch neue Ergebnisse bestätigt.

Das Resultat dieser Auseinandersetzungen ist, dass wir heute wissen – soweit man in einer Wissenschaft überhaupt etwas wissen kann –, dass alle organischen Strukturen Resultat dieses Evolutionsgeschehens sind, dessen fundamentale Logik das Prinzip von Versuch und Irrtum bzw. Irrtumselimination ist. Wir wissen aber ferner, dass nicht nur Organismen und ihre Strukturen, sondern auch deren *Verhalten* durch denselben Prozess der Evolution geformt wurde, die Angepasstheit von Verhaltensformen mit anderen Worten also ebenso Resultat evolutionärer Prozesse ist.[55] Genetische, epigenetische, soziale und soziokulturelle Evolution sind durch homologe Prinzipien verbunden und weisen deshalb jene immer wieder erstaunliche Kohärenz auf. Und auf allen Ebenen der Evolution finden wir die einfache, regelkreisartige Logik des Versuchs-Irrtums-Prozesses.

Trotzdem trifft man mit Bezug auf die Wirksamkeit des Versuchs-Irrtums-Prinzips immer wieder ein eigenartiges Misstrauen an. Manche lehnen es als trivial ab, manchen erscheint es schlicht als ungeeignet, die behaupteten Leistungen und Resultate zu erbringen. Früher oder später musste dies eigentlich zur Frage führen, ob denn nicht das Evolutionsverfahren selbst einer Evolution unterliege, ob also nicht die Strategie der Evolution im Verlaufe der Evolution selbst optimiert wurde.

Diese Frage ist in der Tat untersucht worden, und zwar mit Erfolg: Rechenberg hat am Institut für Mess- und Regeltechnik der Techni-

---

[55] Vgl. Lorenz, K., Evolution des Verhaltens, in: Eibl-Eibesfeldt, J. (Hrsg.), Das Wirkungsgefüge der Natur und das Schicksal des Menschen - Gesammelte Arbeiten von K. Lorenz, München/Zürich 1978.

schen Universität Berlin sowohl experimentell wie formal-mathematisch nachgewiesen, dass die Versuchs-Irrtums- bzw. Mutations-Selektions-Strategie im Rahmen der evolutionär gegebenen Bedingungen tatsächlich ein optimales Suchverfahren ist. Rechenberg hat dieses Verfahren inzwischen in mehreren Fällen für die Optimierung technischer Systeme angewendet, vor allem auch für *komplexe* technische Systeme, bei denen eine Berechnung mittels analytischer Methoden nicht möglich war.[56]

Ich möchte nach dieser Skizze des meiner Meinung nach aufregendsten Gebietes menschlicher Exploration zurückkommen zur Unternehmungsführung, zum Management sozialer Institutionen, zur Managementlehre und -ausbildung, zu jenem kulturellen Transmissionsmechanismus also, mit dem wir unser Wissen und unsere Erfahrung über diesen immer wichtiger werdenden Bereich von Generation zu Generation weiterzugeben versuchen, und der aus diesem Grund ein wesentliches Element der soziokulturellen Evolution darstellt. Was bedeutet all das für das Management und für die Managementlehre?

- Die Evolutionsstrategie mit ihrer Grundlogik von Versuch und Irrtumsbeseitigung als optimales Verfahren für die Beherrschung von Komplexität! – Das ist eine Botschaft, die von der Managementlehre nicht überhört werden darf, denn Management steht wohl in besonders ausgeprägtem Masse vor dem Problem, immer komplexere Systeme in immer komplexeren Umgebungen beherrschen zu lernen. Explosiv zunehmende Komplexität ist das zentrale Problem des Managements überhaupt. Wo die Sachverhalte einfach sind, brauchen wir kein Management, sondern bestenfalls Berechnungen und Verwalter. Management erhält seine Existenz-

---

[56] Vgl. Rechenberg, J., Evolutionsstrategie - Optimierung technischer Systeme nach Prinzipien der biologischen Evolution, Stuttgart/Bad Cannstatt 1973.

berechtigung überhaupt erst dort, wo die Zusammenhänge so komplex sind, dass wir mit analytischen Methoden nicht weiterkommen.
- Wir sollten bewusst akzeptieren, dass soziale und wirtschaftliche Prozesse nicht der ausschliesslichen, ja nicht einmal der überwiegenden Kontrolle und Beherrschbarkeit durch das Management unterworfen sind, sondern ihre eigene, inkremental-evolutionäre Logik haben, in deren Ablauf Managemententscheidungen und -massnahmen eben nur *einen* Einflussfaktor unter vielen anderen darstellen, der vielleicht – aber eben nur vielleicht und unter bestimmten Bedingungen – die Richtung des Verlaufes ändern kann. Quinn weist dies in einer eine Reihe grosser Unternehmungen umfassenden Untersuchung des MIT übrigens sehr schön nach.[57]
- Alle evolutionären Prozesse weisen eine Grundkomponente von Versuch und Irrtum auf, sind im Übrigen aber durch Regeln gelenkt, die wir zum grössten Teil nicht kennen und nicht artikulieren und daher auch nur schwer ändern können. Solche Regeln des individuellen Verhaltens sind wesentliche Lenkungs- und Stabilisierungselemente, die nicht durch Anordnungen und Weisungen ersetzt werden können. Sie ermöglichen die Koordination und gegenseitige Anpassung einer erheblich grösseren Zahl von Individuen, als dies durch bewusste Planung möglich wäre.
- Soziale Systeme – einschliesslich Unternehmungen – sind weitgehend selbstorganisierende und selbstregulierende Systeme in dem Sinne, dass sie zwar das Ergebnis menschlicher Handlungen, in der Regel aber nur bedingt das Resultat menschlicher Absichten und Pläne sind. Management kann daher in solche Prozesse nur bedingt eingreifen, und die Wirkung der Eingriffe hängt natürlich entscheidend vom Ansatzpunkt der Massnahmen ab: Manche müs-

---

[57] Vgl. Quinn, J.B., Strategic Change: Logical Incrementalism, in: Sloan Management Review, Fall 1978.

sen wegen der inneren Prozesslogik wirkungslos verpuffen; sie werden absorbiert, ohne irgendeinen Wandel zu bewirken. Andere können potentiell zwar sehr grosse Änderungen bewirken, müssen in ihren Konsequenzen aber wieder weitgehend den selbstorganisierenden und selbstregulierenden Kräften überlassen werden.
- Management auf der Basis reduzierter Illusionen bezüglich der eigenen Wirksamkeit und der Machbarkeit ist realistischeres Management und deshalb letztlich auch wirkungsvolleres Management. Die Managementlehre muss die zukünftigen Führungskräfte mit dem *wirklichen* Funktionieren von Organisationen oder Institutionen vertraut machen. Sie sollte konsequent und explizit die Grenzen der Machbarkeit und Beherrschbarkeit herausarbeiten, um jene aus dem Wissen um die Grenzen des Möglichen resultierende Bescheidenheit zu schaffen, die meines Erachtens die Voraussetzung für jede sozial verantwortliche Führungstätigkeit ist. Resultat einer derart orientierten Ausbildung ist dann zwar nicht eine Masse von technokratisch-reproduzierbarem Wissen, dafür aber eine vertieftere Einsicht in die Zusammenhänge.
- Management als gesellschaftliche Funktion ist, wie ich einleitend schon ausführte, keine Erfindung des 20. Jahrhunderts. Dies wird aus der hier skizzierten evolutionären Perspektive besonders deutlich: Sämtliche evolutionstheoretisch orientierten Untersuchungen der soziokulturellen Entwicklung, wie etwa die Arbeiten von Darlington, machen deutlich, dass bereits die prähistorischen Jagdrudel rudimentäre, embryonale Koordinationsmechanismen aufwiesen, die im heutigen Management in vielleicht grösserem Ausmass, als uns recht sein kann, als Instinkt-Analoga noch aufscheinen. Ausser Zweifel steht, dass alle grossen – wie auch alle schrecklichen – Werke der Menschheit, vom Bau der Pyramiden über die Anlage von Strassen und Bewässerungssystemen und die Versklavung eroberter Kulturen bis zur bemannten Raumfahrt, nicht nur technische, sondern auch und möglicherweise vor allem

Managementleistungen sind. Management ist damit wahrscheinlich der wichtigste Mechanismus der soziokulturellen Evolution überhaupt.

Bei all den bisherigen Erfolgen des Evolutionsgeschehens müssen wir uns aber doch klarmachen, dass es weder im organischen noch im kulturellen Bereich eine Garantie dafür gibt, dass Evolution immer zu Resultaten führt, die wir aus ethischer Sicht als besser, als Fortschritt bezeichnen können. Es gibt auch Involution und Degeneration, und die Gefahr, dass die Entwicklung auf Irrwege gerät, ist dann am grössten, wenn eine Spezies zwar die Macht erlangt, auf das Geschehen Einfluss nehmen zu können, nicht aber gleichzeitig die Reife und Weisheit erwirbt, dies auf eine systemgerechte Art und Weise zu tun.

- In dem Masse, und dieser letzte Punkt scheint mir von zunehmender Bedeutung zu sein, wie unsere Gesellschaft eine Gesellschaft von gemanagten Institutionen wird – und kaum ein Lebensbereich ist davon ausgenommen –, in dem Masse wird Management zunehmend an die Stelle der traditionellen sinngebenden und sinnvermittelnden Einrichtungen treten. Management ist damit in einem früher nie dagewesenen Umfange in der Lage, die Werte unserer Gesellschaft – und damit ihre Orientierung und Richtung – zu beeinflussen: Wir haben die Wahl, ob unsere Werte eher einem technomorph-konstruktivistischen oder einem evolutionären Weltbild entsprechen sollen. Wir sollten diese Wahl sorgfältig und bewusst treffen.

(1979)

Zitierte und ergänzende Literatur

Eigen, M. / Winkler, R., Das Spiel, München/Zürich 1975

Hartmann, N., Der Aufbau der realen Welt, Berlin 1964

Hayek, F.A. von, Rules, Perception and Intellegibility, in: Studies in Philosophy, Politics and Economics, Chicago 1967
- Studies in Philosophy, Politics and Economics, Chicago 1967
- The Results of Human Action but not of Human Design, in: Studies in Philosophy, Politics and Economics, Chicago 1967
- Freiburger Studien, Tübingen 1969
- Die Irrtümer des Konstruktivismus und Grundlagen legitimer Kritik gesellschaftlicher Gebilde, München 1970
- Law, Legislation and Liberty, Vol. 1-3, London 1973-1979
- The Sensory Order - An Inquiry into the Foundations of Theoretical Psychology, London 1976
- New Studies in Philosophy, Politics, Economics and the History of Ideas, Chicago 1978

Jantsch, E., Design for Evolution, New York 1975

Lorenz, K., Die Rückseite des Spiegels, München 1973
- Evolution des Verhaltens, in: Eibl-Eibesfeldt, J. (Hrsg.), Das Wirkungsgefüge der Natur und das Schicksal des Menschen - Gesammelte Arbeiten von K. Lorenz, München/Zürich 1978

Popper, K.R., Die offene Gesellschaft und ihre Feinde, 2. Aufl., Bern 1970
- Objective Knowledge, London 1972

Polanyi, N., The Logic of Liberty, London 1951

Quinn, J.B., Strategic Change: Logical Incrementalism, in: Sloan Management Review, Fall 1978

Rechenberg, J., Evolutionsstrategie - Optimierung technischer Systeme nach Prinzipien der biologischen Evolution, Stuttgart/Bad Cannstatt 1973

Riedl, R., Die Ordnung des Lebendigen - Systembedingungen der Evolution, Hamburg/Berlin 1975
- Die Strategie der Genesis, München/Zürich 1976
- Biologie der Erkenntnis, Berlin und Hamburg 1979

5. Evolutionäres Management: Ordnung und Regeln

"The only things that evolve by themselves in an organization are disorder, friction, and malperformance."[58]
(Peter F. Drucker)

"... the only possibility of transcending the capacity of individual minds is to rely on those superpersonal 'self-organizing' forces which create spontaneous orders."[59]
(Friedrich A. von Hayek)

5.1 Einführung und Grundlagen

Es kann kaum einen begründeten Zweifel daran geben, dass sämtliche heute existierenden, an ihre Umgebung höchst zweckmässig angepassten Lebensformen in der uns umgebenden Natur vorläufiges Resultat eines Jahrmilliarden währenden, natürlichen Entwicklungsprozesses sind. Die Ordnung aller Lebensformen und ihres komplexen Wirkungsgefüges ist im Zuge des Evolutionsprozesses aus diesem selbst heraus entstanden und hat seine heute – im Nachhinein und rückblickend – erkennbare Richtung bewirkt und bestimmt.

Auch wenn die Wirkungsprinzipien des Evolutionsprozesses noch nicht bis in jede Einzelheit erforscht und geklärt sind, so ist doch die

---

[58] Diese Bemerkung Druckers sollte allerdings nicht zur Auffassung verleiten, dass er durchgängig eine anti-evolutionäre Auffassung verträte (vgl. etwa Drucker, P.F., Management: Tasks, Responsibilities, Practices, London 1974, S. 637 ff.).
[59] Hayek, F.A. von, Law, Legislation and Liberty, Vol. 1: Rules and Order, London 1973.

Tatsache der Evolution für die natürlichen organischen Systeme fast allgemein akzeptiert.

Wesentlich umstrittener ist das Problem der soziokulturellen Evolution. Insbesondere die Existenz von zweckrationalen, sozialen Organisationen wird in der Regel ausschliesslich auf rationales, auf absichtsvoller Planung beruhendes menschliches Handeln zurückgeführt.

Während also natürliche Systeme als *entstandene, gewachsene* oder *spontane* Ordnungen angesehen werden, gelten soziale Organisationen als *gemachte, konstruierte* Ordnungen. Besonders ausgeprägt ist diese Auffassung im Zusammenhang mit Unternehmungen, die als vergleichsweise effiziente und zweckmässige Gebilde angesehen werden und deren Gestaltung und Lenkung daher ausschliesslich in zweckrationalem, zielorientiertem Handeln begründet zu liegen scheinen.

In dieser Arbeit möchte ich dagegen die Auffassung vertreten, dass Unternehmungen – wie auch andere soziale Organisationen und Institutionen – weitgehend selbständernde, selbstevolvierende und selbstorganisierende Systeme sind, die in wesentlich *geringerem* Ausmass, als gemeinhin angenommen, beherrschbar, d.h. dem steuernden und gestaltenden Einfluss ihrer Leitungsorgane unterworfen resp. ausgesetzt und zugänglich sind. Etwas präziser müsste man sagen, dass Beherrschung, Gestaltung und Steuerung einer Unternehmung aus einer solch evolutionären Perspektive andere Merkmale aufweist, als auf der Basis einer Auffassung, die davon ausgeht, dass eine Unternehmung ausschliesslich ein in absichtsvoller und geplanter Weise bewusst gestaltetes, zweckrationales System sei.

Selbstverständlich muss im Rahmen einer evolutionären Managementkonzeption nicht alles aufgegeben werden, was zum gegenwärtigen Bestand an Führungswissen und -methoden gehört. Viele Dinge erscheinen aber in neuem Licht bzw. erhalten eine andere Interpretation, und schliesslich scheint es, dass im Rahmen einer solchen Konzeption auch eine Reihe von Problemen lösbar ist, die im Rahmen der konventionellen Vorstellungen von Management nicht lösbar erscheinen.

Das Konzept eines evolutionären Managements ist nicht einfach ein neues Modewort. Natürlich ist nicht alles neu; manche Aspekte einer solchen Konzeption werden insbesondere dem erfahrenen Praktiker vertraut erscheinen und ihn möglicherweise zu der Frage veranlassen, ob man denn zur Konstatierung dieser Dinge eine Wissenschaft bemühen müsse, da es doch ohnehin klar sei, dass die Realität so ist. Ich würde aber gerade das für eine Stärke des evolutionären Ansatzes halten.

Auch in der Betriebswirtschaftslehre gibt es selbstverständlich eine Reihe von Ansätzen, die in die evolutionäre Richtung weisen, etwa die Konzepte und Methoden, die im Rahmen der Organisationsentwicklungs-Bewegung entstanden sind. Nichts wäre also leichter, als die evolutionäre Managementkonzeption abzutun mit der Bemerkung, sie sei "alter Wein in neuen Schläuchen". Die Konzeption des evolutionären Managements geht aber in mannigfacher Hinsicht über geistesverwandte Ansätze in der Betriebswirtschaftslehre hinaus. Insbesondere stützt sie sich auf eine in ihren Implikationen weit über die Unternehmung hinaus reichende *Theorie sozialer Systeme,* die zwar ebenfalls nicht gänzlich neu ist, zu den dominierenden Auffassungen in den meisten Wirtschafts- und Sozialwissenschaften aber doch deutliche Unterschiede aufweist und erst in jüngster Zeit im Rahmen einiger noch viel zu wenig bekannter Arbeiten eine systematische Behandlung erfuhr.[60]

---

[60] Vgl. Hayek, F.A. von, Law, Legislation and Liberty, Vol. 1-3, London 1973-1979; ders., Freiburger Studien, Tübingen 1969; ders., Studies in Philosophy, Politics and Economics, Chicago 1967; ders., New Studies in Philosophy, Politics, Economics and the History of Ideas, London 1978; Rawls, J., Eine Theorie der Gerechtigkeit, Frankfurt 1975; Nozick, R., Anarchy, State and

Weitere Grundlagen, auf die hier nur hingewiesen werden kann, sind Arbeiten aus Biologie,[61] Psychologie,[62] vergleichender Verhaltensforschung,[63] Soziobiologie,[64] evolutionärer Erkenntnistheorie[65] und aus einem Gebiet, das man vielleicht als ökologische Anthropologie[66] bezeichnen könnte. Nicht minder bedeutungsvoll sind schliesslich die eigentlichen evolutionstheoretischen Grundlagen, die bereits ein imponierendes Gebäude menschlichen Denkens und Verstehens darstellen,[67] sowie jene bestimmte Richtung der Kybernetik, die zwar eine geradlinige Fortsetzung des Werks von Norbert Wiener darstellt, aber nur wenig mit der ebenfalls unter dieser Bezeichnung betriebenen Regelungstechnik oder -theorie zu tun hat.[68]

Bereits vorliegende Resultate aus den erwähnten Gebieten legen die Vermutung nahe, dass der evolutionäre Ansatz zu bedeutsamen Revisionen vieler bis anhin als gültig angesehener Auffassungen

---

Utopia, Oxford 1974; Oakshott, M., On Human Conduct, London 1975 sowie Röpke, J., Die Strategie der Innovation, Tübingen 1977.

[61] Vgl. Riedl, R., Die Ordnung des Lebendigen - Systembedingungen der Evolution, Hamburg/Berlin 1975.

[62] Vgl. die zahlreichen Schriften von Jean Piaget.

[63] Vgl. Lorenz, K., Die Rückseite des Spiegels, München 1973 sowie ders., Das Wirkungsgefüge der Natur und das Schicksal des Menschen, München/Zürich 1978.

[64] Vgl. Wilson, E.O., Sociobiology - The New Synthesis, 1975.

[65] Vgl. Vollmer, G., Evolutionäre Erkenntnistheorie, Stuttgart 1975; Riedl, R., Biologie der Erkenntnis, Berlin/Hamburg 1979 sowie Popper, K.R., Objektive Erkenntnis - Ein evolutionärer Entwurf, Hamburg 1973.

[66] Vgl. Bateson, G., Ökologie des Geistes, Frankfurt 1980.

[67] Vgl. Eigen, M. / Winkler, R., Das Spiel, München/Zürich 1975; Riedl, R., Die Ordnung des Lebendigen - Systembedingungen der Evolution, Hamburg/Berlin 1975; Dobszansky, T. / Ayala, F. / Stebbins, G. / Valentine, J., Evolution, San Francisco 1977; Darlington, C.D., The Evolution of Man and Society, London 1969; Jantsch, E., Die Selbstorganisation des Universums, München/Wien 1979.

[68] Vgl. Foerster, H. von, On Constructing A Reality, in: Preiser, W. (Hrsg.), Environmental Design Research II, Stroudsbourg 1973.

führen wird. Ohne hier auch nur in Ansätzen auf eine Darstellung dieser Resultate eingehen zu können, will ich lediglich hervorheben, dass aus einer evolutionären Perspektive insbesondere die Rolle des menschlichen Geistes oder der menschlichen Vernunft im Zusammenhang mit Fragen menschlichen Wahrnehmens, Erkennens, Beurteilens und Gestaltens in allen Lebensbereichen radikale Veränderungen erfährt. Es ist eine Perspektive, die zu Bescheidenheit, Zurückhaltung und zu einer Besinnung auf die Grenzen des Möglichen mahnt.[69] Dies gilt auch und gerade für Management als der wohl wichtigsten sozialen Gestaltungsfunktion.

Der Zusammenhang zwischen Management und Evolution bzw. zwischen Managementlehre resp. -theorie und Evolutionstheorie ist keineswegs offenkundig, und eine Verbindung zwischen diesen Gebieten herzustellen, mag manchen vielleicht etwas weit hergeholt erscheinen: Was kann die Führung von Unternehmungen mit dem Jahrmilliarden währenden Prozess des natürlichen Werdens von Leben in all seinen Spielarten zu tun haben? Können Erkenntnisse über das eine für das andere von Nutzen sein? Sind diese Gebiete nicht so weit voneinander entfernt, dass man im allerbesten Fall von platten, vordergründigen und daher letztlich wenig brauchbaren Metaphern und Analogien sprechen kann?

Die Beantwortung dieser Fragen hängt einerseits von der gewählten Perspektive ab – und zwar zunächst sowohl von der *zeitlich-geschichtlichen* wie auch von der *ordnungspolitischen* –, andererseits aber auch von unseren Vorstellungen über die Natur der Unternehmung. Denn wenn man sich vergegenwärtigt, dass Management in der Sache, wenn auch nicht von der Bezeichnung her, so alt ist wie die Notwendigkeit, Aufgaben, die die Kräfte des Einzelnen übersteigen, durch koordiniertes Zusammenarbeiten mehrerer zu erfüllen, dann

---

[69] Vgl. Riedl, R., Biologie der Erkenntnis, Berlin/ Hamburg 1979.

wird deutlich, dass Management in seinen verschiedenen historischen Spielarten – von den Koordinationsformen des prähistorischen Jagdrudels bis zur Landung des Menschen auf dem Mond – im Rahmen der soziokulturellen Evolution faktisch eine wie auch immer zu bewertende Rolle gespielt hat.

Management in dieser breiten, umfassenden Sicht hat den Verlauf der soziokulturellen Entwicklung natürlich nicht bestimmt oder beherrscht oder gelenkt, wie das einige Versionen der Art und Weise, wie die Geschichte dargestellt wird, suggerieren mögen. Management oder Führung war aber zu allen Zeiten zweifellos ein wesentlicher Impulsgeber, einer der vielen Faktoren, die richtungsbestimmend waren – oft ohne, dass die Träger dieser Funktionen sich dessen bewusst waren, und häufig einfach dadurch, dass gewisse Fakten geschaffen wurden, die bestimmte weitere Entwicklungsrichtungen verunmöglichten, andere hingegen leichter oder überhaupt erst möglich machten.

Ein tieferes Verständnis für dieses Eingebettetsein von Management in den historischen Kontext, als man es gegenwärtig unter Managern in der Regel antrifft, wäre wohl wünschenswert – nicht nur aus prinzipiellen Gründen, sondern vor allem deshalb, weil ein solches Verständnis eine unumgängliche Voraussetzung für die gegenwärtig so stark im Vordergrund stehende strategische Neuorientierung vieler Unternehmungen darstellt. Denn nur das Denken in grösseren Zeiträumen und in einem weiteren Horizont macht es möglich, die gegenwärtige Situation zu verstehen. Vor allem aber schärft es das Bewusstsein für die rapiden und radikalen Veränderungen auf der einen und speziell für jene inkrementellen Änderungen auf der anderen Seite, die sich so schleichend vollziehen, dass man sich bereits an sie gewöhnt hat, noch ehe man sie bemerkt, und die oft ein Kennzeichen gesellschaftlichen und wirtschaftlichen Wandels waren. Bisher war ja offenkundig jedes geschichtliche Stadium nur ein *Durchgangszustand,* wie dauerhaft, festgefügt, wünschenswert und verteidigungswürdig es den jeweiligen Zeitgenossen auch vorgekommen sein mag. Und es gibt keine Anhaltspunkte dafür, dass die gegenwärtigen Strukturen dauerhafter sein werden, als alle früheren.

Ein zweiter Grund für die Relevanz einer evolutionären Perspektive schliesst sich unmittelbar an diesen ersten an. Gerade weil wir mit ständigen Strukturänderungen leben müssen und gerade weil Unternehmungen resp. Unternehmungsführung dabei eine ganz entscheidende Rolle spielen, erscheint es wichtig, dass sich Management auch seiner gegenwärtigen und zukünftigen Wirkungen im Rahmen eines immer weiter gehenden soziokulturellen Evolutionsprozesses in eine nicht bekannte Richtung und mit unbekanntem Ausgang bewusst wird. Diese Evolution betrifft vor allem die Rahmenordnung wirtschaftlichen Handelns, und es ist leider nicht zu übersehen, dass die Naivität vieler Führungskräfte im Zusammenhang mit ordnungspolitischen Fragen ein hinreichendes Verständnis für die Basis ihres Wirtschaftens vermissen lässt.

Ein weiterer, mindestens ebenso wichtiger Aspekt wie die beiden erstgenannten Punkte besteht darin, dass die Evolutionstheorie in ihrer heutigen Form weniger den Versuch einer blossen Beschreibung des tatsächlichen Ablaufs der Evolution darstellt – schon gar nicht bezweckt sie, wie häufig völlig irrigerweise angenommen wird, eine Konstatierung von Gesetzen der Evolution, deren Kenntnis es uns womöglich erlauben soll, den zukünftigen Verlauf der Evolution vorauszusehen. Vielmehr hat sie die Untersuchung der *Mechanismen* der Evolution zum Gegenstand, diejenigen *Wirkungsprinzipien* also, die jene uns immer wieder in Erstaunen versetzende, höchst zweckmässig an ihre Umgebung angepassten Lebensformen produzierten. Es hat den Anschein, als wären diese Wirkungsprinzipien auch für die Entwicklung von Unternehmungen von ausschlaggebender Bedeutung, und zwar insbesondere für ihre Anpassungsfähigkeit an nicht vorhersehbare Änderungen.

Diese Eigenschaft der Anpassungsfähigkeit ist nicht in allen geschichtlichen Perioden von gleicher Wichtigkeit. In Zeiten stabiler Wirtschaftslagen mag der Akzent eher auf anderen Faktoren liegen, was durchaus zu einer einseitigen Spezialisierung im Dienste ökonomischer Effizienz führen kann, die sich dann als existenzbedrohend herausstellen kann, wenn die Voraussetzungen wegfallen, die zu dieser Entwicklung geführt haben, z.B. lang anhaltende wirtschaftliche Stabilität. Erst in solchen Situationen zeigt sich, dass Anpassungsfähigkeit die wichtigste Eigenschaft der Unternehmung ist. Die Insolvenzfälle der letzten Jahre illustrieren dies in bestürzender Weise.

5.2 Zum Verhältnis von systemorientiertem und evolutionärem Management

Wie bereits betont, geht es bei der evolutionären Managementkonzeption nicht darum, Neues um des Neuen willen zu entwickeln. Dies würde im Gegenteil einen Mangel an evolutionärem Denken deutlich machen, denn Evolution beruht immer darauf, auf Vorhandenem aufzubauen, Bewährtes zu bewahren und vom jeweils erreichten Entwicklungsstand aus weitere Neuerungen auszuprobieren. Hätte die Evolution immer wieder von vorne begonnen, so wäre sie noch heute nicht über die einzelligen Organismen hinausgekommen.

Evolutionäres Management geht vielmehr völlig organisch aus dem systemorientierten Management hervor und stellt insofern eine logische und auf der Hand liegend Weiterentwicklung dar. Sobald natürlich eine einseitig ökonomistische Perspektive aufgegeben und eine Unternehmung als System zu begreifen versucht wird, stellt sich ganz natürlich die Frage, worauf denn die Geordnetheit des Systems, seine Systemhaftigkeit also, beruht, wie sie entstanden ist, verändert und weiterentwickelt werden kann.

Die Unternehmung als System zu verstehen, ist somit eine Voraussetzung dafür, um ihren evolutionären Charakter überhaupt wahrnehmen zu können. Denn erst das Bemühen, die tatsächlichen Wirkungszusammenhänge eines Systems zu begreifen, zeigt, dass die komplexen Ordnungsmuster, die jede reale Unternehmung aufweist, als Ganzes niemals auf bewusste Planung, Gestaltung und Lenkung zurückgeführt werden können, sondern zu einem erheblichen Teil auf autonomen Wirkungsprinzipien der Eigendynamik des Systems beruhen, die wir – falls wir sie verstehen – nutzen, durch ignorantes Eingreifen aber auch vollständig strangulieren und zerstören können.

Evolutionäres Management setzt folglich eine systemorientierte Perspektive voraus, denn Evolution kann nur mit Bezug auf die relevanten Systemzusammenhänge erkannt und verstanden werden. Andererseits wäre ohne evolutionäre Perspektive bestenfalls eine *systematische,* nicht aber eine *systemische* Managementkonzeption denkbar. Komplexe Systeme sind so untrennbar mit Vorstellungen von Veränderung, Anpassung, Entwicklung usw. verbunden, dass das eine ohne das andere unvollständig bleiben müsste.

In diesem Sinne ist die evolutionäre Managementkonzeption eine konsequente Weiterentwicklung des systemorientierten Ansatzes in der Betriebswirtschaftslehre, wie er zu einem erheblichen Teil an der Hochschule St. Gallen, unter der geistigen Leitung von H. Ulrich, entstand und inzwischen in zahlreichen Publikationen, teils theoretisch, teils anwendungsorientiert, ausgearbeitet wurde.[70] Teile dieser

---

[70] Vgl. Ulrich, H., Die Unternehmung als produktives soziales System, Bern 1970; ders., Unternehmungspolitik, Bern 1978; Ulrich, H. / Krieg, W., Das St. Galler Management-Modell, Bern 1973; Ulrich, H. / Sidler, F., Ein Management-Modell für die öffentliche Hand, Bern 1977; Krieg, W., Kybernetische Grundlagen der Unternehmungsgestaltung, Bern 1971; Gomez, P. / Malik, F. / Oeller, K.H., System-Methodik, Bern 1975; Gomez, P., Die kybernetische Gestaltung des Operations Management, Bern 1978; Malik, F., Strategie des Managements komplexer Systeme, Bern 1981, 5. Aufl. 1996; ders., Die Mana-

evolutionären Weiterentwicklung wurden, ohne dass man darin bereits einen empirischen Test erblicken dürfte, in praktischen Anwendungsfällen einer gewissen Bewährungsprobe unterzogen.[71]

5.3 Die Unternehmung als evolvierendes, selbstorganisierendes System

Die evolutionäre Weiterentwicklung der systemorientierten Managementlehre geht von der Einsicht aus, dass sowohl die Unternehmung als auch ihre Umwelt ähnlichen Entwicklungsprozessen und Wirkungsprinzipien unterworfen sind, wie sie in der natürlichen Evolution festgestellt werden können. Im Mittelpunkt steht die Auffassung, dass die Unternehmung, zusammen mit ihrem Wirkungskontext, ein selbstorganisierendes System ist, das nur in einem begrenzten Umfange durch bewusste, geplante Eingriffe gestaltet und gesteuert werden kann. Diese Auffassung steht zum weitaus grössten Teil in Widerspruch mit den dominierenden Auffassungen in Wissenschaft und Praxis. Dies ist aber wohl noch kein ausreichender Grund, um sie pauschal abzulehnen.

In welchem Sinne kann man hinreichend präzise von Evolution und Selbstorganisation sprechen? Mein Ansatz beruht im Wesentlichen auf folgenden Elementen: *Erstens* auf einem Vergleich der Wirkungsweise alternativer Koordinationsformen menschlichen Handelns; *zweitens* auf der Einsicht, dass menschliches Handeln zwar auch von Zielen, vor allem aber von Regeln des Verhaltens bestimmt wird; *drittens* auf der Tatsache, dass Handeln im sozialen Kontext

---

gementlehre im Lichte der modernen Evolutionstheorie, in: Die Unternehmung 4/1979, S. 303 ff. sowie Kap. 3 dieses Buches; Probst, G., Kybernetische Gesetzeshypothesen als Basis für Gestaltungs- und Lenkungsregeln im Management, Bern 1981.

[71] Vgl. Malik, F., Management-Systeme, in: Die Orientierung, Bern 1981.

meistens zu unbeabsichtigten und unvorhersehbaren Nebenwirkungen führt; und *viertens* auf der Entdeckung der evolutionär orientierten Sozialtheorie, dass es höchst zweckmässige soziale Ordnungen gibt, die weder rein natürlich noch völlig künstlich sind, sondern zu einer dritten, weithin übersehenen Kategorie gehören, zu jenen Systemen nämlich, die zwar das Resultat menschlichen Handelns, nicht aber menschlicher Absichten, Ziele und Planung sind.

Diese vier Grundelemente sind, streng genommen, nicht unabhängig voneinander, sondern eher verschiedene Aspekte eines Sachverhaltes.

5.3.1 Grundformen der Koordination

Ausgangspunkt ist, dass es grundsätzlich zwei verschiedene Methoden gibt, mit denen menschliches Handeln auf ein gemeinsames Ziel hin koordiniert werden kann: Die eine Variante besteht im Wesentlichen in der Koordination durch Befehl und Weisung im Rahmen einer hierarchischen Befehlsstruktur; die zweite Variante ist die Methode der Selbstkoordination im Rahmen eines polyzentrischen Systems durch wechselseitige, antizipierende Anpassung und Modifikation des Verhaltens der beteiligten Personen oder Gruppen, resp. allgemeiner: der Systemelemente.[72]

Anhand des folgenden Beispieles wird der Unterschied deutlich: Die Besatzung eines kleinen Schiffes, die im Wesentlichen entsprechend den Befehlen des Kapitäns handelt, stellt eine hierarchische Befehlsstruktur dar. Die Verhaltensweisen der einzelnen Mannschaftsmitglieder, ihre Beziehungen untereinander sowie ihr Zusammenwirken werden hier durch die Befehle und Anweisungen einer zentralen Instanz grösstenteils und ziemlich detailliert bestimmt. Im Gegensatz dazu sind die beiden Mannschaften in einem Fussballspiel weitgehend selbstkoordinierende und selbstorganisierende Systeme. Auf der Basis

---

[72] Vgl. Polanyi, M., The Logic of Liberty, London 1951.

der in jeder Mannschaft bestehenden Absicht, das Spiel zu gewinnen, und auf der Grundlage einer eventuell im Voraus vereinbarten, grundsätzlichen Strategie verhalten sich die einzelnen Spieler als autonome, dezentralisierte Entscheidungsträger so, wie es der jeweils aktuelle Stand der Spielsituation erfordert. Ihr Verhalten wird dabei gesteuert durch die relativen Positionen sämtlicher Spieler, die Lage des Balles sowie die allgemein bekannten Spielregeln des Fussballspiels. Es bedarf in einer solchen Situation kaum eines Befehls oder einer Anweisung durch den Mannschaftskapitän, ja man kann sogar sagen, dass eine Mannschaft, die während des Spieles auf solche angewiesen wäre, wenig Aussichten auf den Sieg hätte.

Die Kontrastierung dieser beiden Organisationsformen und der mit ihnen verbundenen Koordinationsmechanismen ist natürlich nicht neu; namentlich den Nationalökonomen sind sie aus der ordnungspolitischen Diskussion wohl vertraut. Bemerkenswert aber ist, dass sich der weitaus grösste Teil der betriebswirtschaftlichen und der Managementliteratur fast ausschliesslich mit der ersten Form, den verschiedenen Spielarten von Befehlshierarchien und den für sie zweckmässigen Methoden, beschäftigt. Formen der Selbstorganisation werden nur in speziellen Zusammenhängen – im Rahmen der Kleingruppenforschung und der Lehre von der informellen Organisation sowie auf dem Gebiet der Organisationsentwicklung – behandelt, wobei allerdings zu bemerken ist, dass die diesbezüglichen Ausführungen gerade wegen ihres Bezuges auf die Kleingruppe eher irreführend sind, wenn wir die Selbstorganisation der Gesamtunternehmung verstehen wollen.

Kleingruppen sind für die Selbstorganisation zwar wichtig, doch können ihre Gesetzmässigkeiten und Spielregeln nicht ohne weiteres auf grössere Systeme übertragen werden. Im Zusammenhang mit Selbstkoordinations- und Selbstorganisationsfragen der kleinen Gruppe steht in der Regel denn auch nicht der wirklich entscheidende

Vorteil der Selbstorganisation im Vordergrund, sondern vielmehr Probleme der Leistungsmotivation und der Arbeitszufriedenheit sowie der Humanisierung und des Abbaus von Herrschaftsformen. Der wirklich ausschlaggebende Unterschied zwischen einem nach dem Muster der Befehlshierarchie gestalteten System und einem auf Selbstkoordination beruhenden polyzentrischen System besteht demgegenüber darin, dass ein selbstorganisierendes System eine *erheblich höhere Anpassungsfähigkeit* aufweist, als dies eine Befehlshierarchie zu leisten vermag: Ein polyzentrisches System ist in der Lage, wesentlich mehr Informationen zu verarbeiten und eine weitaus grössere Zahl von Beziehungen wechselseitig zu adjustieren, als die andere Systemart. Dies lässt sich auch quantitativ leicht beweisen.[73]

Liegen relativ einfache Verhältnisse vor, so mag dieser Unterschied zwischen den beiden Systemtypen nicht besonders wichtig sein. Er ist aber von existenzieller Bedeutung, sobald die Komplexität der zu bewältigenden Aufgabe ansteigt, sind doch in einer komplexen, sich ständig in nicht vorhersehbarer Weise verändernden Umwelt laufend Adjustierungen und Anpassungen in einer so grossen Anzahl von Faktoren erforderlich, um die Lebensfähigkeit und die Effizienz einer Unternehmung sicherzustellen, dass diese Leistung nur von polyzentrischen, selbstorganisierenden Systemformen erbracht werden kann. Nach dem Muster der Schiffsmannschaft organisierte und gelenkte Systeme werden bereits bei Verhältnissen relativ geringer Komplexität *praktisch unlenkbar,* während auf dem Modell der Selbstkoordination beruhende Systeme eine *wesentlich höhere Komplexitätsbewältigungskraft* aufweisen und damit anpassungs- und überlebensfähiger sind.

Es ist deshalb ein Trugschluss, anzunehmen, dass die beiden Systemtypen echte Alternativen sind, die sich lediglich durch gewisse Vor-

---

[73] Vgl. Polanyi, M., The Logic of Liberty, London 1951, S. 114 ff.

und Nachteile voneinander unterscheiden, und dass im Einzelfall nach Zweckmässigkeitsüberlegungen zwischen diesen zu wählen ist. Denn mit Ausnahme sehr einfacher Fälle *kann* ein auf Befehlshierarchie beruhendes System die Anpassungsprobleme gar *nicht lösen,* mit denen es in komplexen Situationen konfrontiert ist. Dabei soll keineswegs verschwiegen werden, dass diese, falls die Informationsverarbeitungsprobleme in einer Befehlshierarchie gelöst werden könnten, mit Bezug auf verschiedene Eigenschaften möglicherweise bessere Resultate produzieren würde, effizienter und leistungsfähiger wäre, als ein selbstkoordinierendes System, das natürlich eine Reihe von Nachteilen aufweist. Das Problem ist aber nicht eine Frage von Vor- und Nachteilen, sondern des faktisch Möglichen bzw. Unmöglichen.

5.3.2 Ordnung aus Regeln des Verhaltens

Eine weitere Komponente, die für das Verständnis der Selbstorganisation einer Unternehmung notwendig ist, ist bislang nur ganz kurz, im Zusammenhang mit dem Fussballspiel, erwähnt worden.[74] Ich sagte dort, dass das Verhalten der einzelnen Spieler unter anderem durch die Spielregeln gelenkt ist. Das Verhalten der Systemelemente erfolgt in der Tat nicht zufällig, sondern ist von Regeln gesteuert, die durchaus in Analogie zu Spielregeln verstanden werden können.

Hier kann nicht auf eine ausführliche Besprechung der Existenz von Verhaltensregeln, ihrer Entstehung und Veränderung eingegangen werden. Hervorzuheben sind jedoch folgende Tatsachen, die im Wesentlichen Ergebnisse der soziokulturellen Evolutionstheorie sind: Regeln brauchen von niemandem in bewusster Absicht gesetzt zu werden, sondern entstehen im Zuge der Evolution aus der Interaktion

---

[74] Vgl. Hayek, F.A. von, Law, Legislation and Liberty, Vol 1: Rules and Order, London 1973 sowie Eigen, M. / Winkler, R., Das Spiel, München/Zürich 1975.

der Individuen miteinander und mit ihrer Umwelt, durch einen der Mutation und Selektion analogen Prozess. Sie sind den handelnden Personen häufig auch gar nicht bekannt oder bewusst, sondern wirken faktisch. Verhaltensregeln in diesem Sinne sind keine willkürlichen Normen; vielmehr stellen sie die wohl wichtigste Anpassungsform des Menschen an eine Umwelt dar, über deren Einzelheiten er nie genug wissen kann, um sein Verhalten ausschliesslich nach Ursache-Wirkungs-Zusammenhängen richten und in diesem kausalen Sinne rational handeln zu können.

Solche Regeln des Verhaltens sagen dem Menschen weniger, was er tun, als vielmehr, was er *nicht* tun soll, und grenzen somit Bereiche des gefahrlosen – oder mindestens in seinen Konsequenzen und Risiken überschaubaren – Handelns von jenen Bereichen ab, über die zuwenig faktisches Wissen bekannt ist und in denen menschliches Handeln daher mit unbekannten Risiken und Folgen zu rechnen hätte. Derartig verstandene Regeln des Verhaltens bewirken *Regelmässigkeiten* des Verhaltens, eine *Ordnung* des Handelns also. Diese Ordnung wiederum ist die wichtigste Voraussetzung, um überhaupt sinnvoll handeln, d.h. sich an ausreichend stabilen Gegebenheiten orientieren zu können.

Diese Spielregeln des Verhaltens sind keineswegs fixiert, sondern evolutionären Veränderungen unterworfen, und zwar in dem Sinne, dass erstens neue Anpassungserfordernisse zu neuen Regeln führen können und zweitens Gruppen, die unzweckmässige Verhaltensregeln hatten, nicht überlebensfähig waren. Die soziokulturelle Evolution setzt somit nicht, wie der Sozialdarwinismus behauptete, am Individuum und seinen angeborenen Merkmalen an, die Selektion bezieht sich stattdessen auf Handelnsordnungen (Institutionen) und kulturell tradierte Fähigkeiten und Gewohnheiten.

Die faktisch wirkenden Regeln, die in relativ späten Phasen der soziokulturellen Evolution durch bewusst gesetzte oder erlassene Regeln ergänzt und modifiziert wurden, sind einer der wesentlichsten Mechanismen der *tatsächlichen* Kontrolle und Regulation eines Systems. Würden diese Regeln nicht existieren, lange bevor irgendeine Form von Management zu intervenieren beginnt, wäre die Aufgabe, ein System zu lenken, wohl unmöglich zu lösen. Es ist daher auch falsch, anzunehmen, dass es soziale Systeme im Sinne von Gesellschaften gibt, *weil* die Menschen begonnen haben, ihr Zusammenleben mit Hilfe von bewusst gesetzten Regeln gewissermassen "rational" zu gestalten, dass es also Regeln gibt, weil es eine Gesellschaft gibt. Vielmehr ist es genau umgekehrt: Es gibt Gesellschaften, weil Regeln lange vor einer bewussten Normierung faktisch wirksam waren.

5.3.3 Resultate menschlichen Handelns, aber nicht menschlicher Absicht

Das zu jedem beliebigen Zeitpunkt unter der Bezeichnung "Unternehmung" verstandene System von Handlungen, Ereignissen, Beziehungen, Regelungen usw. ist als Ganzes nicht das Resultat bewusster Absicht oder planender Vernunft. Obwohl in einer Unternehmung ohne das Handeln von Menschen möglicherweise nichts geschieht und obwohl insoweit die jeweilige Situation auch ausschliesslich das Resultat menschlicher Handlungen sein mag, so ist sie in der Regel doch nicht das Resultat menschlicher Absichten. Auf eine einfache Formel gebracht kann man sagen, dass das Ergebnis menschlichen Handelns höchstens teilweise den dieses Handeln bestimmenden Absichten oder Zielen entspricht; vielmehr ergibt sich nicht selten etwas, was weder irgendein Einzelner noch die Gesamtheit der beteiligten Menschen wirklich wollte.[75]

Diese Feststellung ist durchaus vereinbar mit der Tatsache, dass jede beteiligte Person möglicherweise absichtsvoll, vernünftig und zielorientiert handelt und das Handeln aller auch von übergeordneten oder übergreifenden allgemeinen Zielsetzungen und Zweckvorstellungen geleitet ist. Selbst in solchen Fällen kann der oben erwähnte Effekt zu beobachten sein.

Die Beispiele dafür sind zahlreich. Stellvertretend will ich hier lediglich Verhandlungen, Besprechungen und Diskussionen anführen: Obwohl jeder Gesprächspartner mit klar gefassten Zielen und Absichten in eine Verhandlung oder Besprechung gehen mag, so wird das tatsächlich resultierende Ergebnis in der Regel doch nicht mit dem übereinstimmen, was irgendeine der beteiligten Personen zu Beginn wirklich anstrebte. Das Resultat der Verhandlung ist zwar das Ergebnis des Verhaltens aller Beteiligten, kann aber von deren ursprünglichen Absichten sehr weit entfernt sein. Auch der konkrete Verlauf von Verhandlungen – Argumente, Ansichten, vorgebrachte Vorschläge etc. – kann, wie jeder erfahrene Verhandlungsführer weiss, nur sehr beschränkt vorausgesehen werden. Eine Verhandlung ist somit ein typischer selbstorganisierender Prozess, dessen entscheidendes Merkmal darin besteht, dass keiner der Beteiligten ihn – resp. sie – als Ganzes unter Kontrolle hat. In sehr vielen Fällen wäre es wohl viel zutreffender zu sagen, dass die Verhandlung die Beteiligten unter Kontrolle hat resp. sie sich gegenseitig unter Kontrolle haben, ohne dass dabei eindeutige und determinierte Dominanzen festgestellt werden könnten.

---

[75] Vgl. Hayek, F.A. von, Law, Legislation and Liberty, Vol. 1: Rules and Order, London 1973 sowie Malik, F., Management-Systeme, in: Die Orientierung, Bern 1981.

Ganz allgemein kann man sagen, dass jede der Realität in einer Unternehmung auch nur einigermassen entsprechende Situation von so vielen Einflüssen bestimmt wird, dass die Wirkungen von Handlungen durch die handelnden Personen nie vollständig vorausgesehen werden können und man daher in der Regel auch nicht in der Lage ist, alle möglichen Wirkungen in die Planung der Handlungen miteinzubeziehen. Handeln in einem sozialen Kontext wird daher immer unvorhergesehene und unbeabsichtigte Nebenwirkungen haben, die wiederum neues Handeln bei allen beteiligten Personen auslösen. Auf diese Weise entstehen ständig neue Handlungsnotwendigkeiten, die niemand vorausplanen kann, die aber dennoch eine Realität darstellen.

Ist der Effekt unbeabsichtigter Nebenwirkungen und die damit zusammenhängende Eigendynamik von Systemen schon in gewissermassen idealen Situationen feststellbar, so gilt dies natürlich umso mehr, je grösser der Anteil von nicht rational bestimmten Handlungen, von spontanem Agieren und Reagieren ist, und je grösser der Anteil an kreativen Komponenten im Handeln ausfällt.

Wird die Feststellung klar ausgesprochen, dass die Ergebnisse menschlichen Handelns nicht notwendigerweise den handlungsleitenden Absichten entsprechen, findet sie bei vielen Führungskräften in der Praxis volle Zustimmung, entspricht dieser Sachverhalt doch durchaus ihren praktischen Erfahrungen. Dies ist nicht zuletzt auch mit ein Grund dafür, dass man überhaupt Führungskräfte braucht. Eine ihrer wichtigsten Funktionen besteht ja gerade darin, fortlaufend die jeweilige Situation zu erkennen und zu beurteilen, um im Lichte der jeweils neuesten Ereignisse jeweils sinnvoll entscheiden und handeln zu können.

Es ist vielleicht nicht einmal übertrieben, zu sagen, dass dies die *Hauptaufgabe* von Führungskräften überhaupt ist. Zwar können eine Reihe von Methoden des modernen Managements – Planung, Organisation usw. – dazu beitragen, den Bereich der Ungewissheit und der unbeabsichtigten Nebenwirkungen jedes Handelns etwas einzugrenzen und die Situation damit überschaubarer und möglicherweise auch antizipierbarer zu machen, doch wird die Notwendigkeit von situationsbedingt erforderlichem und von niemandem vorhergesehenen Handeln damit natürlich nicht beseitigt. In der Fähigkeit, in diesem Sinne situationsentsprechend, jedoch durch allgemeine Verhaltensregeln geleitet zu handeln, liegt die eigentliche Anpassungsfähigkeit einer Unternehmung begründet. Ein extensiver Einsatz gewisser Methoden, die für sich genommen zwar durchaus rational und sinnvoll erscheinen mögen, kann eben diese Anpassungsfähigkeit zerstören.

Nun darf freilich nicht der Fehler begangen werden, zu glauben, dass die unbeabsichtigten Nebenwirkungen immer negativer Natur seien. Sehr häufig stellen sie echte Chancen dar, die einem vom sprichwörtlichen "Zufall" gewissermassen in die Hände gespielt werden und genutzt werden können. Welche Führungskraft hat diese Erfahrung nicht schon oft gemacht, und wer wird sich nicht heimlich eingestehen müssen, dass so mancher Erfolg, den man verbuchen konnte, eigentlich nicht selbst bewirkt worden ist, sondern sich aus der Konstellation der Umstände ergeben hat? Ein gewisses intuitives Verständnis für diesen auf die Eigendynamik eines Systems zurückzuführenden Effekt kommt unter anderem darin zum Ausdruck, dass Führungskräfte anstehende Entscheidungen manchmal bewusst *nicht* treffen, weil sie die Zeit oder die Sache noch nicht für reif halten. Sie lassen stattdessen der Entwicklung zunächst einmal ihren "freien Lauf" (sic!), um dann unter geänderten Umständen, zu denen sie oft gar nichts oder nur indirekt beitragen, ihre Absichten zu realisieren. Zweifellos gehört dieses Verfahren zum beinahe selbstverständlichen Repertoire von erfahrenen Führungskräften und Politikern. Leider ist es weder Bestandteil der sog. Entscheidungstheorie noch Inhalt der Managementausbildung.

Verhaltensweisen oder "Methoden" der eben besprochenen Art sind typisch für den Umgang mit selbstorganisierenden, evolvierenden Systemen. Das hier als Beispiel erwähnte Zurückhalten einer Entscheidung ist durchaus nicht in allen Fällen Ausdruck mangelnder Entschlusskraft, sondern vielmehr Teil jener indirekten Steuerungsform, die im Umgang mit selbstorganisierenden Systemen oft die einzige Möglichkeit der Einflussnahme ist, die deren innere Dynamik intakt lässt und nutzt. Das Abwarten ist auch nicht immer ein "blosses" Abwarten, sondern häufig ein aktives Herbeiführen und Sicherstellen der Rahmenbedingungen für die Freiheit des Systems, sich selbst zu entfalten.

Obwohl diese Vorgehensweise von erfahrenen Führungskräften fraglos eingesetzt wird, mag man die Auffassung vertreten, es handle sich dabei um eher seltene und untypische Fälle. Es kommt eben ganz auf die grundlegende Perspektive an, die man bezüglich komplexer Systeme hat, welcher Auffassung man sich letztlich anschliessen will. Was nämlich im Management noch als eher untypisch betrachtet werden kann, weil man sich gewissermassen von einem "Macher-Modell" leiten lässt, das ist uns aus dem Alltagsleben durchaus als vernünftige Methode vertraut.

Während uns klar ist, dass wir bei einer Maschine sämtliche Bestandteile und ihr Zusammenwirken bis in die letzte Einzelheit festlegen müssen, um ihr Funktionieren sicherzustellen, wissen wir doch, dass dies bei der Aufzucht einer Pflanze oder eines Tieres nicht möglich ist und der Versuch als solcher schon mehr Schaden anrichten denn Nutzen stiften würde. Wir beschränken uns daher darauf, die Voraussetzungen und Bedingungen ihrer Entwicklung so gut wie möglich zu gestalten, überlassen das System im Übrigen aber seiner inneren

Selbstorganisation. Obwohl man das sich effektiv ergebende Resultat aufgrund dessen zwar nie genau voraussagen kann, dürfen wir dennoch darauf vertrauen, dass das Ergebnis – vielleicht nicht in allen Einzelheiten, wohl aber in den wesentlichen Zügen – durchaus unseren Erwartungen entspricht.

Ähnlich verhält es sich mit der Kindererziehung. Auch hier haben wir ja wesentlich weniger Kontrolle über die Entwicklung, als man es sich gerne vormacht: Wir können einem Kind nicht befehlen, uns zu lieben oder zu achten; wir können lediglich Voraussetzungen schaffen, die die Entstehung wünschbarer gegenseitiger Beziehungen begünstigen.

Analog dazu können gewisse, teilweise existenznotwendige Dinge in einem Unternehmen nicht befohlen oder gemacht werden. Loyalität der Mitarbeiter, Identifikation mit der Unternehmung, Einsatzbereitschaft und Motivation können sich letztlich nur unter günstigen Voraussetzungen entwickeln, nicht aber angeordnet werden. Management muss sich daher in solchen und in zahlreichen ähnlichen Fällen, unter Verzicht auf "aktivistisches" Eingreifen in die innere Funktion der Unternehmung, darauf beschränken, günstige Voraussetzungen zu kultivieren und als Katalysator die Selbstentfaltung bestimmter, wünschbarer Ergebnisse und Eigenschaften zu unterstützen. Gerade der *Verzicht auf* pseudo-rationales Anordnen im Detail gibt uns die Möglichkeit, Resultate zu erzielen, die auf andere Weise nicht erreichbar sind.

Es handelt sich dabei keineswegs, wie häufig unterstellt wird, um ein konzeptloses "Durchwursteln." Vorgangsweisen der besprochenen Art beruhen im Gegenteil auf sehr klaren Konzepten, die hier nicht im Einzelnen dargestellt werden können. Bedeutsam allerdings ist, dass die selbstorganisierende Natur der Unternehmung ein wesentlicher

Bestandteil eines Konzeptes der ganzheitlichen Entwicklung und Entwicklungssteuerung ist.[76]

5.4 Einwände

Gegen die hier vertretenen Auffassungen können gewisse Einwände gemacht werden, die sich in vier grosse Gruppen zusammenfassen lassen:

1. Die erste Gruppe akzeptiert zwar die Existenz selbstorganisierender Eigendynamik von Unternehmungen, plädiert aber gerade deshalb für einen verstärkten Einsatz von Methoden, von denen angenommen wird, dass mit ihrer Hilfe das Verhalten von Menschen letztlich mehr und mehr unter Kontrolle gebracht werden kann. Ich will diese Argumente oder Einwände unter der Bezeichnung "Automatenargument" zusammenfassen, liegt ihnen in der einen oder anderen Form doch die Vorstellung zugrunde, dass eine Unternehmung so weitgehend bewusst und geplant gesteuert werden kann, dass sie schliesslich ähnlich einer Maschine funktioniert. Die in dieser Argumentationsweise zum Ausdruck kommende Haltung kann man auch als "Konstrukteurs- oder Ingenieurs-Denken" resp. als "technomorphes Denken" bezeichnen.

   Diese Denkweise prägt namentlich die Betriebswirtschafts- und Managementlehre als wissenschaftliche Disziplin auf der einen sowie grösste Teile der darauf beruhenden Managementausbildung auf der anderen Seite – und findet auf diesem Wege Eingang in die Führungspraxis. Auch andere Gebiete der Wirtschafts- und Sozialwissenschaften sind sehr stark von derartigen

---

[76] Vgl. dazu die grundlegenden kybernetischen Gesetzeshypothesen zu Selbststrukturierung und Selbstdifferenzierung sowie Variation, Selektion und Bewahrung, in: Probst, G., Kybernetische Gesetzeshypothesen als Basis für Gestaltungs- und Lenkungsregeln im Management, Bern 1981.

Vorstellungen geprägt, etwa gewisse Richtungen der Nationalökonomie, der Psychologie und der Verwaltungswissenschaften. Schliesslich lässt sich diese Tendenz auch in den Rechtswissenschaften deutlich ausmachen.

Ihre Wurzeln hat die technomorphe Denkweise in den unbestreitbaren Erfolgen einiger Naturwissenschaften und der darauf aufbauenden Technologie einerseits sowie in einigen tief verwurzelten Vorstellungen über das Funktionieren der Gesellschaft andererseits, insbesondere im Vorbild einer geschlossenen Stammesgesellschaft, deren Hauptproblem darin besteht, die *bekannten* Bedürfnisse von *bekannten* Personen zu befriedigen, und wo die Verhältnisse noch so überschaubar sind, dass dies mit zweckrationalen Mitteln möglicherweise durchführbar ist. Die starke emotionale Attraktivität solcher Vorstellungen liegt vielleicht im Umstand begründet, dass der Mensch während einer sehr langen Epoche in solchen Gesellschaftsformen lebte und auch heute noch einen erheblichen Teil seines Lebens in derartigen Sozialsystemen zubringt, in Kleingruppen und vor allem in der Familie.

Im Rahmen dieser Arbeit ist es nicht möglich, eine geschlossene Widerlegung dessen zu unternehmen, was hier als "Automatenargument" bezeichnet wird. Ich muss mich damit begnügen, auf einige in diesem Zusammenhang wesentliche neuere Arbeiten hinzuweisen.[77] Speziell betont werden soll lediglich, dass es dieses "Konstrukteurs-Denken" in seinen vielfältigen Erscheinungsformen ist, welches das grösste Hindernis für ein adäquates Verständnis der selbstorganisierenden Eigenschaften einer

---

[77] Vgl. Hayek, F.A. von, New Studies in Philosophy, Politics, Economics and the History of Ideas, London 1978 sowie ders., Law, Legislation and Liberty, Vol. 1: Rules and Order, London 1973.

Unternehmung – und damit für die Entwicklung einer realitätsgerechten Theorie der Gestaltung und Führung von sozialen Systemen – darstellt. Der kaum zu überwindende Glaube an die Machbarkeit aller Dinge, an die unbezweifelbare Leistungsfähigkeit und Überlegenheit der menschlichen Vernunft im Zusammenhang mit der Lösung von Organisations- und Führungsproblemen und an die Steuerbarkeit von Menschen und Organisationen macht es vielen Menschen unmöglich, zu sehen, wo die Grenzen liegen und wie beschränkt unsere Möglichkeiten sind, die Dinge nach unseren Vorstellungen zu gestalten. Die Situation ist vielleicht mit jener Zeit vergleichbar, als die überwältigende und für jeden im buchstäblichen Sinne sichtbare Erfahrung keinen Zweifel an der vermeintlichen Tatsache aufkommen liess, dass die Erde eine flache Scheibe sei. Unsere Alltagserfahrung legt diese Auffassung ja auch heute noch nahe...

2. Der zweite Einwand, der gegen die selbstorganisierende Natur der Unternehmung häufig vorgebracht wird, besteht im Wesentlichen in der Auffassung, dass selbst ein noch so gut durchdachter Plan und ein noch so sorgfältig abgewogenes und bedachtes Konzept von anderen immer unterlaufen und vereitelt werden könne. Die Tatsache, dass das Ergebnis unseres Handelns unseren Absichten und Zielen sehr oft nicht entspricht, wird im Rahmen dieser Argumentationsweise als bewusstes und absichtsvolles Herbeiführen von Misserfolgen und Fehlschlägen durch andere Personen interpretiert. Dieses Argument möchte ich in Fortführung einer bestimmten Tradition als *"Konspirations- oder Verschwörungs-Argument"*[78] resp. als "Sündenbocktheorie" bezeichnen. Dieses wird häufig in Verbindung mit dem vorhin erläuterten "Automatenargument" verwendet, um das Scheitern

---

[78] Vgl. Popper, K.R., Die offene Gesellschaft und ihre Feinde, Band 2, Bern 1958, S. 112 ff.

sog. rationaler Methoden im Einzelfall zu erklären, ist darüber hinaus aber die wohl am weitesten verbreitete Form der (Pseudo-) Erklärung sozialer Tatsachen und Ereignisse.

Diese Argumentationsweise, die für die meisten Menschen eine ungeheuer grosse Plausibilität und Überzeugungkraft aufweist, beruht auf der Überzeugung, dass jedes Ereignis identifizierbare Ursachen habe und in planvoller Absicht bewusst herbeigeführt werden müsse. Steht demnach irgendein Ereignis im Widerspruch zu unseren eigenen Interessen, so ist es nur naheliegend, nach denjenigen zu suchen, die ihrerseits ein Interesse an diesem Ereignis haben und dieses deshalb möglicherweise herbeigeführt haben könnten. Dieser Auffassung zufolge besteht kein Raum für die Vorstellung, dass selbst zweckdienliche, den Interessen bestimmter Gruppen faktisch dienende Ereignisse oder Zustände das *unbeabsichtigte* Resultat des Zusammenwirkens auch noch so planvoller Handlungen sein können. Beinahe reflexartig wird nach den "Drahtziehern im Hintergrund" oder den "Sündenböcken" gefahndet, und sämtliche Beobachtungen werden ausschliesslich im Rahmen hierdurch geprägter Vorstellungen interpretiert.

Nun kann natürlich nicht bestritten werden, dass es in diesem Sinne konspirative Interessengruppen, dass es Intrigen für und gegen alles Mögliche und bewusste, tatkräftige Vereitelungsversuche im Zusammenhang mit vielen Vorhaben innerhalb und ausserhalb einer Unternehmung gibt. Gleichzeitig aber muss zugegeben werden, dass auch Intrigen und Konspirationen ihre beabsichtigten Ziele bei weitem nicht immer erreichen. Und selbst wenn sie wesentliche Störungen unserer eigenen Absichten, ja vielleicht sogar deren vollständige Änderung bewirken, so entspricht das sich letztlich ergebende Resultat doch selten dem, was von irgendeiner der beteiligten Personen oder Gruppen ursprünglich wirklich angestrebt worden ist. Jede Intrige steht eben selbst wieder in einem sozialen Kontext und produziert Reaktionen in nicht vorhersehbarer Zahl und Art, und nicht selten wird ja der Intrigant zum Opfer seiner eigenen Intrige resp. entgleiten Konspirationen der Kontrolle durch die Konspirateure. Die Weltgeschichte liefert anschauliche Beispiele dafür.

Das "Konspirationsargument" ist also kein stichhaltiger Einwand gegen die Selbstorganisationstheorie der Unternehmung, sondern hindert jene, die es verwenden, lediglich daran, die Realitäten zu sehen. Der vordergründigen Überzeugungskraft wegen kann dieses Argumentationssyndrom aber auch sehr trefflich verwendet werden zur Selbstverteidigung, d.h. zur Rechtfertigung eigenen Versagens, und zum Aufbau von Feindbildern.

3. Ein dritter, ebenfalls in vielen Spielarten vorkommender Einwand besteht darin, das Phänomen als solches einfach zu leugnen, und zwar auf der Basis einer Art psychologischer Selbsttäuschung, die teilweise unbewusst stattfindet und in etwa vergleichbar ist mit der optischen Täuschung. Teilweise wird dieser "Trick" aber auch ganz bewusst eingesetzt, wobei nicht selten beobachtet werden kann, dass die diesen Trick verwendenden Personen ihren Behauptungen schliesslich selbst zu glauben beginnen. Es ist dies die einfache und zur Alltagserfahrung gehörende Tatsache, dass viele Menschen im Nachhinein so tun, als ob das, was wirklich eingetreten ist, immer schon ihre wohl überlegte Absicht gewesen sei. Es handelt sich dabei um eine Form der dem Psychologen – vor allem wohl dem Psychiater – wohl bekannten "Ex-post-Rationalisierung", die trefflich in der Fabel vom Fuchs und den Trauben zum Ausdruck kommt.

Solche die ursprünglichen Ziele mit den tatsächlichen Ergebnissen *im Nachhinein* in Einklang bringenden Reaktionen verhindern, dass sich so verhaltende Personen den selbstorganisierenden Charakter sozialer Systeme überhaupt zu erkennen vermögen. Soweit es sich um eine bewusst eingesetzte, kommunikativ-soziale Manipulationstechnik handelt, ist sie zunächst natürlich von unbestreitbarer Wirksamkeit, längerfristig aber zeitigt sie in der Regel sehr destruktive Wirkungen, ist sie doch geeignet, das für jedes kooperative Handeln unerlässliche Vertrauensfundament zu unterminieren. Dieses Verhalten zerstört nämlich die grundlegenden Spielregeln sozialer Zusammenarbeit und wird deshalb mit Recht als unfair empfunden.

4. Die vierte Gruppe von Einwänden schliesslich besteht darin, dass man die Feststellung des selbstorganisierenden Charakters von Unternehmungen als *irrelevant* oder *trivial* abtut, mit der Begründung, es sei doch klar, dass aus Menschen bestehende Organisationen nicht fehlerfrei funktionieren könnten und man mit den vielfältigen Friktionen und Funktionsfehlern eben leben müsse. Diese Haltung kommt der Realität in einem gewissen Sinne am nächsten und ist insoweit auch ungefährlich, als sie nicht zu den früher geschilderten Wahrnehmungsverzerrungen führt.

Aufgrund der damit häufig verbundenen Trivialisierung verkennt man aber, dass es sich um eine fundamentale und wichtige Eigenschaft sozialer Systeme handelt und begibt sich damit der Möglichkeit, ein wirklich tragfähiges und der Realität angemessenes Verständnis für Unternehmungen zu verschaffen, um auf dieser Basis auch die Methoden der Gestaltung und Lenkung solcher Systeme verbessern zu können.

In Wahrheit handelt es sich bei Ereignissen und Zuständen, die von den Absichten der handelnden Personen abweichen, in vielen Fällen nämlich weder um das Werk konspirativer Kreise oder Intrigen noch einfach um Funktionsfehler des Systems. Vielmehr ist dies sehr häufig das äusserlich erkennbare Zeichen für aus der Eigendynamik des Systems heraus entstehende Anpassungsvorgänge an Umstände, die niemandem in ihrer Gesamtheit bekannt sind.

5.5 Was folgt daraus für Management?

5.5.1 Mehr Einsicht

Es ist immer leichter, Rezepte zu fordern, als sich um Einsichten zu bemühen. Einsichten in das wirkliche Funktionieren von Unternehmungen sind es aber, die wirklich Not tun, und sie sind es auch, die in der Managementausbildung wirklich fehlen.

Drucker brachte dies bereits 1958 in kaum besser zu formulierender Weise zum Ausdruck:

"The bulk of the work today concerns itself with the sharpening of already existing tools for specific technical functions – such as quality control or inventory control, warehouse location or freight-car allocation, machine loading, maintenance scheduling, or order handling. And, in fact, a good deal of the work is little more than a refinement of industrial engineering, cost accounting, or procedures analysis. Some, though not very much, attention is given to the analysis and improvement of functional efforts – primarily those of the manufacturing function but also, to some extent, of marketing and of money management. But there is almost no work, no organized thought, no emphasis on managing an enterprise..."[79]

Die Situation hat sich seither nur wenig verändert. Es sind zwar ein paar neue Techniken hinzugekommen und die Schwerpunkte haben

---

[79] Drucker, P.F., Technology, Management and Society, New York 1977.

sich etwas verlagert, die Frage nach der Natur der Unternehmung und ihrer tatsächlichen Wirkungsprinzipien aber, von der letztlich jede sinnvolle Anwendung irgendwelcher Techniken und Methoden abhängt, spielt noch immer eine viel zu untergeordnete Rolle.

So beginnt sich etwa die Einsicht nur langsam durchzusetzen, dass oberste Ziele einer Unternehmung nicht Gewinne und Umsatzzuwächse sein können, sondern nur die Orientierung an der dauerhaften Lebensfähigkeit der Unternehmung eine Chance bietet, richtige Entscheidungen zu treffen – oder vielmehr falsche zu vermeiden. In den stabilen, von anhaltender Hochkonjunktur gekennzeichneten 50er und 60er Jahren hat sich der Aberglaube verbreitet, dass Wachstum von Gewinnen und Umsätzen das entscheidende Ziel wäre – und nicht nur sämtliche Managementtechniken wurden darauf ausgerichtet, sondern eine ganze Management-"Kultur" ist um diese Vorstellung herum entstanden.

Dies hat zur Entstehung der möglicherweise gefährlichsten Schwäche unseres Wirtschaftssystems geführt, die aber bis heute überhaupt noch nicht erkannt worden ist: Es ist die Tatsache, dass praktisch eine ganze Managergeneration keinerlei Erfahrungen im Umgang mit wirtschaftlichen Krisenzeiten sammeln konnte und den veränderten Umständen daher, in vielen Fällen deutlich erkennbar, hilflos gegenübersteht.

Eine andere Frage, die ebenfalls nur auf der Basis tieferer Einsichten sinnvoll behandelt werden kann, kommt in Managementtheorie und -ausbildung kaum vor: das Problem, wie man in einer Unternehmung so subtile, aber dennoch "existenznotwendige Güter" wie Loyalität, Identifikation, Vertrauen und Interesse schafft. Denn solche Dinge können nicht befohlen werden, sondern müssen wachsen; sie können niemals durch direkte Eingriffe herbeigeführt, sondern lediglich durch das Schaffen der notwendigen Voraussetzungen für ihre Entstehung beeinflusst werden.

5.5.2 Bessere Methoden und Problemlösungen

Nicht nur neue Einsichten vermag eine evolutionäre Managementkonzeption zu vermitteln, zweifellos können auch bessere, evolutionär erprobte Methoden erwartet werden. Man denke etwa an die auf der Hand liegenden Analogien zwischen einer ökologischen Nische, die einer Tierart das Überleben ermöglicht und einer Marktnische, die dieselbe Wirkung für eine Unternehmung hat.[80] Ein anderes Beispiel wäre die erwiesene Optimalität der Versuchs-Irrtums-Strategie zur Lösung komplexer Probleme.[81]

Für gewisse Gebiete der Technik ist es unter der Bezeichnung "Bionik"[82] bereits zur Selbstverständlichkeit geworden, in der Natur evolvierte Problemlösungen als Vorbilder für technische Problemlösungen zu verwenden. Auf dieser Grundlage wurde inzwischen auch ein höchst interessantes Strukturmodell für die Unternehmungsorganisation entwickelt, das möglicherweise einen echten Durchbruch darstellen könnte.[83]

---

[80] Vgl. Wynne-Edwards, V.C., Animal Dispersion in Relation to Social Behaviour, New York 1962 sowie Mayr, E., Animal Species and Evolution, Cambridge Mass. 1963.

[81] Vgl. Rechenberg, J., Evolutionsstrategie, Stuttgart 1973.

[82] Vgl. Paturi, F., Geniale Ingenieure der Natur, Düsseldorf 1974; Foerster, H. von, Biological Ideas for the Engineer, in: New Scientist, 15, 1962; ders., Bionics Principles, in: Williamne, R.A. (Hrsg.), Bionics Lectures Series XX, Vol. 1, NATO Advisory Group for Aerospace Research and Development, Paris 1965.

[83] Beer, S., Brain of the Firm, London 1972; 2. Aufl., Chichester 1981 sowie ders., The Heart of Enterprise, Chichester 1979.

5.5.3 Besseres Verständnis

Ein verbessertes Verständnis ist auf der Basis eines evolutionären Ansatzes vor allem für die ökologische Rolle möglich, die jede Unternehmung zwangsläufig zu spielen hat. Damit ist weniger die Frage des Umweltschutzes gemeint, als vielmehr die Daueraufgabe der Positionierung der Gesamtunternehmung in einem komplexen Netzwerk soziokultureller, technologischer, ökonomischer und politischer Faktoren und Einflüsse. Die Ökosystem-Forschung, die Genese, Struktur und Dynamik solcher Wirkungsgefüge untersucht,[84] wird für die Unternehmungsführung in Zukunft möglicherweise wichtiger sein, als die Nationalökonomie. Es ist nämlich durchaus denkbar, dass Biologen und Verhaltensforscher letztlich ein zutreffenderes Verständnis für Konkurrenz- und Kooperationsformen zu entwickeln vermögen als Nationalökonomen, für die Unternehmungen noch immer in erster Linie ökonomische – und das heisst leider: *fiktive* – Gebilde sind.

Vor allem aber wird es in Zukunft darauf ankommen, die Ökologie und Evolution von Ideen und Werthaltungen zu verstehen. Vielleicht wird eine Ökologie des Geistes[85] und der Emotionen in zehn Jahren zu den selbstverständlichen Unterrichtsfächern in der Managementausbildung gehören; allen Ernstes kann ja wohl nicht daran gezweifelt werden, dass es letztlich immer Ideen waren, die die Welt veränderten. Die Art und Weise der Verbreitung von Wissen und von Werten und die Gesetzmässigkeiten, nach denen Ideen, Werte und Gefühle evolvieren, selektiert und transmittiert werden, sind um Grössenordnungen wichtiger, als die Kenntnis von Produktlebenszyklen, technologischen Substitutionen und dergleichen, denn Ideen, Werte und Gefühle stehen am Anfang aller Entwicklungen.

---

[84] Vgl. Vester, F., Neuland des Denkens, Stuttgart 1980.
[85] Vgl. Bateson, G., Steps to an Ecology of Mind, New York 1972 sowie ders., Mind and Nature, New York 1979.

5.6 Lernen, zu sein – was wir sind...[86]

Ich habe versucht, die wichtigsten Grundlagen einer evolutionären Managementkonzeption darzustellen, und zwar ganz bewusst unter Beschränkung auf die elementaren Einsichten und unter Verzicht auf biologische oder evolutionstheoretische Spezialbegriffe. Dies ist dadurch gerechtfertigt, dass es beim gegenwärtigen Stand der Verbreitung evolutionstheoretischer Kenntnisse und Einsichten zunächst nicht darum gehen kann, möglichst komplizierte Fälle und Spezialphänomene zu behandeln, sondern erst jene Grundlagen zu schaffen sind, die absolut unverzichtbar sind, und damit auch Voraussetzung dafür, dass man evolutionäres und selbstorganisierendes Verhalten überhaupt wahrnehmen kann, dass also unser Sensorium für diese Dinge entwickelt und geschärft wird.

Der Verzicht auf Spezialbegriffe, durch deren Verwendung manches vielleicht leichter zu schreiben, wohl aber nicht zu lesen und zu verstehen wäre, ist nicht nur ein Gebot der Verständlichkeit, sondern rechtfertigt sich auch aus der Tatsache, dass die Tradition des evolutionären Denkens in den Sozial- und Wirtschaftswissenschaften sehr viel älter ist, als in der Biologie. Darwins Theorie wäre, so darf vermutet werden, ohne die grossen Evolutionstheoretiker in den Sozialwissenschaften des 18. Jahrhunderts gar nicht denkbar gewesen.[87] Die kontinentaleuropäische Variante des konstruktivistischen Rationalismus hat die damals bereits bekannten Wahrheiten dann aber so gründlich zugeschüttet, dass wir heute selbst die ureigensten sozialwissenschaftlichen Erkenntnisse beschämt wieder von den Biologen zu lernen haben, und dies dazu noch in einer Sprache, die für die soziale Realität nicht besonders zweckmässig ist.

---

[86] Vgl. Beer, S., Decision and Control, London 1966, S. 355 ff.
[87] Gemeint sind hier etwa Adam Smith, Adam Ferguson, Bernard Mandeville oder David Hume.

Wie auch immer: Die grosse Lehre aus der Evolutionstheorie ist, dass wir Teil eines permanenten Stromes der Entwicklung sind, deren Zukunft wir zwar nicht vorhersehen können, zu deren Richtung wir aber – und sei es auch nur durch unsere faktische Existenz – ein bisschen beitragen können. Als Führungskräfte haben wir darüber hinaus hin und wieder die Chance, die Richtung etwas intensiver zu beeinflussen – vorausgesetzt, wir lernen zu sein, was wir wirklich sind: nicht Macher und Kommandeure, sondern Katalysatoren und Kultivatoren eines selbstorganisierenden Systems in einem evolvierenden Kontext.

(1981)

Zitierte und ergänzende Literatur

Bateson, G., Steps to an Ecology of Mind, New York 1972
- Ökologie des Geistes, Frankfurt 1980
- Mind and Nature, New York 1979

Beer, S., Decision and Control, London 1966
- The Heart of Enterprise, Chichester 1979
- Brain of the Firm, London 1972; 2. Aufl., Chichester 1981

Darlington, C.D., The Evolution of Man and Society, London 1969

Dobzhansky, T. / Ayala, F. / Stebbins, G. / Valentine, J., Evolution, San Francisco 1977

Drucker, P.F., Management: Tasks, Responisbilities, Practices, London 1974
- Technology, Management and Society, New York 1977

Eigen, M. / Winkler, R., Das Spiel, München/Zürich 1975

Foerster, H. von, Bionics Principles, in: Willamne, R.A. (Hrsg.), Bionics Lecture Series XX, Vol. 1, NATO Advisory Group for Aerospace Research and Development, Paris 1965

- On Constructing a Reality, in: Preiser, W. (Hrsg.), Environmental Design Research II, Stroudsbourg 1973

Gomez, P., Die kybernetische Gestaltung des Operations Management, Bern 1978

Gomez, P. / Malik, F. / Oeller, K.H., System-Methodik, Bern 1975

Hayek, F.A. von, Studies in Philosophy, Politics and Economics, Chicago 1967
- Freiburger Studien, Tübingen 1969
- Law, Legislation and Liberty, Vol. 1-3, London 1973-1979
- New Studies in Philosophy, Politics, Economics and the History of Ideas, London 1978

Jantsch, E., Die Selbstorganisation des Universums, München/Wien 1979

Krieg, W., Kybernetische Grundlagen der Unternehmungsgestaltung, Bern 1971

Lorenz, K., Die Rückseite des Spiegels, München 1973
- Das Wirkungsgefüge der Natur und das Schicksal des Menschen, München/Zürich 1978

Malik, F., Management-Systeme, in: Die Orientierung, Bern 1981
- Strategie des Managements komplexer Systeme, 5. Aufl., Bern/Stuttgart/Wien 1996
- Managementlehre im Lichte der modernen Evolutionstheorie, Kap. 3 dieses Buches

Mayr, E., Animal Species and Evolution, Cambridge Mass. 1963

Nozick, R., Anarchy, State and Utopia, Oxford 1974

Oakshott, M., On Human Conduct, London 1975

Paturi, F., Geniale Ingenieure der Natur, Düsseldorf 1974

Piaget, J., Biologie und Erkenntnis, Frankfurt 1967

Polanyi, M., The Logic of Liberty, London 1951

Popper, K., Die offene Gesellschaft und ihre Feinde, Band 2, Bern 1958

- Objektive Erkenntnis - Ein evolutionärer Entwurf, Hamburg 1973

Probst, G., Kybernetische Gesetzeshypothesen als Basis für Gestaltungs- und Lenkungsregeln im Management, Bern 1981

Rawls, J., Eine Theorie der Gerechtigkeit, Frankfurt 1975

Rechenberg, J., Evolutionsstrategie, Stuttgart 1973

Riedl, R., Die Ordnung des Lebendigen - Systembedingungen der Evolution, Berlin/Hamburg 1975

- Biologie der Erkenntnis, Berlin/Hamburg 1979

Röpke, J., Die Strategie der Innovation, Tübingen 1977

Ulrich, H., Die Unternehmung als produktives soziales System, Bern 1970

- Unternehmungspolitik, Bern 1978

Ulrich, H. / Krieg, W., Das St. Galler Management-Modell, Bern 1973

Ulrich, H. / Sidler, F., Ein Management-Modell für die öffentliche Hand, Bern 1977

Vester, F., Neuland des Denkens, Stuttgart 1980

Vollmer, G., Evolutionäre Erkenntnistheorie, Stuttgart 1975

Wilson, E.O., Sociobiology - The New Synthesis, 1975

Wynne-Edwards, V.C., Animal Dispersion in Relation to Social Behaviour, New York 1962

6. Welches sind die Hemmnisse für spontane Ordnungen?

6.1 Was sind spontane Ordnungen?

Üblicherweise unterscheidet man zwischen natürlichen und künstlichen Ordnungen oder Systemen. Die einen entstehen von allein, ohne Zutun des Menschen; die anderen sind von Menschen nach bestimmten Zweckvorstellungen absichtsvoll gemacht. Die natürlichen Ordnungen gelten als Resultate eines universellen Schöpfungswillens oder als Ergebnis des Wirkens von Naturgesetzen; die künstlichen Systeme werden auf menschliche Zwecksetzungen und menschlichen Gestaltungswillen zurückgeführt. Auf diese Weise glaubt man, eine wenn auch manchmal etwas unscharfe Trennung ziehen zu können zwischen kosmisch-evolutionären Systemen einerseits und den kulturell-zivilisatorischen Ordnungen andererseits. Daran geknüpft sind zahlreiche Konsequenzen wissenschaftlich-methodischer Art, insbesondere mit Bezug auf die Fragen, wie diese Ordnungen zu erklären sind, wie sie entstanden sind und wie sie verändert werden können. So schwierig diese im Einzelnen zu beantworten sind, so scheint diese kategoriale Zweiteilung hierfür doch ausreichend zu sein.

Den tiefgreifenden und scharfsinnigen Analysen von Friedrich von Hayek verdanken wir aber die Einsicht, dass es darüber hinaus eine dritte Art von Ordnungen gibt, nämlich solche, die wohl das Resultat des Handelns von Menschen sind, nicht hingegen das Ergebnis ihres Willens bzw. ihrer Gestaltungsabsichten. Hayek wählt als Bezeichnung für diese Art von Systemen den Begriff "spontane Ordnungen". In der Kybernetik und in den Systemwissenschaften bezeichnet man diese Ordnungen, worauf Hayek selbst hinweist, als "selbstorganisierende Systeme".

Das Erstaunliche ist nun, dass diese Ordnungen höchst zweckmässige und sinnvolle Gebilde sind, insbesondere zweckmässiges und sinnvolles Handeln von Menschen erst ermöglichen, und dies, obwohl die ordnungschaffenden Kräfte weder Naturgesetze noch metaphysischer oder menschlicher Schöpfungswille sind. "Es scheint", wie Hayek feststellt, "vielen Menschen immer noch befremdend und unglaubhaft, dass eine Ordnung entstehen kann, die weder ganz unabhängig von menschlichem Handeln ist, noch auch das bezweckte Ergebnis solcher Handlungen, sondern das unvorhergesehene Ergebnis von Verhalten, das die Menschen angenommen haben, ohne ein solches Resultat im Sinn zu haben."[88] Sehr kurz gefasst, sind solche Ordnungen auf das von Regeln gelenkte Verhalten von Individuen zurückzuführen, aus deren regelgeleiteter Interaktion die Ordnung entsteht, die ihrerseits sowohl auf das Verhalten der einzelnen Personen als auch auf die Regeln selbst zurückwirkt. Damit liegt ein sehr umfassender Kreislauf von Wirkungsbeziehungen vor, durch den sich das System selbst produziert oder selbst organisiert. Auch wenn das Verhalten jeder einzelnen Person auf deren individuelle Ziele und Zwecke gerichtet sein mag, also planvoll und rational erfolgt, so sind doch die Ordnung als Ganzes – und typischerweise auch die einzelnen Regeln – nicht Ergebnis der Ziele und Zwecke der einzelnen Menschen. Diese brauchen sich der Regeln, die sie tatsächlich befolgen, auch gar nicht bewusst zu sein; es genügt, dass sie ihr Verhalten de facto danach richten. Typische Beispiele für spontane Ordnungen sind all jene zweckmässigen, gesellschaftlichen Institutionen – wie Recht, Schrift, Sprache, Moral oder Geld und Kredit –, die rationales Verhalten überhaupt erst ermöglichen.

---

[88] Hayek, F.A. von, Freiburger Studien, Tübingen 1969, S. 36.

Der entscheidende Punkt für das Verständnis solcher gesellschaftlicher Institutionen besteht nun darin, dass diese spontanen Ordnungen nicht nur höchst zweckmässig und sinnvoll sind und so etwas wie geordnetes, zielgerichtetes, soziales Handeln eben erst ermöglichen, sondern dass sie darüber hinaus auch noch über andere Eigenschaften verfügen, die sie ausserordentlich wichtig machen: Eine Ordnung, die auf einen zentralen Gestaltungswillen zurückgeht – sei es eine einzelne Person oder eine Gruppe von Personen –, kann nur soviel Informationen, Kenntnisse und Wissen enthalten, als dieser zentralen Ordnungsinstanz zugänglich ist. Eine spontane Ordnung beruht demgegenüber darauf, dass in sie auf dem Wege des regelgelenkten Verhaltens einer viel grösseren Zahl von Personen ein wesentlich höheres Mass an Informationen eingeht. In gewisser Weise kann man sagen, dass diese Ordnungen viel intelligenter sind, weil sie mehr Wissen, mehr Kenntnisse usw. nützen können, als jede andere Art von System. Damit kann der Einzelne diese Ordnungen selbstverständlich auch nicht mehr im üblichen Sinne verstehen, denn ihre konkrete Gestalt und deren Ausprägungen gehen ja weit über das ihm direkt zugängliche Wissen hinaus; er kann bloss noch ihre groben Züge und abstrakten Merkmale konstatieren.

Es verwundert daher nicht, dass die Entwicklung derartiger Ordnungen auf zahlreiche Hindernisse stösst. Vorweggenommen werden muss allerdings, dass Entstehung und Ausbreitung solcher spontanen Ordnungen solange nicht wirklich verhindert werden können, als es zumindest ein gewisses Mass an persönlicher Freiheit in einer Gesellschaft bzw. in ihren Subsystemen gibt. Jeder Freiraum, der menschlichem Verhalten offen steht, wird dazu führen, dass Informationen, die nur lokal zugänglich sind, auch genutzt und damit die konkrete Gestalt der Ordnung prägen werden. Eine totale Verhinderung spontaner Ordnungselemente wäre daher nur um den Preis einer ebenso totalen Elimination persönlicher Freiheiten möglich. In diesem Falle würde die soziale Struktur vollständig von einer wie auch immer gearteten Zentralinstanz aus festgelegt. Dies müsste aber wiederum mit einem Verlust von Ordnungskomplexität erkauft werden, denn in eine solche Ordnung könnte eben nur soviel Information eingehen, als der Zentralinstanz zugänglich ist. Folgen wären eine Reduktion von Anpassungsfähigkeit an Umstände, die der zentralen Instanz nicht bekannt sind oder sein können, ein Abbau an Effizienz und Wirtschaftlichkeit sowie das Ersticken jeglicher Kreativität und schöpferischen Entfaltung. Selbst die totalitärsten Staatsformen haben bis heute nicht wirklich zum Erliegen sämtlicher spontanen Ordnungskräfte geführt, auch wenn manche nahe an diesen Zustand herangekommen sind. Die Folgen waren jeweils vorhersehbar.

Die Tatsache, dass spontane Ordnungen also nicht völlig *ver*hindert werden können, bedeutet aber selbstverständlich nicht, dass man sie nicht *be*hindern kann. Ohne die im Folgenden kurz skizzierten Hemmnisse würden sich solche Ordnungen mit grösserer Geschwindigkeit ausbreiten und entfalten, und es käme daher auch eine grössere Zahl von Menschen in den Genuss ihrer Wirkungen. Insbesondere im Bereich der Wirtschaft würde dies dazu führen, dass viel mehr Menschen ein Wohlstandsniveau erlangen könnten, das einem menschenwürdigen Dasein entspräche.

6.2 Hemmnisse für spontane Ordnungen

Das massivste Hindernis spontaner Ordnungen ist selbstverständlich die Vorstellung einer zentralen Steuerung aller menschlichen Aktivitäten. Die diesbezüglichen Ideologien sind hinlänglich bekannt, wurden ausreichend kritisch untersucht und haben ihre Funktionsunfähigkeit auch praktisch genügend bewiesen. Die verschiedenen Formen von Zentralsteuerungsmodellen sind zwar die grössten, nicht aber die gefährlichsten Hemmnisse: Sie deklarieren sich klar und eindeutig; ihre Philosophie und die daraus abgeleiteten Ziele liegen wohlformuliert vor.

Bedenklicher, weil weniger leicht erkennbar und oft als "Freund" getarnt, sind vier Hauptgruppen von Hindernissen, die aus Mischungen von geistigen Strömungen und individuellen menschlichen Erfahrungen bestehen. Diese Auffassungen hängen zwar eng miteinander zusammen, lassen sich aber dennoch hinreichend voneinander unterscheiden: Es handelt sich erstens um eine bestimmte Form von Rationalismus, zweitens um bestimmte Spielarten der Management- und Organisationslehre, drittens um gewisse Varianten der Forderung nach sozialer Solidarität und Gerechtigkeit und viertens um den Sozialdarwinismus.

Leider wird die Sache insofern etwas kompliziert, als nicht jede Spielart dieser geistigen Strömungen als Hindernis betrachtet werden kann. Für die am weitesten verbreiteten und populärsten Varianten trifft dies in der Regel allerdings zu.

6.2.1 Cartesianischer Rationalismus

Diese Form des Rationalismus ist deshalb ein Hemmnis für die Verbreitung von spontanen Ordnungen, weil sie bei der Erklärung von sozialen Phänomenen immer zu kurz gegriffen hat. Als "naiver" Rationalismus wird sie daher auch vom "kritischen" Rationalismus unterschieden.

Die Cartesianische Tradition hat geschichtliche oder genetische Entwicklungen in der Regel weitgehend missachtet und an deren Stelle die Allmacht menschlicher Vernunft und menschlichen Verstandes gestellt. Alle sozialen Erscheinungen wurden dem persönlichen Gestaltungs- und Schöpfungswillen von Individuen oder Gruppen zugeschrieben, und wo ein solcher nicht überzeugend genug konstatiert werden konnte, wurde die Forderung oder Norm aufgestellt, solche "gewachsenen" Institutionen zu beseitigen und durch "vernunftgemässe" zu ersetzen. Das deutlichste Beispiel hierfür ist wohl Voltaires Forderung, Gesetze, die einem nicht passen, zu verbrennen und sich neue zu machen.

Diese Denkweise findet sich in den verschiedenen Varianten des Szientismus, des Utilitarismus und teilweise des Pragmatismus wieder. Es ist nicht verwunderlich, dass der Ersatz von Geschichte und Entwicklung, von Wachsen und Werden durch Vernunft und Verstand für die sog. Intellektuellen aller Epochen eine besondere Anziehungskraft ausübte. Diese Faszination führt(e) aber leider auch zu einer gewaltigen Überschätzung der Möglichkeiten des menschlichen Verstandes; Friedrich von Hayek bezeichnete dies immer wieder als die "Anmassung des Wissens". Vereinfacht ausgedrückt hängt dies mit der Tatsache zusammen, dass keine wie auch immer geartete zentrale Instanz in der Lage wäre, auch nur Bruchteile jener Informationsmenge rechtzeitig zu beschaffen, zu verbreiten und weiterzuleiten, die für die Steuerung eines Systems erforderlich ist. Es handelt sich um die auch mit grössten Computern und allen Mitteln moderner Telekommunikation nicht zu beseitigende, prinzipielle Tatsache, dass man nicht alles wissen kann, was man wissen müsste, um im Sinne des Cartesianischen Rationalismus vernunftgemäss – eben rational – zu entscheiden und zu handeln. Gerade deshalb erscheinen die spontanen Ordnungen und somit der Verzicht auf Anordnungen im Detail – paradoxerweise – als *Erweiterung* menschlicher Einflussnahme.

6.2.2 Management- und Organisationslehre

Der naive Rationalismus führt direkt zu den Bollwerken jener bestimmten Form von Management- und Organisationslehre, deren Glaube an die grundsätzliche Prognostizierbarkeit wirtschaftlicher und sozialer Entwicklungen über die verschiedenen betriebswirtschaftlichen Planungstheorien zur tief verwurzelten Vorstellung von der

Machbarkeit aller Dinge leitet. Unternehmungen und andere Organisationen der Gesellschaft erscheinen demnach als Paradebeispiele von Strukturen, die nach vorher festgelegten Zwecken bewusst gestaltet sind. Friedrich von Hayek bezeichnete solche konstruierten Systeme als "taxische Ordnungen".

Zweifellos können in diesem Bereich Planung, Steuerung und Kontrolle in hohem Masse verwirklicht werden. Je kleiner eine Organisation ist, umso leichter geht dies, ohne dass die oben skizzierten, negativen Konsequenzen zu befürchten sind; je grösser allerdings eine Organisation, umso eher führen solch naiv-rationalistische Gestaltungsideen zu Bürokratieerscheinungen und den erwähnten Strangulierungsformen. Und selbst dies kann man sich leisten – solange turbulenzfreies Wachstum und relativ undifferenzierte Märkte vorherrschen. Je mehr aber diese Bedingungen an Bedeutung verlieren, umso intensiver wurde – und wird – auch in diesem Bereich nach flexiblen, anpassungs-, lern- und entwicklungsfähigen Strukturformen gesucht. Dezentralisierung, Autonomisierung, Schaffung von überschaubaren unternehmerischen Einheiten innerhalb eines grösseren Verbundes usw. sind klare Anzeichen für diese Entwicklung. Leider aber ist das Hauptelement von sich selbst organisierenden Systemen, das regelgelenkte Verhalten, noch immer recht unterentwickelt, denn nicht jedes beliebige Reglement und nicht jede administrative Prozedur entspricht dieser Vorstellung.

6.2.3 Stammesgeschichtliche Instinkte und soziale Solidarität

Ein weiteres Hemmnis für die Ausbreitung von spontanen Ordnungen, die weit über das Verständnisvermögen des Einzelnen hinausgehen, ihm daher oft auch Angst machen und deren Resultate im Lichte der Massstäbe des Einzelnen oft ungerecht erscheinen, sind menschliche Gefühle des Mitleids, der Solidarität und der Nachbarschaftlichkeit. Die daraus entstandenen, hohen und wünschenswerten Ideale stehen in seltsamem Kontrast zu den abstrakten, unpersönlichen, grossen, spontanen Ordnungen: Unsere Emotionen entwickelten sich über Jahrtausende in kleinen Stammesgemeinschaften, deren Regulative die unmittelbar erfahrbaren zwischenmenschlichen Beziehungen, gegenseitiger Schutz, Gehorsam, Solidarität usw. waren. Auch in der modernen Gesellschaft wachsen wir in der kleinen Sozialgemeinschaft – der Familie, dem Freundeskreis, der Schulklasse, der kleinen Gruppe – auf, in der die gewachsenen, mehr oder weniger instinkthaften Gefühlsstrukturen selbstverständlich wichtig und nützlich sind. Wohlstand, wirtschaftliche Effizienz, ja selbst die Möglichkeit, unsere notwendigsten Existenzbedürfnisse decken zu können, verdanken wir aber den weit über die kleine Gruppe hinausgehenden spontanen Ordnungen. Selbst die einfachsten täglichen Verrichtungen setzen ja das geordnete Zusammenwirken von Millionen von Wirtschaftssubjekten voraus, und vor allem das Funktionieren aller sozialen Institutionen. Die von der kleinen Gruppe geprägte Gefühlswelt – und damit sämtliche der für diese spezifischen Massstäbe der Kleingruppenmoral, der sozialen Gerechtigkeit usw. – muss daher auf fatale Weise mit den Merkmalen komplexer Grosssysteme kollidieren. Cartesianische Denktradition und Machbarkeitsglaube in den Organisationen finden hier ihre emotionale Entsprechung. Gemeinsam stellen diese drei Elemente naturgemäss eine starke Allianz gegen spontane Ordnungen dar.

6.2.4 Sozialdarwinismus

Ein letztes Hindernis für spontane Ordnungen ist jenes Missverständnis der Evolutionstheorie, das als "Sozialdarwinismus" bezeichnet wird: Der Umstand, dass spontane Ordnungen evolutionär entstanden sind, verlockt natürlich dazu, hier von Sozialdarwinismus zu sprechen – zwar bloss eine Karikatur der Evolutionstheorie, die aber dennoch so weit verbreitet ist, dass sie buchstäblich zum Alltagsverständnis von Entwicklungsprozessen geworden ist. Soziale und biologische Evolution haben zwar, auf einem sehr hohen Abstraktionsniveau, gewisse gemeinsame Züge, ihre Wirkungsmechanismen sind aber gänzlich verschieden: Es geht nicht um das Überleben des Stärksten oder dergleichen, wie überhaupt nicht das Individuum oder die Gruppe Gegenstand der sozialen Evolution sind, sondern Verhaltensweisen. Durch spontane Ordnungen wurde der eigentliche Sozialdarwinismus in Wahrheit vielmehr geradezu verunmöglicht, denn dieser würde ja darauf beruhen, dass wir unseren Trieben, Instinkten und Wünschen freien Lauf liessen und der Stärkere dann eben gewänne. Genau dies wird aber durch jene spontanen Ordnungen verhindert, denen wir ein koordiniertes Zusammenleben verdanken: den Institutionen von Moral, Recht und Sitte, jenen allgemeinen Regeln also, die auch dann gelten, wenn der Einzelne sie nicht in jedem Falle versteht.

(1989)

Zitierte und ergänzende Literatur

Hayek, F. A. von, Freiburger Studien, Tübingen 1969
- Law, Legislation and Liberty, Vol. 1-3, London 1973-1979
- The Fatal Conceit, London 1988

Malik, F., Strategie des Managements komplexer Systeme, 5. Aufl., Bern/Stuttgart/Wien 1996

7. Evolution und Management

7.1 Was ist evolutionäres Management?

Wenn ich Rupert Riedl sprechen höre, beginne ich wieder daran zu glauben, dass interdisziplinäre Forschung eines Tages doch möglich sein wird. So weit wie er, werden wir den Bogen wahrscheinlich spannen müssen, wenn wir komplexe Systeme verstehen wollen. Dazu ist es nämlich erforderlich, die künstlich gezogene Schnittstelle zwischen belebter und unbelebter Natur zu überwinden.

Nur so können wir hoffen, von den Erkenntnissen der modernen Evolutionswissenschaft zu lernen und deren Einsichten für die Gestaltung und Lenkung gesellschaftlicher Institutionen und Organisationen zu nutzen. Nichts anderes ist evolutionäres Management im Kern: die Anwendung von Erkenntnissen über die Funktionsprinzipien komplexer natürlicher Systeme, um die Wirksamkeit von Management in unserer hochkomplexen Welt zu verbessern.

Die Fähigkeit, komplexe Systeme mit ihren zahlreichen Einflussgrössen und Wechselwirkungen unter Kontrolle zu bringen und zu halten, ist wenig verbreitet und selbst für erfahrene Führungskräfte schwieriger, als die meisten zuzugeben bereit sind. Dies haben die von Prof. Riedl bereits erwähnten Simulationsexperimente von Dörner und seinen Mitarbeitern deutlich und eindrücklich gezeigt.

Tatsache ist, dass bei diesen Computer-Simulationsexperimenten – die Teilnehmer sollen dabei mit gegebenen Ressourcen möglichst erfolgreich in einem Entwicklungsland wirtschaften – nicht nur die Wirtschaftsstudenten das Land ruiniert haben, was ja noch verständlich wäre: Prof. Dörner liess auch Wirtschaftspraktiker mit vielen Jahren Erfahrung an den Computer – und das Ergebnis war um nichts besser.

Um das Argument zu entkräften, dass das eben an der besonderen Problematik der Entwicklungsländer läge, haben Dörner und sein langjähriger Mitarbeiter, Franz Reither, auch ein Unternehmen von realer Komplexität im Computer nachmodelliert. Annahme war, dass die Manager auf diesem vertrauten Spielfeld doch ihren Vorteil nützen können sollten. Aber sie haben auch das Unternehmen ruiniert. Selbst wenn die typischen Denkfehler aufgedeckt, im Lauf des Spiels diskutiert und bessere Alternativen entwickelt wurden, endete das Experiment durchwegs im Desaster.

Warum ist das so? Waren die Manager einfach unfähig? Waren sie vielleicht sogar bösen Willens und haben absichtsvoll gehandelt? Oder liegen die Schwierigkeiten tiefer? Ist der Mensch vielleicht sogar grundsätzlich überfordert, mit Komplexität umgehen zu können?

Wenn wir die Welt um uns, die Wirtschaft, die Gesellschaft, anschauen, müssen wir uns wohl wirklich fragen, inwieweit die vorherrschenden Zustände das Resultat unserer Absichten sein können. Und damit geraten wir in eine teuflische Falle: Sagen wir dazu ja, dann hätten wir ein *moralisches* Problem und müssten unsere *Absichten* gründlich hinterfragen; sagen wir nein, müssten wir unsere *Fähigkeit,* diese Welt zu managen, in Frage stellen. Denn es kann ja kaum ernsthaft bestritten werden, dass diese Welt weitgehend das Resultat unseres Handelns ist, und dass wir mit den gegebenen Zuständen wohl kaum zufrieden sein können.

Ich glaube, dass wir auch das, was in Organisationen – unabhängig von Grösse oder Zielrichtung – passiert, nicht ausreichend verstehen können, wenn wir uns diese zentrale Frage nicht stellen: ob das Ergebnis nur Resultat unseres Handelns oder auch unserer Absichten ist.

Unterstellen wir schlechte Absicht, landen wir bei dem, was Karl Popper einmal als "soziale Verschwörungstheorie" bezeichnet und sehr treffend kritisiert hat; dann landen wir bei den "finsteren Mächten", die das alles eben wollten – und versperren uns damit den Zugang zu einer anderen Denkweise: Passieren Katastrophen nicht vielfach *trotz* unserer besten Absichten? Genügen unsere Ideen von Management tatsächlich, um die Welt, in die wir – wie Riedl schon gesagt hat – "hineingestolpert" sind, zu begreifen, sie gar beherrschen zu können?

Es kann wohl nicht daran gezweifelt werden, dass die gesamte Management- und Betriebswirtschaftslehre vom Gedanken durchdrungen ist, etwas unter Kontrolle zu bringen, die Dinge nach bestimmten Zielvorstellungen in möglichst optimaler Weise zu steuern. Die Betriebswirtschaftslehre ist ja generell eine Lehre von der Optimierung, nicht nur der Gewinne, sondern auch der Entscheidungen, der Betriebsanlagen usw.

Da stellt sich nun in der Tat die Frage, ob das gelingen kann – oder ob diese Vorstellung nicht doch eher ein Relikt aus einer früheren Zeit ist, einer Zeit, die noch einfach genug war, dass erwartet werden konnte, die Welt, in der wir handeln, ausreichend zu verstehen, um sie unter Kontrolle bringen zu können. Sind wir dafür auch heute noch hinreichend ausgestattet? Oder sind wir nicht möglicherweise Getriebene, die das, was wir geschaffen haben, so gar nicht schaffen wollten?

Im Kern geht es hier, grob vereinfacht gesagt, um die Unterscheidung zwischen technomorphem und evolutionärem Denken.

7.2 Möglichkeiten und Grenzen technomorphen Denkens

Das technomorphe Denken versucht uns, irregeleitet durch ein verkürztes Weltbild, weiszumachen, dass Management letztlich eine Sache der bewussten Anordnung der einzelnen Elemente sei. Wir müssten dann nur genügend – und hoffentlich auch richtige – Weisungen geben; und wenn wir, so die Vorstellung, im Unternehmen auf diesem Wege alles nach bewusster Absicht, mit dem Denken und der Präzision eines Ingenieurs quasi, anordnen, dann müsse wohl etwas Funktionierendes herauskommen. In weiten Bereichen der Technik ist das ja der Fall – kein Automobil kann funktionieren, wenn nicht jeder einzelne Teil nach einem vorgefassten Plan konstruiert und dann ebenso planmässig zusammengefügt wurde. Wenn man so vorgeht, und vielleicht noch etwas Glück hat, dann läuft die Sache; falls nicht, können wir die Fehler immer noch suchen und reparieren.

Die respektablen Erfolge, die wir mit dieser Art zu Denken in der Technologie hatten und noch immer haben, verführen uns immer wieder zum Glauben, dass dies auch das Denkmodell, der richtige Weg des Handelns, für die Konstruktion und Steuerung eines Unternehmens sein müsse. Diese Variante des Konstruktivismus – wie man das technomorphe Denken auch bezeichnet – wurde philosophisch und ökonomisch bereits von Friedrich von Hayek in ausreichender Weise kritisiert, auch wenn sich diese Kritik möglicherweise zu wenig herumgesprochen hat.

Gibt es Alternativen zu diesem Denken? Ist es vielleicht sogar möglich, dass wir diese Alternativen gar nicht mehr sehen, nachdem wir mit technomorphem Denken in der Grosstechnologie so beachtliche Erfolge feierten? Denn auch wenn wir das technomorphe Denken hier kritisieren, so ist doch unbestritten, dass es erfolgreich war und wir ihm viel zu verdanken haben – nicht zuletzt unseren Wohlstand. Die

Frage allerdings ist, ob diese Erfolge angesichts veränderter Umstände heute nicht letztlich gar als Hypothek zu Buche schlagen.

Tatsächlich gibt es eine Alternative, die jeder – letztlich auch der erfolgreiche Manager – in seinem eigenen Leben anwendet. Ich nenne sie das systemische oder evolutionäre Denken: so, wie das technomorphe Denken seinen Prototyp in der konstruierten, nach bewussten Planungen angeordneten Maschine hat, so ist der Prototyp systemischen Denkens der lebende Organismus.

7.3 Evolutionäres Denken als Alternative für das Management

Wir sind, aller Fortschritte in der Gentechnologie zum Trotz, bei der Konstruktion von Organismen noch nicht sehr erfolgreich, und ich vermute, dass wir angesichts der zur Diskussion stehenden Komplexitäten dabei auch künftig nicht besonders erfolgreich sein werden. Sie entstehen, entwickeln und verändern sich vielmehr selbständig; aber wir können solche Prozesse beeinflussen und unter gewissen Bedingungen durchaus auch steuern.

Wir tun dies – ob wir nun Rosen oder Pferde züchten, ob es um Kindererziehung oder die Gestaltung zwischenmenschlicher Beziehungen geht –, indem wir auf Selbstregulierungs- und Selbstorganisationskräfte vertrauen und diese nutzen. Wir wissen, dass wir solche Dinge am ehesten dadurch – zumindest in einem gewissen Umfang – steuern können, dass wir günstige Bedingungen dafür schaffen, dass die Selbstorganisation sich entfalten, die Selbstregulierung wirksam werden kann – und zwar in jenen, vielleicht *nur* in jenen Bereichen, in denen uns aufgrund der immensen Komplexität der Situation das technomorphe Denken verwehrt bleiben muss.

Die Dimensionen, die uns Prof. Riedl vor Augen geführt hat, sind typisch für die Komplexität, mit der wir es selbst in einfachen Unternehmungen zu tun haben. Die Evolution einer Situation im "Management" könnte sich beispielsweise wie folgt präsentieren (vgl. Abb. 10):

Abbildung 10

Ein Manager eines grossen Unternehmens nimmt eine Situation wahr, beurteilt sie (nach seiner Art des Denkens) und handelt seinem Weltbild entsprechend durchaus rational – möglicherweise aber ist das Ergebnis dennoch ein wenig anders als erwartet... Man kann dieses Beispiel als Scherz verstehen; ich glaube aber, dass es den Nukleus einer sich selbst organisierenden Situation beinhaltet, weil in einem bestimmten Sinne durchaus rationales Denken und Handeln zu völlig unvorhergesehenen – und auch unvorhersehbaren – Folgen führt, indem in einer ganz bestimmten Art von Kausalität eines das andere nachsichzieht. Und diese Kausalität ist möglicherweise auch nicht linearer Natur – von A nach B und von dort, vorhersehbar, nach C –, sondern zeichnet sich durch ihren Netzwerkcharakter aus.

Wenn wir nun nach Wegen suchen, die Kräfte, die in einem Unternehmen stecken, freizusetzen und zu nutzen, werden wir uns in den nächsten Jahren wohl mit wichtigen und grundlegenden Fragen neu beschäftigen müssen, und wir können dabei ausserordentlich Wichtiges von den Evolutionswissenschaften lernen. Das Motto dieser Auseinandersetzung muss dabei, um mit Paul Watzlawick zu sprechen, lauten: "Nicht mehr vom Selben, sondern neu und anders". Ich will versuchen, dies anhand von zwei Beispielen zu illustrieren:

7.3.1 Organisationsstruktur

Wir haben uns angewöhnt, Organisationen hierarchisch zu strukturieren, nach dem Muster eines Familienstammbaumes quasi (vgl. Abb. 11).

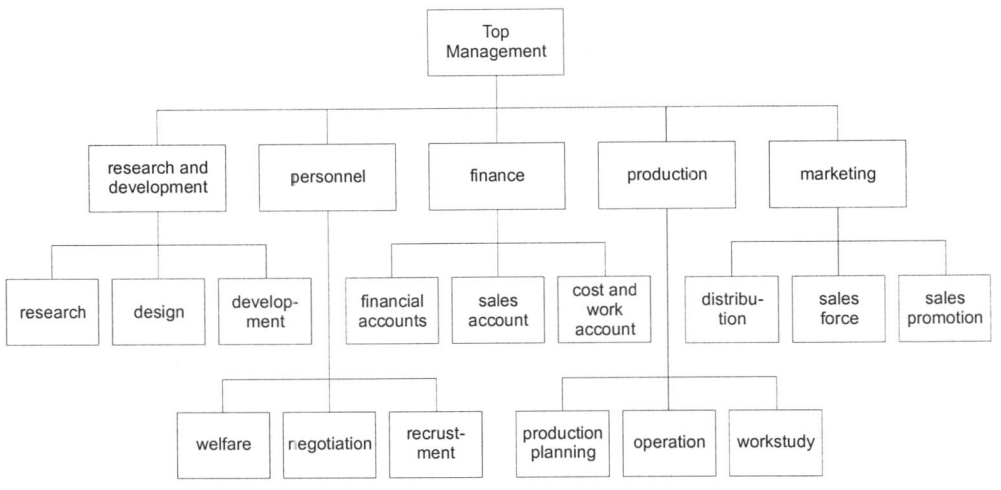

Abbildung 11

(Quelle: Beer, S., On Viable Governors, in: Discovery 23, 1962)

Ein solches Organigramm aber sagt relativ wenig aus über die wirklichen Machtzusammenhänge im Unternehmen, über die Statushierarchie. Es sagt uns im Grunde fast gar nichts, ausser: wer, wenn alles so wäre, wie beim Zeichnen des Organigramms angenommen, unter günstigen Umständen wem Weisungen erteilen könnte.

Funktionieren Unternehmungen nun *wegen* dieser Organisationen – oder vielleicht *trotzdem*? Manchmal müssen wir froh sein, dass sie trotzdem funktionieren: Die Organisationsreglemente werden zwar in den besten Absichten und unter Aufbietung allen Verständnisses für Organisationen gemacht; was aber würde wirklich passieren, wenn in einer Organisation "Dienst nach Vorschrift" gemacht würde?

Der Kern der Organisation einer Unternehmung, die lernen und sich entwickeln kann, ist demgegenüber ein *Netzwerk*, das viel eher dem Funktionsplan einer lebenden Zelle, einem lebenden Organismus entspricht (vgl. Abb. 12). Wir müssen diese Teile im Unternehmen dann zu dem zusammenfügen, was man eine "lebensfähige Struktur" nennen könnte.

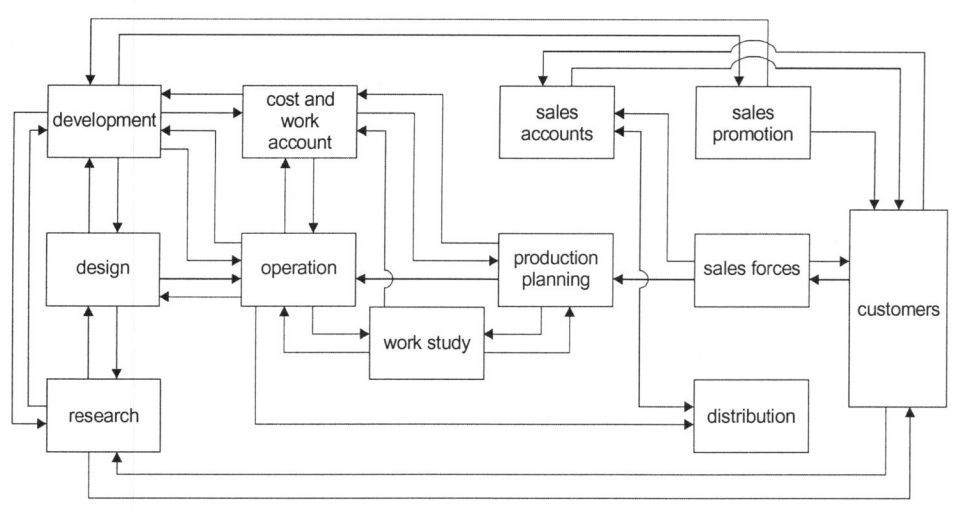

Abbildung 12
(Quelle: Beer, S., On Viable Governors, in: Discovery 23, 1962)

Es gibt auf dieser Grundlage eine echte Alternative zu den heute bekannten Unternehmensstrukturen: Eine Zelle, die wächst, bildet nicht immer neue "Abteilungen", sie teilt sich – wenn sie wächst, wird aus einer Zelle eine zweite, in sich wiederum lebensfähige Zelle und so fort. Dieses Strukturierungsprinzip scheint sich durch die gesamte belebte Natur zu ziehen. In den Organisationen aber haben wir die Schnittstellen meistens ganz anders gezogen, und schaffen damit in den grossen Unternehmungen und Institutionen oft dramatische Formen der *Unführbarkeit*.

Meines Erachtens sollten wir die Alternative dazu, die immerhin schon Milliarden Jahre an "Forschung & Entwicklung" hinter sich und alle möglichen Fehler überwunden hat, doch zumindest ernsthaft in Erwägung ziehen.

7.3.2 Unternehmensstrategien

Im Zusammenhang mit Unternehmensstrategien geht es um die Frage, in welche Richtung die Impulse gehen sollen, wenn wir die Kräfte aus solchen Netzwerkorganisationen berücksichtigen. Ich bin in dieser Hinsicht kein Romantiker: Viele unserer Organisationen haben die einstigen Komplexitätsschwellen so gründlich hinter sich gelassen, dass wir nicht hoffen dürfen, jemals wieder in eine Welt kleiner Strukturen zurückzukehren. Wir müssen sie daher wohl von den Impulsen her etwas anders steuern.

Ich möchte hier nur kurz, anhand zweier Beispiele, aufzeigen, wie diese Strategien beschaffen sein müssen. Eine Richtung ist der vergleichenden Struktur- und Verhaltensforschung in der Biologie ähnlich und unter dem Namen "PIMS" bekannt. Dabei handelt es sich um ein grosses Strategieforschungsprogramm, dessen Grundidee darin besteht, auf der Basis grosser Datenbestände Grundmuster erfolgreicher Unternehmungsstrategien zu identifizieren, und das bereits zu hochinteressanten und wichtigen Resultaten geführt hat. So sind wir, ähnlich dem Verhaltensforscher, der von Stellung, Lage und Form bestimmter Knochen auf die stammesgeschichtliche Entwicklung von Tieren zu schliessen sich berechtigt fühlt, heute in der Lage – obgleich weit viel weniger gut als die Verhaltensforscher –, echte Vergleiche zwischen erfolgreichen und nicht erfolgreichen Unternehmungen anzustellen.

Meines Erachtens kann einem Manager nichts besseres geboten werden, als fundiertes Datenmaterial über Konstellationen, die sich bisher bewährt haben. Darin stecken zwar keine Zukunftsprognosen, denn niemand kann wissen, ob sich die Anpassungsformen, die wir in der Natur bis heute finden können, auch in Zukunft bewähren werden. Dennoch sollten die wenigen Orientierungshilfen, die wir haben, genutzt werden.

Ein zweiter Gedanke geht aus Untersuchungen natürlicher Wachstumsprozesse hervor. Diese haben Start-, Wachstums- und Sättigungsphasen (vgl. Abb. 13).

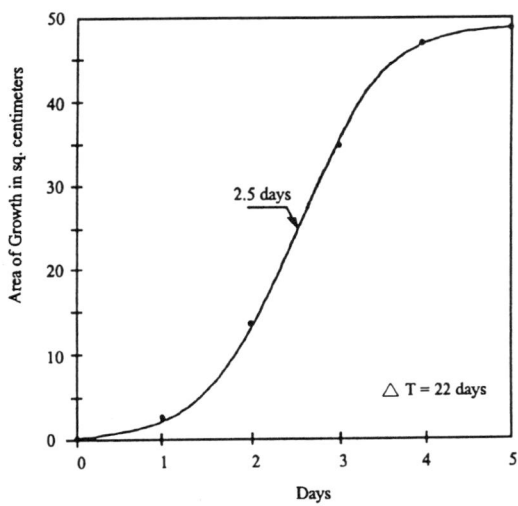

Abbildung 13: Wachstum einer Bakterien-Kolonie

Interessanterweise finden wir die selben Grundmuster auch in vielen gesellschaftlichen und wirtschaftlichen Bereichen, was bei näherer Betrachtung eigentlich wenig überraschend und doch für viele so schwer zu akzeptieren ist. Nehmen wir beispielsweise die Entwicklung des Rohöl-Pipelinenetzes in den USA: Misst man ab dem Jahre 1875 die jeweils zu einem bestimmten Zeitpunkt akkumulierte Länge dieses Netzes, so sehen wir jenen ganz typischen, S-förmigen Verlauf, der aus vielen biologischen Wachstumsprozessen bekannt ist (vgl. Abb. 14).

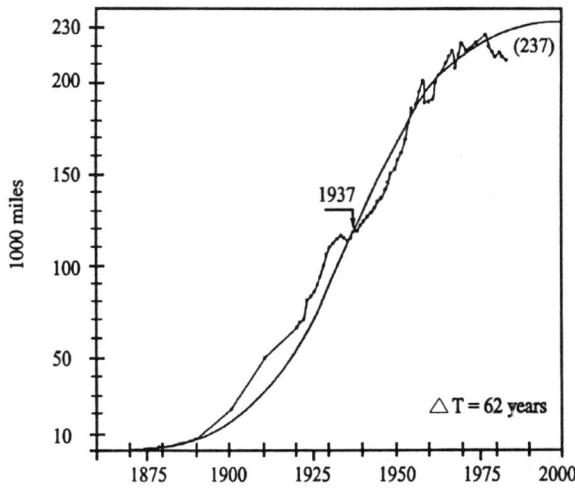

Abbildung 14: Rohöl und Petroleum-Produkte / Pipeline-Länge (1'000 Meilen)

(Quelle: Grübler, A., IIASA (Hrsg.), Laxenburg 1986)

Solche Dinge haben eine gewisse prognostische Kraft. Wir können daran zum einen sehen, dass das Pipelinenetz der USA in den nächsten Jahren einer Sättigung zustreben wird, zum anderen gibt uns dies Aufschluss darüber, wie hoch infolgedessen Wachstumsraten und Bedarfsvolumen in etwa noch sein werden. Ein Hersteller von Nahtlosrohren kann sich auf dieser Grundlage recht gut ausrechnen, dass sich der Bedarf an seinem Produkt (in den USA) im Wesentlichen auf den Ersatzbeschaffungsbedarf reduzieren wird.

Ein anderes Beispiel wäre die Entwicklung des Bestandes an sämtlichen Strassenfahrzeugen in den USA (vgl. Abb. 15):

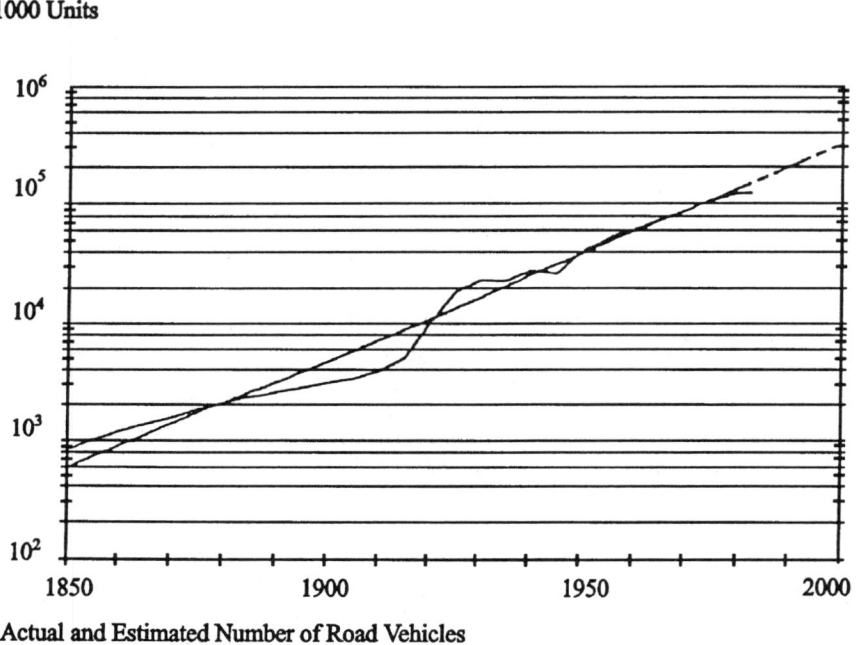

Abbildung 15

(Quelle: Marchetti, C., Infrastructures for Movement, Laxenburg 1986)

Hier gab es seit 1850 im Wesentlichen zwar konstante Zuwächse, innerhalb des Verkehrssystems gab es aber eine gewaltige Evolution, die *so* zweifellos von niemandem geplant war und dennoch bemerkenswerte Regelmässigkeiten aufweist. In gewisser Hinsicht lassen sich die Dinge ebenfalls quantifizieren (vgl. Abb. 16 & 17):

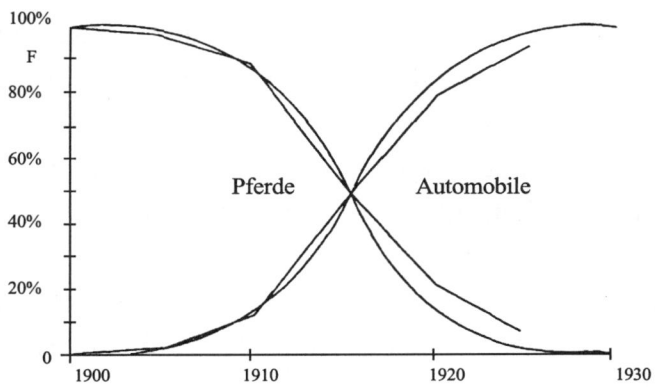

Abbildung 16: Substitution von Pferden durch Automobile (USA)

(Quelle: Marchetti, C., Infrastructures for Movement, Laxenburg 1986)

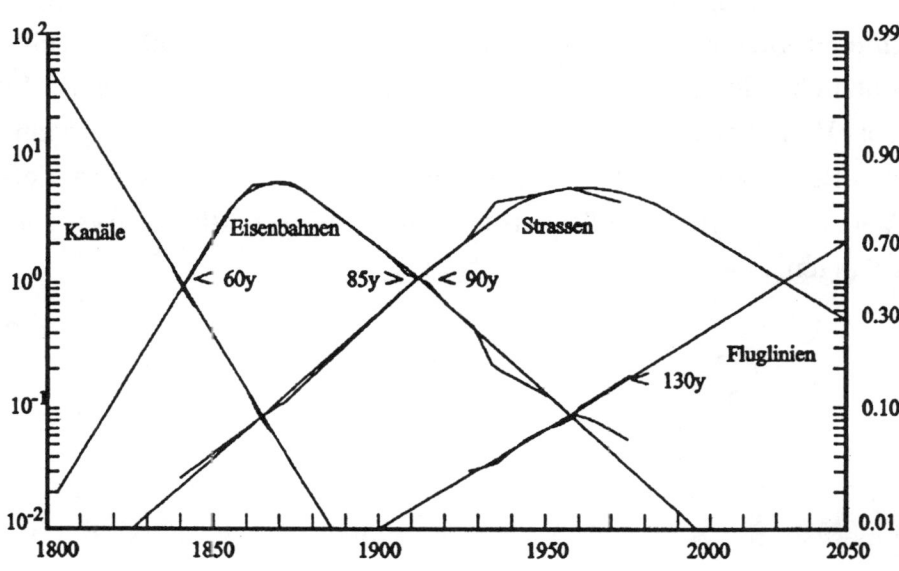

Abbildung 17: Infrastrukturentwicklung und Substitution von Transportinfrastrukturen in den USA

(Quelle: Marchetti, C., On Transport in Europe - The Last 50 Years and the Next 20, Laxenburg 1986)

So sieht man deutlich, dass ab 1850 erst einmal die Zahl der Pferde zunahm und diese dann durch das Automobil substituiert wurden. Das Automobil hat aber nicht nur die Pferde ersetzt, mit ihm stieg auch die Zahl der Strassenfahrzeuge insgesamt rapide an. Damit hat sich das Strassennetz ausgeweitet, das aber seinerseits durch die Airlines substituiert wird. Die graphische Darstellung der Transportinfrastrukturen verdeutlicht ferner, wie sich eine Evolutionswelle über die andere legt. Diese Entwicklungen gehen langsam, über einen Zeitraum von 100, 200 Jahren, vor sich, aber sie scheinen unvermeidlich. Niemand steuert das Ganze wirklich, auch wenn es so erscheinen mag – es gibt kein "General Management" des gesamten Eisenbahn-, Automobil- oder Luftfahrtsystems: Die auftretenden Regelmässigkeiten sind Resultate unseres Handelns, nicht aber unserer Absichten.

Obwohl ich nicht behaupte, dass Denkansätze dieser Art Heilmittel für *alle* Probleme unserer Zeit hergeben, so könnte es aber zweifellos nützlich sein, die Resultate ganz anderer Disziplinen – der Biologie, der Verhaltensforschung, der Neurologie usw. – für die Managementlehre zu nützen, um ein besseres, umfassenderes und tieferes Verständnis für gesellschaftliche und wirtschaftliche Systeme zu erlangen.

(1987)

8. Das St. Galler Konzept der integrierten Management- und Unternehmungsentwicklung

8.1 Management- und Unternehmungsentwicklung - Hauptaufgabe der Unternehmungsführung

Mit der Untersuchung "Unternehmungsführung '80" wurde beabsichtigt, Aufschlüsse über den Stand der Unternehmungsführung in der schweizerischen Industrie zu gewinnen. Dies vor dem Hintergrund, dass in den vergangenen zwei bis drei Jahrzehnten von Wissenschaft und Praxis unzählige Varianten von Führungsinstrumenten, -methoden und -konzepten entwickelt worden waren. Entsprechend ging es daher darum, zu untersuchen, welche Instrumente und Methoden mit welchen Erfolgen eingesetzt werden, welche unbedingt erforderlich sind, welche eher Beiwerk darstellen, das früher oder später wieder abgestossen wird, und ob aus dem gegenwärtigen Stand gewisse Entwicklungslinien erkennbar sind.

Der heute in der Praxis vorfindbare Entwicklungsstand des Managements ist in aller Regel vorläufiges Resultat einer intensiven Auseinandersetzung mit Führungsfragen und wurde oft erst nach schmerzlichen Erfahrungen, Umwegen und Irrtümern erreicht. Retrospektiv betrachtet, handelt es sich um einen breit angelegten Entwicklungsprozess, den jede einzelne Unternehmung auf eine für sie typische und individuelle Weise durchlaufen musste, um im permanenten Kampf um dauerhafte Lebensfähigkeit und Prosperität zu bestehen. Wie die Insolvenzstatistiken zeigen, ist manche Unternehmung dabei auf der Strecke geblieben. Anderen wiederum gelingt, wie Beobachtungen in der Praxis nahelegen, die Auseinandersetzung mit den sich ständig ändernden wirtschaftlichen Gegebenheiten nur mühsam. Aber auch für die bisher sehr erfolgreichen und gesunden Unternehmungen ist der Vergangenheitserfolg keine Garantie für die Zukunft. Die ständige Notwendigkeit, sich an geänderte Gegebenheiten anzupassen, und der permanente Zwang, sich ins Unbekannte hinein fortentwickeln zu müssen, ist ein Problem, das jenseits der operativen Führung einer Unternehmung liegt und Anforderungen spezieller Art an die Unternehmungsführung stellt. Ein vertieftes Verständnis für derartige, sich laufend abwickelnde, aber nur in ihren grossen Zügen erfassbare und häufig erst im Nachhinein beurteilbare Entwicklungsprozesse wird für den Erfolg der Unternehmungsführung in Zukunft immer wichtiger werden.

Aus dieser Sicht kann behauptet werden, dass die zentrale Aufgabe des Managements darin besteht, die Unternehmung in einer sich ständig wandelnden Umwelt auf einen *Entwicklungspfad* zu bringen, der die *dauerhafte Lebensfähigkeit der Unternehmung* zum Ziel hat.

Aufgrund konkreter Erfahrungen bei der Einführung des St. Galler Management-Modells, einem Ende der 60er bzw. anfangs der 70er Jahre entwickelten, mehrdimensionalen Bezugsrahmen für die Erfassung und Lösung von Führungsproblemen, wurde immer deutlicher das Problem erkannt, dass man solche Führungsmodelle nicht in dem durch das Wort angedeuteten, einfachen Sinne "einführen" kann. Es zeigte sich vielmehr, dass es sich dabei um einen ziemlich komplexen Entwicklungsprozess handelt, der alle Teile der Unternehmung – ihre Mitarbeiter, ihre Strukturen usw. – nachhaltig beeinflusst, und dass daraus wiederum eine Reihe von neuen Problemen entsteht. Ein solcher Prozess braucht Zeit und darf die Unternehmung nicht überfordern. Er muss demzufolge auf eine besondere Art angelegt und gesteuert werden, wenn man Aussicht auf Erfolg haben will und nicht riskieren möchte, dass er ausser Kontrolle gerät.

Im Folgenden werden die konzeptionellen Grundlagen der Entwicklung von Unternehmungen sowie einige wichtige Erfahrungen im Zusammenhang mit der Vorgehensweise bei der Umsetzung und Realisierung eines Führungskonzeptes diskutiert. Die am Management Zentrum St. Gallen und am Institut für Betriebswirtschaft an der Hochschule St. Gallen im Zusammenhang mit zahlreichen Beratungs- und Entwicklungsprojekten gemachten Erfahrungen zeigen deutlich, dass eine erfolgreiche Unternehmungs- und Managemententwicklung weniger von ausgeklügelten und komplizierten Systemen und Methoden abhängt, als vielmehr von einer ganzheitlichen, mehrdimensionalen Sicht des gesamten Entwicklungsprozesses in seinen grundlegenden Zügen. Konzepte und Vorgehensweisen müssen gewissermassen von innen heraus integrierend und koordinierend wirken, da man Integration und Koordination nicht *befehlen,* sondern nur durch entsprechende Prozesssteuerung *bewirken* kann.

Naturgemäss stellen sich einem derart verstandenen Entwicklungsprozess zahlreiche praktische Hindernisse entgegen, deren vielleicht wichtigstes die beinahe allgegenwärtige Priorität *operativer* Führung gegenüber der *strategischen* und *grundsätzlichen* Entwicklung ist. Sach- und Denkzwänge verschiedenster Art führen dazu, dass sich sowohl Wissenschaft wie Praxis der Unternehmungsführung in ausgesprochen hohem Masse auf die operativen Aspekte der Führung konzentrieren.

Das Denken und Handeln von Führungskräften ist in der Regel orientiert an Grössen wie Gewinn und Wachstum sowie den damit unmittelbar in Zusammenhang stehenden Entscheidungen und Massnahmen. Nun lässt sich aber vergleichsweise leicht zeigen, dass je besser es um die operativen Grössen im Unternehmen steht, umso grösser die Gefahr einer Verschlechterung der strategischen Situation ist. Die Gründe dafür sind vielfältiger Art, wobei die wichtigsten in etwa die folgenden sind: Erstens bestehen zwischen strategischen und operativen Grössen und den sie beeinflussenden Entscheidungen weitgehend determinierte Zusammenhänge markt- und kostenstruktureller Art, die es in der Regel unmöglich machen, einen strategischen Fehler durch operative Entscheidungen zu korrigieren. Leider ist das Wissen um diese Zusammenhänge aber noch zu wenig verbreitet und entsprechend selten in den Managementsystemen und -instrumenten institutionalisiert. Zweitens werden die Führungskräfte durch die vorherrschenden Rituale unserer Managementkultur – insbesondere die periodischen Abschlüsse, die damit verbundenen Entlastungsprozeduren sowie vor allem die darauf bezogene Berichterstattung in der Wirtschaftspresse – oft wider besseres Wissen gezwungen, den operativen Aspekten höchste Priorität einzuräumen. Damit kann man den strategischen Überlegungen nicht mehr jene Aufmerksamkeit zuteil werden lassen, die sie eigentlich verdienen würden.

Aufgrund dieser unserem Wirtschaftsverständnis strukturell inhärenten Gegebenheiten dringt die Erkenntnis nur langsam durch, dass Ziel der Unternehmungsführung nicht nur ein möglichst gutes operatives Ergebnis im Sinne von Gewinn und Wachstumsgrössen sein kann, sondern zusätzlich die strategische Grösse der *dauerhaften Sicherung von nachhaltigen Ertragspotentialen* zu beachten ist. Entscheidungen, die die Erreichung dieses Zieles zum Gegenstand haben, müssen sich zwangsläufig am Beitrag orientieren, den das Unternehmen zur Lösung wirtschaftlicher Probleme – Kundenproblem, Anwender- bzw. Nutzerproblem – leistet, und damit steht notwendigerweise ständig die Frage nach der Steuerung der Ressourcen und Produktivkräfte in die verschiedenen bisherigen, aber auch in neue Tätigkeitsgebiete im Vordergrund. Die volkswirtschaftlich in der Regel im Zentrum stehenden Orientierungsgrössen Preise und Gewinne als Steuerungsgrundlagen müssen aufgrund der oft sehr langen Zeitkonstanten vom Moment der Entscheidung bis zu ihrer Realisierung einerseits und des noch immer fortschreitenden zeitlichen Auseinanderfallens der Entscheidung und ihrer Konsequenzen andererseits aus unternehmensbezogener Sicht ersetzt – oder jedenfalls ergänzt – werden durch die weiter in die Zukunft reichenden *Vorsteuerungs*grössen des Ertrags.

Die Grundlagen für diese hier nicht weiter begründeten Behauptungen finden sich in einigen Veröffentlichungen der letzten Jahre, die für die Zukunft der Unternehmungsführung von fundamentaler Bedeutung sind.[89] Die Konsequenz dieser Überlegungen lässt sich so auf den Punkt bringen, dass in weit höherem Masse, als dies bisher in der relevanten Literatur behandelt und in der Praxis realisiert wurde, Unternehmungsführung nicht darin besteht, kurzfristige Erfolge zu optimieren, sondern darin, einen *ständigen, kontinuierlichen Prozess der Entwicklung* der Unternehmung in Gang zu halten und zu kultivieren, durch den die Voraussetzungen geschaffen werden, dass operative Grössen überhaupt erst einen positiven Verlauf nehmen *können*. Die Voraussetzungen hierfür sind vielfältiger Natur und erschöpfen sich bei weitem nicht im Begriff der Investitionen, dem natürlich die Schaffung zukünftiger Erfolgspotentiale bereits immanent ist. Gegenstand solcher Entwicklungsprozesse müssen, über die Investitionen hinaus, ebenso die vorausschauende Konzipierung und Kultivierung von Führungsinstrumenten und -methoden, von organisatorischen Bedingungen, von Verhaltens- und Denkweisen und letztlich auch von Wertsystemen und Sinnkategorien sein. Es geht um die Schaffung und Kultivierung einer Ordnung, die die Eigenschaft besitzt, sich selbst regenerieren und so an ständig ändernde Umstände anpassen zu können.[90]

---

[89] Vgl. Gälweiler, A., Unternehmungsplanung, Frankfurt/New York 1974 sowie ders., Unternehmungssicherung und strategische Planung, in: ZfbF Zeitschrift für betriebswirtschaftliche Forschung, Heft 6, 1976, S. 362 ff.

[90] Vgl. Hayek, F.A. von, Freiburger Studien, Tübingen 1969; ders., Law, Legislation and Liberty, Vol. 1-3, London 1973-1979; Beer, S., The Heart of

Nach dem heutigen Stand der Erkenntnisse gibt es zwei Wege, solche Prozesse der Entwicklung von Systemen – und dazu gehören ja auch Unternehmungen – zu steuern: Man kann dies erstens durch der jeweiligen aktuellen Situation angemessene Steuerungseingriffe *von aussen* tun, also durch entsprechende Weisungen und Direktiven seitens der Unternehmungsleitung. Es sei hier jedoch sogleich vermerkt, dass diese Methode ihre natürlichen Grenzen hat, das Limit ihrer Leistungsfähigkeit recht schnell erreicht und dann zu absurden Resultaten führt. Man kann sich zweitens aber auch darauf beschränken, von aussen nur die Schaffung von *systeminternen* Regelungsmechanismen vorzusehen und die eigentliche Steuerung des Geschehens diesen sodann weitgehend selbst zu überlassen. Die zweite Alternative mag zwar einleuchtend klingen, ihre Überzeugungskraft hält sich im Rahmen der vorherrschenden Managementkultur in der Regel aber in engen, kaum über verbale Bekenntnisse hinausgehende Grenzen, weil die dazugehörenden Methoden und Instrumente noch zu wenig ausgearbeitet sind.

Man muss sich aber vor Augen führen, dass die gesamte Naturgeschichte einschliesslich der soziokulturellen Entwicklung, die selbstverständlich auch die wirtschaftlich-politische Entwicklung miteinschliesst, auf die Wirkungsprinzipien dieser zweiten Alternative zurückzuführen ist. Was wir heute als Zustand auf dieser Welt vorfinden, ist vorläufiges Resultat der Evolution, jenes Prozesses des Gewordenseins und kontinuierlichen Werdens also, der zwar auch auf der Stufe des Menschen und seiner Technik wirkt, aber nicht mit menschlichen Massstäben allein zu beurteilen ist. Die Entwicklung jeder Unternehmung, unabhängig von ihrer Grösse und wirtschaftlichen Macht, ist weitgehend determiniert durch die Gesetzmässigkeiten und Resultate dieses Evolutionsprozesses. Zugleich ist sie aber auch

---

Enterprise, Chichester 1979 sowie Ulrich, H., Unternehmungspolitik, Bern/Stuttgart 1978.

einer von unzähligen Motoren, durch die der permanente Fortgang der Evolution in Gang gehalten wird – ob wir wollen oder nicht.

8.2 Der Kontext: Die Situation zu Beginn der 80er Jahre

Entwicklungsprozesse sind ihrer Natur nach langfristig, d.h. ihre Grundtendenzen sind in der Regel stabil. Dies hat zwei Konsequenzen: Erstens überlagern kurzfristige Geschehnisse die grundlegenden Entwicklungsrichtungen meistens und verschleiern den Blick und das Verständnis dafür tendenziell. Zweitens erfolgt, soweit die Entwicklungstendenzen erkannt sind, leicht eine Gewöhnung an sie. Damit wird die Erwartung und Überzeugung produziert, dass es immer so weitergehen müsse. Gerade die Erforschung der natürlichen Evolution zeigt aber, dass gewaltige Brüche in der Entwicklungsrichtung eintreten können, ohne dass sich damit an den grundlegenden Prinzipien der Evolution etwas ändert.

Bemerkenswert ist nun, dass wir eine lange Periode der Entwicklung hinter uns haben, die dadurch gekennzeichnet war, dass zum einen die grundsätzliche Entwicklungstendenz nicht nur stabil, sondern auch für jedermann erkennbar war, und es zum anderen praktisch kaum Schwankungen um den Trend gegeben hat. Dies gilt zumindest für jene Grössen, auf die die allgemeine Wahrnehmung fixiert war, die allen als wichtig erschienen und damit natürlich als Orientierungsmarken wirkten – Sozialprodukt, Volkseinkommen, Unternehmungsumsätze, Gewinne, persönliches Einkommen usw.

Die kontinuierliche wirtschaftliche Entwicklung der westlichen Welt war gekennzeichnet durch die zunehmende Verlagerung vom primären (Landwirtschaft) zum sekundären (Industrie) und schliesslich zum tertiären Wirtschaftssektor (Dienstleistungen), durch die Vervielfachung, starke Differenzierung und qualitative Verbesserung der Güter- und Dienstleistungsproduktion und durch die starke, kontinuierliche Steigerung des materiellen Volkswohlstandes. Die Grundlagen dieser Entwicklung waren: *erstens* eine demokratische Gesellschaftsordnung, welche die grösstmögliche Wohlfahrt aller Bürger anstrebt; *zweitens* eine relativ freie Wirtschaftsverfassung, welche einerseits den Unternehmen grosse Entfaltungsmöglichkeiten verschafft, andererseits über den Konkurrenzdruck zu ständiger Rationalisierung zwingt; *drittens* die Entfaltung der Naturwissenschaften und die rasche Umsetzung ihrer Erkenntnisse in neue Technologien; *viertens* die Zunahme der Bevölkerung; *fünftens* das Vorherrschen einer materialistischen Lebensauffassung, welche dem Streben nach immer mehr Gütern den Vorrang vor anderen Zielen einräumte; und *sechstens* das Zusammenwachsen der Welt infolge des raschen und weltweiten Nachrichten- und Güteraustausches.

Diese lang anhaltende, stabile Entwicklung hat gewissermassen aus sich selbst heraus ein erhebliches Instabilitätspotential geschaffen. So erleben wir seit Mitte der 70er Jahre, dass die negativen Nebeneffekte dieser wirtschaftlichen Entwicklung zunehmend im Mittelpunkt des öffentlichen Interesses stehen und zu einer signifikanten Veränderung der allgemeinen Wertesysteme führen. Weiter ist deutlich geworden, dass in sehr vielen Bereichen von Wirtschaft und Gesellschaft in Hinkunft mit Diskontinuitäten und zunehmender Ungewissheit als Normalfall zu rechnen sein wird. Die Situation der Unternehmung zu Beginn der 80er Jahre ist deshalb auch gekennzeichnet durch die zunehmende Vernetzung aller Faktoren von Wirtschaft und Gesellschaft, einen stetig steigenden Komplexitätsgrad von Unternehmung und Umwelt, die zunehmende Vielfalt von Ansprüchen Dritter an die Unternehmung und eine wachsende Verunsicherung der Führungskräfte.

In einer solchen Situation ist es offensichtlich besonders wichtig, die Entwicklung einer Unternehmung unter Kontrolle zu haben, kann doch nicht damit gerechnet werden, dass langfristig wirksame Fehler ständig durch kurzfristige Erfolge kompensiert werden können. Daraus resultiert die wachsende Bedeutung von grundlegenden Rahmenkonzepten, mit deren Hilfe die laufende Entwicklung einer Unternehmung gesteuert werden kann.

8.3 Das St. Galler Konzept der Integrierten Management- und Unternehmungsentwicklung[91]

8.3.1 Die Rahmenkonzepte der Management- und Unternehmungsentwicklung

Im Bereich des Managements beziehen sich die Entwicklungen, die für die Sicherung der Lebensfähigkeit ausschlaggebend sind auf

- die *Umwelt,* die es zu erfassen, zu verstehen und zu interpretieren gilt;
- die *Unternehmung,* die im Hinblick auf die Umweltentwicklung zu gestalten ist und
- die *Unternehmungsführung,* die so zu konzipieren ist, dass die permanenten Anpassungsprozesse der Unternehmung an die Umwelt möglichst reibungslos ablaufen können.

---

[91] Das St.Galler Konzept der Integrierten Management- und Unternehmungsentwicklung ist das vorläufige Resultat einer nunmehr rund zwei Jahrzehnte währendes Entwicklung, zu der viele ehemalige und heutige Mitarbeiter des Management Zentrums St. Gallen und des Instituts für Betriebswirtschaft an der Hochschule St. Gallen beigetragen haben. Die Basis wurde gelegt in: Ulrich, H., Die Unternehmung als produktives soziales System, Bern/Stuttgart 1970 sowie Ulrich, H. / Krieg, W., Das St. Galler Management-Modell, 3. Aufl., Bern/Stuttgart 1974. Die in der Zwischenzeit erfolgten Entwicklungen sind dokumentiert in den Veröffentlichungen des IfB und des MZSG.

Je unvorhersehbarer die zukünftigen Entwicklungen sein werden, umso wichtiger sind Orientierungshilfsmittel im Sinne von Rahmenkonzepten, die es immer wieder aufs Neue erlauben,

- Standortbestimmungen
- Beurteilungen der Entwicklungsrichtung sowie
- Neubestimmungen von Zielvorstellungen, Mitteln und Strategien vornehmen zu können.

Das St. Galler Konzept der Integrierten Management- und Unternehmungsentwicklung umfasst einerseits die für die Steuerung der erforderlichen Entwicklungsprozesse von Umwelt, Unternehmung und Unternehmungsführung notwendigen generellen Konzepte (vgl. Abb. 18); andererseits sind spezielle Methoden entwickelt worden, die zu einem integrierten Vorgehenskonzept zusammengefasst werden (vgl. Abschnitt 8.4).

Das hier in seinen Grundzügen dargestellte Gesamtkonzept einer integrierten Entwicklung ist eine Weiterentwicklung des ursprünglichen St. Galler Management-Modells. Zahlreiche Erfahrungen bei der praktischen *Einführung* dieses Modells, bzw. von Teilen davon, haben seine grundsätzliche Richtigkeit und Zweckmässigkeit bestätigt. Abgesehen von gewissen Ergänzungen und Verbesserungen in der Darstellung, ist vor allem der dynamische Aspekt der Einführung des Modells in den Vordergrund getreten.

Zunächst sind an dieser Stelle allerdings einige Vorbemerkungen zum Charakter der dargestellten Konzepte erforderlich, bestehen diesbezüglich doch noch immer sehr viele Missverständnisse: Die Grundkonzepte sind zunächst, notwendigerweise, sehr allgemein gehalten, denn man kann ja nicht im Voraus wissen, in welcher Branche und in welcher Unternehmung sie angewendet werden sollen. Im speziellen Einzelfall ist folglich eine Konkretisierung notwendig, indem die für den jeweiligen Fall bedeutsamen Inhalte eingefüllt werden. Es ist klar, dass die jeweiligen Konzepte inhaltlich anders aussehen werden, je nachdem ob sie für ein Unternehmen der Nahrungsmittelindustrie oder für eine Versicherungsgesellschaft erstellt werden. Grössenordnung, Operationsreichweite, Art der Marktleistung usw. haben inhaltlich unterschiedliche Konsequenzen für die Konzepte. Vom Aufbau und den logischen Strukturen her sind sie aber für alle Unternehmungen gleich.

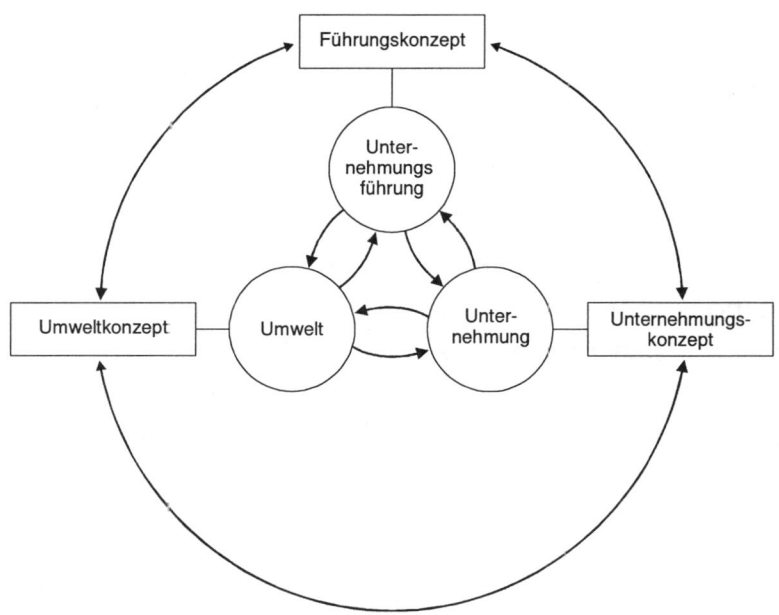

Abbildung 18: Das St. Galler Konzept der Integrierten Management- und Unternehmungsentwicklung

Im Folgenden wird nun die Grundstruktur der einzelnen Konzepte kurz dargestellt:

8.3.2 Das Umweltkonzept

Das Umweltkonzept erfasst die für die Unternehmung wichtigen Entwicklungen in den verschiedenen Umweltbereichen. Man geht dabei einerseits von einer sog. *institutionalen Betrachtung* aus, d.h. man untersucht die möglichen und wahrscheinlichen Entwicklungen in der Interessenlage der verschiedenen, an der Unternehmung interessierten Gruppen und Unternehmungspartner – Arbeitnehmer, Staat, Kunden, usw. Andererseits muss berücksichtigt werden, dass die gesamte Umweltentwicklung auch in *verschiedenen Dimensionen* – der ökologischen, sozialen, politischen, technologischen und wirtschaftlichen Dimension oder Sphäre – betrachtet werden kann. Im Rahmen der Entwicklung eines Umweltkonzeptes sind ferner die grundlegenden Marktentwicklungen zu überprüfen, insbesondere die aus strategischer Sicht entscheidenden Aspekte der relativen Marktanteile, der daraus resultierenden Kostenstrukturen und ihrer langfristigen Entwicklungen auf der Basis der Erfahrungskurve sowie der grundlegenden Entwicklungen des von der Unternehmung gegenwärtig mit bestimmten Mitteln befriedigten bzw. gelösten Kundenproblems.[92] Möglicherweise müssen mit Hilfe der Szenariomethodik verschiedene gleichermassen plausibel und möglich erscheinende Entwicklungsbilder ausgearbeitet werden, so dass das Umweltkonzept eventuell aus mehreren, in sich konsistenten Alternativen bestehen kann (vgl. Abb. 19).

Das Umweltkonzept beinhaltet somit die für eine gedeihliche Unternehmungsentwicklung als entscheidend betrachteten Entwicklungen im Umfeld der Unternehmung. Es geht dabei nicht darum, Prognosen im herkömmlichen Sinne zu erstellen, sondern die für die Unternehmungsentwicklung grundlegenden *systemischen* Konstellationen im Sinne von Prämissen und Netzwerken von Wirkungsfaktoren zu erfassen.

Selbstverständlich kann nicht damit gerechnet werden, dass ein derart verstandenes Umweltkonzept im ersten Anlauf lückenlos ausgearbei-

---

[92] Vgl. Gälweiler a.a.O.

tet werden könnte. Vielmehr wird damit bezweckt – und dies ist ein wichtiger Teilentwicklungsprozess geistiger Art –, ein vertiefteres Verständnis für die Umwelt zu gewinnen, in der die Unternehmung operiert und von der sie abhängig ist.

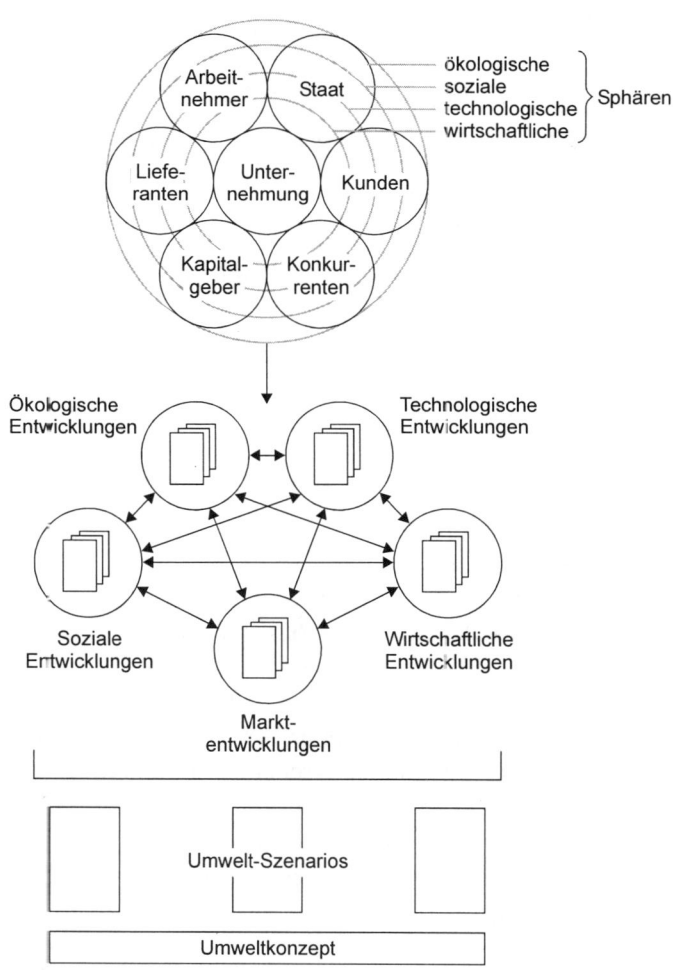

Abbildung 19: Die Entwicklung des Umweltkonzeptes
(Quelle: Ulrich, H., Unternehmungspolitik, Bern/Stuttgart 1978)

8.3.3 Das Unternehmungskonzept

Das Unternehmungskonzept gliedert sich in drei Teilkonzepte – leistungswirtschaftliches, finanzwirtschaftliches und soziales Konzept –, die ihrerseits wiederum in Ziele, Leistungspotentiale und Strategien gegliedert sind. Dessen Zweck ist es, unabhängig von den im Einzelfall vorherrschenden organisatorischen Gliederungen und unabhängig von den konkreten Strukturen eines Planungssystems, die Basisentscheidungen, die die Beziehungen der Unternehmung zur Umwelt bestimmen, nach den grundlegenden Dimensionen des Unternehmungsgeschehens zu dokumentieren. Die Gliederung gemäss Abb. 20 hat sich praktisch ausserordentlich bewährt, erlaubt sie es doch, ungeachtet der jeweils vorherrschenden Strukturen einen integrierten Gesamtüberblick über sämtliche wichtigen Eckwerte und Entscheidungen zu verschaffen. Inhaltlich betrachtet ist das Unternehmungskonzept gleichbedeutend mit der Unternehmungspolitik oder der strategischen Konzeption.[93]

---

[93] *Ergänzung 1993:* In den gut 10 Jahren seit der Erstveröffentlichung dieses Kapitels sind zahlreiche Schriften zur Thematik der Strategischen Planung und des Strategischen Managements erschienen, die einen beträchtlichen Fortschritt inhaltlicher und methodischer Art darstellen. Diese Entwicklung spiegelt sich auch in neuen resp. weiterentwickelten Unternehmensstrukturen und Organisationsformen wie (strategischen) Geschäftsfeldern, Business-, Market- und Competence-Centers. Diese Fortschritte sind erfreulich und werden von zahlreichen Unternehmen systematisch genutzt. Die in Abb. 20 dargestellte Tabelle hat ihre Nützlichkeit dennoch bewahrt, denn sie bietet noch immer ein vorzügliches Mittel für die übersichtliche und vor allem ganzheitlich-integrierende Darstellung oberster Entscheide und Festlegungen. In nach Business Units gegliederten Strukturen muss für jeder derartige Einheit selbstverständlich ein eigenes Unternehmens- oder Business-Center-Konzept erarbeitet werden. Gleichzeitig können damit auch jene Aspekte herausgearbeitet werden, die trotz – oder gerade wegen – der fortschrittlichen Dezentralisierung nur zentral, für das Unternehmen als Ganzes, getroffen werden können.

	Leistungs-wirtschaftliches Konzept	Finanz-wirtschaftliches Konzept	Soziales Konzept
Ziele	*Marktziele* - Bedürfnisse - Märkte - Marktstellung - Umsatzvolumen *Produktziele* - Art und Qualität - Sortiment - Produktmengen	*Zahlungsbereitschaftsziele* - Liquiditätsreserve - Liquiditätskennziffern *Ertragsziele* - absolut - Rentabilität	*Gesellschaftsbezogene Ziele* - Restriktive Ziele - Zusatzziele *Mitarbeiterbezogene Ziele* - generelles Ziel - Hauptziele des Personalwesens
Leistungs-potential	*Personelles Potential* *Räumliches Potential* *Technisches Potential* *Verbrauchsgüter*	*Kapitalvolumen* *Kapitalstruktur* - Finanzierungsgrad - Deckungsgrad	*Gesellschaftsbezogenes Potential* - finanziell - personell - materiell *Mitarbeiterbezogenes Potential* - System des Personalwesens
Strategien	*Strategien der Markt-leistungs-Entwicklung* *Strategien der Leistungserstellung* *Strategien der Leistungs-Verwertung* *Strategien der Leistungspotential-Beschaffung und -Verwaltung*	*Wirtschaftlichkeits-Strategien* - Steigerung - Überwachung *Finanzierungs-Strategien* - Gewinnausschüttung - Kapitalbeschaffung - Kapitalüberwachung	*Gesellschaftsbezogene Verhaltensnormen* - Geschäftsmoral - Verhalten gegenüber Staat und gesellschaftlichen Gruppierungen *Mitarbeiterbezogene Verhaltensnormen* - Richtlinien des Personalwesens

Abbildung 20: Das Unternehmungskonzept
(Quelle: Ulrich, H., Unternehmungspolitik, Bern/Stuttgart 1978)

8.3.4 Das Führungskonzept[94]

Zweck der Unternehmungsführung ist es, die Stellung der Unternehmung in ihrer Umwelt permanent zu überwachen und dafür zu sorgen, dass die für eine erfolgreiche Anpassung, im Sinne der Erhaltung der Lebensfähigkeit der Unternehmung, erforderlichen Gestaltungs- und Lenkungsprozesse funktionieren. Seit Jahrzehnten versucht die Managementlehre, dieses Problem zu lösen. Dies hat zu einem von niemandem mehr überschaubaren Wirrwarr von Begriffen, Methoden, Techniken, Instrumenten und Modellen geführt. Für die Gestaltung eines Führungskonzeptes ist es daher von entscheidender Bedeutung, auf die für die Unternehmungsführung *wirklich notwendigen* Dinge abzustellen und sie zu einem sinnvollen Ganzen zusammenzufügen.

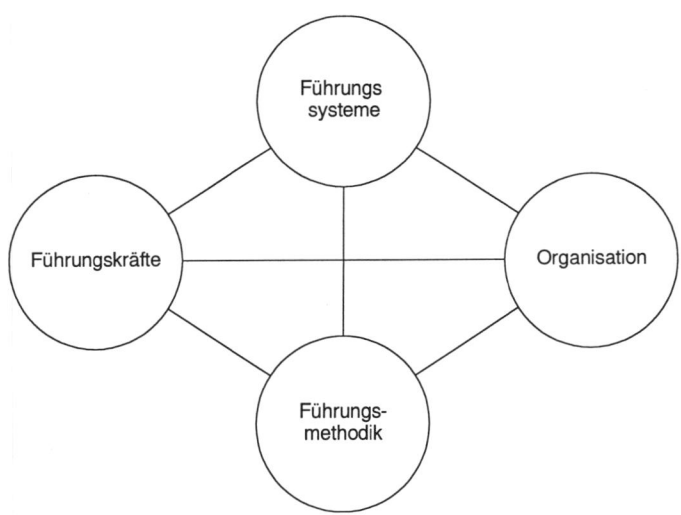

Abbildung 21: Das Führungskonzept
(Quelle: Ulrich, H., Unternehmungspolitik, Bern/Stuttgart 1978)

---

[94] Vgl. hierzu auch die sehr systematische Darstellung von Krieg, W., Entwicklung eines integrierten Führungsinstrumentariums - Synergie zwischen Theorie und Praxis, in: Malik, F. (Hrsg.), Praxis des Systemorientierten Managements, Bern/Stuttgart 1979.

Ein integriertes, zeitgemässen Ansprüchen genügendes Führungskonzept besteht aus den in Abb. 21 enthaltenen vier Komponenten – Führungssysteme, Organisation, Führungsmethodik und Führungskräfte –, die wir als notwendig und ausreichend betrachten.

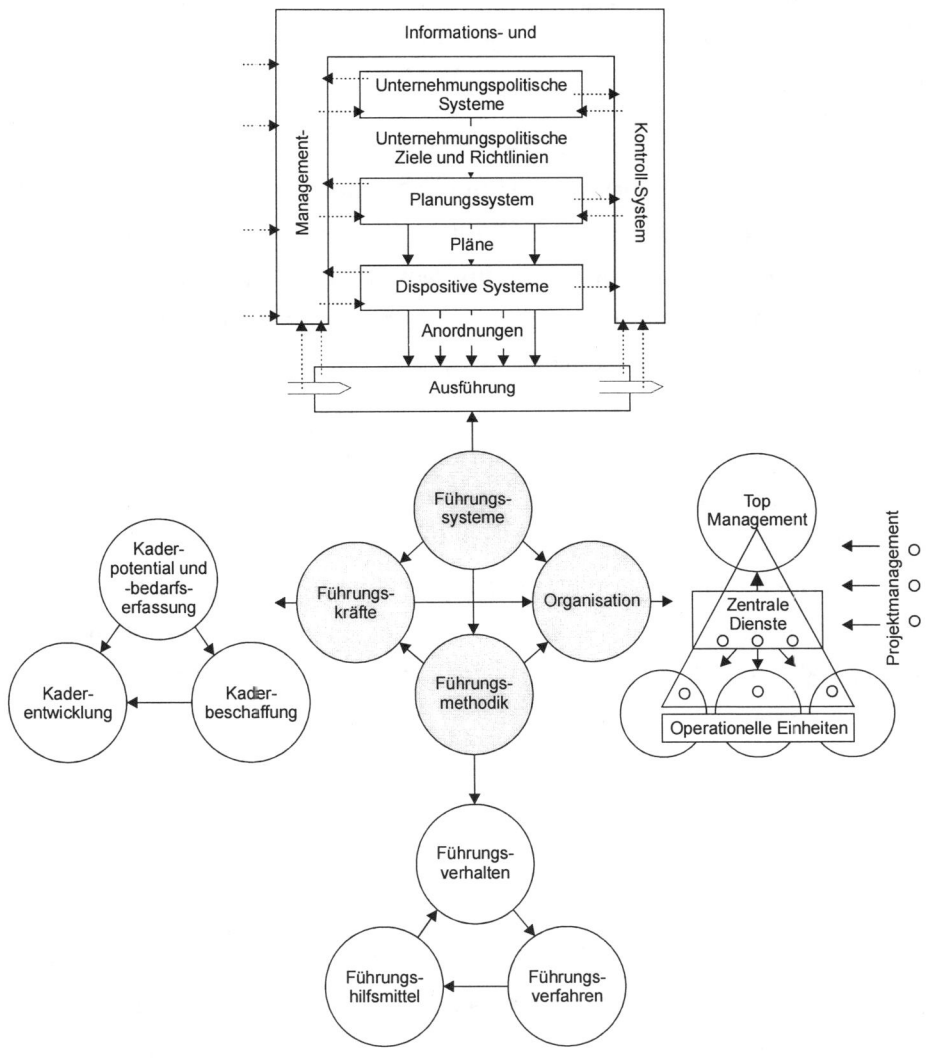

Abbildung 22: Aufgliederung der Komponenten des Führungskonzeptes

Jede Komponente dieses integrierten Führungskonzeptes ist in sich wieder feiner gegliedert (vgl. Abb. 22). Dieser Prozess des schrittweisen Auflösens der Komponenten kann in praktischen Anwendungsfällen soweit fortgesetzt werden, wie es für die anstehende Problemsituation angezeigt erscheint. In jedem Fall stellt dieses Vorgehen sicher, dass die integrierenden Zusammenhänge gewahrt bleiben.

(1) Führungssysteme

Die Komponente "Führungssysteme" gliedert sich in das unternehmungspolitische System, das Planungssystem und die dispositiven Systeme sowie in ein umfassendes Managementinformations- und -kontrollsystem. Dieser hierarchische Aufbau ist erforderlich, um die verschiedenartigen Ausführungsprozesse in der Unternehmung zu steuern, wobei die Ausgestaltung der einzelnen Elemente in jeder Unternehmung unterschiedlich sein wird. Hierbei kommt es weniger auf einen möglichst hohen Detaillierungsgrad an, als vielmehr darauf, dass die zur Steuerung der Ausführungsprozesse erforderlichen Informationen stufengerecht verarbeitet werden. Die konkrete Ausgestaltung der einzelnen Teilsysteme ist in zahlreichen Veröffentlichungen abgehandelt worden, so dass darauf hier nicht weiter eingegangen werden muss.

(2) Organisation

Unabhängig von der im Einzelfall zu wählenden Organisationsform, wird im Rahmen des integrierten Führungskonzeptes davon ausgegangen, dass folgende Elemente und Aspekte abgedeckt werden müssen (vgl. Abb. 22): *Erstens* betrifft dies die Frage, auf welche Weise die Unternehmung in *operationelle Einheiten* gegliedert werden soll. Im konkreten Einzelfall gibt es dafür eine Reihe von Möglichkeiten, die Gliederung nach verschiedenen Kriterien vorzunehmen. *Zweitens* stellt sich die Frage, wie das *Topmanagement* organisiert sein soll. *Drittens* sind in aller Regel gewisse *zentrale Dienste* erforderlich, die, gewissermassen als Bindeglied zwischen den operationellen Einheiten und dem Topmanagement, Unterstützungsfunktionen ausüben. *Viertens* gilt es, den Gesamtführungsprozess – in Abb. 22 symbolisiert durch das Dreieck – zu organisieren, der operationelle Einheiten, Topmanagement und zentrale Dienste miteinander verknüpft. Und *fünftens* schliesslich spielt die Frage nach temporären Organisationsstrukturen im Sinne von Projektmanagement eine immer wichtigere Rolle.

(3) Führungsmethodik

Die Komponente "Führungsmethodik" gliedert sich in die Elemente Führungsverhalten, Führungsverfahren und Führungshilfsmittel. Gestützt auf die Erkenntnis, dass für eine erfolgreiche Führung in jeder Unternehmung eine gewisse Regelung des Verhaltens der Führungskräfte erforderlich ist, geht es dabei um Fragen wie Führungsstil, Gesprächsführung, Konflikthandhabung, Motivierung, Entscheidungsfindung usw. Die Erfahrung zeigt weiter, dass sich Verhaltensweisen und Führungsverfahren im Sinne von Abläufen ergänzen müssen. Im Vordergrund stehen dabei beispielsweise die Entscheidungsmethodik, die persönliche Arbeitstechnik, Führung mit Zielen, Qualifikationsverfahren und dergleichen. Schliesslich gibt es eine Reihe von Hilfsmitteln, die sowohl die Anwendung bestimmter Verfahren wie auch die Realisierung von Verhaltensweisen unterstützen. Beispiele dafür sind die in jeder Unternehmung zur Anwendung gelangenden Formulare, Checklisten, Führungsrichtlinien, Handbücher usw.

(4) Führungskräfte

Führungssysteme, Organisation und Führungsmethoden können in sich logisch strukturiert und zweckmässig konzipiert sein, letztendlich werden sie aber erst durch die im Unternehmen vorhandenen Führungskräfte realisiert. Demzufolge kommt in diesem Zusammenhang, wie in Abb. 23 dargestellt, Kaderpotential und -bedarfserfassung, Kaderbeschaffung und Kaderentwicklung entscheidende Bedeutung zu.

Im Sinne dieses integrierten Führungskonzeptes geht es bei der Management- und Unternehmungsentwicklung nun darum, die einzelnen Komponenten in Abhängigkeit von der jeweiligen Unternehmungssituation, den bereits vorhandenen Führungsinstrumenten, der beabsichtigten Unternehmungsstrategie und den jeweiligen Umweltgegebenheiten *schrittweise* einzuführen. Es ist offenkundig, dass das gesamte Führungskonzept nicht auf einen Schlag eingeführt werden kann. Es kommt dabei auch weniger auf die möglichst vollständige Ausgestaltung einer *einzelnen* Komponente an, als vielmehr auf die gleichgewichtige Entwicklung *aller* Komponenten. So nützt es beispielsweise nichts, wenn eine Unternehmung ein vollständig ausgebautes und hoch entwickeltes Planungssystem hat, gleichzeitig aber das Führungsverhalten weitgehend vernachlässigt. Es ist besser, ein zwar bloss rudimentäres Planungssystem zu haben, dafür aber auch das Führungsverhalten im Gleichschritt mitzuentwickeln. Nur dadurch kann der Zusammenhang zwischen den einzelnen Komponenten gewahrt und damit die integrierende Wirkung erzielt werden.

8.4 Evolutionäre Strategie zur Bewältigung der Zukunft

Komplexität und Ungewissheit der Zukunft stellen die Unternehmungsführung vor eine Reihe neuer Situationen und Fragen. Die entscheidende Frage lautet: Was ist *heute zu* tun, um der Zukunft wirkungsvoll begegnen zu können? Da die Unternehmungen mit hoher Unsicherheit konfrontiert sein werden und daher mit vielfältigen Überraschungen rechnen müssen, ist es sinnlos und unmöglich, heute fertige bzw. vorgefertigte Lösungen für Probleme der Zukunft entwickeln zu wollen. Denn jede Problemlösung und jede getroffene Massnahme kann sich schon morgen als falsch oder unzweckmässig erweisen.

Die entscheidende Strategie der Unternehmungsführung wird somit, wie in Abschnitt 8.1 bereits ausgeführt, darin bestehen müssen, *einen ständigen Prozess der Entwicklung* in Gang zu halten und zu steuern, der darauf gerichtet ist, die Lage immer wieder neu zu überdenken und in diesem Lichte neue Anpassungen zu vollziehen.

Solche Entwicklungsprozesse entsprechen, auch wenn sie wesentlich unter dem Einfluss bewusster, menschlicher Massnahmen und Eingriffe stehen, ihrer Struktur nach dem evolutionären Prozess, wie er sich in der Natur seit Jahrmillionen vollzieht. Die Wissenschaft hat inzwischen über Evolutionsprozesse wesentliche Erkenntnisse gewonnen, und es darf erwartet werden, dass daraus wichtige, wahrscheinlich sogar entscheidende Lehren für die bewusste Gestaltung und Lenkung von Entwicklungsprozessen in der Unternehmung abgeleitet werden können. Es ist im Rahmen dieser Arbeit weder möglich noch erforderlich, die moderne Evolutionstheorie und ihre Bedeutung systematisch darzustellen.[95] Erwähnt werden soll lediglich, dass die Grundlogik von Evolutionsprozessen darin besteht, das jeweils Erreichte auf kontrollierte Weise permanent in Frage zu stellen, um auf der Basis bewährter Ergebnisse den jeweils nächsten Anpassungsschritt zu konzipieren.

---

[95] Vgl. dazu ausführlich Rechenberg, J., Evolutionsstrategie, Stuttgart 1973; Riedl, R., Strategie der Genesis, München 1976 sowie Malik, F., Die Managementlehre im Lichte der modernen Evolutionstheorie (Kap. 4 dieses Buches).

Solche Anpassungen weisen aber einige Eigentümlichkeiten auf, die ihre Kontrolle zu einem Problem eigener Art machen. Denn Evolutionsprozesse bewegen sich in Neuland, auch wenn dies im Managementbereich häufig durch den Gebrauch von Begriffen verschleiert wird, die Altes und Bekanntes bezeichnen. Dies ist leicht einsichtig, wenn man sich vor Augen führt, wieviele neue Probleme selbst so routinisierte Prozesse aufwerfen, wie die Jahresplanung. Jede einigermassen bedeutsame Änderung in einer Unternehmung ist ein Schritt, der ins Unbekannte führt, kann man doch nie wissen, welche oft unbeabsichtigten Konsequenzen dadurch, häufig zwangsläufig, ausgelöst werden. Daran ändert auch die Tatsache nichts, dass eine bestimmte Entwicklung von *anderen* Unternehmungen bereits durchlaufen wurde.

Zwar kann man mit Bezug auf die generellen Züge einer Situation oft Ähnlichkeiten erkennen, so dass durchaus auch aus Erfahrungen anderer gelernt werden kann. Die konkreten Gegebenheiten sind aber in jeder Unternehmung in der Regel sehr speziell, so dass jede Entwicklung, zumindest in ihrem Detailablauf, ein singulärer Vorgang und insoweit neuartig ist.

Die Tatsache, dass in jeder Unternehmung eine Vielzahl von Prozessen abläuft, die ein gewisses Ausmass an Unbekanntem und Neuem aufweisen, dass wir nie alles wissen können, was wir wissen müssten, um diese Prozesse im Detail steuern zu können, und dass sie immer mit einem bestimmten Anteil an unbeabsichtigten Nebenwirkungen verbunden sind, die ihrerseits wieder Grund für neue Probleme sind, führt dazu, dass solche Prozesse nach bestimmten Prinzipien zu steuern sind, die sich wesentlich von den bisherigen Vorstellungen unterscheiden. Die entsprechenden Grundlagen und Argumente sind andernorts im Detail entwickelt worden.[96]

Während Evolutionsprozesse in der Natur in dem Sinne blind verlaufen, als es keinen vorgefassten Plan für die neu entstehenden Zustände gibt, besteht im Management die Möglichkeit der Steuerung durch vorausschauende Konzepte, die *vom Ziel her* Koordinations- und Determinationswirkungen entfalten. Diese Konzepte können – und müssen – natürlich ihrerseits entwicklungsfähig sein, und insofern verliert der eben angeführte Unterschied wieder an Bedeutung. Auf einer bestimmten Steuerungsebene können wir den aus sinnvoll gestalteten Konzepten resultierenden Vorteil jedoch nutzen. Aus diesem Grunde eben kommt der durchdachten Gestaltung von Rahmenkonzepten, wie sie in Abschnitt 8.3 behandelt wurden, so entscheidende Bedeutung zu; sie sind wahrscheinlich der wichtigste Faktor in der Steuerung von Entwicklungsprozessen unter Bedingungen hoher Komplexität, Unsicherheit und Diskontinuität.

Für die Entwicklung und Umsetzung derartiger Konzepte können nun eine Reihe konkreter *Vorgehensweisen* eingesetzt werden. Alle üblichen Massnahmen lassen sich im Prinzip auf die folgenden *vier Grundtypen* zurückführen: Stellenbesetzung mit geeigneten Personen, Erarbeitung eigener Lösungen durch interne Spezialisten, Schulung und Beratung von aussen.

Diese Grundtypen des Vorgehens und ihre Wirkungen sind im Rahmen einer anderen Veröffentlichung behandelt worden.[97] Zusammenfassend kann gesagt werden, dass sie in der Praxis meistens isoliert voneinander eingesetzt werden und ihre Wirkungen im Zusammen-

---

[96] Vgl. Malik, F., Strategie des Managements komplexer Systeme, 5. Aufl., Bern/Stuttgart/Wien 1996.
[97] Vgl. Malik, F., Systemorientierte Management-Entwicklung, Kap. 9 dieses Buches.

hang mit der Einleitung und Durchsetzung grundlegender Entwicklungen deshalb meistens sehr schwach und häufig sogar kontraproduktiv sind.

Der Grund dafür besteht in erster Linie darin, dass eine Unternehmung – wie jedes andere komplexe System – Neuerungen mit änderungsfeindlichen Abwehrreaktionen zu unterlaufen versucht. Dies ist einerseits auf die Beharrungstendenzen eingefahrener Gewohnheiten der Mitarbeiter zurückzuführen, hat andererseits aber auch Gründe, die in den Unternehmungsstrukturen liegen. Diese verleihen der Unternehmung ja eine gewisse Stabilität, und begründen damit gerade die Eigenschaft, trotz verschiedenster Einflüsse gewisse Zustände zu *bewahren*. Diese Stabilität, die für die Unternehmung in vielen Situationen ein wesentlicher Vorteil ist, wirkt sich gleichzeitig nachteilig aus, wenn es darum geht, aufgrund dauerhafter Umweltänderungen entsprechende Anpassungen vorzunehmen.[98]

Gerade aus der Erkenntnis und Erfahrung heraus, dass die Stabilität einer Unternehmung für ihre Lebensfähigkeit absolut notwendig ist, sie aber gleichzeitig auch das entscheidende Hindernis für die Anpassung an sich verändernde Situationen darstellt, ergibt sich, dass Unternehmungsführung stets einer Wanderung auf dem schmalen Grat zwischen Überstabilität (= mangelnde Anpassungsfähigkeit) und Instabilität (= Zerfall) gleichkommt: Eine Unternehmung kann überstabil sein und in sich erstarren, wofür viele Insolvenzfälle anschauliche Beispiele liefern; sie kann unter dem Druck ständiger Anpassungen aber auch instabil werden und damit aus anderen Gründen untergehen. Die Vorstellung einer geplanten, kontrollierten Evolution meint nun eben diese Gratwanderung zwischen den beiden Gefahren

---

[98] Vgl. dazu die höchst bedeutsamen Ergebnisse im Zusammenhang mit der Erforschung sog. "autopoietischer Systeme." Eine Einführung und Übertragung auf Managementfragen findet sich in: Beer, S., The Heart of Enterprise, Chichester 1979, S. 403ff.

der Überstabilität und der Instabilität. Die Unternehmungsleitung braucht für eine erfolgreiche Lösung dieses Problems ein Höchstmass an Beurteilungskraft für die jeweilige Situation, in der sich die Unternehmung befindet.

Es ist offensichtlich, dass man hierfür nicht auf Instrumente der operativen Führung, des Rechnungswesens usw. abstellen kann. Falls diese Instrumente Gefahrensignale für die Beurteilung des hier diskutierten Problems überhaupt ausweisen, ist es im Zeitpunkt ihres Vorliegens für eine angemessene Reaktion meistens schon zu spät. Man kann deshalb generell sagen, dass für die Wahrnehmung dieser Dinge bisher kaum taugliche Instrumente vorliegen, sondern weitgehend auf Erfahrung und Gespür der Führungskräfte abgestellt werden muss.

Da nun gerade die Einführung von Unternehmungs- und Führungskonzepten häufig auf Abwehrreaktionen verschiedenster Art stösst und damit eine wesentliche Quelle für Instabilitäten ist, kommt einem gut durchdachten, sorgfältigen Vorgehen hier allergrösste Bedeutung zu. Als Hauptursachen für die im Zusammenhang mit Prozessen der Management- und Unternehmungsentwicklung auftretenden Schwierigkeiten identifiziert werden können:

(1) Einseitige Problemdefinitionen

Entwicklungsprozesse im Sinne der Einführung von Unternehmungs- und Führungskonzepten erfassen praktisch immer die *ganze* Unternehmung. Selbst wenn man bestimmte Massnahmen nur für einzelne Unternehmungsbereiche konzipiert oder nur bestimmte Teile eines Führungskonzeptes realisieren will, so strahlen die Wirkungen in der Regel doch auf die anderen Bereiche aus. Wird dies nicht von vornherein berücksichtigt und als Teil des gesamten Problems betrachtet, sind mit Sicherheit Schwierigkeiten zu erwarten.

(2) Monokausale Lösungsansätze

Führungsprobleme haben selten nur *eine* Ursache. Fast immer ist es ein Ursachenbündel oder ein Ursachennetzwerk, das zu einem Problem führt. Daher können solche Probleme auch nicht gelöst werden, indem man auf *eine* Ursache abstellt. Ein Organisationsproblem beispielsweise ist eben selten *nur* ein Organisationsproblem. Nach Möglichkeit gilt es daher, das ganze Ursachenbündel zu erfassen und in diesem Sinne ganzheitliche Lösungen zu konzipieren.

(3) Mangelnder Einbezug der betroffenen Mitarbeiter

Werden wesentliche Änderungen eingeleitet, so genügen allgemeine Orientierungen an die Mitarbeiter meistens nicht. Von Anfang an muss stattdessen sehr sorgfältig geprüft werden, in welcher Weise und in welchem Ausmass die verschiedenen von Änderungen direkt oder indirekt betroffenen Mitarbeiter einzubeziehen sind. Die Erfahrung zeigt, dass dieses Problem immer wieder unterschätzt wird.

(4) Fehlende gemeinsame Basisauffassungen über Führung

In vielen Unternehmungen lässt sich feststellen, dass fast jeder Angehörige des Kaders eine andere Vorstellung und Meinungen von Führung hat. Da deren konkretes Handeln davon aber in nicht unwesentlichem Ausmass beeinflusst wird, empfiehlt es sich, über grundlegende Fragen der Führung zumindest einen gewissen Basiskonsens herzustellen.

(5) Begriffsunklarheiten und Mangel an gemeinsamer Sprache

Es lässt sich nicht vermeiden, dass im Zuge der Entwicklung von Unternehmung und Management von Zeit zu Zeit auch gewisse sprachliche Regelungen getroffen werden müssen, setzt die Lösung gewisser Probleme doch oft die Beherrschung einer bestimmten

Fachsprache voraus. Dennoch ist nicht von der Hand zu weisen, dass gerade von der Wissenschaft häufig ein Jargon verwendet wird, der für die praktische Verwendung von Umwelt-, Unternehmungs- und Führungskonzepten völlig unzweckmässig ist. Den Begriffen, die für die Formulierung derartiger Konzepte verwendet werden, muss deshalb grösste Aufmerksamkeit geschenkt werden, um sie so einfach wie irgend möglich zu formulieren.

(6) Mangelnde Übereinstimmung mit dem Bestehenden

In jeder Unternehmung gibt es einen gewissen Stand an praktizierten Führungsinstrumenten und -methoden, auch wenn dies äusserlich nicht in Erscheinung treten muss. Angewandte Führung liegt letztlich ja immer im konkreten, faktischen Denken und Handeln der Mitarbeiter, unabhängig davon, ob es auch schriftliche Dokumente hierzu gibt. In vielen Fällen wird bei der Einführung neuer Konzepte der Fehler gemacht, dass man zu wenig auf den vorhandenen und vielleicht über Jahrzehnte gewachsenen Bestand an praktizierter Führung abstellt. Die Erfahrung zeigt, dass Neuerungen umso leichter akzeptiert werden, je eher diese auf bereits Bekanntem aufsetzen und je besser sie mit diesem verknüpft sind.

(7) Ungenügende Berücksichtigung des Zeitbedarfs

Entwicklungen, die mit wesentlichen Änderungen für die Mitarbeiter eines Unternehmens verbunden sind, benötigen in der Regel erheblich mehr Zeit, als man gemeinhin annimmt. Dies leuchtet ein, sobald man bedenkt, wieviele Gewohnheiten und eingeschliffene Verhaltensweisen geändert werden müssen. Fehlt die Bereitschaft, die erforderlichen Zeiträume zur Verfügung zu stellen, wird man kaum mit nachhaltigen Erfolgen rechnen können.

Diese Schwierigkeiten, und damit die bereits erwähnten Abwehrreaktionen gegen Neuerungen, können in der Regel nur durch *Kombina-*

tionen der besprochenen Vorgehensweisen überwunden werden, die je nach Stand und Resultaten der Entwicklung immer wieder neu zu gestalten sind (vgl. Abb. 23).

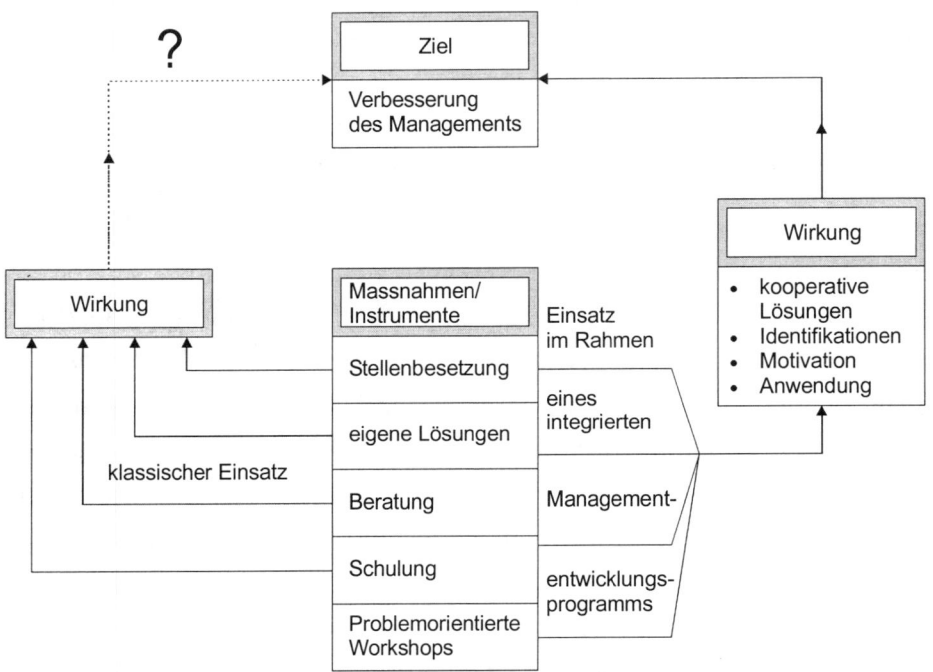

Abbildung 23: Das integrierte Managemententwicklungsprogramm
(Quelle: Malik, F., Systemorientierte Management-Entwicklung, in: Malik, F. (Hrsg.), Praxis des Systemorientierten Managements, Bern/Stuttgart 1981)

In zunehmendem Masse sind aber, wie in Abb. 23 angedeutet, auch völlig *neuartige* Vorgehensweisen notwendig, die sich nur schwer in eine der bisher behandelten Kategorien einordnen lassen. Eines der wirkungsvollsten Mittel diesbezüglich ist eine Vorgehensweise spezieller Art, die als *"problemorientierter Workshop"* bezeichnet wird.

Dessen Grundidee ist einfach und besteht darin, dass Probleme von denjenigen Mitarbeitern der Unternehmung gelöst werden sollen, die dazu einen *direkten* Beitrag leisten können. Ein problemorientierter Workshop unterscheidet sich von Schulungsmassnahmen deshalb dadurch, dass reale, aktuelle Probleme bearbeitet werden und nicht Übungen, Fallstudien oder dergleichen. Der Unterschied zur Unternehmungsberatung ist darin zu sehen, dass die Lösungen *nicht von aussen* in die Unternehmung getragen, sondern von jenen Mitarbeitern *und* Führungskräften entwickelt werden, die zur Realisierung der Lösungen schliesslich beitragen müssen. Von intern entwickelten, eigenen Problemlösungen unterscheidet sich ein derartiger Workshop in der Regel dadurch, dass er mit Hilfe *spezieller Methoden* gestaltet und gesteuert wird.

Durch diese besondere Vorgehensweise, die am Management Zentrum St. Gallen in den letzten Jahren methodisch relativ weit entwickelt wurde, werden alle bisher behandelten Methoden integriert und direkt zur Bearbeitung des anstehenden Problems eingesetzt. Anstelle theoretischer Begründungen oder langer Erfahrungsberichte kann die dem Ganzen zugrunde liegende Auffassung mit einem Hinweis auf die tägliche Lebenserfahrung veranschaulicht werden: Praktisch sämtliche Fertigkeiten, die ein Mensch im Laufe seines Lebens zu beherrschen lernt, erwirbt er letztlich ausschliesslich auf eine einzige Weise – und zwar nicht, indem er Vorträge darüber anhört (vgl. die konventionelle Schulung), und nicht, indem er ein Buch darüber liest (vgl. Beratungsberichte), sondern ausschliesslich durch *reales, praktisches Tun*. So lernen wir Lesen, Schreiben und Rechnen nicht durch Zuhören, sondern indem wir eben selber lesen, schreiben und rechnen; keine Sportart kann erlernt werden, indem Vorträge angehört oder Bücher darüber gelesen werden, sondern indem man dies eben selbst betreibt. Eine methodische Unterstützung durch Dritte ist dabei von grossem Vorteil, weil wenige Menschen die Fähigkeit besitzen, etwas zu tun und sich gleichzeitig selbstkritisch zu korrigieren. Methodische Anleitung beschleunigt den Lernprozess und verhindert, dass man sich Fehler anlernt, die man später nur noch schwer beseitigen kann. Das eigentliche Lernen aber resultiert immer aus dem Tun.

Es ist erstaunlich, wie weit sich manche Formen des "Lernens" im Management von dieser natürlichen Art entfernt haben und wie mühsam der Weg zurück oft ist, weil man inzwischen den Sinn für die Realitäten verloren zu haben scheint und mit immer komplizierteren Methoden jene Probleme zu lösen versucht, die erst dadurch entstanden sind, dass man die einfachen Formen des Lernens vergessen hat.

Was für das individuelle Lernen des Menschen zutrifft, hat für die Unternehmung als Ganzes und ihre Entwicklung nicht minder Gültigkeit. Mit der hier als Workshop bezeichneten, integrierten Vorgehensweise werden die ursprünglichen Formen des Lernens wieder in die Unternehmungspraxis eingeführt. Entsprechend mag es kaum überraschen, dass damit *erstaunliche Wirkungen* erzielt werden können. Kurz zusammengefasst, lassen sich folgende Ergebnisse feststellen:

1. Man erarbeitet gemeinsam Lösungen für reale Probleme, und nicht für Fallstudien, die letztlich immer fiktive Probleme sind.

2. Die Vermittlung und Einführung von an sich bewährten Problemlösungsmethoden erfolgt anhand realer Problemstellungen. Damit werden mit den Vorteilen einer Methode zugleich auch ihre Grenzen deutlich und allenfalls bestehende Illusionen bezüglich der Wirkungsweise der Methode rasch und schmerzlos korrigiert.

3. Die Vermittlung von Fach- und Führungswissen erfolgt ebenfalls im Zusammenhang mit der tatsächlich gegebenen Problemstellung. Damit scheidet sich sehr schnell brauchbares von unbrauchbarem Wissen.

4. Es erfolgt eine intensive Förderung des gegenseitigen Verständnisses: Man lernt zu tolerieren, dass andere Menschen andere Meinungen haben. Man erkennt aber auch die Notwendigkeit der Korrektur der eigenen Meinungen zum Zwecke einer gemeinsamen Problemlösung, ohne dass man dies immer im Lichte von Sieg und Niederlage sieht.
5. Es entwickelt sich eine deutlich feststellbare Unité de doctrine.
6. Es entstehen echte Teams.
7. Es ergibt sich in aller Regel eine weitgehende Ausschöpfung des internen Know-hows, das meist auf viele verschiedene Köpfe verteilt ist und auf andere Weise kaum zusammengebracht werden kann.
8. Es ergibt sich eine wertvolle Synthese von internem und externem Know-how.

Konkret angewendet wurde die Methode des problemorientierten Workshops im Rahmen integrierter Unternehmungsentwicklungsprozesse bislang zur Erarbeitung und Einführung von Führungsrichtlinien, im Rahmen der Einführung von Qualifikationssystemen und Management by Objectives, für Reorganisationsprobleme, für die Entwicklung von Strategien, für die Erarbeitung von Ausbildungskonzepten und natürlich auch für die Erarbeitung der die Evolution selbst steuernden Unternehmungs- und Führungskonzepte.[99]

---

[99] Vgl. Malik, F. / Fopp, L., Eignen sich Workshops für die Einführung einer Unternehmungspolitik im Mittelbetrieb?, in: Management-Zeitschrift io, 11/1980, S. 500 ff.

8.5 Gesamtkonzept

Das St. Galler Konzept der Integrierten Management- und Unternehmungsentwicklung besteht darin, dass für Unternehmung und Management ein geplanter und kontrollierter Evolutionsprozess in Gang gesetzt und auf zweifache Weise gesteuert wird: Die Lenkung von Entwicklungsdynamik und -richtung erfolgt einerseits auf der Basis der allgemeinen *Orientierungshilfsmittel* – dem *Umweltkonzept,* dem *Unternehmungskonzept* und dem *Führungskonzept* –, die eine permanente Beurteilung des Standortes und die Planung der jeweils folgenden Entwicklungsphase erlauben. Andererseits wird der Prozess durch den sinnvoll *kombinierten Einsatz verschiedenartiger Vorgehensweisen* gesteuert, wobei insbesondere in Phasen hoher Komplexität und Ungewissheit dem Einsatz *problemorientierter Workshops* spezielle Bedeutung zukommt (vgl. Abb. 24).

Damit ist es möglich, den individuellen Entwicklungsprozess einer Unternehmung zu steuern, indem das jeweils Erreichte, weitgehend kontinuierlich, im Lichte der neuesten Informationen überprüft wird und denkbare weitere Entwicklungsrichtungen ausgelotet werden, um dann den nächsten Schritt zu tun, der zwar ebenfalls nicht ohne, aber doch mit grösstmöglicher Kenntnis des Risikos erfolgt, das ein jeder Schritt ins Unbekannte unvermeidlich aufweist. Zielvorstellung eines solchen Entwicklungsprozesses ist nicht mehr ein stabiler Endzustand, sondern eine kontinuierliche Veränderung in fliessendem Gleichgewicht mit der Umwelt.

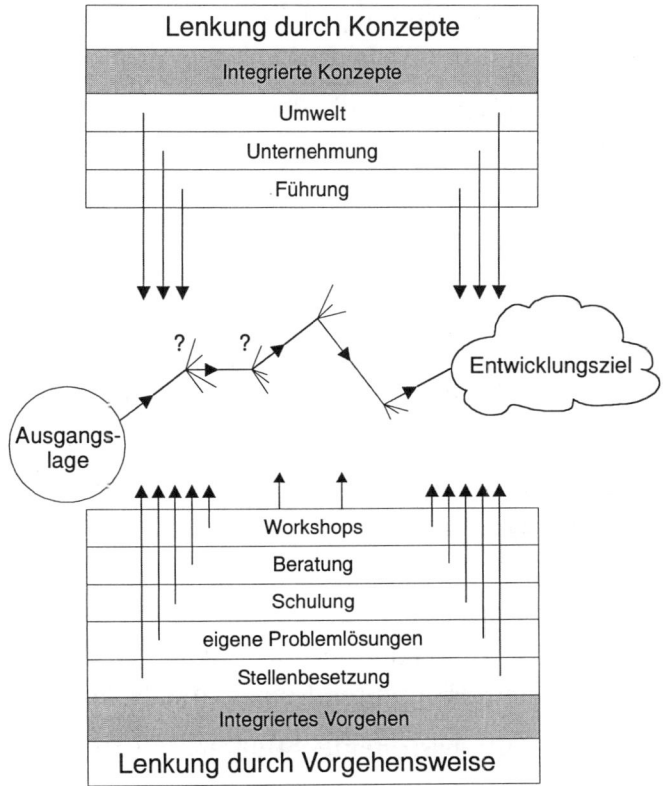

Abbildung 24: Die Anwendung angepasster Methoden für die Management- und Unternehmungsentwicklung

(1981)

Zitierte und ergänzende Literatur

Beer, S., The Heart of Enterprise, Chichester 1979

Gälweiler, A., Unternehmungsplanung, Frankfurt/New York 1974

- Unternehmungssicherung und strategische Planung; in: ZfbF Schmalenbachs Zeitschrift für betriebswirtschaftliche Forschung, Heft 6, 1976

- Strategische Unternehmungsplanung, in: Fortschrittliche Betriebsführung und Industrial Engineering 2/1976

Hayek, F.A. von, Freiburger Studien, Tübingen 1969
- Law, Legislation and Liberty, Vol. 1-3, London 1973-1979

Malik, F., Strategie des Managements komplexer Systeme, 5. Aufl., Bern/Stuttgart/Wien 1996
- Die Managementlehre im Lichte der modernen Evolutionstheorie, Kap. 3 dieses Buches
- Systemorientierte Management-Entwicklung, Kap. 9 dieses Buches

Malik, F. / Fopp, L., Eignen sich Workshops für die Einführung einer Unternehmungspolitik im Mittelbetrieb?, in: Management-Zeitschrift io, 11/1980

Krieg, W., Entwicklung eines integrierten Führungsinstrumentariums - Synergie zwischen Theorie und Praxis, in: Malik, F. (Hrsg.), Praxis des Systemorientierten Managements, Bern/Stuttgart 1979

Rechenberg, J., Evolutionsstrategie, Stuttgart 1973

Riedl, R., Strategie der Genesis, München 1976

Ulrich, H., Unternehmungspolitik, Bern/Stuttgart 1978
- Die Unternehmung als produktives soziales System, Bern/Stuttgart 1970

Ulrich, H. / Krieg, W., Das St. Galler Management-Modell, 3. Aufl., Bern/Stuttgart 1974

9. Systemorientierte Management-Entwicklung

Das Bestreben, an der Hochschule St. Gallen eine praxisorientierte und dennoch vieldimensionale, ganzheitliche Managementlehre zu entwickeln, hat nicht nur zu weitreichenden Veränderungen der Betriebswirtschaftslehre geführt, sondern auch entscheidende Impulse für die Art der Umsetzung von wissenschaftlichen Ergebnissen in die Praxis ausgelöst. Im folgenden Beitrag wird, im Gesamtkontext der Systemorientierten Managementlehre, die Grundauffassung der praktischen Tätigkeit des Management Zentrums St. Gallen dargestellt. Diese Institution wurde 1973 speziell mit dem Auftrag gegründet, Erkenntnisse und Ergebnisse der Systemorientierten Managementlehre in der Wirtschafts- und Verwaltungspraxis umzusetzen.

9.1 Von der ökonomisierenden Betriebswirtschaftslehre zur systemorientierten Managementlehre: Das neue Unternehmungsbild

Hans Ulrich hat in den 60er Jahren wie kaum ein Zweiter im deutschsprachigen Raum die Betriebswirtschaftslehre für neue Entwicklungen geöffnet. Sein heute unvermindert aktuelles Buch "Die Unternehmung als produktives soziales System"[100] war ein entscheidender Schritt aus der sterilen Enge einer einseitigen, mikroökonomischen Betrachtungsweise zu einem umfassenden Verständnis der Unternehmung und aller für sie relevanten Aspekte in ihrer Umwelt.

---

[100] Ulrich, H., Die Unternehmung als produktives soziales System, Bern 1968, 2. Aufl. 1971.

Ulrich ermöglichte im Grunde genommen sogar *zwei* bedeutsame Entwicklungen: Zum einen wurde der Schritt von der Betriebswirtschafts- zur Managementlehre gemacht, und damit eine Fülle von ausserordentlich wichtigen und bis dahin sträflich vernachlässigten Elementen einbezogen. Dabei handelt es sich aber keineswegs um lediglich eine weitere Spielart der vielgestaltigen, rezepthaften Managementlehren, wie sie insbesondere aus den USA kommen. Der entscheidende Fortschritt lag, wie man retrospektiv sehr leicht erkennen kann, darin, dass im Rahmen einer umfassenden, vieldimensionalen Betrachtungsweise eine echte Integration zwischen den traditionellen Elementen der Betriebswirtschaftslehre einerseits und einer echten Führungslehre andererseits möglich wurde. Zum anderen ermöglichte es die spezielle Art, in der Hans Ulrich die Betriebswirtschaftslehre zu einer Systemorientierten Managementlehre entwickelte, dass die Interessen einer Anzahl junger Wissenschafter an der Hochschule St. Gallen unbelastet auf eine Reihe von wissenschaftlichen Disziplinen gerichtet werden konnten, die sich für die Weiterentwicklung des Systemansatzes mehr und mehr als von Bedeutung erwiesen. Der Einbezug von Wissenschaften wie Kybernetik, Psychologie und Soziologie, Biologie, Neurologie und Neurokybernetik, vergleichender Verhaltensforschung, Ökologie und Evolutionstheorie führte zu Ergebnissen, deren Bedeutsamkeit heute in zunehmendem Masse erkannt wird und die für die Zukunft noch ausserordentlich vielversprechende Entwicklungen vermuten lassen.

Die auf diese Weise entstandene Lehre von der Gestaltung und Lenkung komplexer Systeme ist in einem erstaunlichen Masse offen für neue Entwicklungen, gleichgültig aus welchen Wissensgebieten sie kommen – ohne dabei aber unverbindlich zu werden. Ulrich hat insbesondere die Entstehung eines neuen Unternehmungsbildes ermöglicht und gefördert. Dieses hat sich vor allem für die Entwicklung der Unternehmungsführungslehre als enorm fruchtbar erwiesen und bildet eine wesentliche Voraussetzung für einen vernünftigen Dialog zwischen Wissenschaft und Praxis. Das hervorstechendste Merkmal dieses der Systemorientierten Managementlehre zugrunde liegenden Unternehmungsbildes besteht darin, dass es in hohem Masse realistisch ist: Die Systemorientierte Managementlehre ist nicht auf irgendeiner Fiktion der Unternehmung aufgebaut, wie das in so manchen, sich auch mit der Unternehmung befassenden Wissenschaftsdisziplinen – einschliesslich der traditionellen Betriebswirtschaftslehre – leider auch heute noch der Fall ist, sondern orientiert sich an der realen Situation, mit der Führungskräfte in der Praxis tatsächlich konfrontiert sind.

Dies bedeutet, dass sowohl im Rahmen der Systemorientierten Managementlehre wie selbstverständlich auch im Zusammenhang mit daraus resultierender Beratungs-, Entwicklungs- und Schulungstätigkeit – und vor allem natürlich in der Praxis – eine Vielzahl verschiedener Perspektiven simultan berücksichtigt werden muss, um Suboptimierungen, ungleichgewichtige und disharmonische Entwicklungen innerhalb einer Unternehmung zu vermeiden.

Im Einzelnen sind folgende Aspekte der Realitätsbezogenheit des systemorientierten Unternehmungsbildes hervorzuheben:

- Wichtigstes Merkmal ist natürlich, dass die Unternehmung als *System* betrachtet wird. Für jeden, der auch nur bescheidene Einblicke in die moderne Biologie oder Ökologie hat, ist klar, dass es sich dabei nicht einfach um eine Leerformel handelt, sondern vielmehr die Tatsache angesprochen wird, dass alle relevanten Elemente eines Systems ein sehr komplexes, in sich fein abgestimmtes Wirkungsgefüge bilden, in das nicht ohne weiteres eingegriffen werden darf, wenn man nicht mit unbeabsichtigten und in ihrem Verlauf weitgehend unvorhersehbaren Störungen und Nebenwirkungen konfrontiert sein will. Das Wegnehmen oder

Hinzufügen eines einzelnen Elementes kann in einem System gravierende Folgen auslösen und seinen gesamten Charakter wesentlich verändern. Diese im Bereich biologischer, neurologischer und ökologischer Systeme, um nur einige Gebiete zu nennen, weitgehend selbstverständlichen Feststellungen treffen offenkundig auch für Unternehmungen und andere gesellschaftliche Institutionen zu. Daraus leiten sich zahlreiche Konsequenzen für die Führung ab.

- Aus dem Systemcharakter der Unternehmungen ergibt sich sodann, die Tatsache, dass diese – wie Systeme auch – nur als *Ganzheiten* sinnvoll erfasst, gestaltet und beeinflusst werden können. Dies heisst natürlich nicht, dass jedes kleinste Detail vollständig einbezogen werden muss; es bedeutet aber, dass die Führung einer Unternehmung immer die Gesamtheit der relevanten Systemkomponenten zu berücksichtigen hat. Was tatsächlich relevant ist, lässt sich im Einzelfall freilich nicht immer leicht bestimmen. Die Vernachlässigung relevanter Komponenten hat aber immer bittere, sich möglicherweise auch erst langfristig auswirkende und erkennbare Konsequenzen.

- Die Unternehmung wird ferner als *dynamisches* System gesehen. Dies heisst nicht, dass unkritisch angenommen würde, jede Unternehmung entfalte eine besonders bemerkenswerte Aktivität, Initiative oder Aggressivität, wie der umgangssprachliche Gebrauch des Wortes "dynamisch" dies nahelegen könnte. Mit dem expliziten Einbezug der Dynamik der Unternehmung wird vielmehr der Tatsache Rechnung getragen, dass diese einem ständigen Wandel ausgesetzt ist, den sie zwar teilweise selbst verursacht, der aber vor allem aus der Umwelt auf die Unternehmung einwirkt. Die Dynamik, der sich ständig vollziehende Wandel, braucht nicht notwendigerweise in spektakulären, offensichtlichen Änderungen zum Ausdruck zu kommen. Diese spezielle Art des Wandels, der ins Auge springt und praktisch von jedermann erkannt und berücksichtigt werden kann, ist denn auch weit weniger problematisch, als jene laufenden Änderungen, die sich langsam und unmerklich vollziehen, aber gerade dadurch dazu führen, dass Gewohnheiten, Erfahrungen, Auffassungen und Methoden ihre Zweckmässigkeit faktisch mehr und mehr verlieren. Weil sich solcherart vollziehender Wandel nicht bemerkt wird, geht man stillschweigend von der Annahme aus, dass das eigene Verhalten noch immer zweckmässig sei, was sich natürlich je länger je mehr in konfliktträchtigen Spannungen, Disharmonien und Unausgewogenheiten auswirken muss.

- Ein realistisches, systemorientiertes Unternehmungsbild zeichnet sich ferner durch die Akzeptanz des Umstandes aus, dass eine Unternehmung *nicht jene strenge Rationalität*[101] aufweist, die ihr in der klassischen Betriebswirtschaftslehre unterstellt wurde. Ihre Strukturen, Zielsetzungen und Strategien sowie die in ihr tätigen Menschen und deren Verhalten können vielmehr nur in beschränktem Umfange und nur in einem ganz bestimmten Sinne als rational betrachtet werden. Wenn aber akzeptiert wird, dass – gemessen am üblichen Rationalitätsbegriff – in jeder Unternehmung ein hohes Mass an A-Rationalität – und bisweilen sogar Irrationalität – den Gang der Dinge bestimmt, dann hat das selbstverständlich wieder weitreichende Auswirkungen auf die Managementlehre. Daran ändert auch der Appell an rationales Verhalten oder die Forderung nach Rationalität im Kern nichts, denn eine Unternehmung – wenn wir sie als System betrachten – kann sich nicht in diesem Sinne rational verhalten.

---

[101] Vgl. zum Problem der Rationalität Aldrup, D., Das Rationalitätsproblem in der politischen Ökonomie, Tübingen 1971; Bartley, W., Rationality versus the Theory of Rationality, in: Bunge, M. (Hrsg.), The Critical Approach to Science and Philosophy, New York 1964; Bateson, G., Steps to an Ecology of Mind, New York 1972; Hayek, F.A. von, Law, Legislation and Liberty, Vol. 1-3, London 1973-1979 sowie ders., Freiburger Studien, Tübingen 1969.

- Sodann wird die Unternehmung als ein *produktives* System verstanden. Für den Praktiker mag dies wohl eine Selbstverständlichkeit sein, nichts desto Trotz gibt es noch immer eine Reihe von Ansätzen insbesondere psychologischer und soziologischer Provenienz sowie diverse ideologisch-tendenziöse Ansätze, die dieses Merkmal durchaus nicht als selbstverständlich aufweisen. Freilich darf nicht blindlings und unkritisch jede "produktive" Leistung gerechtfertigt werden, gibt es doch nachweislich produktive Verhaltensweisen, die sich, bezogen auf grössere Systeme mit einer möglicherweise anderen Logik und anderen Beurteilungskriterien, als kontraproduktiv erweisen oder zumindest erweisen könnten.

- Das von Ulrich vertretene Unternehmungsbild ist ferner auch das Bild eines *offenen* Systems. Dies heisst zum einen, dass die Unternehmung nicht unter dem Siegel falsch verstandener Wissenschaftlichkeit gedanklich von ihrer Umwelt und anderer darin vorkommender Systeme isoliert werden darf. Jede reale Unternehmung ist Teil eines dichten und für ihre Existenz überaus wichtigen Netzwerks von Austauschbeziehungen und -prozessen materieller und immaterieller, wirtschaftlicher, juristischer und gesellschaftlicher Art. Diese Beziehungen sind unter Umständen sogar wichtiger, als das unternehmungsinterne Beziehungsgeflecht. Zum anderen bedeutet die Annahme der Offenheit des Systems "Unternehmung" aber auch, dass nicht nur die Unternehmung, sondern auch das Unternehmungsbild selbst offen sein muss. Es ist so zu konzipieren, dass es an geänderte Bedingungen angepasst werden kann. Wegen der Dynamik und Offenheit, und vor allem wegen der als letztem Merkmal zu behandelnden Komplexität der Unternehmung, kann ein Unternehmungsbild nie in sich abgeschlossen sein, sondern muss in der Lage sein, neue Gegebenheiten, die an Relevanz gewinnen, aufzunehmen.

- Der letzte Aspekt, von dem hier die Rede sein soll und zu dessen Aufnahme in ein modernes, zeitgemässes Unternehmungsbild Ulrich einen ganz wesentlichen Beitrag geleistet hat, ist das Merkmal der *Komplexität*. Unternehmungen sind nicht nur Systeme mit den bisher beschriebenen Merkmalen, sie sind vor allen Dingen hoch komplexe Systeme. Dies trifft auf Grossunternehmungen bzw. multinationale Konzerne gleichermassen zu, wie auf kleinere und mittlere Unternehmungen. Von entscheidender Bedeutung ist dabei, dass die Komplexität der Unternehmung nicht etwa eine zu erduldende Eigenschaft ist, ein unvermeidbares Übel gewissermassen, sondern dass Komplexität für die Prosperität einer Unternehmung notwendig ist. Ihre Flexibilität, ihre Anpassungs-, Lern- und Entwicklungsfähigkeit steht in *ursächlichem* Zusammenhang mit der Komplexität, die sie aufweist. Leider sind nur allzu viele "Rezepte", insbesondere der amerikanischen Managementlehre, beabsichtigt oder unbeabsichtigt darauf gerichtet, eben diese lebensnotwendige Eigenschaft zu eliminieren. Bedauerlicherweise ist auch das Verständnis des Praktikers für den Umgang mit komplexen Systemen, und namentlich dafür, wie man Komplexität zum Vorteil der Unternehmung einsetzt, häufig noch zu wenig entwickelt, um die eigentliche Reichweite eines ausgebauten "Komplexitätsmanagements" voll erkennen zu können. Man erliegt daher nur allzu leicht der Versuchung, ihrer Natur nach komplexe Probleme mit simplen Methoden anzugehen – ein Vorgehen, das aufgrund naturgesetzlicher Gegebenheiten scheitern muss.

Die hier in aller Kürze und ohne jeden Anspruch auf Vollständigkeit besprochenen Merkmale, die das von Ulrich vertretene Unternehmungsbild massgeblich bestimmen, zeigen trotz der Knappheit der Darstellung, dass sich sowohl eine darauf aufbauende Managementlehre wie die daraus resultierende Managementpraxis auf ganz fundamentale Weise vom Gegenstand der klassischen Betriebswirtschaftslehre unterscheiden. Berücksichtigt man dazu, dass die Systemorientierte Managementlehre eher am Anfang als am Ende ihrer Entwicklung steht – wobei die weitere Entwicklung auch gewisse technologische Voraussetzungen erfordert (wie beispielsweise die kostengünstige Verfügbarkeit benutzerfreundlicher und flexibler Computertechnologie) –, dann darf man ohne Unbescheidenheit noch interessante Ergebnisse erwarten.

9.2 Manager-Entwicklung oder Management-Entwicklung? – oder beides...?

Dem Titel entsprechend, ist hier von systemorientierter Management-Entwicklung die Rede. Aufgrund der Verwendungsvielfalt dieses Begriffes ist aber nicht zu erwarten, dass von vornherein und für jedermann klar wäre, was damit eigentlich gemeint ist. Was in der Praxis unter der Bezeichnung "Management-Entwicklung" oder "Management-Development" gegenwärtig gemacht wird, ist, von wenigen Ausnahmen abgesehen, *Manager*-Entwicklung, wobei es sich um ein eher unzusammenhängendes Bündel von Tätigkeiten handelt, das die Entwicklung von Führungskräften zum Gegenstand hat. Die Bandbreite reicht dabei von der Kaderrekrutierung über die diversen Spielarten von Ausbildung, Qualifikation und Potentialbeurteilung bis zur mehr oder weniger systematisierten individuellen Laufbahnplanung. Das hervorstechendste Kennzeichen dieser Art von Management-Entwicklung ist der Umstand, dass die Führungs*kräfte*, die Personen also, im Zentrum des Interesses stehen. Obwohl die Führungskräfte natürlich eine ausserordentlich wichtige Komponente des Managements sind und häufig mit diesem gleichgestellt werden, so muss doch betont werden, dass man damit *allein* dem immer komplizierter werdenden, arbeits- und wissensteiligen Prozess der Gesamtführung nicht gerecht wird. Führungskräfte brauchen, um einen wirkungsvollen Beitrag zur Führung einer Unternehmung leisten zu können, zweckmässige Strukturen, Systeme und Methoden. Erst dadurch können sie ihr personelles Potential und ihre Stärken voll zur Entfaltung bringen.

Man weiss heute aus einer Fülle von Untersuchungen, dass zwischen den Persönlichkeitsmerkmalen von Führungskräften, ihren Einstellungen und ihrem Verhalten einerseits und den Managementstrukturen, -systemen und -methoden andererseits intensive Wechselwirkungen bestehen. Etwas vereinfacht ausgedrückt: Strukturen erzeugen Verhalten und Verhalten erzeugt Strukturen. Management-Entwicklung im Sinne der Entwicklung und Förderung von Führungskräften – also eigentlich *Manager*-Entwicklung – muss daher zwangsläufig weitgehend wirkungslos bleiben, wenn es nicht gelingt, diese Bemühungen in die synchrone Entwicklung von Führungsstrukturen, -systemen und -methoden – in die umfassend verstandene *Management*-Entwicklung also – einzubeziehen.

In kleinen und mittleren Unternehmungen fehlen dazu in der Regel Zeit, Geld und Know-how; in grossen sind diese Aufgaben meist auf so viele verschiedenen Stellen und damit Verantwortlichkeiten verteilt, dass nur selten die Möglichkeit gegeben ist, wirklich koordiniert vorgehen zu können. Analog präsentiert sich die Situation ausserhalb der Unternehmungen, d.h. im Beratungs- und Schulungsbereich, bei den zahllosen Experten und natürlich auch in der Wissenschaft selbst. Hier ist der Prozess der Partialisierung und Spezialisierung derart weit fortgeschritten, dass kaum jemand wirklich in der Lage ist, eine integrierte Dienstleistung anzubieten, die die harmonische Entwicklung *aller* wesentlichen Komponenten eines modernen Führungskonzeptes – Systeme, Strukturen, Methoden und Menschen – bewirken würde.

Die unbestreitbaren Vorteile, die eine weitgehende Spezialisierung auf Einzelgebieten mit sich bringt, müssen mit dem gewichtigen und immer schwerer wiegenden Nachteil erkauft werden, dass die Einzelteile nie zu einem funktionierenden Ganzen, zu einem harmonisch arbeitenden Wirkungsgefüge, zusammengefügt werden. Natürliche Systeme sind aber genau deshalb so erstaunlich funktionssicher und effizient, weil sie weitgehende *Spezialisierung* mit ebenso weitgehender *Integration* verbinden. Obwohl dies zunächst wie die Quadratur des Kreises erscheinen mag und insbesondere im bei uns vorherrschenden, mechanistischen Weltbild kaum vorstellbar ist, ist das doch eine unbestreitbare Tatsache. Wenn auch die Realisierung einer umfassenden, integrierten Management-Entwicklung, die die Entwicklung der Manager als Führungspotential selbstverständlich mit einzuschliessen hat, hohe Anforderungen stellt und in mancher Hinsicht ein Umdenken erfordert, so ist dies doch der einzig wirklich erfolgversprechende Weg, um die Prosperität einer Unternehmung auf Dauer zu gewährleisten.

9.3 Integrierte Führungskonzepte – oder: Kann man ein Führungsmodell "einführen"?

Die hier vertretene Auffassung einer integrierten Management-Entwicklung ist naturgemäss eng verbunden mit der Vorstellung eines integrierten Führungskonzeptes oder Führungsmodells. Die in der Vergangenheit immer wieder aufgeflammte Kontroverse "Führungsmodelle – ja oder nein?" erscheint reichlich akademisch, wenn man bedenkt, dass ein integriertes Führungskonzept oder -modell weder etwas besonders Abstraktes noch etwas Mathematisches oder etwas speziell Kompliziertes ist, sondern letztlich einfach ein systematisches Bild darüber, welche Elemente für die erfolgreiche und wirkungsvolle Führung einer Unternehmung *notwendig* und *hinreichend* sind, nach welchen Prinzipien in einem Unternehmen geführt werden soll, welche Instrumente und Methoden erforderlich sind und wie die einzelnen Komponenten zusammenwirken sollen.

Über Notwendigkeit und Zweckmässigkeit eines derart verstandenen "Führungsmodell"-Begriffes kann man vernünftigerweise wohl kaum eine tiefgreifende Kontroverse führen: Jede Unternehmung wird sich von Zeit zu Zeit fragen müssen, ob ihr in diesem Sinne interpretiertes Führungskonzept noch zeitgemäss ist, ob es den Anforderungen der Umwelt und der Mitarbeiter, den sich ändernden Bedingungen auf den Märkten usw. noch gerecht wird. Unterschiedlicher Meinung kann man natürlich über den konkreten Inhalt eines allgemeinen Führungskonzeptes sein, und selbstverständlich auch darüber, wie das Führungskonzept für eine konkrete Unternehmung in einer bestimmten Phase ihrer Entwicklung aussehen soll.

Während die Entwicklung eines *allgemeinen* Führungskonzeptes eher eine Aufgabe der Wissenschaft ist, so ist das zweite Problem, die Frage eben, wie das Führungskonzept zu einem *bestimmten Zeitpunkt* für ein *konkretes Unternehmen* aussehen soll, wohl das wichtigste Problem der in Abschnitt 9.2 beschriebenen Management-Entwicklung. Deren Aufgabe ist vor allem darin zu sehen, aus den allgemeinen, für viele Branchen und Unternehmungen konzipierten Vorstellungen die für den speziellen Fall besonders geeigneten Elemente auszuwählen, sie sinnvoll anzupassen und zusammenzufügen und Massnahmen zu entwickeln, die schliesslich die Praktizierung des Konzeptes bewirken.

Welches sind nun die Komponenten eines *allgemeinen,* integrierten Führungskonzeptes? Im Rahmen der St. Galler Systemorientierten Managementlehre werden die in Abb. 25 dargestellten Elemente als notwendiger und gleichzeitig auch hinreichender Bezugsrahmen betrachtet.

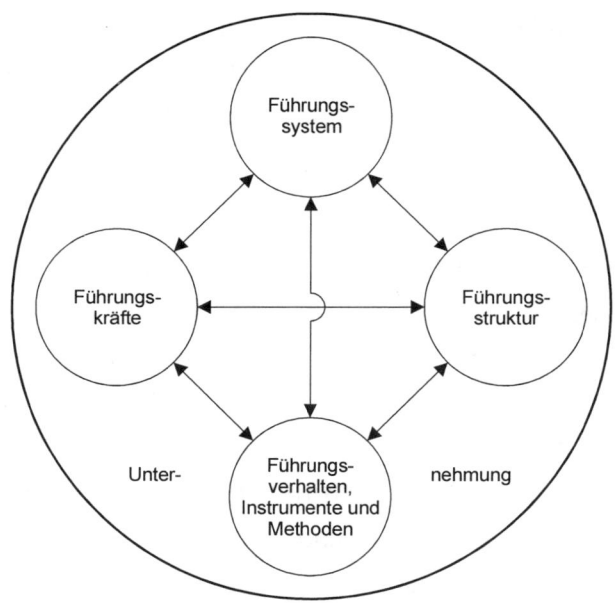

Abbildung 25: Das integrierte Führungskonzept

Im Rahmen dieser Arbeit muss darauf verzichtet werden, eine detaillierte Analyse der einzelnen Bestandteile vorzunehmen. In grösserem Detail findet sich dies in verschiedenen Veröffentlichungen der Hochschule St. Gallen.[102] Eine detaillierte Gesamtdarstellung muss einer späteren, umfassenden Arbeit vorbehalten bleiben.[103]

---

[102] Vgl. neben der generellen Beschreibung in: Ulrich, H., Unternehmungspolitik, Bern/Stuttgart 1978, v.a. Bircher, B., Langfristige Unternehmungsplanung, Bern/Stuttgart 1976; Brauchlin, E., Problemlösungs- und Entscheidungsmethodik, Bern/Stuttgart 1978; Gomez, P., Die kybernetische Gestaltung des Operations Managements, Bern/Stuttgart 1978; Gomez, P. / Malik, F. / Oeller, K.H., System-Methodik - Grundlagen einer Methodik zur Erforschung und Gestaltung komplexer soziotechnischer Systeme, Bern/Stuttgart 1975; Krieg, W., Kybernetische Grundlagen der Unternehmungsgestaltung, Bern/Stuttgart 1971; Lattmann, Ch., Führungsstil und Führungsrichtlinien, Bern 1975; Malik, F., Strategie des Managements komplexer Systeme, Bern 1981, 5. Aufl. 1996 sowie Menzl, A., Die Gestaltung komplexer Unternehmungsorganisationen, Bern/Stuttgart 1977.

[103] Vgl. Malik, F., Management-Systeme, in: Die Orientierung, Bern 1981.

Aus diesem allgemeinen Führungskonzept oder -modell werden nun, wie bereits erwähnt, die für den konkreten Einzelfall erforderlichen Elemente ausgewählt und zu einem unternehmungsspezifischen Führungsmodell mit der Zielsetzung entwickelt, es innert einer bestimmten Frist einzuführen. Häufig sind dabei allerdings recht naive Vorstellungen darüber anzutreffen, wie eine solche Einführung konkret vor sich geht resp. gehen soll.

In welchem Sinne kann man ein Führungsmodell "einführen"? die Meinung, dass eine Instruktion der Führungskräfte einer Unternehmung genüge, damit sie dann ab einem bestimmten Stichtag alle nach diesem Modell führen könnten, wäre natürlich ähnlich absurd, wie die Auffassung, man könne in einem Entwicklungsland die Demokratie "einführen."

Ein Führungsmodell lebt im Wesentlichen dadurch, dass es das führungsbezogene Denken und Handeln der Führungskräfte bestimmt. Dazu leisten formalisierte Instrumente, die man effektiv im allgemein üblichen Sinne einführen kann – bestimmte Formulare, Prozeduren usw. –, selbstverständlich einen nicht zu unterschätzenden Beitrag und sind demzufolge absolut notwendig. Darüber hinaus aber muss das Führungsmodell auf einer gemeinsamen Basis von Führungswissen und Überzeugungen, einer gemeinsamen Sprache und einer gemeinsamen, allgemeinverständlichen Philosophie ruhen und so gewissermassen von innen heraus wachsen, statt von aussen – oder oben – aufgezwungen zu werden.

Letzteres wiederum bedeutet allerdings nicht, dass nicht in vielen Fällen ein gewisser Druck seitens der obersten Geschäftsleitung erforderlich ist, um die entsprechenden Prozesse anzustossen und in Gang zu halten. Dies in der Absicht, die in den meisten Unternehmungen vorhandene, aus Starrheit der Gewohnheiten und täglicher Routine resultierende Lethargie und Bequemlichkeit zu überwinden.

Nur in seltenen und ganz speziellen Situationen kann man mit Druck und auf Anordnung mangelnde Einsicht in Führungszusammenhänge resp. -prozesse und fehlende Überzeugungen bezüglich eines bestimmten Führungsmodelles ersetzen.

Ein Führungsmodell einführen heisst demzufolge in erster Linie, mit Hilfe bestimmter Instrumente und Massnahmen einen Prozess der *Entstehung* und *Kultivierung* von Einsichten und Überzeugungen, einer gemeinsamen Sprache und eines gemeinsamen Bezugssystems in die Wege zu leiten und in Gang zu halten. Die formalen Komponenten eines Führungsmodells dienen dabei gewissermassen als Strukturelemente für den Ablauf und die Steuerung dieses Prozesses und bewirken in der Regel eine schnellere Änderung alter und den Erwerb neuer Gewohnheiten, als dies ohne diese Komponenten möglich wäre. Sie bieten neuen Verhaltensweisen Halt, Orientierung und Richtung, bis diese hinreichend gefestigt sind.

9.4 Die Praxis der Systemorientierten Management-Entwicklung: Ausgangslage - Ziele - Instrumente - Wirkungen

Entsprechend den in den vorangehenden Abschnitten dargelegten Auffassungen ist die Systemorientierte Management-Entwicklung an einem bestimmten Unternehmungsbild einerseits und einem bestimmten Führungskonzept andererseits orientiert. Als dritte Gruppe von Orientierungsvorstellungen für *praktisch wirkungsvolle* Management-Entwicklung ist ein bestimmtes Prozess- oder Ablaufbild zu berücksichtigen. Wie bereits betont, kann man Änderungen in komplexen Systemen nicht einfach anordnen. Änderungsprozesse in diesem Zusammenhang lassen sich im Voraus auch nicht vollständig planen. Management-Entwicklungsprozesse verlaufen vielmehr nach derselben Logik und demselben Schema wie Evolutionsprozesse in der Natur:[104] Jedes Zwischenergebnis wird wieder als Ausgangspunkt für die weitere Planung und Gestaltung verwendet. Auf diese Weise ist es möglich, der hohen Komplexität realer Unternehmungen, den diversen Widerständen, die im Verlaufe von Änderungsprozessen auftreten, und den Erfahrungen, die man bis zu jedem Schritt gemacht hat, in vollem Umfange Rechnung zu tragen und so das weitere Vorgehen jeweils auf den aktuellen Stand der Dinge abstellen zu können.

Der wesentlichste Unterschied zur natürlichen Evolution besteht allerdings darin, dass man von vornherein einigermassen klare Vorstellungen davon hat, welchen Endzustand man erreichen will – weil man ein generelles Führungskonzept als Leitvorstellung verwendet. Darin liegt auch ein entscheidender Unterschied zu den meisten Spielarten der sog. Organisationsentwicklung, die zwar ebenfalls Änderungen in Unternehmungen anstrebt, aber im Grunde genommen kein im Voraus umrissenes Bild des wünschbaren Ergebnisses aufweist. An dieser Stelle eben erweist es sich als besonders fruchtbar, dass im Rahmen der Systemorientierten Management-Entwicklung, wie sie hier verstanden wird, ein allgemeines Führungskonzept zur Verfügung steht, aus dem die speziellen Konzepte für den Einzelfall abgeleitet werden.

---

[104] Vgl. dazu Eigen, M. / Winkler, R., Das Spiel - Naturgesetze steuern den Zufall, München/Zürich 1975; Malik, F., Strategie des Managements komplexer Systeme, 5. Aufl., Bern/Stuttgart/Wien 1996; Quinn, J.B., Strategic Change: Logical Incrementalism, in: Sloan Management Review, Fall 1978; Rechenberg, J., Evolutionsstrategie, Stuttgart 1973; Röpke, J., Die Strategie der Innovation, Tübingen 1978; Steinbruner, J., The Cybernetic Theory of Decision, Princeton 1974 sowie Schmid, E., Probleme des Management by Objectives in der Praxis, in: Malik, F., Praxis des Systemorientierten Managements, Bern/Stuttgart 1979.

9.4.1 Ausgangslage

Der Anstoss für Management-Entwicklungsprozesse kann sehr vielgestaltig auftreten: In der einen Unternehmung ist es das Bedürfnis nach verbesserten Managementinstrumenten, in der anderen können es Konflikte zwischen Mitarbeitern oder Probleme mit dem Betriebsklima sein; in manchen Fällen resultieren die ersten Impulse aus einer veränderten Marktlage, etwa aus der Notwendigkeit, plötzlich Exportmärkte erschliessen zu müssen, weil der Binnenmarkt stagniert oder schrumpft; in wiederum anderen Fällen ist es das Problem des Generationenwechsels in der Führungsspitze, der eine umfassende Standortbestimmung – und in der Folge bestimmte Änderungen des Führungskonzeptes – notwendig macht.

In jedem Falle aber muss ein Management-Entwicklungsprogramm von einer sorgfältigen Analyse der gegenwärtigen Unternehmungssituation ausgehen. Das Grundprinzip lautet: In jeder einzelnen Phase nur die unbedingt notwendigen Änderungen einleiten und die vorhandenen und vertrauten Managementinstrumente dabei so weit wie irgend möglich in den Prozess einbeziehen. Evolutionsprozesse in der Natur bauen immer auf dem bereits Erreichten auf, und zwar selbst dann, wenn diese vorläufige Basis im weiteren Verlauf der Entwicklung wieder abgebaut wird. Nicht anders verhält es sich mit Entwicklungsprozessen innerhalb der Unternehmung, denn es ist weder möglich noch sinnvoll, die vorhandenen Gegebenheiten, Erfahrungen und Gewohnheiten unberücksichtigt zu lassen.

Eine derartige Analyse einer Unternehmung kann zwar unter Umständen den Einsatz eines umfassenden Instrumentariums – einschliesslich Interviews, Fragebogen usw. – erforderlich machen und dementsprechend zeitaufwendig sein, dennoch ist diese Art des Vorgehens durchaus nicht immer notwendig. In vielen Fällen genügt eine kleine Zahl von Gesprächen und die Sichtung bestimmter firmeninterner

Unterlagen, um ein für den Anfang ausreichend zutreffendes Bild der gegenwärtigen Unternehmungssituation zu erhalten. Diese Behauptung steht nicht im Widerspruch zur oben gemachten Aussage, dass man eine *sorgfältige* Analyse machen müsse. Von entscheidender Bedeutung ist zunächst nämlich die Frage, wieviele und welche Informationen man zu Beginn eines Management-Entwicklungsprozesses *wirklich* benötigt, um die ersten Schritte einleiten zu können, und wie man diese Informationen am besten bekommt.

Eine umfassende Analyse braucht auch nicht notwendigerweise einen den zusätzlichen Aufwand rechtfertigenden Zuwachs an relevanten Informationen zu produzieren. Wichtiger als eine perfektionistische Analyse ist es, die Führungskräfte und Mitarbeiter der Unternehmung an der Erarbeitung der Ausgangslage, wo immer dies möglich ist, angemessen mitwirken zu lassen und sie zu veranlassen, ihr eigenes Bild der Situation zu machen. Ausserdem haben es Management-Entwicklungsprozesse an sich, dass sie die jeweils wichtigen Informatorien im weiteren Verlauf dann *selbst* zutage fördern. Ein solches Vorgehen schafft meistens schon zu Beginn die Bereitschaft zu einer konstruktiven und offenen Mitwirkung in der Zukunft.

9.4.2 Ziele

Aufgrund der Kenntnisse über die Ausgangslage ist es in der Regel möglich, die tragenden Elemente für das unternehmungsspezifische Führungsmodell aus dem allgemeinen Führungskonzept abzuleiten und einen konkreten, wenn auch groben Vorgehensvorschlag zu entwickeln. Ausgehend vom übergreifenden Ziel der Management-Entwicklung, eine nachhaltige Verbesserung des Managements zu bewirken und so die Voraussetzungen für die zukünftige Gesundheit und Prosperität der Unternehmung zu schaffen, kann man auch konkretere Ziele für die einzelnen Prozessphasen im Sinne von Zwischenzielen bestimmen.

Hier ist es nun von grösster Bedeutung, dass die in Abschnitt 9.1 besprochene Komplexität der Unternehmung voll berücksichtigt wird, indem entsprechende Zwischenkontrollen, Standortbestimmungen und Prozessvarianten vorgesehen werden, ist doch immer damit zu rechnen, dass Management-Entwicklungsprozesse anders verlaufen, als beabsichtigt. Die konkreten Ziele sind von Unternehmung zu Unternehmung verschieden, denn sie orientieren sich selbstverständlich an den jeweiligen speziellen Problemen, Voraussetzungen und Möglichkeiten. Es gibt aber übergreifende Zielsetzungen, die die moderne Management-Entwicklung zu verwirklichen sucht. Folgende Ziele stehen namentlich im Vordergrund:

(1) Angemessene Mitwirkung der Mitarbeiter

Wie bereits erwähnt, müssen Führungsmodelle im Denken und Handeln der Mitarbeiter verankert werden. Da dies ohne deren entsprechende Mitwirkung nicht erreicht werden kann, haben Management-Entwicklungsprogramme diesem Umstand Rechnung zu tragen. Im Idealfall, der praktisch allerdings kaum realisiert werden kann, würden die Mitarbeiter ihr eigenes Führungsmodell entwickeln.

(2) Vermittlung der erforderlichen Kenntnisse an die Mitarbeiter

Mitwirkung der Mitarbeiter setzt verständlicherweise ein gewisses Mass an Kenntnissen über Führungsprobleme und ihre Lösungsmöglichkeiten voraus. Diese sind aber, insbesondere im mittleren und unteren Kader, häufig nicht vorhanden. Vielmehr ist oft sogar ein erschreckender Mangel an Wissen über Führungszusammenhänge, -methoden usw. festzustellen. Ohne ein gewisses Minimum an konkretem Wissen aber ist nicht nur die Mitwirkung bei der Erarbeitung, sondern auch die spätere Handhabung eines Führungsmodelles in Frage gestellt.

(3) Das notwendige Minimum, nicht das mögliche Maximum

Die Kunst der wirkungsvollen Management-Entwicklung besteht darin, aus der Fülle der Möglichkeiten, die die moderne Managementlehre anzubieten vermag, gerade diejenigen Konzepte, Instrumente und Methoden auszuwählen, die für den speziellen Fall absolut notwendig sind.

(4) Anpassung der Konzepte an die Erfassungs- und Lernfähigkeit der Mitarbeiter

Dieses Ziel steht mit den übrigen in enger Verbindung. Man erlebt noch immer – und viel zu häufig –, dass Konzepte vorgeschlagen werden, welche die intellektuellen Fähigkeiten der Mitarbeiter überfordern. Die Handhabung eines Führungsmodelles darf nicht in eine Spezial- oder Geheimwissenschaft ausarten, die nur von wenigen Spezialisten beherrscht wird.

(5) Revidierbarkeit

Aus bereits genannten Gründen ist immer damit zu rechnen, dass im Verlauf eines Management-Entwicklungsprozesses Fehler gemacht werden. Führungskonzepte müssen daher revidiert werden können. Es wäre falsch, auf erforderliche Modifikationen zu verzichten, nur weil man "konsequent" sein will – selbst wenn dies mit dem Eingestehen einer Fehlentscheidung verbunden ist.

(6) Verknüpfung von "harten" (= managementbezogenen) und "weichen" (= psychologischen) Aspekten

Management-Entwicklungsprozesse weisen in der Regel mehrere Ebenen auf. Sowenig man mit einseitig auf die psychologischen Komponenten ausgerichteten Ansätzen bewirken kann, so falsch wäre es, ausschliesslich auf die sachlichen, managementbezogenen Elemente abzustellen. Beide Aspekte müssen angemessen berücksichtigt werden.

9.4.3 Instrumente

Systemorientierte Management-Entwicklung versucht nicht nur, der Vielschichtigkeit der realen Unternehmung im Rahmen eines integrierten Führungskonzeptes Rechnung zu tragen, sie ist darüber hinaus auch bestrebt, die klassischen Instrumente, mit denen Änderungen bewirkt werden können, so zu einem Ganzen zusammenzufassen, dass sich deren jeweilige Vorteile sinnvoll ergänzen.

Für die Lösung von Problemen und die Bewirkung von Änderungen stehen einer Unternehmung im Prinzip vier Arten von Massnahmen oder Instrumenten zur Verfügung: Stellenbesetzung, die Erarbeitung eigener Lösungen, Beratung durch Dritte und Schulung der Mitarbeiter.

(1) Stellenbesetzung

Eine der ältesten Massnahmen besteht darin, die wichtigen Stellen in der Unternehmung – dasselbe gilt natürlich auch für andere Institutionen – mit neuen Leuten zu besetzen, in der Annahme: "neue Besen kehren gut." Darin steckt zweifellos ein Kern Wahrheit. Zum Prinzip erhoben, gerät man aber leicht in eine "hire-and-fire"-Politik, die per Saldo mit Sicherheit grössere Probleme schafft, als sie löst, weil man ein allgemeines Klima der Unsicherheit und Instabilität verursacht und die Mitarbeiter zu kurzfristigem Denken und Handeln zwingt. Im Rahmen eines Management-Entwicklungsprogrammes ist es aber durchaus möglich, dass bereits vorhandene oder neu geschaffene Stellen entsprechend besetzt bzw. umbesetzt werden müssen.

(2) Eigene Lösungen

Es entspricht der Philosophie moderner Management-Entwicklung voll und ganz, dass die Mitarbeiter einer Unternehmung ihre Probleme weitgehend selbst lösen sollten. Dies hat aber, wie schon erwähnt, eindeutige, wenn auch von Unternehmung zu Unternehmung verschieden verlaufende Grenzen: In vielen Fällen sind die erforderlichen Ressourcen an Zeit und Know-how nicht vorhanden, und ausserdem gilt der Prophet im eigenen Lande häufig wenig. Insbesondere wenn die eigenen Lösungen von Stabsmitarbeitern entwickelt werden, können sie nicht immer mit jener Offenheit, Kooperationsbereitschaft und Unterstützung seitens der Entscheidungsträger bzw. der Linienvorgesetzten rechnen, die notwendig ist, wenn die Lösungen auch wirklich umgesetzt werden sollen.

(3) Beratung

Der Output klassischer Beratung besteht letztlich noch immer in einem Bericht, in der Regel möglichst umfangreich und möglichst gut aufgemacht. Solche Reports sind deshalb so beliebt, weil sie nicht nur "zeigen", dass der Berater harte Arbeit geleistet hat, sondern der Auftraggeber – wer immer das innerhalb der Unternehmung sein mag – seinen Vorgesetzten damit auch "beweisen" kann, dass er für das ausgegebene Geld eine entsprechende Leistung bekommen hat.

Ein Report geht aber davon aus, dass die Adressaten ihn lesen, verstehen, aufgreifen und umsetzen – Annahmen, die sich bei näherer Betrachtung allerdings meist als Illusionen erweisen. Aus diesem Grund werden die meisten Reports schubladisiert. Es gibt Ausnahmen – aber sie sind in der Minderzahl; und es gibt natürlich auch heute noch Gebiete oder Problembereiche, die man nur mit Hilfe eines Reports angemessen bearbeiten kann – aber auch sie sind in der Minderzahl, und es sind meistens relativ unwichtige Gebiete.

Beratung soll *Beratung* sein und nicht in eine Leseübung ausarten: Ein paar Notizen, im Verlauf einer intensiven Diskussion entstanden, erzielen in der Regel eine grössere Wirkung, als ein Bericht. Das liegt natürlich weniger an den Notizen, als an der Diskussion. Eine knappe, nur wenige Seiten umfassende Darstellung der wichtigsten Überlegungen zu einem Problemkreis genügt meist, um die entscheidenden Inhalte einer Beratung festzuhalten. Alles andere muss nicht – ja darf nicht – in irgendwelchen Dokumenten, Handbüchern usw. niedergelegt sein, sondern muss das Handeln der Führungskräfte via ihr Denken bestimmen und verändern. Das Anfertigen von Organigrammen oder Ablaufplänen beispielsweise nützt vergleichsweise wenig, wenn diese Darstellungen das *Ergebnis* und nicht der Ausgangspunkt von Einstellungs-, Denk- und Verhaltensänderungen sind.

(4) Schulung

Die Schulung ist üblicherweise in Form von inner- oder überbetrieblichen Seminaren gestaltet. Wenn ein Seminar gut aufgebaut und didaktisch geschickt abgewickelt wird, kann es sicher eine gewisse Wirkung erzielen, und zweifellos gibt es Themenbereiche, die nur durch ein klassisches Schulungsprogramm vermittelt werden können. Deshalb sind auch im Rahmen von Management-Entwicklungsprogrammen Schulungsveranstaltungen vorzusehen, um bestimmte Teilziele – insbesondere natürlich die Vermittlung von Grundlagenkenntnissen – zu erreichen. Dennoch stellt sich, analog zu den Ausführungen im Zusammenhang mit Beratung, das entscheidende Problem auch hier in der Frage des Transfers, mit anderen Worten der Umsetzung der vermittelten Inhalte in das Denken und Handeln der Führungskräfte.

(5) Workshops

Mehr und mehr tritt deshalb an die Stelle des klassischen Seminars der sog. *Workshop,* d.h. eine Veranstaltung, die dem Zweck dient, reale und aktuelle Probleme direkt und gemeinsam mit den hiervon betroffenen Mitarbeitern zu lösen. Ergebnis einer solchen Art der Schulung ist daher nicht mehr die blosse Vermittlung geistiger Inhalte, sondern die Erarbeitung von Problemlösungen, Vorschlägen, Konzepten usw. durch die Mitarbeiter selbst. Ist beispielsweise die Einführung des Konzepts "Führung mit Zielen" Bestandteil eines Management-Entwicklungsprogrammes, so könnte man den Mitarbeitern einer Unternehmung dieses Konzept im Rahmen einer klassischen Seminarreihe vermitteln, wobei es als solches erklärt und unter Verwendung von Fallstudien trainiert würde. Im Rahmen eines Workshops könnte man die Mitarbeiter, gemeinsam mit ihren Vorgesetzten, aber ebenso gut ihre *eigenen aktuellen* Zielsetzungen für das kommende Geschäftsjahr erarbeiten lassen. Output eines derartigen Workshops wäre somit die konkrete Zielplanung für eine folgende Periode.

Das Engagement der Mitarbeiter ist im Rahmen einer derartigen Veranstaltung in der Regel erheblich grösser, als in einem Seminar, weil es ja um ihre eigenen Probleme geht. Darüber hinaus ist das Argument des Zeitbedarfs bzw. der Zeitverschwendung, das üblichen Schulungsprogrammen sehr häufig entgegengehalten wird, hier vollständig gegenstandslos, weil die Teilnehmer des Workshops an Problemen arbeiten, die sie ohnehin lösen müssten. Und schliesslich wird der Koordinationsaufwand, der im Zusammenhang mit der Zielplanung in der Regel notwendig ist, wesentlich vermindert, weil ein Workshop ideale Voraussetzungen für die Selbstkoordination schafft.

Dieselbe Art des Vorgehens kann mit sehr grossem Erfolg auch auf anderen Gebiete angewendet werden – Erarbeitung einer Unternehmungspolitik, Lösung strategischer oder Reorganisationsprobleme, Einführung von Führungsrichtlinien oder eines Qualifikationssystems, Erarbeitung eines Ausbildungskonzeptes usw.

Wie Abb. 26 zeigt, ist die Wirkung von Einzelinstrumenten oder -massnahmen aus den oben genannten Gründen meistens fraglich. Moderne, systemorientierte Management-Entwicklung integriert diese deshalb im Rahmen einer koordinierten und harmonisierten Prozessgestaltung. Zu den klassischen Massnahmen gesellen sich, insbesondere im Rahmen von Workshops, diverse Interventionstechniken, die die Wirksamkeit des Gesamtprozesses wesentlich verbessern.

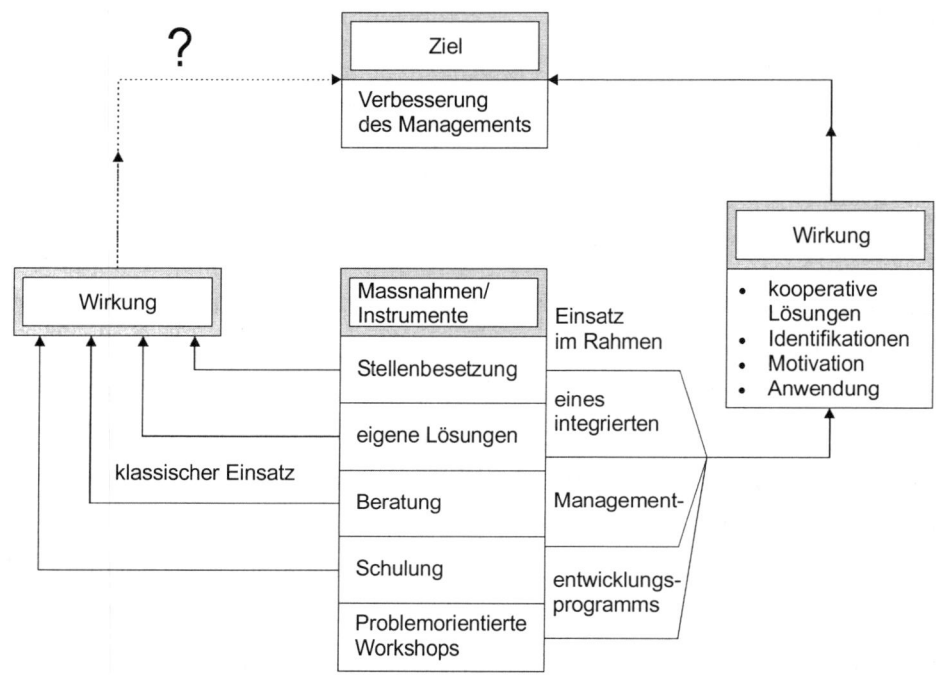

*Abbildung 26: Das integrierte Managemententwicklungsprogramm
(Quelle: Malik, F., Systemorientierte Management-Entwicklung, in: Malik, F.
(Hrsg.), Praxis des Systemorientierten Managements, Bern/Stuttgart 1981)*

9.4.4 Wirkungen

Liegen nicht ausserordentlich ungünstige Voraussetzungen vor, so kann damit einerseits der innerhalb einer Unternehmung vorhandene Erfahrungsschatz der Mitarbeiter fruchtbar gemacht und andererseits das Know-how und die unternehmungsunabhängige Erfahrung von Experten genutzt werden, wodurch beide Elemente in den Gesamtprozess der Management-Entwicklung einfliessen. Da die Mitarbeiter an der Erarbeitung von Lösungen und Konzeptionen ferner intensiv mitwirken können, lassen sich die meisten Widerstände gegen Änderungen entweder überhaupt vermeiden oder zumindest bereits in der Entstehungsphase erkennen und weitgehend mildern.

Die Mitarbeiter erlangen im Verlauf des Entwicklungsprozesses die erforderliche Einsicht in die Vor- und Nachteile, in die Stärken und Schwächen des konzipierten Führungsmodells. Sie erhalten gleichzeitig, gewissermassen en passant, und ohne Umschweife genau jene Kenntnisse, die für die Handhabung der Führungsinstrumente und -methoden erforderlich sind – und sie identifizieren sich meistens in hohem Masse mit den gemeinsam gefundenen Lösungen. Das üblicherweise sowohl bei der Beratung wie bei der Schulung auftretende Transferproblem tritt deshalb nicht – oder nur in stark vermindertem Masse – auf, weil es durch die besondere Art der Durchführung der Workshops eliminiert wurde und somit nicht mehr speziell gelöst zu werden braucht. Die erarbeiteten Lösungen sind in aller Regel gut fundiert und brauchbar, weil das gesamte innerhalb der Unternehmung vorhandene Know-how, zusammen mit externer Unterstützung, in den Problemlösungsprozess eingegangen ist. Aufgrund der Mitwirkungsmöglichkeit – und weil die Lösungen meistens aus sachlichen Gründen akzeptiert werden – ist üblicherweise auch eine deutliche Verbesserung der Motivation zu verzeichnen. Zum Tragen kommt dabei nicht zuletzt die alte Erfahrung, dass Konzepte, Problemlösungen usw. nicht allein deshalb wirkungsvoll sind, weil sie sachlich gut sind, sondern vielfach deshalb, weil die entscheidenden Leute überzeugt dahinter stehen.

Und schliesslich ist zu vermerken, dass derartige, in den Prozess eines Management-Entwicklungsprogramms eingebettete Workshops als solche hervorragende Führungsmittel darstellen, weil die obersten Führungskräfte einer Unternehmung wie sonst kaum die Möglichkeit haben, den Mitarbeitern ihre Vorstellungen in einer direkten und intensiven Kommunikationssituation zu vermitteln – etwas, wofür man sonst formale Prozeduren, schriftliche Mitteilungen usw. verwenden muss, die niemals die selbe Wirkung entfalten können. Gleichzeitig bieten sich hier auch hervorragende Gelegenheiten, die Mitarbeiter wirklich à profond kennenzulernen, den Gang ihrer Überlegungen, die Kraft ihrer Argumente und ihr Verhalten in der harten Diskussion und Auseinandersetzung zu beurteilen. Es braucht wohl kaum weiter ausgeführt zu werden, dass man dabei zu einer besseren Einschätzung des wirklichen Potentials eines Managers kommt, als durch noch so gute Qualifikationssysteme.

(1979)

Zitierte und ergänzende Literatur

Aldrup, D., Das Rationalitätsproblem in der politischen Ökonomie, Tübingen 1971

Bartley, W., Rationality versus the Theory of Rationality; in: Bunge, M. (Hrsg.), The Critical Approach to Science and Philosophy, New York 1964

Bateson, G., Steps to an Ecology of Mind, New York 1972

Bircher, B., Langfristige Unternehmungsplanung, Bern/Stuttgart 1976

Brauchlin, E., Problemlösungs- und Entscheidungsmethodik, Bern/Stuttgart 1978

Eigen, M. / Winkler, R., Das Spiel - Naturgesetze steuern den Zufall, München/Zürich 1975

Gomez, P., Die kybernetische Gestaltung des Operations Managements, Bern/Stuttgart 1978

Gomez, P. / Malik, F. / Oeller, K.H., System-Methodik - Grundlagen einer Methodik zur Erforschung und Gestaltung komplexer soziotechnischer Systeme, Bern/Stuttgart 1975

Hayek, F.A. von, Freiburger Studien, Tübingen 1969
- Law, Legisaltion and Liberty, Vol. 1-3, London 1973-1979

Krieg, W., Kybernetische Grundlagen der Unternehmungsgestaltung, Bern/Stuttgart 1971

Lattmann, Ch., Führungsstil und Führungsrichtlinien, Bern 1975

Malik, F., Strategie des Managements komplexer Systeme, 5. Aufl., Bern/Stuttgart/Wien 1996

Menzl, A., Die Gestaltung komplexer Unternehmungsorganisationen, Bern/Stuttgart 1977

Quinn, J.B., Strategic Change: Logical Incrementalism, in: Sloan Management Review, Fall 1978

Rechenberg, J., Evolutionsstrategie, Stuttgart 1973

Röpke, J., Die Strategie der Innovation, Tübingen 1978

Steinbruner, J., The Cybernetic Theory of Decision, Princeton 1974

Ulrich, H., Die Unternehmung als produktives soziales System, Bern 1968, 2. Aufl. 1971
- Unternehmungspolitik, Bern/Stuttgart 1978

10. Gestalten und Lenken von sozialen Systemen

> *"Not ignorance, but ignorance of*
> *ignorance is the death of knowledge"*
> *(A. N. Whitehead)*

10.1 Spezialist für Ganzheiten

Die Betriebswirtschaftslehre verdankt Prof. Dr. Hans Ulrich eine Reihe von paradigmatischen Einsichten, auch wenn es so aussieht, als ob sie manche nicht haben will. Ich selbst verdanke ihm fast alles, was ich von Management zu verstehen glaube – weniger im Sinne konkreter Einzelheiten oder geschlossener Konzepte, sondern im Hinblick auf die Perspektiven, aus denen Management betrachtet werden kann.

Das wohl wichtigste Resultat ist die Erkenntnis der *systemischen* Natur der Unternehmung. Dies klingt banaler, als es ist, denn anders wäre kaum zu erklären, warum noch immer eindimensionale Ansätze vorherrschend sind. Noch immer wird die Unternehmung in Betätigungsgebiete für Spezialisten aufgeteilt, und viel zu selten stellt man die Frage, ob die Aufteilung wirklich so vorgenommen wurde, dass ein Ganzes überhaupt noch rekonstruiert werden kann, oder wieviel Koordinationsaufwand erforderlich ist, um die Spezialisten wieder zu einem Ganzen zu integrieren. Nur wo gemeinsame Grundauffassungen und eine systemische Perspektive gegeben sind, können Spezialisten für Teilgebiete fruchtbare Arbeit leisten; wo dies fehlt, drohen die Zentrifugalkräfte der Spezialisierung die Unternehmung ausser Kontrolle zu bringen.

Einer vernünftigen Spezialisierung *auf die Ganzheit* wird man wenig entgegenhalten können. Dies ist kein Widerspruch in sich selbst, wie man auf den ersten Blick vielleicht meinen könnte. Natürlich ist klar und steht ausser Diskussion, dass "Ganzheit" nicht "alles und jedes" heissen kann; vielmehr ist auch hier nur selektives Wissen möglich, dieses aber wird nach anderen Gesichtspunkten ausgewählt. Diese Auswahl erfolgt in der Weise, dass die systemische Kohärenz nicht zerstört wird, dass all das, was an einem System für dessen Einheit und Integration wichtig ist, Gegenstand der Betrachtung wird. Im Wesentlichen stehen daher in einer systemischen Managementlehre, wie sie von Ulrich seit Mitte der 60er Jahre vertreten wird, Probleme der Gestaltung und Lenkung im Zentrum.

Dabei besteht eine eigenartige Wechselwirkung zwischen diesen beiden Begriffen: Die Unternehmung soll so gestaltet sein, dass sie lenkbar wird oder bleibt; und die Lenkung soll so erfolgen, dass eine bestimmte Gestalt oder Struktur erhalten bleibt, die eben wieder die Lenkung ermöglicht. Die Untersuchung dieser Wechselwirkung würde tief in die Fragen der modernen Systemwissenschaften hineinführen.

Nach allem, was wir heute über Gestaltungs- und Lenkungsprozesse wissen, gehorchen sie fundamentalen Gesetzmässigkeiten vor allem systemwissenschaftlicher und kybernetischer Natur. Dies dürfte der Hauptgrund dafür sein, dass so viele, auf dem Papier recht interessant anmutende Konzepte nicht wirklich realisiert werden können: Sie scheinen auf der Annahme zu beruhen, dass wir erhebliche Spielräume der Gestaltung und Lenkung hätten, wo diese in Wahrheit stark durch die erwähnten Gesetzmässigkeiten limitiert sind. Gestaltung und Lenkung dürfen daher keine Spielfelder für Partialspezialisten sein, die die Gesetzmässigkeiten, denen die Ganzheit unterliegt, nicht zu erkennen vermögen. Ebensowenig aber genügt es – heute je länger je weniger –, über Systeme mit grossen Worten in holistischem Stil zu philosophieren. Dazu wissen wir – auch wenn es wenig ist – doch zuviel. Und dazu sind die Fragen auch zu wichtig, denn sie betreffen die Grundsubstanz einer Gesellschaft, die Wirksamkeit und Lebensfähigkeit ihrer Institutionen nämlich. Spezialisten für Ganzheiten, für Systeme, werden es daher sein, die den Kurs zwischen der Skylla des technokratischen Fachidioten und der Charybdis des unverbindlichen, philosophischen Fabulierens steuern können.

Die Wirksamkeit der heutigen Institutionen ist zweifelhaft, ihre Lebensfähigkeit fraglich. Offensichtlich bedarf es nur weniger Veränderungen im Parameterkranz der meisten Institutionen, um sie ausser Kontrolle zu bringen. Ihre scheinbaren Gleichgewichtszustände sind instabil, und einmal in Bewegung geraten, sind die Institutionen der Gesellschaft schwer zu kalkulieren. So manches wird, wie die Geschichte zeigt, erst dann als unvermeidliches Resultat der Unkontrollierbarkeit der Institutionen erkennbar, wenn es schon zu spät ist.

Die Begriffe der Gestaltung und Lenkung sind allerdings selbst nicht unproblematisch. Sie sind belastet und führen das Denken oft in eine Richtung, die sich für die Lösung der anstehenden Probleme als Sackgasse erweist. Denn üblicherweise besteht eine deutliche Tendenz, einen Gestalter zu vermuten, wo immer man Gestaltungsergebnisse antrifft, und einen Lenker, wo immer Lenkung verspürt wird.

Dies mag einerseits auf bestimmte kosmologische Vorstellungen zurückzuführen sein; andererseits möglicherweise darauf, dass der weitaus grösste Teil der Lebenserfahrung des Menschen in einem Kontext gemacht wird, in dem diese Personalisierung, die direkte Zuordenbarkeit von Gestaltung und Lenkung, realitätsgerecht ist: In der Familie, der Schulklasse, der überschaubaren Betriebsabteilung usw. sind Gestaltung und Lenkung meistens lokalisierbar, sie können ganz bestimmten Personen zugeordnet werden, weil sie als bewusste

Handlungen mit, zumindest im Nachhinein, erkennbaren Zielen in erklärbaren Kausalzusammenhängen wahrgenommen werden.

10.2 Die systemisch-kybernetische Perspektive

Eine genauere Betrachtung von Gestaltung und Lenkung zeigt allerdings sehr schnell, dass wir hier so manchem Trugschluss erliegen. Selbst scheinbar einfache Systeme sind hinreichend komplex, um die Wirkung von Gestaltungsmassnahmen unsicher und schwer berechen- bzw. vorhersehbar zu machen. Jedenfalls passiert selbst in überschaubaren Situationen nicht immer das, was wir gerne hätten – und öfter, als uns lieb sein kann, ist dies sogar der Normalfall.

Die Kybernetik mit ihrer expliziten Orientierung an Lenkungsproblemen warnt uns vor der vorschnellen Annahme der Einfachheit und Überschaubarkeit. Denn die Varietät von Systemen im Sinne der Anzahl möglicher Zustände, die ein System annehmen kann, ist in der Regel immens gross. Man kann dies allerdings so lange nicht ohne weiteres erkennen, als ein System wirklich unter Kontrolle ist, denn gerade das bedeutet ja, dass nicht alle Zustände, die eigentlich auftreten könnten, tatsächlich auftreten werden. Erst wenn die Regulation versagt oder fehlerhaft wird, tritt die Systemvarietät ins Bewusstsein – dann aber meistens "mit voller Wucht."

Ohne hier auf die Einzelheiten eingehen zu können, kann man doch sagen, dass uns Kybernetik und Systemwissenschaften lehren, dass letztlich jedes System äusserst komplex ist und eine erfolgreiche Kontrolle auf die folgenden Punkte abzustellen hat:

1. Lenkung bedeutet immer, die *möglichen* Zustände auf die *wünschbaren* zu reduzieren.
2. Jeder Regler – welche Bezeichnung er auch immer tragen mag – muss in der Lage sein, die unerwünschten Zustände auf irgend-

eine Weise zu absorbieren. Er muss daher in einem bestimmten Sinne zumindest ebenso komplex sein, wie das zu kontrollierende System.

3. Gestaltung ist ebenfalls ein Lenkungsproblem, weil im Kern nichts anderes passiert, als dass durch einen Gestaltungsvorgang bestimmte Zustände aus der Palette der möglichen selektiert werden. Es treffen also dieselben Überlegungen zu.
4. Die Regulationsmechanismen wirklich komplexer Systeme lassen sich nicht örtlich lokalisieren; sie sind über das ganze System *verteilt* bzw. *diffundieren* in das System.
5. Vorgänge wie Anpassung, Lernen, Erkenntnisgewinn oder Nutzung von Erfahrung sind einerseits Resultate von Lenkungsprozessen, andererseits aber meistens selbst wieder Teil grösserer Regulationssysteme.
6. Die wirksamsten Regulationssysteme sind selbstregulierend, selbstorganisierend und evolutionär.

Diese keineswegs vollständige Liste ist unabhängig vom Stoff gültig, aus dem Systeme bestehen. Erfahrungsgemäss ist dies einer der am schwersten verständlichen Punkte, denn nur allzu schnell werden schwerwiegende Unterschiede zwischen belebten und unbelebten, natürlichen und künstlichen, organischen und sozialen Systemen vermutet oder postuliert. Zweifellos gibt es viele Unterschiede zwischen diesen Arten von Systemen, und auch ihre Regulationsprozesse erscheinen in gänzlich anderem Gewand. Dennoch gibt es in dieser Vielfalt bemerkenswerte *Invarianzen* – und genau diese sind Gegenstand der Systemwissenschaften.

10.3 Kybernetisches Management

Auf der Nutzung systemwissenschaftlicher und kybernetischer Erkenntnisse lässt sich ein bestimmtes Konzept von Management aufbauen, welches sich in vielfältiger Weise von der dominierenden Lehrmeinung – und ebenso von der Alltagsauffassung – unterscheidet: Kybernetisches Management mit seinen Grundpfeilern Gestaltung und Lenkung stellt auf die natürlichen Kräfte eines Systems ab, was aber nicht bedeutet, dass diese den Akteuren bewusst zu sein brauchen. Im Gegenteil sind es gerade die dem Bewusstsein nicht – oder nur nach entsprechender Schulung – zugänglichen Mechanismen, die die entscheidende Regulierungskraft besitzen.

In letzter Konsequenz ist kybernetisches Management jede Beeinflussung eines Systems in Richtung auf ein Ziel durch *Veränderung der Informationslage im System*. Menschen handeln bekanntlich nicht aufgrund dessen, was wirklich ist, sondern aufgrund dessen, was sie für wirklich halten. In diesem fast trivialen Satz liegt der Schlüssel für wirksames Management. Wenn dies nämlich so ist, dann müssen die Wahrnehmungs- und Kommunikationsprozesse studiert werden, durch die sich die Systemelemente ihre Wirklichkeit schaffen; muss untersucht werden, wie Lern- und Erfahrungsprozesse diese Wirklichkeit verändern oder auch bestätigen; muss verstanden werden, wie geistige Dinge, wie Ideen, Gerüchte, Meinungen, Intrigen usw. entstehen, sich wandeln und fortpflanzen, ein Eigenleben annehmen usw. Wir stehen mit all dem noch ziemlich am Anfang, denn zu lange wurde bloss darauf geachtet, was Systeme uns über sich selbst berichten, was sie zu tun behaupten, und zu wenig darauf, was sie wirklich tun.

Kybernetisches Management beruht auf der expliziten Anerkennung und Einbeziehung der Komplexität realer Systeme. Dies muss deshalb besonders betont werden, weil ein solcher Ansatz für die Wissenschaft in gewissem Sinne atypisch ist, läuft doch eine noch immer weit verbreitete Auffassung über wissenschaftliches Vorgehen letztlich auf Vereinfachung hinaus: Man greift einige wenige Grössen heraus, um diese zu untersuchen, während man alles andere ausklammert. Falls diese Grössen nicht ausreichen, um relevante Ergebnisse zu erzielen, versucht man es mit ein paar zusätzlichen Variablen usw.

Kybernetisches Management geht hier oft einen entgegengesetzten Weg, indem davon ausgegangen wird, dass reale Systeme so komplex sind, dass es selten möglich ist, alles zu wissen, was man eigentlich wissen müsste, um Entscheidungen im Sinne der üblichen Fragestellungen treffen zu können. Am einfachsten lässt sich dies vielleicht anhand der Prognoseproblematik veranschaulichen: Die übliche Auffassung besteht darin, dass man Prognosen brauche, um planen zu können. Unbestritten ist, dass solche, wo immer man sie hat, ausserordentlich wertvoll sind, und jeder Fortschritt in der Prognosemethodik als eine wesentliche Hilfe für das Management zu betrachten ist. Wir wissen aber auch, dass Prognosen ihre Problematik haben und gerade die wichtigsten Grössen kaum hinreichend genau vorausberechnet werden können. Während der Wissenschafter weiter nach besseren Methoden forscht, muss der Manager handeln – die Eigendynamik der Systeme erfordert dies ganz einfach. Er hat nicht die Alternative, in Ausstand zu treten, bis die Informationslage besser ist.

Seine Grundüberlegung ist daher nicht: Wie kann ich bessere Prognosen erhalten? Schon eher lautet sie: Wie muss ich eine Sache angehen, wenn ich – im Extremfall – nichts über den zukünftigen Verlauf der relevanten Grössen weiss?

Diese Änderung der Perspektive als Resultat der Anerkennung einer tatsächlichen Gegebenheit, der Tatsache der fundamentalen Begrenztheit menschlichen Wissens nämlich, führt oft zu erstaunlichen Veränderungen im Lösungsspektrum, das in Betracht gezogen wird. Ich möchte dies an einem sehr einfachen Beispiel veranschaulichen:

Wetterprognosen gehören in unseren Breitengraden erfahrungsgemäss nicht zum Zuverlässigsten. Man kann diesbezüglich nun im Wesentlichen zwei Haltungen einnehmen: Entweder man hofft, dass mit noch mehr Mitteln und noch leistungsfähigeren Computern letztlich die Zuverlässigkeit wesentlich verbessert werden kann – oder man nimmt in Anerkennung der unvermeidlichen Fehlerhaftigkeit der Prognosen eben auch den Regenschirm mit, um für alle Eventualitäten gerüstet zu sein. Mir ist klar, dass dieses Beispiel trivial erscheint, was es aber mitnichten ist: Hier spielen lediglich die Folgen keine allzu grosse Rolle – was macht es schon aus, wenn man einmal von einem Regenguss überrascht wird? Sobald aber das Risiko gross genug ist, wird der Wert solchen Denkens und Verhaltens sofort einsichtig: Nehmen wir an, jemand wolle eine sehr schwierige Bergtour unternehmen. Es ist klar, dass er bei schlechter Wetterprognose davon Abstand nehmen wird. In ähnlicher Weise sagt uns eine kybernetische Perspektive, die manchmal – und dies durchaus zu Recht – auch einfach als gesunder Menschenverstand erscheint, nicht selten eher, was wir *nicht* tun dürfen, was man unter allen Umständen *vermeiden* bzw. *unterlassen* muss, als was positiv zu tun ist. Ist die Prognose gut, so wird man die Tour wagen, ohne allerdings naiv auf die Vorhersage zu vertrauen. Denn der erfahrene Alpinist weiss, dass die beste Prognose Irrtümer enthalten oder sich ganz einfach die Witterungslage sehr schnell verändern kann. Er wird daher, bester Witterungsaussichten zum Trotz, nicht auf seine Schlechtwetterausrüstung verzichten, auch wenn er etwas schwerer zu tragen hat, denn das Spiel heisst: "Überleben und gesund zurückkommen."

Es gibt viele analoge Beispiele aus dem Unternehmens- bzw. Managementkontext. Im Wesentlichen entspricht dieses Bild der Grundsituation der Unternehmungsführung überhaupt. Wenn man also Wechselkurse, Zinssätze, Inflationsraten, Konjunkturverläufe, Technologiewandel usw. nicht wirklich voraussehen kann und wenig

Hoffnung besteht, dies auch mit noch so viel Aufwand jemals erreichen zu können, dann stellt sich eben die andere Frage, nämlich: Wie muss die Unternehmung gestaltet sein, und wie ist sie zu lenken, um trotzdem im Geschäft bleiben zu können? Damit wird augenfällig, wie wichtig Anpassungsfähigkeit, Flexibilität, Lernfähigkeit, Vorsorgedenken, Selbstorganisation, Selbstregulierung und Evolution sind. Und gerade dies sind ja auch die Mechanismen, die natürliche Systeme "erfunden" haben, um in einer Umwelt zu überleben, die sie ebenfalls nicht wirklich prognostizieren können.

Hier liegen denn auch die tatsächlichen, über blosse Analogien hinausgehenden Entsprechungen zwischen verschiedenen Arten von Systemen mit Bezug auf invariante Problemstellungen. Deshalb können wir von einer Strategie des Managements komplexer Systeme sprechen.[105]

Wie kommt es aber, dass diese Denkweise nicht weiter verbreitet ist, diese Ansätze insbesondere in der Managementlehre nicht intensiver bearbeitet werden? Dass dies nicht der Fall ist, bestätigt jede diesbezügliche Literaturanalyse: Gemessen am Raum, der etwa Prognosemethoden gewidmet wird, ist die Beschäftigung mit Alternativen dazu – und den daraus folgenden Gestaltungs- und Lenkungsoptionen – sehr gering. Ich vermute, dass dies auf einige fundamentale Kommunikations- bzw. Wahrnehmungsschwierigkeiten zurückzuführen ist, die uns daran hindern, die Realitäten zu sehen.

10.4 Paradigmatische Trugschlüsse

Im Folgenden stelle ich einige dieser mir wichtig erscheinenden Trugschlüsse, Wahrnehmungsfilterungen und Missinterpretationen

---

[105] Vgl. Malik, F., Strategie des Managements komplexer Systeme, 5. Aufl., Bern/Stuttgart/Wien 1996.

dar, ohne allerdings Anspruch auf Vollständigkeit zu erheben. Eine systematische Behandlung dieser Fragen muss einer anderen Gelegenheit vorbehalten bleiben.

Die Rechtfertigung dafür, diesen Problemkreis im Rahmen dieser Festschrift für Prof. Dr. Hans Ulrich zu behandeln, leite ich aus der Tatsache ab, dass es gerade er war, der mich immer wieder mit einer anderen als der üblichen Sicht erstaunte. In den scheinbar plausibelsten Annahmen fand er oft den Beobachtungs- oder Interpretationsfehler, der, wenn man ihn sich einmal bewusst gemacht hatte, oft so einfach war, dass man sich innerlich an den Kopf greifen musste und nicht selten beschämt und enttäuscht war, nicht selbst "auf so einfache Dinge" gekommen zu sein.

Diese Fähigkeit Ulrichs verlangte mir schliesslich jene Wertschätzung und jenen Respekt ab, die mich, zusammen mit einigen Zufälligkeiten des Lebens, dazu bewegten, mit ihm während fast 15 Jahren eng zusammenzuarbeiten, um zu lernen. Denn intuitiv war mir klar, dass es eine grössere Leistung sein musste, falsche Fragen zu entdecken, als falsche Antworten, und eine Alltagsbeobachtung in einem anderen Kontext anders zu interpretieren, als uns dies die tägliche Sinneserfahrung nahelegen würde.

10.4.1 "Fehler und Mängel im System sind Zeichen der Selbstorganisation"

Man wird diese Aussage in dieser Form nicht ohne weiteres akzeptieren können und wollen. Dennoch eröffnet sie uns als Heuristik einen neuen Interpretationszugang zu vielen Fragen des Managements: In jeder Unternehmung geht täglich vieles "schief", mit dem niemand gerechnet hat. Eine wesentliche Aufgabe von Führungskräften besteht daher in ständigen Neudispositionen. Es braucht sich dabei nicht immer um grosse, spektakuläre Fälle zu handeln. Viel wichtiger und typischer sind die kleinen Dinge, die sich täglich ändern – von simplen Terminvereinbarungen, die neu zu disponieren sind, bis zu den unvorhersehbaren Fragen der Mitarbeiter, die zu klären und zu beantworten sind.

Untersucht man die Managementliteratur, so kann man sich des Eindrucks nicht erwehren, dass viele Konzepte von der stillschweigenden Annahme ausgehen, dass es durch entsprechende Systeme möglich sei – oder zumindest möglich werde –, zu einem weitreichenden Abbau dieser als Friktionen empfundenen Dinge zu kommen. Gesunder Menschenverstand und praktische Erfahrung legen aber eher den Schluss nahe, dass es sich dabei um eine *unvermeidliche* Facette praktischer Unternehmungsführung handelt. Führungskräfte, die sich von vornherein darauf einstellen, dass ihre Zeit weitgehend durch diese dispositive Tätigkeit absorbiert wird, müssen und werden sich anders einstellen, als jene, die von der Vorstellung geleitet werden, eine Unternehmung könne jemals auch nur annähernd friktionsfrei funktionieren.

Aus einer systemischen Perspektive wird dies ebenfalls sehr rasch klar. Auch wenn man einwenden wird, dass man keine Systemwissenschaft brauche, um zu dieser Erkenntnis zu gelangen, so liefert diese uns doch das theoretische Fundament zur Erklärung dieses Phänomens. Denn gerade wegen der immensen Komplexität können wir nicht damit rechnen, Unternehmungen jemals vollständig unter Kontrolle zu bringen: Die konkreten Umstände, die täglich und stündlich Anpassungen in irgendeiner Kapillare der Unternehmung erforderlich machen, sind sehr zahlreich und unvorhersehbar. All die mannigfachen Unterbrechungen, Störungen, Vorfälle, Rückfragen usw., die ständiges dispositives Handeln notwendig machen, können – und müssen meines Erachtens – deshalb als Symptom jenes *nicht planbaren Anpassungsprozesses* verstanden werden, durch den die Unternehmung auf allen Stufen und in allen Bereichen, bis hinaus zu den äussersten Peripherie-Elementen (z.B. den Aussendienstmitarbeitern), auf den ständigen Wandel in ihrem relevanten Umfeld reagiert.

Da diese quasi-spontanen Anpassungen letztlich von niemandem geplant werden können, man vielmehr weitgehend darauf vertrauen muss, dass sich die Mitarbeiter als wesentliche Systemelemente selbsttätig einigermassen richtig verhalten – denn es gelangt in der Regel nur ein Bruchteil davon zur Kenntnis der obersten Führung, und vor allem nur jener Teil, der Probleme verursacht –, kann man hier von einem eigentlichen *Selbstorganisationsprozess* sprechen. Denn diese Vorgänge werden von niemandem in der Unternehmung als Ganzes und in voller Kenntnis aller übrigen Umstände gesteuert, sondern *sie steuern sich selbst*.

Die gute Führungskraft wird mit dieser Einsicht vertraut sein und sich daher in entsprechender Weise darauf einstellen. Sie wird die Art und Weise, das Verhaltens*muster*, das in diesen Anpassungsbestrebungen zum Ausdruck kommt, zu verstehen versuchen, um daraus Schlussfolgerungen – und seien es auch nur vage Vermutungen – darüber zu ziehen, ob diese Anpassungsvorgänge geordnet und effektiv ablaufen, also einigermassen unter Kontrolle sind, oder ob sich eher Hektik, Stress, Konfusion und ein Ziehen in verschiedene Richtungen abzeichnet.

10.4.2 "Nicht alle Entscheidungen werden getroffen, viele treffen sich"

Jede Führungskraft wird im Laufe ihrer Praxis die Erfahrung machen, dass die Steuerung von Entscheidungsprozessen eine problematische und schwierige Angelegenheit ist. Aus ähnlichen Gründen, wie sie soeben besprochen wurden – also wieder wegen der immensen Komplexität –, kann man praktisch nie alles wissen, was man eigentlich wissen müsste, um im üblichen Sinne rational entscheiden zu können.

Hinzu kommt, dass im Rahmen eines grösseren Entscheidungsprozesses eine Anzahl von Teilentscheiden häufig nicht bewusst getroffen wird, sondern durch faktisches Handeln entschieden wird. Viele Entscheidungen *treffen sich* also ganz einfach, und nicht selten stehen Führungskräfte zu ihrer eigenen Überraschung vor der normativen Kraft des Faktischen, ohne noch weitere Alternativen abwägen und Spielräume nutzen zu können.

Aber selbst sorgfältig durchdachte und bewusst getroffene Entscheidungen werden häufig deshalb in einer bestimmten Weise getroffen, weil man früher schon in einer bestimmten Weise entschieden hat, die Vergangenheit ihre organisierende und steuernde Wirkung also in die Gegenwart projiziert. Das alte Sprichwort "Wer A sagt, muss auch B sagen" bringt dies recht anschaulich auf den Punkt. Und in gleicher Weise entfaltet jede Gegenwartsentscheidung auch eine determinierende Wirkung mit Bezug auf zukünftige Optionen und Entscheidungen. Auch hier ist das Geschehen also nur zum Teil unter Kontrolle der Führungskräfte; und auch hier sind folglich Selbstorganisationsprozesse am Werk, die häufig übersehen werden und bisher nur selten Gegenstand systematischer Forschung waren.

Freilich darf nicht der Schluss gezogen werden, dass diese Selbstorganisation notwendigerweise zu Resultaten führe, die allen Beteiligten als wünschbar erscheinen, obwohl es natürlich vorkommen *kann,* dass dadurch, dass man gewissen Dingen ihren "freien Lauf" oder Entscheidungen "reifen" lässt, wünschenswerte Ergebnisse zustande kommen – und gerade in der Politik ist dies ja auch eine oft zu beobachtende Strategie. Wie immer dies im Einzelnen sein mag, so haben wir es hier doch mit faktisch wirksamen Organisationsprozessen zu tun, die sich der bewussten Gestaltung als Ganzes entziehen und eben deshalb zur Selbstorganisation gerechnet werden müssen.

10.4.3 "Man sieht nur die im Lichte..."

Ein sehr häufig beobachtbarer Fehlschluss beruht auf folgendem Mechanismus: Man stellt ein Resultat fest, das man aufgrund gegebener Kriterien als positiv bewertet – ein Produkt etwa, das erfolgreich vermarktet werden kann, eine Unternehmung, die mit bestimmten Vorgehensweisen Erfolg hat oder eine Person, die Karriere macht; vom festgestellten Erfolg wird darauf geschlossen, dass die verwendeten Methoden, Vorgehensweisen, Grundsätze usw. *Ursache* für diesen Erfolg waren, und dass man demzufolge diese Methoden anzuwenden habe, um ebenfalls Erfolg zu haben oder um den Erfolg auch für die Zukunft sicherzustellen.

Es wird hierbei aber ausser Acht gelassen, dass unsere Wahrnehmung selektiv ist und wir all jene Fälle übersehen, die trotz Anwendung derselben Methoden Misserfolge waren. Und meistens täuscht man sich schon bezüglich der Bedeutung der herausgegriffenen Erfolgsmethoden, die häufig nur einen von vielen Faktoren darstellen, deren Zusammenwirken das hervorgehobene Resultat erst wirklich herbeizuführen ermöglichte. So spielen bei vielen erfolgreichen Unternehmungen das Element Glück und der Faktor Zufall eine wesentlich grössere Rolle, als die Beteiligten zuzugeben bereit oder wahrzunehmen in der Lage sind.

10.4.4 "Im Nachhinein ist man immer klüger..."

Aber selbst dann, wenn eine ursächliche Beziehung zwischen dem Resultat und dem Weg dazu festgestellt werden kann, ist es meistens ein Irrtum anzunehmen, dass man *im Voraus* gewusst hat, dass dieser Weg zu diesem Resultat führen würde. Im Voraus betrachtet haben viele Methoden die gleiche – oder jedenfalls eine kaum zu beurteilende – Erfolgswahrscheinlichkeit. Vor allem dort, wo es um Innovationen geht, wo wir eben einen Schritt ins Unbekannte tun müssen, gibt es keine Möglichkeit, den Erfolg im Voraus wirklich abzuschätzen. Im Nachhinein sind wir dann klüger – und es ist sehr verführerisch, dann zu behaupten, man habe es immer schon gewusst...

10.4.5 "Auf den Schultern von Riesen..."

Jedes erfolgreiche Ergebnis baut auf zahlreichen misslungenen Versuchen auf. Die vielen Erfahrungen, die andere im Laufe der Zeit in oft schmerzlicher Weise machen mussten, um die Voraussetzungen für ein schlussendlich positives Resultat zu schaffen, werden häufig unterschätzt. Diese Erfahrungen mussten aber gemacht werden; sie gehen als wichtige Informationen in den gesamten Prozess ein. Jeden Fortschritt, den wir schliesslich erzielen können, haben wir dem Umstand zu verdanken, dass wir auf den Schultern vieler Generationen stehen und deren tradierte Erfahrungen nutzen können.

10.4.6 "Die Trauben sind zu sauer..."

Der Mensch hat nicht nur die Fähigkeit, seine Handlungen an Zielen zu orientieren, er versteht es auch ausgezeichnet, die Ziele den jeweiligen Resultaten anzupassen: Kommt als Ergebnis unseres Bemühens nicht das heraus, was wir ursprünglich anstrebten, so neigen wir häufig dazu, im Nachhinein zu sagen, dass das tatsächlich eingetretene Resultat unseren schon immer gehegten Absichten entspreche. Falls dies nicht glaubhaft gemacht werden kann, kann man auch einfach bestreiten, jemals entsprechende Absichten gehabt zu haben. So manche Präsidialadresse an Generalversammlungen und so mancher Bericht zur Lage der Nation sind anschauliche Illustrationen dieses Vorgehens. Auf diese Weise stellen wir im Nachhinein jene Übereinstimmung zwischen dem Ergebnis des evolutionären Prozesses und unseren sog. Zielen her, die uns oft daran hindert, den evolutionären Charakter des Prozesses überhaupt zu erkennen.

10.5 Eine kopernikanische Wende? – Vielleicht...

Es sind Trugschlüsse, Wahrnehmungsfilterungen und Interpretationsfixierungen der besprochenen Art, die es uns oft verunmöglichen, Sachverhalte als das zu erkennen, was sie wirklich sind – oder erkenntnistheoretisch vorsichtiger und korrekter ausgedrückt: die uns daran hindern, andere Interpretationen als Möglichkeit in Betracht zu ziehen, das Geschehen zu erklären und zu verstehen. Je weniger praktische Erfahrung eine Führungskraft hat und/oder je unkritischer sie gewisse Managementvorstellungen akzeptiert, umso grösser ist diese Gefahr.

Nimmt man hingegen eine systemische Interpretation – zumindest hypothetisch und als Heuristik – ernst, so eröffnen sich neue Wege und Formen der Gestaltung und Lenkung von Unternehmungen: Wir erhalten die Chance, spontane Ordnungskräfte,[106] kybernetische Mechanismen und Gesetzmässigkeiten,[107/108] Selbstorganisationsprozesse,[109] Lernmechanismen,[110] Mechanismen der Wahrnehmung und Kognition[111/112] und die Dynamik der Evolution,[113] insbesondere der soziokulturellen und technologischen Evolution,[114/115] zu nutzen.

---

[106] Hayek, F.A. von, Law, Legislation and Liberty, Vol. 1-3, London 1973-1979.
[107] Beer, S., The Heart of Enterprise, Chichester 1979.
[108] Vester, F., Neuland des Denkens, Stuttgart 1980.
[109] Foerster, H. von, Principles of Self-Organization - In a Socio-Managerial Context, in: Ulrich, H. / Probst, G.J.B. (Hrsg.), Self-Organization and Management of Social Systems - Insights, Premises, Doubts, and Questions, Berlin 1984.
[110] Pask, G., The Cybernetics of Human Learning and Performance, London 1975.
[111] Piaget, J., Die Entwicklung des Erkennens, Stuttgart 1972/1973.
[112] Bateson, G., Ökologie des Geistes, Frankfurt 1981.
[113] Eigen, M. / Winkler, R., Das Spiel, München/Zürich 1975.
[114] Hayek, F.A. von, Law, Legislation and Liberty, Vol. 1-3, London 1973-1979.
[115] Mensch, G., Das technologische Patt, Stuttgart 1975.

Dies wird es uns auch erlauben, dem Computer einen neuen Stellenwert für die Unternehmungsführung zu geben. Denn die bisherigen Ansätze der Computernutzung beruhen noch weitgehend darauf, diesen in die gewachsenen Strukturen einzubauen. Noch viel zu selten und zu wenig konsequent wird eine Frage gestellt, die von Beer spätestens seit 1972 immer wieder aufgeworfen wird: "Nun, da wir den Computer haben, wie könnten unsere Unternehmungen jetzt aussehen?" Die Elektronik, und insbesondere die Mikroelektronik, wird erst auf dieser Grundlage von einem Instrument der Konservierung zu einem Werkzeug der Innovation – vor allem der strukturellen Innovation – werden können.

Zugegebenermassen ist dies alles dort nicht wichtig, wo wir es mit *einfachen* Systemen zu tun haben. Dort brauchen wir dies alles nicht – aber einfache Systeme sind es ja auch nicht, die die schwierigen Managementprobleme stellen. Management von einfachen Systemen ist eben meistens auch einfach – und vorwiegend eine Sache des gesunden Menschenverstandes.

In *komplexen* Systemen aber werden wir nur allzu leicht Opfer der besprochenen Trugschlüsse. Diese Erkenntnis ist deshalb so wichtig, weil das Modell der einfachen Systeme durch die tagtägliche Sinneserfahrung immer wieder von neuem gestützt zu werden scheint und es intellektueller Anstrengung oder besonderer Erfahrung und Einsicht bedarf, um hinter den Sinnesdaten liegende Phänomene überhaupt erkennen zu können. Auch einige Zeit nach Kopernikus und Galilei legt unsere Sinneserfahrung ja noch immer fast zwingend den Schluss nahe, dass die Erde im Zentrum des Kosmos stehe und flach sei. Die in der einfachen, alltäglichen Lebenswelt der Familie, des Freundeskreises, der Schulklasse und der betrieblichen Abteilung gesammelten Erfahrungen sind schlechte Wegweiser für die Gestaltung und Lenkung komplexer Systeme.

(1985)

Zitierte und ergänzende Literatur

Bateson, G., Ökologie des Geistes, Frankfurt 1981

Beer, S., The Heart of Enterprise, Chichester 1979
- Brain of the Firm, London 1972; 2. Aufl., Chichester 1981

Eigen, M. / Winkler, R., Das Spiel, München/Zürich 1975

Foerster, H. von, Principles of Self-Organization - In a Socio-Managerial Context, in: Ulrich, H. / Probst, G.J.B. (Hrsg.), Self-Organization and Management of Social Systems - Insights, Premises, Doubts, and Questions, Berlin 1984

Hayek, F.A. von, Law, Legislation and Liberty, Vol. 1-3, London 1973-1979

Malik, F., Strategie des Managements komplexer Systeme, 5. Aufl., Bern/Stuttgart/Wien 1996

Mensch, G., Das technologische Patt, Stuttgart 1975

Pask, G., The Cybernetics of Human Learning and Performance, London 1975

Piaget, J., Die Entwicklung des Erkennens, Stuttgart 1972/1973

Vester, F., Neuland des Denkens, Stuttgart 1980

11. Die Selbstorganisation der Unternehmung: Entscheiden im Kontext komplexer Systeme

> *"Nobody really knows what goes on in an organization"*
> *(Johnsons Law)*

Wir haben gestern sehr viel Interessantes zum Thema Entscheidung gehört, von der Entscheidungstheorie im Sinne eines logischen Kalküls, den Ergebnissen der Forschung über reale Entscheidungsfindung von Einzelnen und Gruppen, den heute verfügbaren Methoden der Strategieplanung – die übrigens keineswegs nur in Amerika Anwendung finden –, bis hin zum Konsensmanagement auf der Basis verbesserter Dialogfähigkeit. Relativ wenig gesprochen wurde bisher aber über den Kontext, über die Situation, in der die Entscheidungsfindung vor sich geht – d.h. über die realen Organisationsstrukturen, die Machtverhältnisse und die sonstigen Rahmenbedingungen, die sich unweigerlich auf das Treffen von Entscheidungen auswirken.

Ferner ist die Tatsache von erheblicher Bedeutung, dass Entscheidungen einerseits nicht in einer zeitlosen Welt getroffen werden, sondern ganz konkret aus einer nicht mehr zu ändernden Vergangenheit beeinflusst werden, und andererseits eine unvermeidbare Futurität aufweisen, indem sie uns heute in mehr oder weniger reversibler, d.h. korrigierbarer Weise für eine unbekannte Zukunft festlegen.

Mit anderen Worten: Wir treffen heute diese oder jene Entscheidung deshalb – oft *nur* deshalb – in einer bestimmten Weise, weil wir zu irgendeinem früheren Zeitpunkt bereits bestimmte Entscheidungen getroffen haben, und wir fällen heute eine Entscheidung – oder auch nicht –, um nicht in Zukunft zu anderen, sich daraus ergebenden Entscheidungen gezwungen zu sein. Oft wird diese innere Futurität allerdings, mit häufig tragischen Konsequenzen, übersehen oder unterschätzt. All diese Dinge wirken sich in der realen Entscheidungspraxis in sehr konkreter, oft schmerzlicher und häufig nicht korrigierbarer Weise aus.

Wenn ich hier von Selbstorganisation der Unternehmung rede, dann möchte ich einiges zum eben skizzierten *Kontext* sagen, in dem Entscheidungen getroffen werden. Mit "Organisation" ist hier aber eigentlich nicht das gemeint, was man üblicherweise darunter versteht. Ich werde also keine Organigramme zeichnen oder zeigen, denn sie sagen über das wirkliche Funktionieren von Unternehmungen so gut wie gar nichts aus. Insbesondere können wir daraus nichts über die tatsächlichen Entscheidungsprozesse lernen – und nebenbei bemerkt, gibt es wahrscheinlich ohnehin kein Unternehmen, in dem die Wirklichkeit mit den Organigrammen übereinstimmt. Ich möchte hier vielmehr auf die das wirkliche Funktionieren einer Unternehmung bestimmenden Strukturen eingehen.

Der weitaus grösste Teil der Betriebswirtschafts- und Managementlehre – und damit auch der Entscheidungstheorie sowie aller Gebiete, in denen das Problem der Entscheidungsfindung eine wesentliche Rolle spielt, vor allem grosse Teile des Gebiets der Planung –, beruhen auf der ausdrücklich oder stillschweigend unterstellten Annahme, dass wir das System, mit dem wir es in unserer Eigenschaft als Führungskräfte zu tun haben, in einem sehr weitgehenden Sinn unter Kontrolle haben: Wir gehen davon aus, dass das System das tut, was wir wollen, oder dass es zumindest im Prinzip möglich ist, das System so zu organisieren, dass es in diesem Sinne unter Kontrolle ist.

Wir gehen in unserer Rolle als verantwortliche Entscheidungsträger davon aus, dass *wir* entscheiden, dass *wir* planen und dass *wir* organisieren – und dass das Resultat unserer Handlungen im Grossen und Ganzen auch unseren Absichten und Plänen entspricht. Wir versuchen also, in unserer Funktion als Führungskräfte durch bewusstes und geplantes Handeln Ordnung in die Dinge zu bringen, und zwar eine Ordnung, die unseren Absichten, Vorstellungen und Plänen entspricht.

In einem gewissen Sinne kann das gesamte Bemühen von Managementtheorie und -lehre als Versuch verstanden werden, immer bessere Methoden zu entwickeln, um die Übereinstimmung von Handlungsabsichten und Handlungsresultaten sicherzustellen, also eine bewusst geplante Ordnung herbeizuführen.

Dieses Bemühen ruht auf sehr tief verwurzelten Annahmen über die Arten möglicher Ordnung und ihre Entstehungsformen sowie über die Möglichkeiten und Grenzen, Ordnung überhaupt bewusst herzustellen und zu gestalten. Die meisten der diesbezüglichen Annahmen der Managementtheorie – aber auch der Managementphilosophie –, die wir alle, meist unbewusst, in unseren Köpfen haben, sind zumindest sehr unvollständig, viele davon falsch und die meisten krass irreführend.

So scheinen es die Prämissen des heute vorherrschenden Managementdenkens ausserhalb jeden Zweifels zu stellen, dass eine Unternehmung organisiert *wird* und sich *nicht selbst* organisiert. Ich möchte aber die Behauptung aufstellen, dass es genau umgekehrt ist, dass also jede Unternehmung in einem überraschend hohen Ausmass ein sich selbst organisierendes System ist, das wir nur sehr bedingt unter Kontrolle haben, das, im Gegenteil, viel eher *uns unter Kontrolle hat* – egal, wie hoch unsere Position in der Hierarchie sein mag.

Diese Behauptung ist nicht ganz einfach zu belegen, und zwar nicht, weil sie etwa nicht stimmen würde. Vielmehr stellen wir. bedingt durch unsere Erziehung und Ausbildung und aufgrund der Denkweisen, die in unserer Managementkultur vorherrschend sind, die beobachtbaren Indizien für die Selbstorganisation von Unternehmungen – aber auch von beliebigen anderen Systemen und Prozessen – in einen unzweckmässigen Bezugsrahmen und betrachten sie im Lichte von Vorstellungen und Konzeptionen, in denen es das Phänomen der Selbstorganisation gewissermassen nicht gibt.

Wir haben somit kein Sensorium dafür entwickelt, ähnlich wie wir beispielsweise für Röntgenstrahlen kein direkt wahrnehmendes Organ besitzen – wobei dieser Umstand natürlich nichts an ihrer realen Existenz ändert. Wir müssen deshalb erst *lernen oder erfahren*, dass es so etwas wie Röntgenstrahlen oder eben Selbstorganisation gibt, bevor wir diese Dinge feststellen können, und wir müssen möglicherweise komplizierte Apparate zu diesem Zweck entwickeln. Im Falle der Selbstorganisation von Systemen – wie im Zusammenhang mit dem Bemühen, komplexe Systeme zu begreifen generell –, ist es vor allem die Unzulänglichkeit der uns zur Verfügung stehenden Sprache, die das grösste Hindernis darstellt: Wir haben schlichtweg keine brauchbaren Begriffe, um diese Aspekte der Realität in den Griff zu bekommen.

Dennoch wirken sie sich auf die Möglichkeiten und die Resultate unseres Handelns aus, und zwar in dem Sinne, dass wir oft

- Dinge zu erreichen versuchen, die unter Berücksichtigung des wahren Systemcharakters sehr schnell als nicht erreichbar erkannt würden;
- Dinge als nicht erreichbar ansehen, die in Wahrheit sehr wohl erreicht werden könnten;
- und dass wir komplexe Systeme auf eine Weise unter Kontrolle zu bringen versuchen, die neue Probleme wuchern lässt wie Pilze nach einem Regen. Es ist wohl kaum übertrieben, wenn man sagt, dass die meisten der uns heute global beschäftigenden Probleme – vom Energieproblem über die Rauschgiftsucht bis zur Unlenkbar-

keit unserer Wirtschaftssysteme – im Grunde auf die völlig falsche Art zurückzuführen sind, in der wir versuchen, komplexe Systeme unter Kontrolle zu bringen.

Worin aber zeigt sich uns nun die Selbstorganisation einer Unternehmung? Selbst auf die Gefahr hin, fast unzulässig zu simplifizieren, möchte ich im Folgenden kurz einige einfache Symptome des selbstorganisierenden Charakters von Unternehmungen anführen:

- Für jede Entscheidung, die in bewusster Absicht getroffen wird, kann in jedem Unternehmen eine weitaus grössere Zahl von Entscheidungen festgestellt werden, die *niemand* trifft, sondern die *sich* treffen.
- Für jedes Ereignis, das bewusst geplant wird, kann eine Vielzahl von Ereignissen beobachtet werden, die *niemand plante*, sondern die *einfach passieren*.
- Aufgrund der Eigendynamik des Systems, das wir unter Kontrolle zu bringen versuchen, sind wir ständig gezwungen, unsere Pläne laufend zu *korrigieren* – von einfachen Terminvereinbarungen über die verschiedenen Unternehmenspläne bis zu dem, was wir unseren Lebensplan nennen könnten.

Ist es denn nicht so, dass wir unsere Absichten selten in ihrer ursprünglichen Form realisieren können; dass unerwartete Ereignisse unsere schönsten und bestens durchdachten Konzepte durchkreuzen; und dass das, was sich schliesslich als jeweils vorläufiges Resultat einstellt, meistens etwas anderes ist, als das, was wir ursprünglich erwarteten?

Natürlich neigen die meisten Menschen dazu, dieses Phänomen "wegzurationalisieren," zu negieren, indem sie so tun, als ob das, was schliesslich wirklich eingetreten ist, immer schon ihre wohlüberlegte Absicht gewesen sei. Gar mancher Geschäftsbericht und so manche Rede von Verwaltungsratspräsidenten anlässlich der

Aktionärsversammlungen sind wahre Meisterwerke solcher Ex-post-Rationalisierung.

- Auf etwas andere Weise zeigt sich das Phänomen der Selbstorganisation in jenen Fällen, wo es trotz grösster Bemühungen und intensivstem Einsatz aller denkbaren Mittel nicht gelingt, ein Unternehmen – oder irgendeine andere Institution – zu reorganisieren. Beharrungsvermögen, Festhalten am Status quo, Immunität gegen jede durchgreifende Änderung gar sind Erscheinungen, mit denen wohl jede erfahrene Führungskraft ihre schmerzlichen Erfahrungen gemacht hat. Das System organisiert sich selbst – es lässt sich nicht organisieren...

- Im Gegensatz zu diesen eher als negativ empfundenen Beispielen lassen sich aber auch Fälle feststellen, in denen gewissermassen *natürliche* Tendenzen, Strömungen oder Trends hervorragend für die eigenen Absichten und Ziele *genutzt* werden können – wo alles wie von selbst zu laufen scheint und eine Kette von Ereignissen, die meistens als glückliche *Zufälle* aufgefasst werden, einem ein Ergebnis in die Hände spielt, das man kaum zu erträumen wagte.

Mit solchen Manifestationen von Selbstorganisation in Unternehmungen konfrontiert, kann man im Prinzip zwei grundverschiedene Haltungen einnehmen: Wir können einerseits von der Überzeugung ausgehen, dass wir die Dinge *sehr wohl unter Kontrolle haben*, dass manchmal aber eben auch Fehler passieren, oder dumme Zufälle, oder dass es Leute gibt, die unsere Absichten ganz bewusst zu vereiteln versuchen. Wir können andererseits aber auch der Ansicht sein, dass wir die Dinge *keineswegs – und vor allem nicht in ihren Einzelheiten – unter Kontrolle haben*, sondern sich aus der inneren Dynamik des Systems heraus eben zwangsläufig so und so viele Dinge ergeben, ohne dass wir viel dagegen tun können; und selbst in bester Absicht und mit grösster Umsicht durchgeführte Massnahmen sehr häufig zu ganz anderen Ergebnissen führen, als wir eigentlich wollten. Diese

Sicht der Dinge anerkennt zwar die Begrenztheit unserer Möglichkeiten, ein System zu beherrschen, lenkt den Blick aber gleichzeitig auf die Chancen, die uns eine Nutzung gewisser dieser Systemeigenschaften eröffnet.

Die beiden skizzierten Auffassungen sind nicht einfach subjektive Meinungen oder Glaubenshaltungen, sondern vielmehr Ausdruck für zwei ganz verschiedene Perspektiven, aus denen Unternehmungen und ähnliche Systeme betrachtet werden können: Die erste geht davon aus, dass Unternehmungen Systeme sind, die eine *gemachte, geplante* und *bewusst gestaltete* Ordnung aufweisen, die wir – genügend Zeit und Mittel vorausgesetzt – im Detail beliebig nach unseren Vorstellungen formen können. Die zweite Haltung geht von der Annahme aus, dass Unternehmungen eher *gewachsene, teilweise spontan entstandene* Ordnungen sind, in die wir nur bedingt gestalterisch eingreifen können, wenn wir nicht den Zusammenhalt des Systems selbst gefährden wollen.

Die erste Art des Denkens wird häufig *technomorphes Denken* oder "Konstrukteurs-Denken" genannt; die zweite kann man als *systemisches* oder *evolutionäres Denken* bezeichnen. Diese beiden Typen von Vorstellungen über die Natur von Unternehmungen sind nicht einfach eine Sache von Optimismus oder Pessimismus oder dergleichen, sondern weisen auf gänzlich unterschiedliche Methoden des Verstehens, der Gestaltung und Steuerung von Systemen hin. Einige Beispiele können die Unterschiede zwischen diesen beiden Arten von Systemen, den gemachten und den gewachsenen Ordnungen, sehr leicht veranschaulichen:

- Eine Uhr weist, wie zweifellos auch jede andere, auch noch so komplexe Maschine, eine in sämtlichen Details bewusst gemachte, beabsichtigte und geplante Ordnung auf. Hier wird jeder Bestandteil, jede Funktion eines Bestandteils und sämtliche Wechselwirkungen der Bestandteile untereinander im Einzelnen geplant und durch planvolle Handlungen bewusst angeordnet.

- Ganz anders verhält es sich mit einer Pflanze oder mit einem Kristall. Hier können wir die Anordnung der einzelnen Bestandteile oder Elemente, ihre gegenseitigen Beziehungen und Wechselwirkungen praktisch nicht beeinflussen. Wir können zwar günstigere oder weniger vorteilhafte *Voraussetzungen* für die Entwicklung solcher Systeme schaffen und damit gewisse ihrer Züge, Merkmale und Eigenschaften gestalten, doch handelt es sich hierbei um eine bloss sehr indirekte Form der Gestaltung und Beeinflussung.

- Die Besatzung eines kleinen Schiffes, die im Wesentlichen den Befehlen des Kapitäns entsprechend handelt, stellt eine weitgehend gemachte Ordnung dar. Auch hier werden die Verhaltensweisen der einzelnen Elemente, ihre Beziehungen untereinander sowie ihr Zusammenwirken grösstenteils und ziemlich detailliert durch die Befehle und Anweisungen einer zentralen Instanz gestaltet.

- Im Gegensatz dazu sind die beiden Mannschaften in einem Fussballspiel weitgehend selbstorganisierende Systeme. Auf Basis der in jeder Mannschaft bestehenden Absicht, das Spiel zu gewinnen, und auf der Grundlage einer eventuell im Voraus vereinbarten, grundsätzlichen Strategie verhalten sich die einzelnen Spieler als autonome, dezentralisierte Entscheidungsträger so, wie es der jeweils aktuelle Stand der Spielsituation erfordert. Ihr Verhalten wird dabei durch die relativen Positionen sämtlicher Spieler und des Balles sowie durch die allgemein bekannten Spielregeln des Fussballspiels gesteuert. Es bedarf in einer solchen Situation kaum eines Befehls oder einer Anweisung durch den Kapitän der Mannschaft, ja man kann sogar sagen, dass eine Mannschaft, die auf Befehle während des Spieles angewiesen wäre, kaum grosse Aussichten auf den Sieg hätte.

Der Umstand, dass *künstliche Systeme* – wie Maschinen – im Detail organisiert werden müssen, um funktionieren zu können, ist ebenso unbestritten, wie heute ebenfalls weitgehend akzeptiert ist, dass *natürliche Systeme* – wie Organismen – durch einen evolutionären Prozess der Selbstorganisation entstanden sind.

Weniger klar aber ist die Tatsache, dass es auch *soziale Systeme* gibt, die höchst zweckmässig und sinnvoll organisiert sind, obwohl sie von niemandem in bewusster Absicht als Ganzes geschaffen wurden, sondern ihre Ordnung und Funktion weitgehend einem der natürlichen Evolution analogen Prozess der Selbstorganisation verdanken. Praktisch sämtliche grossen sozialen und kulturellen Errungenschaften fallen in diese Kategorie der gewachsenen Ordnungen – die Gesellschaft als Ganzes, Familie, Moral, Gesetz, Sprache, die meisten sozialen Kooperationsformen bis hin zu den Unternehmungen. All diese Ordnungen oder Systeme sind zwar das Resultat menschlichen Handelns, nicht aber notwendigerweise Ergebnis menschlicher Absichten und Planungen.

Die Vorstellung, dass es äusserst zweckmässige, scheinbar scharfsinnig durchdachte, sinnvolle soziale Ordnungen geben kann, ohne dass es hierfür einen planenden Verstand oder eine bewusste Übereinkunft zu geben braucht, kommt den meisten Menschen zwar unverständlich vor, ist aber dennoch eine Tatsache. Denn all diese Systeme sind genau gesehen viel zu komplex, als dass sie durch irgend jemand, sei es ein Einzelner oder eine Gruppe, als Ganzes plan- und machbar wären. In das konkrete Funktionieren dieser Systeme, in die Beziehungen und wechselseitigen Anpassungen der einzelnen Elemente gehen derart viele Informationen ein, dass sie zentralen, befehlsgebenden Instanzen weder zugeleitet noch von diesen verarbeitet werden könnten. Das ist aber auch der Grund dafür, dass wir sie nie völlig unter Kontrolle haben bzw. nur mit anderen als den üblichen Methoden sinnvoll beeinflussen können.

Ohne dies hier im Einzelnen begründen zu können, möchte ich in diesem Zusammenhang lediglich die entscheidenden Merkmale hervorheben, die gewachsene evolutionäre Systeme von gemachten Ordnungen unterscheiden:

- Ein evolutionäres System, dessen Elemente analog dem erwähnten Beispiel der Fussballmannschaft funktionieren, ist in der Lage, weit mehr Informationen zu verarbeiten, als ein bewusst gemachtes, nach dem Modell der Schiffsbesatzung organisiertes System. Die Informationsverarbeitung ist bei letzterem auf die Verarbeitungskapazität der befehlenden Instanz oder Instanzen reduziert, die, wie eindeutig nachgewiesen werden kann, um ein Vielfaches geringer ist, als die Verarbeitungskapazität eines nach dem Vorbild gewachsener Ordnungen organisierten Systems. Damit ist aber auch die Fähigkeit der Anpassung an sich ändernde Gegebenheiten wesentlich geringer.

- Spontane, evolutionäre Ordnungen können aufgrund ihrer andersartigen Organisationsprinzipien einen wesentlich höheren Grad an Komplexität verkraften, als bewusst geplante Ordnungen. Die häufig anzutreffende Meinung, man müsse die sozialen Systeme nun besser planen, *weil* sie so komplex geworden sind, verkennt also völlig, dass diese so komplex werden konnten, gerade weil sie von niemandem in ihrer Gesamtheit geplant wurden, sondern das Ergebnis eines Evolutionsprozesses sind. Nach dem Muster der Schiffsmannschaft organisierte Systeme werden deshalb bereits bei Verhältnissen relativ geringer Komplexität praktisch unlenkbar, während nach dem Modell spontaner Ordnungen strukturierte Systeme eine wesentlich höhere Komplexitätsbewältigungskraft aufweisen.

Dass evolutionäre, selbstorganisierende Systeme als Vorbild für das Management von Unternehmungen nicht bereits viel früher in den Mittelpunkt des Interesses rückten, dürfte neben der Tatsache, dass wir im Allgemeinen erst in jüngster Zeit langsam zu verstehen beginnen, wie komplexe Systeme funktionieren, auch damit zusammenhängen, dass die Umweltsituation der Unternehmungen während der Zeit der stabilen Wirtschaftslage bis Anfang der 70er Jahre in sehr vielen Branchen einen erheblich geringeren Komplexitätsgrad aufwies, als heute. Die gravierenden strukturellen Änderungen und die rasche Aufeinanderfolge immer neuer kritischer Situationen hat denn auch zu einer wesentlichen Neuorientierung im Zusammenhang mit der Frage nach den obersten Zielsetzungen der Unternehmungen geführt. Während in den früheren, stabilen Situationen Ziele wie Gewinn und Wachstum – zwar nicht theoretisch begründet, aber durch die allgemeine Lage problemlos gerechtfertigt – in den Mittelpunkt gestellt werden konnten, haben gerade die Fortschritte auf dem Gebiet der Unternehmungsstrategie gezeigt, dass die Fähigkeit eines Unternehmens, auch in komplexen, durch raschen Wandel und tiefgreifende Krisen gekennzeichneten Situationen zu bestehen, d.h. seine dauerhafte Existenz und Lebensfähigkeit zu erhalten, wesentlich wichtiger ist, als alle anderen Ziele. Überleben heisst aber in erster Linie, sich veränderten Gegebenheiten immer wieder aufs Neue anpassen zu können, und dazu sind evolutionäre, selbstorganisierende Systeme wesentlich besser in der Lage als solche, deren Organisation von aussen aufgeprägt wird und deren Verhalten durch Eingriffe in ihr inneres Funktionieren bestimmt wird.

Ich möchte hier aber nochmals zurückkommen auf die Organisationsprinzipien selbstorganisierender Systeme. Anhand des Fussballspiels wurde gezeigt, dass, neben der jeweils aktuellen Spielsituation, die *Spielregeln* ein wichtiges steuerndes Element sind. In der Tat haben die Forschungen auf dem Gebiet selbstorganisierender Systeme zum Ergebnis geführt, dass die komplexe und oft in höchstem Masse zweckmässige Ordnung eines solchen Systems aus der Tatsache resultiert, dass das Verhalten seiner Elemente von *Regeln* geformt ist, die unabhängig von den jeweils konkreten Zielen faktisch befolgt werden. Dabei kommt es überhaupt nicht darauf an, dass diese Regeln den einzelnen Individuen bekannt oder bewusst sind; es muss im Gegenteil sogar davon ausgegangen werden, dass die meisten der faktisch wirksamen Regeln den handelnden Individuen weder bekannt noch bewusst sind. Die faktische Wirkung genügt.

So ist beispielsweise das Verhalten der Fussballspieler auch durch eine Reihe anderer Regeln bestimmt, die ihre Bewegungsabläufe, die Art des Dribblings, die Ballbeherrschung usw. steuern. Andere Beispiele sind etwa, dass wir unabhängig von den jeweils konkreten Zielen Unpünktlichkeit, Unehrlichkeit oder Unhöflichkeit zu vermeiden trachten, alles Regeln, die unser Verhalten formen, wobei – und auch das ist bemerkenswert – ihre Funktion im Wesentlichen darin besteht, uns zu sagen, was wir *nicht tun* sollen. Regeln nehmen uns damit im Rahmen der durch sie entstehenden Ordnung eine enorme Zahl von Entscheidungen ab. Dabei ist zu betonen, dass die Evolutionstheorie gezeigt hat, dass nicht nur die Ordnung von selbstorganisierenden Systemen Ergebnis der Evolution ist, sondern auch die diese Ordnung bestimmenden Regeln und Systeme von Regeln auf evolutionäre Weise entstehen.

Wie im Zusammenhang mit dem Fussballbeispiel bereits erwähnt, kann ein solches System nicht durch Befehl und Anweisung gesteuert werden, da es zu komplex ist und auf die autonome Entscheidungsfähigkeit der einzelnen Elemente im Rahmen der Spielregeln angewiesen ist. Allerdings ist es möglich, auf andere Weise in den Gesamtverlauf des Spieles einzugreifen – durch eine *Veränderung der Spielregeln* nämlich. Diese Möglichkeit ist im Fussball zwar nicht gegeben, wohl aber in anderen Fällen selbstorganisierender Systeme. Und ähnlich, wie die *äusseren Bedingungen* des Pflanzenwachstums oder der Kristallbildung die Ergebnisse des selbstorganisierenden Prozesses, in dessen Detailablauf nicht eingegriffen wird, auf indirekte, aber nichts desto trotz gravierende Weise beeinflussen, so würde auch eine Änderung der Spielregeln im Fussball den gesamten Charakter des Spieles verändern und damit andere Resultate erzeugen, ohne dass in das Spiel selbst eingegriffen würde.

Dass wir gewisse Dinge nicht durch Befehle und Anweisungen herstellen oder herbeiführen, wohl aber günstige Voraussetzungen für ihre Entstehung schaffen können, gilt für viele Bereiche. So ist es beispielsweise nicht möglich, in einem Unternehmen durch Anordnungen Loyalität, Identifikation und Motivation zu bewirken; Kreativität kann ebenso wenig befohlen werden, wie wir durch Anordnungen erzwingen können, dass uns jemand liebt. In all diesen und in zahlreichen analogen Fällen können wir nur gewisse Voraussetzungen schaffen resp. beeinflussen, die für die Entstehung der beabsichtigten Phänomene günstig sind. Am deutlichsten sicht- und für jedermann erfassbar lässt sich dies vielleicht am Beispiel der Kindererziehung veranschaulichen. Auch hier lassen sich letztlich nur die Voraussetzungen und Bedingungen beeinflussen, die die körperliche, geistige und emotionale Entwicklung eines Kindes bestimmen, denn wir haben keine Möglichkeit, in den Ablauf der Entwicklungsprozesse selber einzugreifen.

Die Selbstorganisation von Systemen beruht somit einerseits darauf, dass deren Elemente im Rahmen faktisch wirkender, wenngleich ihnen grösstenteils nicht bewussten Regeln sämtliche ihnen zugängliche Information für die Erfüllung ihrer Funktion verwenden und sich in vielfältiger Weise an immer wieder ändernde Gegebenheiten anpassen. Andererseits besteht eine Wechselwirkung – im Sinne einer Rückkoppelungsbeziehung – zwischen den aufgrund dieser inneren Dynamik jeweils entstehenden Resultaten und den Regeln, die das Geschehen bestimmen. Unter Verzicht auf Eingriffe in die inneren Prozesse des Systems werden die system-eigenen Kräfte somit in eine neue Richtung gelenkt.

Aufgrund der Tatsache, dass der Grossteil der tatsächlich wirksamen Regeln in den meisten Fällen nicht bekannt ist, und der begründeten Annahme, dass das System von Regeln selbst in einem Entwicklungsprozess entstanden ist und damit eine eigenständige Ordnung aufweist, können Veränderungen dieses Systems der verhaltensbestimmenden Regeln *nicht beliebig* vorgenommen werden. Wegen der Verstärkerwirkung, die mit solchen Reveländerungen verbunden sind, muss ferner sorgfältig überlegt werden, welche der zahlreichen Regeln verändert werden soll und darf. Aus dieser Perspektive ist es sodann auch wenig verwunderlich, dass um Entscheidungen über die "Spielregeln," die in einem Bereich gelten sollen, oft härter gerungen wird, als um Entscheidungen, die sich gewissermassen innerhalb der Regeln abspielen und diese selbst unberührt lassen.

Was bedeutet dies alles nun für die Unternehmungsführung im Allgemeinen sowie für Entscheidungsfindung und Dezentralisation im Besonderen?

Für erfahrene Manager steht wohl ausser Zweifel, dass Unternehmen viele der hier beschriebenen Merkmale selbstorganisierender Systeme aufweisen – oder anders formuliert: dass vieles in Unternehmungen aus dieser Perspektive verstanden werden kann.

Ich möchte sogar behaupten, dass es eben dieses Verständnis für die selbstorganisierenden Charakteristika von Unternehmungen ist, und die Fähigkeit, mit ihnen umzugehen, das den wirklichen *Wert der Erfahrung* einer Führungskraft ausmacht. Studenten der Managementlehre zum Beispiel kann dies nur schwer vermittelt werden, denn es fehlen ihnen die Erfahrungen mit dem Objekt, und sie sind daher viel gutgläubiger und naiver bezüglich der Wirksamkeit sog. rationaler Managementtechniken. Erst die reflektierende Erfahrung in der Praxis zeigt ihnen, dass Unternehmungen eine starke Eigendynamik aufweisen und die effektiv eintretenden Ergebnisse zwar Resultate unseres Handelns, häufig aber nicht unserer Pläne sind.

Darin ist meines Erachtens auch der tiefere Grund dafür zu sehen, dass sehr viele, anscheinend durchaus vernünftige Theorien, Konzepte, Methoden und Techniken grösster Bemühungen und erheblichem Aufwand in Form von Schulung usw. zum Trotz in Wahrheit in der Praxis nicht eingesetzt werden. Managementmethoden beruhen eben häufig auf einer Vorstellung von Rationalität, die den selbstorganisierenden Charakter komplexer Systeme nicht berücksichtigt, und die daher scheitern müssen.

Lassen Sie mich das zunächst am Beispiel der Entscheidungsfindung veranschaulichen, wobei ich vor allem die Praxis und die ihr angebotenen Methoden vor Augen habe. Für ein Unternehmen ist es unbestreitbar von äusserster Wichtigkeit, dass ihre Mitarbeiter vernünftige, durchdachte Entscheidungen treffen. Die Schulung auf diesem Gebiet kommt dabei eine bedeutende Rolle zu. Hier ist nun allerdings festzustellen, dass gewisse Auffassungen über die Methodik des Problemlösens und der Entscheidungsfindung dominieren, die an den Merkmalen komplexer Systeme völlig vorbeigehen. Denn in der Regel wird davon ausgegangen, dass rationales Problemlösen und Entscheiden durch eine Abfolge bzw. ein Durchlaufen einer Folge von methodischen Schritten erreicht wird. Ein solches Schema einer Problemlösungsmethodik, das es in sehr vielen, sich allerdings meist nur in Nuancen unterscheidenden Spielarten gibt, könnte in etwa wie folgt aussehen:

1. Definiere das Problem
2. Bestimme die Ziele
3. Bestimme den Ist-Zustand
4. Entwickle alternative Lösungsmöglichkeiten

5. Bewerte diese und wähle die beste aus
6. Fasse einen Entschluss und realisiere die Lösung

Diese Schrittfolge ist zwar einleuchtend, lässt sich leicht vermitteln und durch Beispiele, Fallstudien etc. untermauern – nur leider ist sie in dieser Form nicht anwendbar. Der Grund hierfür liegt darin, dass die Regeln der Anwendung – bzw. die Bedingungen, unter denen ein realer Problemlösungsprozess abläuft – nicht berücksichtigt werden und den Vermittlern solcher Methoden häufig auch nicht klar sind.

So ist es beispielsweise völlig unmöglich, diese Schrittfolge in einem auch nur mässig komplexen Fall einfach linear von Anfang bis Ende zu durchlaufen. In der Regel ist es nämlich schlicht nicht möglich, bereits am Anfang festzustellen, worin das Problem besteht. Dies stellt sich meistens erst im Laufe des Prozesses heraus; seine eigentliche Natur wird erst durch intensive Versuche, das Problem zu lösen, erkennbar. Dies gilt auch für alle anderen Schritte einer solchen Methodik: Was vernünftige, sinnvolle und realistische Ziele sind, worin der aktuelle Zustand besteht, wie sich die Situation wirklich präsentiert, was Wahrheit und Irrtum oder bewusste Verfälschung der Tatsachen ist usw. ergibt sich nach und nach als Gesamtbild aus einer Summe von Teilinformationen.

Sämtliche Ergebnisse *entwickeln sich* – die Gedankengänge bringen mehr und mehr Licht in die Problemsituation, Lösungsmöglichkeiten tauchen auf und werden wieder verworfen, das Problem wird aus immer wieder neuen Perspektiven beleuchtet, es bilden sich Meinungen und Überzeugungen, oft in langen und intensiven Diskussionen, usw. – kurz: ein Problemlösungsprozess ist ganz eindeutig ein Prozess, der wesentliche Merkmale selbstorganisierender Systeme aufweist. Durch immer wieder neue Versuche und Berichtigung von Fehlern, Täuschungen und Irrtümern entwickelt sich mit der Zeit das, was als akzeptable "Lösung" bezeichnet werden kann. Dabei ist allerdings zu beachten, dass ein solcher Prozess der Eigendynamik und Selbstorganisation realer Systeme wegen de facto meistens gar nicht zu einer wirklichen Lösung führt, sondern nur zu einer neuen Situation, die recht schnell wieder neue Probleme aufwerfen wird. Wir haben es also vielmehr mit einem *kontinuierlichen* Prozess zu tun, bei dem sich aus jedem Schritt weitere Fragen ergeben, die man nicht im Voraus kennen konnte und die jeweils weitere Richtung des Prozesses bestimmen. Das Ganze ist ein typischer selbstorganisierender Prozess.

Diese innere, aus sich selbst heraus wachsende Struktur ist schon bei vergleichsweise einfachen Problemen und Entscheidungen erkennbar. Sie ist umso deutlicher, je komplexer das Problem ist. Ganz klar zeigt sich dies beispielsweise im Rahmen von Strategieplanungsprojekten, die in ihrem konkreten Ablauf nie im Voraus festgelegt, d.h. organisiert werden können. Ihre Organisation hängt stattdessen weitgehend von den sich immer wieder ändernden Situationen, Fragen und Ergebnissen ab, entwickelt sich also aus dem Prozess heraus selbst.

Natürlich wirken menschliche Entscheidungen immer wieder gestaltend auf solche Vorgänge ein und bilden so einen Organisationsinput. Es wäre aber eine Illusion zu glauben, dass irgend jemand in der Lage wäre, derartige Prozesse als *Ganzes* im Voraus zu organisieren. Dennoch können wir auf der Basis eines tieferen Verständnisses für selbstorganisierende Systeme solche Prozesse in einem gewissen Sinne managen, indem wir darauf verzichten, sie im Detail organisieren zu wollen, und stattdessen ihre innere Dynamik durch "Spielregeln" steuern.

Wie sieht es diesbezüglich im Zusammenhang mit *Dezentralisation* aus, einem der entscheidenden Organisationsprobleme? Zweifellos sind selbstorganisierende Systeme in einem gewissen Sinne dezentralisiert, beruhen doch ihre Überlegenheit bezüglich der Bewältigung von Komplexität und ihre Anpassungsfähigkeit darauf, dass die für die individuelle Anpassung der Elemente erforderlichen Informationen von diesen selbst und nicht durch eine zentrale Instanz verarbeitet werden.

Dennoch genügt die Forderung nach Dezentralisation allein natürlich in gar keiner Weise, und die Erfahrung lehrt, dass jeder Dezentralisations- unweigerlich eine Zentralisationswelle folgt, um dann wieder einer Dezentralisation Platz zu machen. Dieses Oszillieren zwischen Organisationsformen ist ein Symptom dafür, dass wir das Problem nicht wirklich verstanden haben. Denn bis heute sind die Fragen, *was* denn eigentlich dezentralisiert werden soll und, vor allem, *wie* wir wirksam verhindern, dass mit der Dezentralisation zentrifugale Kräfte entstehen, die das Unternehmen auseinanderfallen lassen, nicht geklärt worden.

Erst in letzter Zeit ist aus kybernetischen Forschungen die Erkenntnis entstanden, dass jedes höher entwickelte, lebensfähige System nach ganz bestimmten Prinzipien strukturiert sein muss, damit es die Fähigkeit der Selbstorganisation aufrechterhalten kann, zugleich aber auch den erforderlichen Steuerungsmassnahmen zugänglich ist.

Ich kann an dieser Stelle auf die Gesamtstruktur lebensfähiger Systeme nicht weiter eingehen, sondern möchte lediglich zwei Aspekte hervorheben:

Erstens können nur solche Teile eines Unternehmens wirklich dezentralisiert werden, die in sich wiederum *lebensfähige Einheiten* darstellen oder sich zumindest zu solchen entwickeln können. Die Organisation eines Unternehmens – und vor allem sein Wachstum – sollte auf dem *Zellteilungsprinzip* aufgebaut sein. Dies steht in klarem Gegensatz zum immer noch weithin vorherrschenden Prinzip der *Funktionsteilung*.

Zweitens muss die Gesamtstruktur eines Unternehmens ein *gleichzeitiges Operieren in vier Dimensionen* erlauben: Sämtliche die Gesamtunternehmung betreffenden Entscheidungen und Massnahmen müssen sowohl die unternehmungs*internen* wie die unternehmungs*externen* Gegebenheiten berücksichtigen und darüber hinaus simultan *Gegenwart* und *Zukunft* Rechnung tragen. Praktisch jeder Insolvenzfall zeigt sehr drastisch, dass diesbezüglich gravierende Fehler gemacht wurden, die letztlich dazu führten, dass die selbstorganisierende Anpassung unterbunden wurde.

Neben den Beispielen der Entscheidungsfindung und der Dezentralisation möchte ich abschliessend noch auf ein drittes Phänomen hinweisen, das in unserer Managementkultur eine zentrale Rolle spielt und deutlich illustriert, dass man zu ganz verschiedenen Interpretationen ein und desselben Ereignisses gelangt, je nachdem, ob man von technomorphem oder von systemischem Denken geprägt ist. Ich meine hier die Tatsache, dass, wenn irgendetwas schief geht, praktisch ohne Ausnahme sofort nach Schuldigen, nach "Sündenböcken" gesucht wird. Diese Beobachtung lässt sich bei jedem Unfallereignis und bei jedem politischen oder wirtschaftlichen Skandal machen. Die Grundhaltung ist immer die selbe: "Sucht und bestraft die Schuldigen!" Die Basis dieser Haltung ist in einer Art Verschwörungstheorie zu suchen, die davon ausgeht, dass bewusstes, gezieltes Handeln die Ereignisse entweder herbeigeführt hat oder diese durch solches hätten verhindert werden können.

Solche Konspirationstheorien in ihren verschiedenen Spielarten gehen völlig an der Tatsache vorbei, dass es meistens nicht Personen sind, die Ereignisse produzieren, sondern Systeme. Statt nach Sündenböcken zu suchen, sollte man daher besser fragen: "Welche Art von System produziert diese Art von Output?" Durch die Konzentration auf vermeintliche oder auch tatsächliche Schuldige begibt man sich der Möglichkeit, über das wahre Funktionieren eines Systems etwas zu lernen, über seine inhärenten Strukturen und "Spielregeln". Unabhängig von der Frage nach Schuld und Strafe sowie deren Bedeutung in einer Gesellschaft muss auch hier berücksichtigt werden, dass wir es mit weitgehend selbstorganisierenden Systemen zu tun haben.

Lassen Sie mich zusammenfassen: Management ist in unserem Jahrhundert zur dominierenden Funktion geworden. Wir leben eigentlich nicht mehr in einer Gesellschaft, die aus Menschen besteht, sondern die aus Institutionen oder Organisationen zusammengesetzt ist. Für die einfachsten, alltäglichsten Verrichtungen sind wir auf gigantische, jedes menschliche Mass sprengende Systeme angewiesen, die wir in Wahrheit nicht unter Kontrolle haben, weil wir versuchen, sie mit archaischen Mitteln zu steuern.

Eine ebenfalls ausser Kontrolle zu geraten drohende Technologie mag uns noch für eine Weile die Illusion erhalten, alles sei in Ordnung – in Wahrheit ist dem aber nicht mehr so. Wir müssen deshalb lernen, jene Prinzipien zu verstehen und zu nutzen, die die Natur in einem drei Milliarden Jahre währenden Prozess der Evolution entwickelt hat – die Prinzipien der systemischen Selbstorganisation.

Evolution beruht nicht unwesentlich auch auf der Fähigkeit des *Verlernens,* unter anderem durch Elimination fehlerhafter Mutanten. Wir sollten daher die Irrlehren des Managements über Organisation, Entscheidung, Planung usw., die uns durch ein in sich längst erstarrtes Bildungssystem als Gralshüter längst vergangener Zeiten noch immer vermittelt werden, rasch und konsequent *verlernen* – eine Fähigkeit, die durch eben dieses Bildungssystem aus verständlichen Gründen nicht vermittelt wird.

(1981)

Ergänzende Literatur

Beer, S., Decision and Control, London 1966
- Brain of the Firm, London 1972; 2. Aufl., Chichester 1981
- The Heart of Enterprise, Chichester 1979

Eigen, M. / Winkler, R., Das Spiel - Naturgesetze steuern den Zufall, München/Zürich 1976

Hayek, F.A. von, Arten der Ordnung, in: Freiburger Studien, Tübingen 1969, S. 32ff.
- Die Ergebnisse menschlichen Handelns, aber nicht menschlichen Entwurfs, in: Freiburger Studien, Tübingen 1969, S. 97ff.
- Bemerkungen über die Entwicklung von Systemen von Verhaltensregeln, in: Freiburger Studien, Tübingen 1969, S. 144ff.
- Law, Legislation and Liberty, Vol. 1: Rules and Order, London 1973

Jantsch, E., Die Selbstorganisation des Universums, München/Wien 1979

Lorenz, K., Die ethischen Auswirkungen des technomorphen Denkens, in: Huber, H./Schatz, O. (Hrsg.), Glaube und Wissen, Wien/Freiburg/Basel 1980, S. 51ff.
- Das Wirkungsgefüge der Natur und das Schicksal des Menschen, München/Zürich 1978

Riedl, R., Die Strategie der Genesis, München/Zürich 1976

12. Organisationsentwicklung im Spannungsfeld von Klein- und Gross-Systemen

12.1 Einleitende Bemerkungen zum Kontext

In dieser Arbeit möchte ich eine Problematik aufgreifen, die seit langem die Tätigkeit des Management Zentrums St. Gallen beeinflusst. Das MZSG ist eine nach marktwirtschaftlichen Gesichtspunkten geführte Organisation, die vor zwanzig Jahren von der Gesellschaft zur Förderung der betriebswirtschaftlichen Forschung an der Hochschule St. Gallen als Stiftung gegründet wurde. Seine Aufgabe besteht darin, einen Beitrag zum Fortschritt und zur Verbesserung des Managements in Wirtschaft und Verwaltung zu erbringen. Rein äusserlich betrachtet, betreiben wir im Rahmen unserer auf dem Konzept der Systemorientierten Managementlehre[116] beruhenden Tätigkeit Unternehmensberatung und Managementausbildung für Unternehmungen bzw. Organisationen der verschiedensten Grössenordnungen, Entwicklungsphasen und Branchen. Die Art und Weise unseres Vorgehens entspricht jedoch in erheblichem Masse der Organisationsentwicklung, wobei wir unseren Ansatz allerdings nicht als "Organisationsentwicklung" bezeichnen, sondern – aus Gründen, auf die ich im Folgenden näher eingehen möchte – als "Integrierte Management- und Unternehmensentwicklung." Damit sollen gewisse Unterschiede zur Organisationsentwicklung zum Ausdruck gebracht werden. Die Auffassung, dass sich diesbezüglich hinreichend wichtige Unterschiede erkennen lassen, ist Ergebnis unseres Bemühens, unsere

---

[116] Vgl. Ulrich, H., Die Unternehmung als produktives soziales System, Bern 1968, 2. Aufl. 1971.

Tätigkeit nicht nur als Dienstleistung für die betreffenden Organisationen zu sehen, sondern auch als "Grosslaboratorium" oder Forschungsfeld, das ein kritisches Reflektieren nicht nur ermöglicht, sondern geradezu fordert.

Ich möchte im Rahmen dieser Arbeit zunächst auf das konzeptionelle Problem eingehen, das mir in der und durch die praktische Tätigkeit aufgefallen ist und für Theorie und Praxis der Organisationsentwicklung von fundamentaler Bedeutung zu sein scheint. Im zweiten Teil werde ich anhand der Darstellung eines Praxisfalles eine Vorgehensweise besprechen, die möglicherweise ein Schritt in Richtung einer stärkeren Berücksichtigung der vorerwähnten Problematik darstellt. Es liegt mir daran, damit auch einen gewissen, wenn auch bescheidenen Beitrag zur Verbindung oder Integration von Theorie und Praxis zu leisten, denn viel zu häufig – und, wie mir scheint, in zunehmendem Masse – hat das, was in der Wirtschafts- und Verwaltungspraxis zu beobachten ist, keinen Bezug mehr zur wissenschaftlichen Entwicklung und umgekehrt.

12.2 Die Grösse eines Systems als kritischer Faktor

Beim erwähnten Problem handelt es sich im Wesentlichen um die *Grössenordnung* einer Organisation oder, allgemeiner, eines Systems: Grosse Organisationen weisen in mannigfaltiger Hinsicht gänzlich andere Züge auf als kleine, etwa eine typische Face-to-Face-Group. Eine grosse Organisation bzw. ein Gross-System ist nicht einfach eine "Summe" oder ein Aggregat von Klein-Systemen, sondern etwas gänzlich anderes. Fast alle Koordinations-, Steuerungs- und Lenkungsmechanismen sowie die damit verbundenen Kommunikations-, Planungs- und Kontrollprozesse sind gänzlich anderer Art, je nachdem von welchem Systemtyp man ausgeht. Aber auch zahlreiche andere Faktoren, die für das Funktionieren und für die Führung eines

Systems wichtig sind, stellen sich bei den beiden Systemarten in gänzlich anderem Licht dar, etwa Fragen der Gerechtigkeit, des gegenseitigen Vertrauens, der Motivation, der Machtkontrolle, des Umgangs mit Gerüchten oder Intrigen usw. Ich möchte soweit gehen, zu vermuten, dass es im Wesentlichen die Unterscheidung zwischen diesen beiden Systemtypen – oder vielmehr das Fehlen dieser Unterscheidung – ist, die zu einer fast unüberbrückbaren Kluft zwischen Theorie und Praxis führt. Diese Diskrepanz manifestiert sich primär darin, dass für scheinbar *gleiche* Problemstellungen völlig *unterschiedliche* Lösungen adäquat erscheinen, je nachdem, von welchem Systemtyp man ausgeht. Da die Vorstellungen über den zugrunde liegenden Systemtyp häufig den Charakter unausgesprochener Annahmen haben, ist es oft schwer, den Grund eines Dissenses überhaupt zu identifizieren.

Die Grundüberlegung besteht darin, dass die Anzahl der Elemente, die dem System angehören können, ohne seine Funktion zu beeinträchtigen, für jedes System begrenzt ist – oder etwas anders formuliert: dass sich in Abhängigkeit von der Zahl der ein System bildenden Elemente dessen Funktionsweise wesentlich verändert. Dies hängt mit den Gesetzmässigkeiten zusammen, die die Kommunikation im System bestimmen. Es sind dies im Wesentlichen die Eigenschaften der *Übermittlungsfähigkeit* sowie der *Valenz* der Elemente:[117] Sind die Elemente des Systems Menschen, so ist klar, dass pro Zeiteinheit nur ganz bestimmte Übermittlungsvorgänge vorkommen können, die Übermittlungsfähigkeit mit anderen Worten also auch bei Verwendung höchst effektiver Symbol- bzw. Sprachstrukturen (Codes) immer beschränkt ist. Die Valenz ist die Anzahl von Interessenzentren, auf die man seine bewusste Aufmerksamkeit konzentrieren kann. Diese Anzahl ist, wie man an sich selbst leicht ausprobieren kann, ebenfalls

---

[117] Vgl. Friedman, Y., Machbare Utopien, Frankfurt 1977.

begrenzt. Somit ist auch die Zahl der Einflüsse, die man aufnehmen kann, nicht unlimitiert.

Die Grössen der Übermittlungsfähigkeit und der Valenz bestimmen gemeinsam die sog. *kritische Gruppe,* worunter Friedman "die grösstmögliche Gesamtheit von Elementen (Menschen, Dingen und Bindungen)" versteht, "mit denen die gute Funktion einer Organisation von bestimmter Struktur sichergestellt werden kann."[118]

Es ist hier nicht der Platz, die Theorie der kritischen Gruppe näher zu behandeln.[119] Sie zeigt aber, dass die Wahrnehmung von Organisationsmitgliedern, deren Interpretation innerer und äusserer Umstände sowie ihre Verhaltensmöglichkeiten wesentlich von diesen, die Gruppengrösse beherrschenden Kommunikationsgesetzmässigkeiten abhängen.

Sehr oft wird nun aus diesen an sich intuitiv einleuchtenden und in einem gewissen Umfange auch der Alltagserfahrung entspringenden Erkenntnissen die Schlussfolgerung gezogen, dass grosse Organisationen nicht funktionieren könnten, und wir in allen Lebensbereichen zu kleinen, überschaubaren Einheiten zurückkehren müssten. Besonders bekannt geworden sind in diesem Zusammenhang etwa die unter dem Motto "Small is beautiful" stehenden Arbeiten von Schuhmacher,[120] und erst in jüngster Zeit das Werk von Kohr.[121]

---

[118] Friedman, Y., ebenda, S. 38.
[119] Vgl. dazu Ashby, W.R., Measuring the Internal Informational Exchange in a System, in: Cybernetica, Vol. VIII, No. 1, 1965, S. 5-22; Malik, F., Strategie des Managements komplexer Systeme, 5. Aufl., Bern/Stuttgart/Wien 1996; Klir, G., Trends in General Systems Theory, London 1972, S. 78-97 sowie Rose, J. (Hrsg.), Cybernetics, 1970, S. 57-64.
[120] Schuhmacher, E.F., Die Rückkehr zum menschlichen Mass - Alternativen für Wirtschaft und Technik "Small is beautiful", Reinbek bei Hamburg 1977.
[121] Kohr, L., Das Ende der Grossen - Zurück zum menschlichen Mass, Wien 1986.

Dennoch sehen wir, dass es Grossorganisationen gibt, die in einem gewissen Sinne funktionieren – vielleicht nicht ideal und möglicherweise sogar sehr schlecht, aber immerhin so, dass sie ihren Bestand bewahren. Und nicht zuletzt ist ja eine Gesellschaft als Ganzes ebenfalls ein Gross-System, und bei aller Kritik, die in vielerlei Hinsicht berechtigt sein mag, kann man doch nicht übersehen, dass zahlreiche Funktionen einer Gesellschaft reibungslos und relativ gut erfüllt werden.

Wie immer man zu dieser speziellen Kontroverse stehen mag, der entscheidende Punkt ist darin zu sehen, dass selbst dem äusseren Anschein nach relativ kleine Systeme oft bereits nach den Gesetzmässigkeiten von Gross-Systemen funktionieren – oder anders ausgedrückt: dass uns die sinnlich wahrnehmbaren Merkmale häufig einen anderen Systemtyp vorspiegeln, als tatsächlich gegeben ist.

Wir kommen hier zu den Begriffen der kleinen, geschlossenen oder Stammesgesellschaft und, als deren Gegensatz, der grossen, offenen oder abstrakten Gesellschaft. Diese von Popper stammende Unterscheidung[122] wurde in jüngerer Zeit von Friedrich von Hayek aufgegriffen und zur Basis einer mir für das Verständnis sozialer Systeme, ihrer Organisation und ihres Managements ausserordentlich wichtig erscheinenden Theorie gemacht:[123]

Ausgangspunkt ist der unterschiedliche Wissensbestand, der in diesen beiden Gesellschaftstypen möglich ist und auf eben die oben besprochenen Kommunikationseigenschaften der Systemelemente zurückzuführen ist: In einer kleinen Gemeinschaft oder Gruppe ist es für die einzelnen Mitglieder noch möglich, sich gegenseitig zu kennen. Dies ermöglicht es ihnen, genügend Information übereinander auszutau-

---

[122] Popper, K.R., Die offene Gesellschaft und ihre Feinde, 2 Bände, 2. Aufl., Bern 1957.
[123] Hayek, F.A. von, Freiburger Studien, Tübingen 1969.

schen oder zu übermitteln, um eine Form des gegenseitigen Verständnisses besitzen zu können, die in einer grossen Gesellschaft nicht nur nicht vorkommt, sondern gar nicht vorkommen *kann*. Die Interaktionen der Mitglieder einer kleinen Gruppe, ihr Umgang miteinander und ihre Umgangsformen können sich auf ein Wissen über konkret vorherrschende Umstände stützen, das von allen Mitgliedern in grossem Masse geteilt werden kann. Und nicht zuletzt deshalb, weil alle mehr oder weniger dasselbe wissen und von den relevanten Umständen mehr oder weniger dieselbe Kenntnis haben, wird das Verhalten der Mitglieder einer kleinen Gruppe gewisse Gleichartigkeiten und einen Grad an Koordination aufweisen, der im anderen Systemtyp nicht möglich wäre, weil dessen Wissensbestand von gänzlich anderem Charakter ist.

Denn in der grossen Gesellschaft, die aus den Interaktionen von Millionen von Menschen besteht, denen je nur ganz bestimmte Ausschnitte der Realität, nur ganz bestimmte Fakten und Umstände bekannt sein können, kann das Verhalten der Menschen nicht auf dieselbe Weise koordiniert sein, wie in der kleinen Gruppe: Die Steuerungs-, Koordinations- und Regulierungsmechanismen der kleinen Gemeinschaft haben in der Regel die *bekannten* Bedürfnisse von *bekannten* Personen zum Gegenstand; in der grossen Gesellschaft müssen die *unbekannten* Bedürfnisse von Menschen befriedigt werden, die sich *nicht kennen*. Die kleine Gruppe kann eine Ordnung von Zielen besitzen, die alle kennen können und daher eine stark koordinierende Wirkung entfalten kann; in der grossen Gesellschaft ist dies nicht möglich. Die Verteilung von Gütern, Ressourcen, Belohnungen und Bestrafungen im weitesten Sinne kann in der kleinen Gemeinschaft in Kenntnis aller relevanten Umstände vorgenommen werden; in der grossen Gesellschaft wiederum ist dies aus Gründen des unvermeidlichen Nicht-Wissens derjenigen Umstände und Gegebenheiten, die man für die Lösung dieses Problems eigentlich wissen müsste, unmöglich. Aus diesen Gründen stellen sich die Probleme von Gerechtigkeit, Gleichheit, Recht, Gesetz und Eigentum in den beiden Systemtypen auf eine je völlig unterschiedliche Weise dar.[124]

Da der Mensch, historisch betrachtet, während einer um Zehnerpotenzen längeren Zeitdauer in kleinen Stammesgemeinschaften lebte als in Grossgesellschaften, haben sich Gefühlsstrukturen, Gebräuche und Gewohnheiten, eine Moral und in einem gewissen Sinne auch Instinkte gebildet, die in der kleinen Gruppe zwar sehr zweckmässig und vernünftig waren, den Strukturen und Gegebenheiten einer Grossgesellschaft aber in keiner Weise entsprechen. Die Entstehung der offenen Grossgesellschaft war nur dort möglich, wo Menschen begonnen haben, ihre alte Stammesmoral aufzugeben. Sie existiert aber noch nicht lange genug, um es dem Menschen auch zu ermöglichen, sein stammesgeschichtliches Erbe und seine Tradition bereits soweit zu verändern, dass es zu keinen Kollisionen mit den Strukturen der Grossgesellschaft mehr kommen könnte. Es ist daher wenig verwunderlich, dass ein tiefer Konflikt zwischen archaischen Traditionselementen der geschlossenen Stammesgesellschaft und den gänzlich anderen Bedingungen der offenen Gesellschaft besteht, deren Funktionieren auf der faktischen Einhaltung abstrakter Regeln und der Orientierung an unpersönlichen Signalen beruht. Gewisse Aspekte dieses Konfliktes bringt Friedrich von Hayek sehr treffend zum Ausdruck, wenn er schreibt:

"The persistent conflict between tribal morals and universal justice has manifested itself throughout history in a recurrent clash between the sense of loyalty and that of justice. It is still loyalty to such particular groups as those of occupation or class as well as those of clan, nation, race or religion which is the greatest obstacle to a universal application of rules of just conduct. Only slowly and gradually do

---

[124] Vgl. Hayek, F.A. von, Die Verfassung der Freiheit, Tübingen 1971.

those general rules of conduct towards all fellow men come to prevail over the special rules which allowed the individual to harm the stranger if it served the interest of his group. Yet while only this process has made possible the rise of the Open Society, and offers the distant hope of a universal order of peace, current morals do not yet wholeheartedly approve this development; indeed, there has in recent times taken place a retreat from positions which had already been largely achieved in the Western world."[125]

Was hat dies nun mit Organisationsentwicklung zu tun?

12.3 Organisationsentwicklung im Gross-System

Organisationsentwicklungsmassnahmen finden praktisch immer in kleinen bis höchstens mittelgrossen Gruppen von 5 bis 20 Personen statt. Auch dann, wenn insgesamt sehr viele Personen einer Organisation in ein Projekt einbezogen sind, spielt sich die konkrete Arbeit doch zumeist in überschaubaren Gruppen ab. In der Regel versucht man ja nicht nur, überschau- und handhabbare Gruppen zu bilden, sondern insbesondere auch die in der Arbeitssituation zusammenarbeitenden Personen zu Gruppen zu formieren. Der Bezugsrahmen von Organisationsentwicklungsmassnahmen ist in der Praxis somit in aller Regel derjenige der Face-to-Face-Group. Dem entspringt denn auch der weitaus grösste Teil der konkreten Techniken, Methoden und Instrumente.

Es werden daher primär jene "Instinkte" und Gefühle angesprochen, die der kleinen, geschlossenen Stammesgruppe entsprechen. So ist ein erheblicher Teil der Organisationsentwicklungsmassnahmen unübersehbar darauf ausgerichtet, Konfliktbehandlungsmechanismen und

---

[125] Hayek, F.A. von, Law, Legislation and Liberty, Vol. 2: The Mirage of Social Justice, London 1976, S. 147 f.

Problemlösungsfähigkeiten, aber auch Einstellungen, Meinungen und Gefühle zu fördern, die das gegenseitige Sich-kennen-Können zur unabdingbaren Voraussetzung haben.

Im Wesentlichen geht es demnach um Mechanismen und Verhaltensweisen, die jenen Stand an gemeinsamem Wissen über *konkrete* Umstände und Gegebenheiten voraussetzen, der nur in der kleinen Gruppe möglich ist und erwartet werden darf, im grossen System aber gar nicht vorkommen *kann*.

Damit werden aber auch Erwartungen geschaffen bzw. aufrecht erhalten, die dort nicht erfüllt werden *können,* wo in Tat und Wahrheit nicht mehr die Bedingungen der kleinen Gruppe gegeben sind, sondern Strukturen des Gross-Systems bis zum Einzelnen wirksam werden. Dies äussert sich häufig in der Weise, dass vom Einzelnen bestimmte Verhaltensweisen gefordert werden, deren Rationalität und Zweckmässigkeit nicht aus den ihm bekannten Umständen abgeleitet werden können, sondern nur auf die Strukturgegebenheiten des Gross-Systems zurückzuführen wären, die ihm aber häufig nicht bekannt sind, weil er sie sinnlich nicht wahrnehmen kann. Er könnte diese bestenfalls gedanklich rekonstruieren, wozu er aber in der Regel deshalb nicht in der Lage ist, weil er gar nicht weiss, dass es diesen Systemtyp gibt, und dass er ganz andere Eigenschaften hat.

Die Abstraktheit der Regelungen, die Unpersönlichkeit der relevanten Informationen und Signale und die oft nicht einsehbare Rationalität von Regelungs- und Koordinationsmechanismen, die eben deshalb dann als irrational empfunden werden, schaffen für den Einzelnen umso grössere Probleme, je mehr er die der Klein-Gruppe angemessenen Erwartungen und Hoffnungen hegt und je weniger er aufgrund seines Kenntnisstandes die Möglichkeit in Betracht ziehen kann, dass die sich ihm präsentierende Realität diejenige eines Gross-Systems ist, die mit seinen, der Klein-Gruppe gemässen Erwartungen kollidieren *muss*.

In diesem Konflikt liegt meines Erachtens die Wurzel der überaus grossen Verbreitung verschwörungstheoretischer Begründungsformen, die wir in Organisationen beobachten können. Wo immer etwas schief geht, wo immer etwas nicht den individuellen Erwartungen entsprechend zu verlaufen scheint, wird sofort nach einem Schuldigen gefahndet, ein Sündenbock gesucht oder eine Verschwörung vermutet. Nur höchst selten ist festzustellen, dass die andere Möglichkeit für die Erklärung von Ereignissen überhaupt in Betracht gezogen wird: dass es sich hierbei um die unvermeidlichen Auswirkungen der Tatsache handeln könnte, dass das System, in dessen Kontext man sich befindet, diese Erwartungen eben gar nicht erfüllen kann, weil es ein System mit den Merkmalen einer offenen, abstrakten Gesellschaft ist.

Diese Problematik, die Kollision von kleingruppenbezogenen Erwartungen und Gross-System-Realität, ist meiner Ansicht nach der Hauptgrund eines schlechten Betriebsklimas, die Hauptursache für Gerüchte und eine intrigenverseuchte Organisationskultur.

Ich vermute, dass diese Problematik dort am grössten und schwierigsten ist, wo die Situation während einer gewissen Zeitspanne tatsächlich die einer kleinen Face-to-Face-Group war und sich daher alle dieser Systemform gemässen Mechanismen herausbilden und stabilisieren konnten, die Gruppe dann aber quantitativ gerade so weit gewachsen ist, dass dem äusseren Anschein nach zwar immer noch die Merkmale einer kleinen Gruppe, eines Teams vorherrschen, die Schwelle der kritischen Gruppe in Wahrheit aber bereits überschritten worden ist. Ein System jenseits der kritischen Grösse *kann* nun aber nicht mehr durch die selben Mechanismen zusammengehalten werden; seine Kohärenz und Koordination beruht *nicht* auf einer Modifikation der alten Mechanismen – in etwa nach dem Motto "Mehr vom

Selben" –, sondern es sind gänzlich neue Mechanismen erforderlich, da das System andernfalls – vorhersehbar – auf das alte Niveau zurückfallen wird. In einer solchen Phase sind schwerwiegende Konflikte zwischen Erwartungen, daraus resultierenden Interpretationen von Ereignissen und den strukturellen Notwendigkeiten zu beobachten. Manifest werden diese Konflikte in scheinbar tief gestörten persönlichen Beziehungen, die im Sinne einer sich selbst erfüllenden Prophezeiung mit der Zeit dann auch wirklich gestört werden.

Wenn diese Auffassungen und Vermutungen nicht falsch sind, so liegt es auf der Hand, dass es sehr problematisch ist, mit Methoden und Massnahmen und auf der Basis einer Philosophie, die alle der Klein-Gruppe angemessen und dort auch zweckmässig sind, Erwartungen zu perpetuieren, die in der Realität unvermeidlich mit den Merkmalen eines Gross-Systems konfrontiert sind. Die scheinbare Verbesserung der Verhältnisse in den im Rahmen von Organisationsentwicklungsprozessen zusammenarbeitenden Klein-Gruppen muss sich dann in Wahrheit als eine *Verschlimmbesserung* erweisen, als eine progressive Unfähigkeit nämlich, das Gross-System überhaupt verstehen zu können.

Das grundsätzliche Dilemma liegt darin begründet, dass wir in der Regel nur mit Individuen oder Gruppen konkret arbeiten können, wobei natürlich auch dies seinen Grund in den Kommunikationsgesetzmässigkeiten – *Übermittlungsfähigkeit* und *Valenz* – hat, die oben bereits beschrieben wurden. Zumindest ein Teil der Arbeit sollte sich aber dennoch darauf beziehen, Einsicht in das Funktionieren und die Gesetzmässigkeiten des Gross-Systems zu schaffen.

Ich möchte nun im Folgenden einen konkreten, praktischen Fall beschreiben, bei dem der Versuch, einige Probleme zu lösen, oder die Situation zumindest zum Positiven zu verändern, und die dabei gewählte Vorgehensweise wesentlich von den bisher dargelegten Überlegungen beeinflusst waren.

Es sei aber bereits an dieser Stelle darauf hingewiesen, dass sich mein Bericht auf zum Teil noch in Gang befindliche Aktivitäten bezieht. Es geht mir hier deshalb auch nicht um endgültige und in jeder Hinsicht überprüfte Resultate, sondern primär um Fragen der Perspektive und Vorgehensweise im Lichte der hier aufgeworfenen materiellen und methodischen Probleme.

12.4 Die Problemsituation

In einem mittelgrossen Unternehmen der metallbearbeitenden Industrie, das in der Vergangenheit ausgezeichnete Erfolge aufwies, waren aufgrund der allgemeinen Wirtschaftslage, insbesondere aufgrund des immer härter werdenden Konkurrenzkampfes, zahlreiche Massnahmen zur Verbesserung der Wirtschaftlichkeit erforderlich. Dies führte im Verlauf mehrerer Jahre zu einem beträchtlichen Personalabbau von zunächst fast 700 auf zuletzt 500 Personen, mit denen Jahr für Jahr ein nicht nur nominell, sondern auch real steigendes Geschäftsvolumen erarbeitet wurde. Die Firma war, vom rein betriebswirtschaftlichen Standpunkt aus betrachtet, in all diesen Jahren erfolgreich, d.h. es wurden positive Betriebsergebnisse erwirtschaftet. Die umfassenden Rationalisierungsmassnahmen waren aber, wie sich in der Folge herausstellte, teilweise sehr eindimensional angelegt und richteten sich primär auf die Kostenseite, ohne dass die Unterscheidung von Kosten im Sinne von nicht unbedingt erforderlichem Faktorverzehr und Kosten im Sinne von potentiellen Ressourcen klar gesehen wurde. In manchen Unternehmungsbereichen wurde soweit "rationalisiert", dass es zu echten Substanzverlusten kam. Zusammen mit einer aus der generellen Wirtschaftslage resultierenden allgemeinen Verunsicherung der Mitarbeiter führte dies zu Veränderungen des "Klimas", der

Stimmung und der Einstellung der Mitarbeiter zum Unternehmen, welche der Unternehmungsleitung Sorgen zu bereiten begannen. Zwar wurden diese Phänomene nicht systematisch empirisch erforscht, doch waren sie den Aussagen der Geschäftsleitungsmitglieder zufolge nicht zu übersehen, weshalb sie sich zu entsprechenden Gegenmassnahmen veranlasst sahen.

Die Meinung unter den Geschäftsleitungsmitgliedern war aber durchaus nicht einheitlich. Die Situation war ausserdem durch den Umstand geprägt, dass das Unternehmen inmitten einer Phase des Generationswechsels an der Spitze stand. Der Alleininhaber, ein typischer Pionierunternehmer, hatte mehr und mehr Funktionen auf seine drei in ihrer Persönlichkeit sehr unterschiedlichen Söhne im Alter von 25 bis 35 Jahren übertragen, ohne sich aber ganz aus dem Geschäft zurückgezogen zu haben. Die übrigen Mitglieder der Geschäftsleitung sahen sich als Angestellte gegenüber den Familienmitgliedern in einer zwangsläufig nicht ganz einfachen Lage. Die zu erwartende Lager- bzw. Blockbildung gestaltete sich allerdings je nach Frage oder Problem durchaus variabel, was immer wieder wechselnde Koalitionen zur Folge hatte. Dies pflanzte sich bis zu den Arbeitern fort, von denen ein Teil zur "alten Garde" gehörte, die das Unternehmen mit dem Chef aufgebaut und zu diesem naturgemäss ein sehr spezielles Verhältnis hatten.

Das Unternehmen besass nicht nur erstaunlich viele, sondern scheinbar auch sehr gute Führungsinstrumente, die sich bei näherer Analyse zum Teil allerdings als sehr technokratisch erwiesen und deutliche Bürokratisierungstendenzen im Verhalten der Mitarbeiter förderten. Vor allem hatte man sich während Jahren grosse Mühe gegeben, die Organisation des Unternehmens sehr genau zu regeln; es wurden detaillierte Organigramme entwickelt sowie für einen erheblichen Teil der Mitarbeiter Stellenbeschreibungen entworfen.

Der zunehmende Wirtschaftlichkeitsdruck schien nun dazu zu führen, dass die Mitarbeiter, gestützt auf diese formalen Regelungen, ihre organisatorischen "Besitzstände" heftig verteidigten. Die Selbstkoordinationsfähigkeit schien damit auf allen Stufen stark abzunehmen.

Dies veranlasste die Geschäftsleitung, die Organigramme und Stellenbeschreibungen als Massnahme gegen diese Tendenzen mittels eines quasi "hoheitlichen" Aktes ausser Kraft zu setzen. Gleichzeitig wurde an den gesunden Menschenverstand und den Willen zur allgemeinen Zusammenarbeit appelliert. Es versteht sich von selbst, dass dies sehr gemischt aufgenommen wurde. Im Grossen und Ganzen schienen die positiven Reaktionen aber zu überwiegen, und zunächst machte es gar den Anschein, als würde diese Massnahme auch in die gewünschte Richtung wirken.

In der Folge verstärkte sich aber der Eindruck, dass man damit letztlich nur noch mehr Unsicherheit geschaffen hatte: Wo früher noch gewisse Orientierungsmerkmale vorhanden waren, auch wenn diese ihrer Natur nach bürokratisierend wirkten, so fehlte nun jeglicher Anhaltspunkt über die erwünschten Strukturen; eher "imperialistisch" veranlagte Mitarbeiter weiteten ihre Zuständigkeiten ständig aus, andere zogen sich immer weiter zurück; in gewissen Bereichen übten die gegebene Technologie und die Fertigungsverfahren eine faktische Strukturierung aus, in anderen Bereichen aber war dies praktisch nicht der Fall.

Die Geschäftsleitung hatte den Eindruck, dass nun unbedingt etwas zu geschehen habe, um die Situation wieder unter Kontrolle zu bringen. Man war sich aber darüber einig, dass eine Rückkehr zu den alten Organigrammen und Stellenbeschreibungen schon deshalb nicht möglich war, weil man damit das Gesicht verloren hätte. Diese Auffassung teilten selbst jene Mitglieder der Geschäftsleitung, die ursprünglich gegen deren Abschaffung waren.

Interessant war nun aber, dass die Schilderung der Situation, wie sie uns vorgelegt wurde, als wir zu diesem Zeitpunkt zwecks Verbesserung des Betriebsklimas und Lösung der Organisationsprobleme beigezogen wurden, sehr stark von konspirationstheoretischen Argumentationsfiguren geprägt war. Obwohl es natürlich auch hierüber sehr verschiedene und auseinanderlaufende Meinungen gab, so vermutete man doch bewusst angezettelte Intrigen, eine Unterminierung des Betriebsklimas, Zerstörung der Vertrauensbasis zwischen den Mitarbeitern und gegenüber der Geschäftsleitung, und ganz allgemein war bei der Geschäftsleitung eine Haltung festzustellen, die von einer deutlichen Oppositionsstellung von Geschäftsleitung und Mitarbeitern ausging. Diese war von deutlich erkennbaren Feindbildern geprägt und äusserte sich in Formulierungen wie "die Leute arbeiten zu wenig...", "keiner weiss mehr, was es heisst, wirkliche Leistungen zu erbringen...", "niemand denkt mit..." oder "jeder schaut nur darauf, was er am Monatsende bekommt...".

12.5 Überlegungen zur Vorgehensweise

Diese Schilderung der Problemsituation ist naturgemäss nicht ausreichend, um die im Folgenden dargestellte Vorgehensweise zu rechtfertigen, konnten hier doch nur die wichtigsten Züge der Situation grob skizziert werden. Es sind aber nicht nur die räumlichen Beschränkungen, die eine ausführliche Beschreibung verbieten; vielmehr müssen wir davon ausgehen, dass wir nie so viel über ein Unternehmen wissen können, um unser Vorgehen, die vorgeschlagenen Massnahmen usw. ausreichend rechtfertigen zu können. Man beginnt immer mit einer höchst unzureichenden Basis an Verständnis für ein System und hat viele Schritte zu machen, ohne dafür eine befriedigende, rationale Begründung geben zu können.

In der traditionellen Unternehmungsberatung konnte man noch von der Vorstellung ausgehen, durch eine Phase der Informationserhebung – eine Unternehmungsanalyse – genügend Kenntnisse erlangen zu können. Eine Auseinandersetzung mit dem Problem der Komplexität eines jeden realen Systems zeigt aber sehr schnell, dass diese Hoffnungen in der Regel illusionär sind. Die wirklich relevante Information bzw. diejenige Form von Verstehen eines komplexen Systems, die wir eigentlich bräuchten, lässt sich in der Regel nur im Verlauf des Arbeitens in und mit dem System gewinnen. Nur diese intensive Interaktion birgt die Chance auf den Erwerb jener Familiarität mit den spezifischen, oft singulären und nur für dieses konkrete System zutreffenden Merkmalen, die für die Wirksamkeit von Massnahmen oft ausschlaggebend ist.

Je nach dominierendem Theorieverständnis wird man in einer derartigen Situation zu sehr unterschiedlichen "Therapieansätzen" kommen. Und nicht zuletzt hängt die Wahl des Vorgehens natürlich auch von der persönlichen Erfahrung ab, über die man verfügt, könnte doch ein und dieselbe Gegebenheit, dieselben Fakten, dieselben Äusserungen von Mitarbeitern der Unternehmung usw. unterschiedlich interpretiert werden, je nachdem von welchem Theorieverständnis und von welchem Erfahrungshintergrund jemand ausgeht.

Die in diesem Abschnitt besprochenen Aspekte der unvermeidlichen Unvollständigkeit unseres Wissens über die Problemsituation und der ebenso unausweichlichen Interpretationsabhängigkeit unserer Problemsicht sind im Auge zu behalten, wenn Massnahmen der Organisations- oder Unternehmungsentwicklung konzipiert werden.

12.6 Unternehmung "ohne Organisation": das selbsterarbeitete Systemdiagramm

Aus den in Abschnitt 12.5 dargelegten Gründen schien es in diesem Fall nicht zweckmässig, eine Vorgehensweise zu wählen, in der Organigramme eine wie auch immer geartete Rolle zu spielen gehabt hätten. Dieses Thema war in der Unternehmung inzwischen so kontrovers geworden, dass es vernünftig erschien, es zunächst weitgehend auszuklammern.

Es bot sich dabei aber auch die Gelegenheit, Zweck, Bedeutung und Nutzen von Organigrammen, die in der Organisationslehre ja nach wie vor eine dominierende Rolle spielen, grundsätzlich zu hinterfragen: Die konkrete Art und Weise der Darstellung einer Unternehmungsorganisation durch Organigramme verhindert möglicherweise gerade jenes Verständnis für das Unternehmungsgeschehen, das die Mitarbeiter bräuchten, um sich richtig verhalten zu können. Dies hängt damit zusammen, dass durch diese Darstellung einer Unternehmensstruktur ganz bestimmte Denk- und Verhaltensweisen, Erwartungen und Dispositionen induziert werden.

Dagegen darf vermutet werden, dass andere Darstellungsarten andere Dispositionen zur Folge haben, ist doch davon auszugehen, dass die Strukturen einer Unternehmung nicht nur dessen aktuelle Informationsströme kanalisieren, sondern die das Analogon eines kognitiven Schemas darstellenden Organigramme auch die Wahrnehmung und Interpretation des Geschehens wesentlich beeinflussen. Dies ist umso eher der Fall, je mehr sich Strukturen um Berufsbilder – und damit um Spezialisierungskonstellationen – herum bilden oder solche beruflichen Spezialisierungen umgekehrt eine Folge organisatorischer Regelungen sind: Die Mitarbeiter nehmen die Welt, so könnte man vereinfacht sagen, nur noch durch die Brille ihres Organisationsverständnisses wahr, was wiederum oft zu einer immer weiteren Zementierung eben dieser Strukturen führt – ein Prozess der kognitiven Homöostase, der zur Konstruktion *einer* (!) Realität führt, die sich in einem sich selbst verstärkenden Prozess oft als einzig mögliche Realität präsentiert.[126]

Aus diesen Gründen wurde folgendes Vorgehen gewählt, das inzwischen auch in weiteren Fällen ausprobiert wurde, in denen sich die Ausgangslage zwar nicht genau gleich, strukturell aber doch recht ähnlich präsentierte: Rund 35 Führungskräfte des Unternehmens kamen in zwei Gruppen für je zwei Tage zu einem Arbeitstreffen (Workshop) zusammen. Deren Aufgabe bestand im Wesentlichen darin, dass *jeder einzelne* ein *System- bzw. Prozessflussdiagramm* zu erarbeiten hatte, in dessen Zentrum *seine* gegenwärtige Tätigkeit stand und das alle tätigkeitsrelevanten Verknüpfungen mit anderen Stellen zum Ausdruck bringen sollte, und zwar ungeachtet ihres hierarchischen Ranges, ihrer Bereichszugehörigkeit usw.

Im Mittelpunkt der Erarbeitung eines derartigen Prozessdiagrammes standen Fragen wie: Was kann *ich* beitragen, damit das Ganze funktioniert? Worin besteht überhaupt *mein Beitrag?* Welche Leistungen muss ich empfangen, um *meinen Beitrag* erbringen zu können? oder: Welche Leistungen muss ich abgeben, damit andere *ihren Beitrag* erbringen können?

Diese von Drucker seit vielen Jahren empfohlenen Fragestellungen[127] sind viel schwieriger zu beantworten, als man gemeinhin erwartet. In der Regel sind die Führungskräfte weitgehend unfähig, eine befriedigende Antwort zu geben, und immer wieder kann erlebt werden, dass man Antworten in der Art "Ich bin Leiter der Materialwirtschaft" oder "Ich bin Verkaufsleiter" erhält. Es liegt auf der Hand, dass damit der

---

[126] Vgl. Foerster, H. von, Das Konstruieren einer Wirklichkeit, in: Watzlawick, P. (Hrsg.), Die erfundene Wirklichkeit, München 1981.
[127] Vgl. Drucker, P.F., Die ideale Führungskraft, Düsseldorf/Wien 1976.

Beitrag, den eine Führungskraft zum Funktionieren des Ganzen zu leisten hat, in keiner Weise zum Ausdruck gebracht wird.

Für die Suche nach einer Antwort auf diese Frage ist es unabdingbar, dass sich die betroffenen Mitarbeiter intensiv mit ihrer Situation auseinandersetzen und ihre Tätigkeit gründlich durchdenken. Angesichts der das Tagesgeschehen und die operativen Notwendigkeiten bestimmenden Hektik in einer Unternehmung ist es kaum denkbar, dass man sich ohne spezielle Gelegenheit Fragen der erwähnten Art stellt und zu beantworten versucht.

Allein eine solche, während etwa zwei bis drei Stunden eingeräumte Möglichkeit führt zu einer im Rahmen des Tagesgeschäftes gar nicht denkbaren Tiefe der individuellen Auseinandersetzung mit der eigenen Tätigkeit. Die meisten Mitarbeiter denken in einer solchen Situation im Grunde zum ersten Mal über deren tieferen Sinn nach. Sie tun dies aber nicht unstrukturiert, sondern auf der Basis einer ganz bestimmten Perspektive, die für effektives und effizientes Management von zentraler Bedeutung ist. Ein erfahrener Moderator kann hier selbstverständlich wertvolle Hilfestellung geben und jeden dazu anhalten, sich nicht vorschnell mit bequemen oder nichts sagenden Antworten zufriedenzugeben.

Nun ist es natürlich im Rahmen von OE-Projekten üblich, die Mitarbeiter ihre eigene Situationsanalyse machen zu lassen. Dieses Prinzip allein genügt allerdings noch nicht, kommt es darüber hinaus doch auch darauf an, *wie* dies gemacht wird. Obwohl anerkannt werden muss, dass die verschiedenen Organisationsentwicklungsansätze zu zahlreichen Methoden und Techniken geführt haben, so scheint mit Bezug auf die Verbindung von Organisationsentwicklung und Managementprinzipien doch ein gewisses Defizit vorhanden zu sein.

In der Praxis ist dieses Defizit möglicherweise grösser und deutlicher als in der Theorie, lässt sich doch in realiter ein Moderator (Berater etc.), der alle theoretisch erforderlichen Kenntnisse und Fähigkeiten in sich vereinigt, nur sehr schwer finden. Vielleicht ist ein weiterer Grund aber auch darin zu sehen, dass eine gewisse Einseitigkeit zugunsten von sozial-psychologischen Ausrichtungen besteht.

Ein entscheidender Effekt des hier gewählten Vorgehens resultiert dagegen aus dem Umstand, dass diese Auseinandersetzung zunächst zwar von jedem individuell und allein *angefangen* wird, er sich dabei gedanklich aber *nicht primär mit sich selbst*, sondern mit denjenigen Mitarbeitern und deren Tätigkeiten beschäftigen muss, mit denen er zur Erbringung seines Beitrages *zusammenarbeiten* muss. Der *Bezugspunkt* ist also die *eigene* Tätigkeit, der *eigene* Beitrag; im *Blickfeld* steht aber der *andere,* all jene nämlich, von deren Leistungen man abhängt und an die man Leistungen erbringt. Es kommt daher, unterstützt durch einige methodische Hinweise des Moderators, zumindest in Ansätzen zur Anwendung jener Methode des subjektiven *Nachvollzugs* (subjective re-enactment) oder des Sich-hinein-Versetzens in die Situation eines anderen, die der Historiker und Philosoph Collingwood für die Erlangung jener Art des Verstehens empfiehlt, die aus hermeneutischer Sicht im Zusammenhang mit sozialen Systemen als so wichtig erachtet wird.[128]

Dieses Nachdenken über den eigenen Beitrag und seine prozessuale Einbettung in den Gesamtkontext beginnt zwar jeder in der Regel für sich allein, es tauchen dabei aber Fragen auf, die er am besten dadurch beantworten kann, dass er den unmittelbar betroffenen Mitarbeiter, Kollegen etc. *direkt fragt.* Aufgrund der ständigen physischen Anwesenheit aller relevanten Personen sind diese gegenseitigen Abstimmungen jederzeit und ohne besonderen Aufwand möglich. Dies wiederum ist in der Regel eine Beitrag zur Verstärkung der Kooperationsfähigkeit.

---

[128] Vgl. Collingwood, R.G., The Idea of History, 1946.

Nach einigen Stunden hat jeder Teilnehmer ein Prozessfluss- oder Systemdiagramm mit den aus seiner Sicht relevanten Input-Output-Beziehungen auf der Basis des Bezugspunktes seines eigenen Beitrages. Es liegt in der Natur der Sache, dass hier bessere und schlechtere Ergebnisse vorliegen, in dieser Phase spielt dies aber keine besonders wichtige Rolle. Entscheidend ist der Denkprozess, die gedankliche Auseinandersetzung, die zum Resultat geführt hat. Ein typisches Beispiel findet sich in Abb. 27.

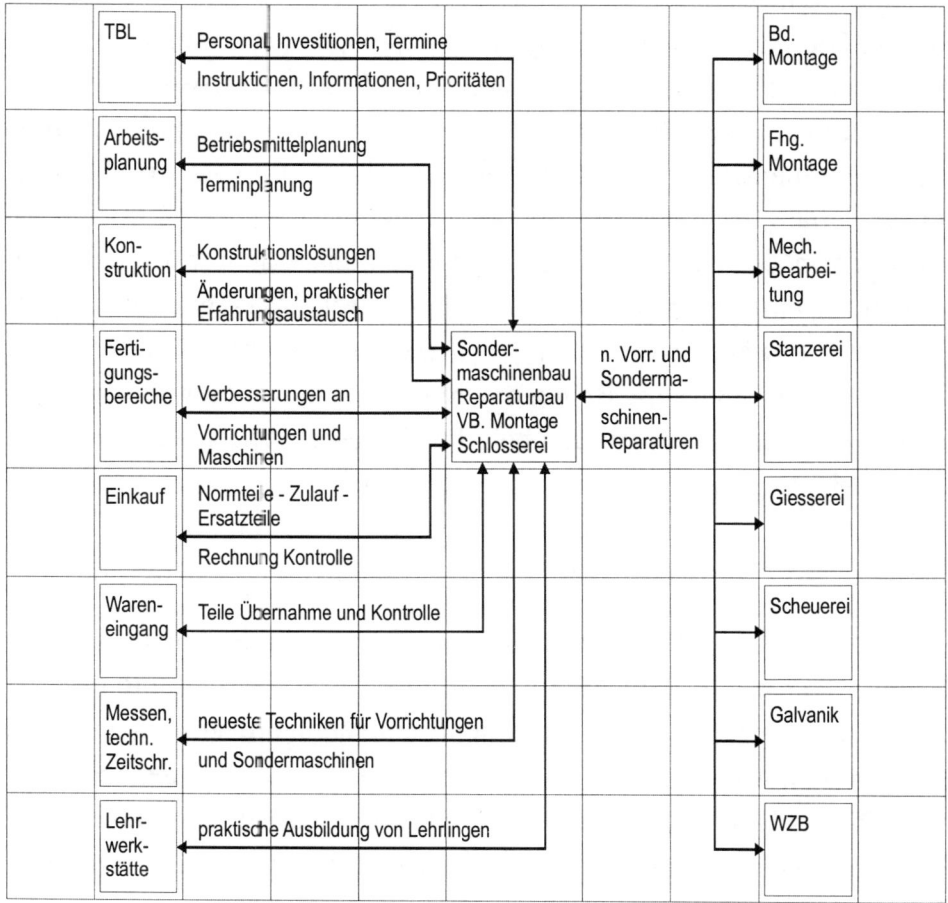

Abbildung 27: Beispiel eines System- oder Prozessflussdiagrammes

Im Anschluss an die Erarbeitung der Diagramme folgt nun eine Phase, in der jeder einbezogene Mitarbeiter sein Ergebnis allen anderen im Rahmen einer Plenumsdiskussion präsentiert. Hier kommt es in aller Regel zu sehr intensiven Auseinandersetzungen, die zur Vervollständigung bzw. Korrektur der vorgelegten Diagramme führt, vor allem aber zur Diskussion der Zusammenarbeitsprobleme der einzelnen Stellen.

Die Erfahrung zeigt, dass im Verlauf solcher Diskussionen, die viele Stunden dauern können, kaum eine relevante Frage unbesprochen bleibt. Die Auseinandersetzungen beschränken sich dabei keineswegs nur auf organisatorische Probleme, obwohl diese den Ausgangspunkt bilden mögen; vielmehr berühren diese Gespräche fast jeden Aspekt der vieldimensionalen Unternehmungsrealität(en). Die Art der Diskussion hängt wesentlich von der Moderation ab. Deren Bemühen muss darin bestehen – und dies gelingt meistens, wenn auch nicht immer –, eine zwar keinesfalls emotionsfreie, was gar nicht wünschenswert wäre, wohl aber zu *Resultaten* führende Diskussion entstehen zu lassen. Im Rahmen solcher Diskussionen wird meistens mehr relevante Information über das Unternehmen im Sinne einer Unternehmungsanalyse gewonnen, als mit jeder anderen Methode möglich wäre. Vermittels einer entsprechenden Protokollierung kann dies auch für die spätere Weiterbearbeitung dokumentiert werden.

Am Schluss hat jeder Teilnehmer somit ein mit allen anderen abgestimmtes Prozessflussdiagramm, einschliesslich der gesamten Materialien aus der Diskussion, die sehr unterschiedlichen Inhalts sein können: Hinweise teils auf noch ungelöste Probleme aus der Sicht der betroffenen Kollegen, Mitarbeiter und Vorgesetzten, teils auf mögliche Lösungen, und nicht selten werden an Ort und Stelle konkrete Lösungen zumindest in den Grundzügen erarbeitet.

Gegenüber gewöhnlichen Reorganisationsprojekten, in denen Selbstdiagnose-Phasen zwar oft auch vorkommen, hat diese Art des Vorgehens den grossen Vorteil, dass die prozessualen Aspekte auf zwei Ebenen – jener des Unternehmungsgeschehens und jener der Vorgehensweise – im Vordergrund stehen. Zudem spielen hierarchische Relationen praktisch keine Rolle spielen. Durch die zahlreichen Präsentationen und Diskussionen kann sich ferner ein sehr hoher Grad an gegenseitigem Verständnis und damit an Verständigungsbereitschaft aufbauen, was ich zwar auch auf das in der Organisationsentwicklung gängige, die Betroffenen einbeziehende Vorgehen zurückführe, wobei aber nicht zuletzt auch der speziellen Methode – ein Prozessflussdiagramm aus der Perspektive des eigenen Beitrages erarbeiten zu lassen – eine ganz besondere Bedeutung zukommen dürfte, die freilich noch näher zu untersuchen sein wird.

Während jeder einzelne also *sein* Systemdiagramm hat, verfügt die Unternehmung als Ganzes über einen kompletten Satz an derartige, allseits abgestimmten Diagrammen. Aus diesen Einzeldiagrammen kann nun durch Zusammenfügen aller Teile sehr leicht ein Gesamtbild erarbeitet werden, was im Anschluss an einen derartigen Workshop in der Regel noch gemacht wird. Wichtig ist, dass der Output des gesamten Verfahrens, die Resultate also, sorgfältig dokumentiert werden, sind sie doch der gewissermassen tangible, sinnlich wahrnehmbare Niederschlag der gedanklichen Rekonstruktionen. Diese Diagramme unterscheiden sich wesentlich von einem Organigramm, denn sie bringen etwas gänzlich anderes zum Ausdruck, etwas, das für das wirkliche Funktionieren eines Systems von viel grösserer Bedeutung ist als die hierarchischen Beziehungen, die durch ein Organigramm abgebildet bzw. geregelt werden.

Nun wäre es sicher nicht uninteressant, etwas ausführlicher darzustellen, welche unterschiedlichen Effekte aus einem Vorgehen resultieren, das im Gegensatz zu einer Methode, die ein Organigramm klassischer

Prägung zum Ergebnis hat, auf das Verstehen der prozessualen Zusammenhänge des Unternehmensgeschehens abzielt. An dieser Stelle muss der Hinweis genügen, dass die jeweiligen Fragestellungen grundsätzlich anderer Natur sind, die dadurch ausgelösten Denkprozesse demnach ebenfalls andere sind und somit der gesamte Kontext, in dem Organisationsfragen behandelt werden, anders ist als in der klassischen Variante.

Und schliesslich stellt sich die Frage, ob man bei Wahl der Prozessflussvariante auf ein Organigramm verzichten kann. Ich neige gegenwärtig zu dieser Auffassung, ohne hier allerdings eine abgeschlossene Meinung zu haben. Bedenkt man aber, dass die Grundformen der auf die Aufgabenverteilung bezogenen Strukturierung der Unternehmung und die diesem Ansatz zugrunde liegende Fragestellung durchaus nicht unumstritten sind und vor allem aus organisationspsychologischer Sicht ihre Schwächen haben, und bedenkt man ferner, dass hierarchische Relationen eigentlich nicht macht- und kompetenzbezogen, sondern logische Relationen im Sinne von Objekt- und Metaebene sein sollten, so könnte sich der sich an den Prozessflüssen orientierende Weg in mehrfacher Hinsicht als besser erweisen. Auch die Verbindung mit Führungsfragen allgemeiner Art – wie etwa der Struktur von Planungssystemen oder von Zielfindungs- und Kontrollprozessen – lässt sich nach ersten Erfahrungen auf diese Weise besser herstellen. Dennoch werden weitere Untersuchungen zeigen müssen, ob diese ersten Vermutungen in die richtige Richtung weisen.

12.7 Konklusion

In Abschnitt 12.3 habe ich ausgeführt, dass sich ein Teil der Entwicklungsarbeit in Organisationen meiner Auffassung nach darauf beziehen sollte, Einsicht in das Funktionieren und die Gesetzmässigkeiten von Gross-Systemen zu schaffen.

Die soeben beschriebene Vorgehensweise scheint hierfür einen Beitrag leisten zu können, denn der *Bezugspunkt* für die Erarbeitung eines Prozessflussdiagramms ist zwar der *Einzelne,* das "Erkenntnisobjekt" aber ist das *System,* d.h. alle für den konkreten Einzelnen relevanten Input- und Output-Stationen. Dabei kann es natürlich ohne weiteres sein, dass sich "sein" System als jene Klein-Gruppe entpuppt, die es ihm erlaubt, seine entsprechenden Erwartungen zu erfüllen. Es ist aber ebenso gut möglich – und in den von mir bisher bearbeiteten Fällen oft auch so gewesen –, dass die relevanten Interaktionskonstellationen ganz anderer Art sind und tatsächlich den Charakter eines Gross-Systems aufweisen.

Insbesondere dort, wo die hartnäckigsten Koordinationsprobleme festzustellen waren und die Neigung der Betroffenen daher am grössten war, den oder die Sündenböcke zu suchen – etwa die Verkaufsverantwortlichen bei den Produktionsmitgliedern und umgekehrt –, zeigte sich in aller Regel, dass das eigentliche Problem nicht ein Versagen einzelner Menschen oder gar böswilliges Verhalten war, sondern dass die Schwierigkeiten vielmehr in den Systemstrukturen selbst begründet lagen. Die Suche nach einer Lösung im "klimatischen" Bereich oder bei den Verhaltensweisen einzelner muss sich unter diesen Umständen als weitgehend unwirksam erweisen.

Es ist klar, dass die hier diskutierten Vermutungen weiterer Untersuchungen bedürfen, um sie zu erhärten oder zu widerlegen. Ohne eine gründliche Auseinandersetzung mit den hier angeschnittenen Fragen dürfte es aber kaum möglich sein, der Realität moderner Organisationen gerecht werden zu können.

(1984)

Zitierte und ergänzende Literatur

Ashby, W.R., Measuring the Internal Informational Exchange in a System, in: Cybernetica, Vol. VIII, No. 1, 1965
- Information Flows within Coordinated Systems, in: Rose, J. (Hrsg.), Cybernetics, 1970
- Systems and Their Informational Measures, in: Klir, G. (Hrsg.), Trends, 1971

Collingwood, R. G., The Idea of History, 1946

Drucker, P.F., Die ideale Führungskraft, Düsseldorf/Wien 1967

Foerster, H., von, Das Konstruieren einer Wirklichkeit, in: Watzlawick, P. (Hrsg.), Die erfundene Wirklichkeit, München 1981

Friedman, Y., Machbare Utopien, Frankfurt 1977

Hayek, F.A. von, Freiburger Studien, Tübingen 1969
- Die Verfassung der Freiheit, Tübingen 1971
- Law, Legislation and Liberty, Vol. 1-3, London 1973-1979

Malik, F. (Hrsg.), Praxis des Systemorientierten Managements, Bern/Stuttgart 1979
- Management-Systeme, in: Die Orientierung, Bern 1981
- Quantitative Prinzipien der Informations-Transmission und ihre Bedeutung für das Management komplexer Systeme, Kap. 14 dieses Buches

Piaget, J., Psychologie der Intelligenz, 5. Aufl., Olten 1972
- Die Psychologie des Kindes, Olten/Freiburg i. Br. 1973

Popper, K. R., Die offene Gesellschaft und ihre Feinde, Bern 1957
- Objective Knowledge, London 1972

Ulrich, H., Die Unternehmung als produktives soziales System, Bern/Stuttgart 1970
- Unternehmungspolitik, Bern/Stuttgart 1978

13. Selbstorganisation im Management

13.1 Vorbemerkungen

Die Diskussion über das Phänomen der Selbstorganisation stösst im Bereich der Unternehmensführung erst seit relativ kurzer Zeit auf Interesse. Dies ist verständlich, gelten Unternehmungen doch als Paradebeispiele für zweckrationale Gestaltung.

Dagegen werden heute wohl die meisten geneigt sein, im Bereich der Natur vorfindbare Ordnungen auf Selbstorganisation zurückzuführen, auch wenn längst nicht alle Geheimnisse geklärt sind. Evolution und Selbstorganisation sind aber immerhin soweit erforscht, dass sie wissenschaftlich zulässige Erklärungsansätze darstellen.

Für die Ordnung von sozialen Systemen, insbesondere für die Organisationen von Wirtschaft und Verwaltung, mutet es aber seltsam an, zu deren Erklärung etwas anderes in Betracht zu ziehen, als menschlichen Gestaltungswillen, Planung und bewusste Anordnung.

13.2 Selbstorganisation und Komplexitätsbeherrschung

Nun konnte aber Friedrich von Hayek meines Erachtens überzeugend nachweisen, dass ein beträchtlicher Teil der Organisiertheit einer Gesellschaft, jene Institutionen nämlich, die so etwas wie soziales Handeln überhaupt erst ermöglichen – Sprache und Recht, Sitte und Moral, Geld und Kredit und ganz allgemein die Ordnungsmuster sozialen Verhaltens –, zwar "das Resultat menschlichen Handelns, nicht aber das Resultat menschlichen Planens und Gestaltens sind."[129] Sie sind, so schwer dies auch einzusehen sein mag, mit anderen Worten Resultate eines Selbstorganisationsprozesses. Intuitiv unterstellen wir auch hier meistens, dass Ordnung dieser Art ihren Ursprung und ihre konkrete Ausprägung einem individuellen Gestaltungswillen zu verdanken hat, denn wie anders, als wohl überlegt und systematisch geplant, könnten derartig zweckmässige und nützliche Gebilde sonst entstehen? Hayek konnte aber zeigen, dass dies eine Illusion ist: Soziale Institutionen dieser Art – von ihm als "spontane Ordnungen" oder neuerdings auch als "selbstorganisierte Systeme" bezeichnet – entstehen aufgrund von Regeln, die das Verhalten der Menschen steuern und ihre Interaktionen bestimmen, wobei den Menschen weder die *Regeln* noch das *Ergebnis* ihres regelkonformen Verhaltens bewusst sein müssen.

Für Entstehung und Aufrechterhaltung sozialer Ordnungen genügt die tatsächliche Befolgung von Regeln, unabhängig davon, ob den einzelnen die Sinnhaftigkeit ihres Tuns gegenwärtig ist oder sie die evolvierende Ordnung als Ganzes verstehen.

Aber auch die Regeln selbst sind nicht im üblichen Sinn "erfunden" oder "erlassen" worden. Vielmehr sind sie selbst aus einem Selektionsprozess hervorgegangen, der jene Gruppen bevorzugte, die sie tatsächlich befolgten. So waren über die Jahrtausende bestimmte Arten von Verhaltensweisen erfolgreicher als andere, und jene Gruppen, die sie pflegten, hatten eine grössere Chance, zu überleben und ihre Verhaltensmuster zu tradieren.

Im Kern waren dies jeweils solche Verhaltensweisen – bzw. die diesen zugrunde liegenden Regeln –, die es den jeweiligen Gruppen ermöglichten, mehr Wissen oder Information zu nutzen als andere Gruppen.

---

[129] Hayek, F.A. von, Freiburger Studien, Tübingen 1969 sowie ders., Law, Legislation and Liberty, Vol. 1: Rules and Order, London 1973.

Sie konnten sich daher nicht nur zu wesentlich höheren Ordnungen von Komplexität entwickeln, sondern waren aufgrund dessen auch in der Lage, in komplexeren Umgebungen agieren zu können.

Am einfachsten kann man sich dies durch einen Vergleich zweier Gruppen (Familien, Clans, Sippen, Stämme usw.) vorstellen, deren eine ausschliesslich durch Befehl einer zentralen Instanz gesteuert wird, während in der anderen alle Mitglieder – wenn auch in unterschiedlichem Masse – an den Prozessen von Informationsgewinnung, -verarbeitung, -interpretation und Entscheidungsfindung beteiligt sind. Im ersten Fall ist die Informationsverarbeitungskapazität der gesamten Gruppe notwendigerweise begrenzt durch Kapazität und Reichweite des Zentrums, während diese spezifischen Limiten im zweiten nicht bestehen: Ein einzelnes, ansonsten in gar keiner Weise prominentes Mitglied der Gruppe kann hier aufgrund seines besonderen, nur ihm zur Kenntnis gelangten Wissens Wesentliches zum Erfolg und zum "Überleben" der Gruppe beitragen.

Ein zentralistisches und insofern fremdorganisiertes System mag unter vielen Umständen und in vielerlei Hinsicht besser und leistungsfähiger sein, als ein sich selbst organisierendes; es kann aber niemals so komplex und damit in gewisser Hinsicht so "intelligent" sein, wie eine spontane Ordnung.

Die Erkenntnisse Hayeks finden eine Entsprechung in jenen Bereichen der modernen Systemwissenschaften und der Kybernetik, die sich mit hoch komplexen Systemen und ihren Funktionsmechanismen befassen.[130] Von diesen Wissenschaftsgebieten wird ebenfalls bestätigt, dass das Mass an Komplexität, das ein System aufweisen und mit dem es umgehen kann, wesentlich davon abhängig ist, wie es organi-

---

[130] Vgl. Beer, S., The Heart of Enterprise, Chichester 1979; Bateson, G., Mind and Nature, New York 1979; ders., Ökologie des Geistes, Frankfurt 1981 oder Foerster, H. von, Sicht und Einsicht, Braunschweig/Wiesbaden 1985.

siert ist, und dass die Grenzen der bewussten, expliziten Anordnung sehr schnell erreicht sind. Sobald diese Grenzen aufgrund der Probleme, die das System zu lösen hat, überschritten werden müssen, ist Selbstorganisation in dem Sinne erforderlich, dass die Elemente des Systems in die Lage versetzt werden – werden müssen –, auch die bloss dezentral und peripher vorliegenden und deshalb nur ihnen zugänglichen Informationen nutzen zu können.

Sobald dies der Fall ist, wird natürlich die Ordnung eines Systems nicht mehr im Detail dem zentralen Gestaltungswillen entsprechen können, sondern nur noch in bestimmten, abstrakten Zügen. Diese werden geprägt sein durch die grundsätzlichen Regeln, die im System gelten und möglicherweise von einer zentralen Instanz festgelegt oder mitgestaltet wurden.

Selbstorganisation ermöglicht es somit, hoch komplexe Systeme unter eine bestimmte Art von Kontrolle zu bringen, also eine Ordnung entstehen zu lassen. Als Grundsatz gilt dabei: "...the degree of control exerted is proportional to the logarithm of the amount of effective information available to the system."[131]

Damit haben nicht "wir" das System unter Kontrolle, sondern dieses kontrolliert *sich selbst*. Es wird daher unseren Vorstellungen nur noch in bestimmten, abstrakten Zügen entsprechen können, jedoch nicht mehr im Detail. Nur ein solcher Verzicht auf Eingriffe in die Detailoperationen ermöglicht es, ein höheres Mass an Komplexität zu steuern. Wir stehen somit vor folgendem Quasi-Paradoxon: Wie muss ein System organisiert werden, damit es sich selbst organisieren kann?

---

[131] Beer, S., Decision and Control, London 1966.

13.3 Anwendung im Management

Management ist in besonderer Weise von diesem Dilemma betroffen: Einerseits sollen Organisationen wie Unternehmungen, Verwaltungsbehörden, Krankenhäuser, Universitäten usw. ein hohes Mass an Zweckmässigkeit und Ordnung aufweisen, damit die beabsichtigte Funktionsweise der Organisation auch tatsächlich sichergestellt ist; andererseits agieren moderne Organisationen in einer hoch komplexen Umwelt und sind aufgrund ihrer eigenen, inneren Komplexität und Grösse in der Regel von niemandem zur Gänze überblickbar.

Es verwundert daher nicht, dass die Vorstellung, ein System so zu organisieren, dass es sich selbst organisiert, eine gewisse Bedeutung, für manche sogar Faszination hat. Gleichzeitig kollidiert diese Idee aber auch mit jener tief verwurzelten Form des Rationalismus, wonach eben nur zweckmässig sein kann, was ein zentrales Steuerungsorgan bewusst anordnet.

In sehr kleinen – oder besser: einfachen – Organisationen benötigen wir Selbstorganisation wohl nicht. Solange es die Situation tatsächlich erlaubt, dass eine zentrale Steuerungsstelle – wie auch immer sie gestaltet sein mag – alle für die Steuerung der Organisation erforderlichen Informationen zu gewinnen, zu verarbeiten und an die Aktionselemente weiterzuleiten in der Lage ist, ist diese Form der Steuerung ausreichend und in der Regel sogar optimal.

Selbstorganisation kommt als Ergänzung oder Alternative erst dann in Betracht, wenn die Komplexität einer Organisation das Steuerungsvermögen einer Zentralinstanz übersteigt. Hier stösst man entweder an die Grenzen weiteren Wachstums, an Grösse und Komplexität, und muss sich damit mit dem Erreichten begnügen; oder aber, soll sich die Organisation darüber hinaus entwickeln, wird man nicht umhin kommen, gewisse Aspekte der Organisation quasi sich selbst zu überlassen, und verliert damit selbstverständlich die direkte Kontrolle darüber. Damit unmittelbar verbunden ist die Frage, ob dies zum Ablösen dieser Teile von der Organisation führt oder ob nicht doch zumindest gewisse Bindungen und Einflussmöglichkeiten aufrechterhalten werden können. Optimal wäre es wohl, den spontanen Kräften der Organisation freien Lauf lassen zu können, dennoch aber sicherzustellen, dass damit dem Zweck der Organisation als Ganzes gedient ist.

13.4 Praktische Gestaltungsmöglichkeiten

Dies ist möglich, selbst wenn wir noch weit davon entfernt sind, Selbstorganisation wirklich zu verstehen und kompetent anwenden zu können.[132] Etwas vereinfacht gesprochen geht es darum, die einzelnen Mitglieder einer Organisation, insbesondere ihre Führungskräfte, mit einer Art "genetischem Code" auszustatten, mit einem Satz von Regeln also, die sicherstellen, dass jeder einzelne alle ihm – und oft nur ihm – zugänglichen Informationen nicht nur nutzen kann, sondern diese Nutzung auch im Interesse des Ganzen steht. Dieser "genetische Code" hat den Charakter eines Modells des Ganzen, denn wir wissen aus der Kybernetik, dass die Regulation eines Systems nur so gut sein kann, wie das Modell des Systems über sich selbst.[133]

Obwohl es der Grundmechanismus der Selbstorganisation nicht erfordert, dass dieses Modell den Elementen des Systems bewusst ist, so wird man doch davon ausgehen müssen, dass der zeitliche Bedarf des Evolutionsprozesses wesentlich abgekürzt werden kann, wenn wir es den Mitgliedern einer Organisation bewusst machen. Die spontanen

---

[132] Vgl. Malik, F., Strategie des Managements komplexer Systeme, 5. Aufl., Bern/Stuttgart/Wien 1996.
[133] Conant, R.C. / Ashby, W.R., Every good regulator of a system must be a model of that system, in: Int. Journal of Science, 1/1970, S. 89-97.

Ordnungen der Gesellschaft sind zwar über grosse Zeiträume hinweg entstanden; in Unternehmungen haben wir diese Zeit normalerweise nicht.

13.5 Das Regulationssystem von Unternehmungen

Organisationen wie Unternehmungen und ähnliche Systeme werden im Wesentlichen gesteuert und geregelt durch ihre Strategie, ihre Struktur und die in ihnen herrschende Kultur: Die Strategie umfasst die grundsätzlichen Zweckbestimmungen, Zielsetzungen und Aktionsprogramme; die Struktur legt die Verteilung von Zuständigkeiten, Kompetenzen und vor allem den Informationsfluss fest; und die Kultur wird bestimmt durch die Wertvorstellungen, Verhaltensnormen, Mentalitäten und die geistige Fokussierung der Organisationsmitglieder. Es würde zu weit führen, auf die Ausgestaltung dieser Komponenten hier im Einzelnen einzugehen, da dies stark vom konkreten Einzelfall abhängt. In jedem Fall aber ist klar, dass angesichts der gegebenen Komplexität und des dadurch induzierten Regelungsbedarfs nur deren Grundzüge bewusst und per Willensakt festgelegt werden können, während die Details der individuellen Ausgestaltung und Interpretation offengelassen werden müssen. Je besser aber die Organisationsmitglieder das Ganze und seine abstrakten Züge verstehen, umso sicherer wird der Einzelfall diesem Sinne entsprechend interpretiert und in das Grundmuster eingepasst werden können.

Unabhängig von den konkreten Aufgaben und der inhaltlichen Ausgestaltung ihres Regulationssystems, muss in jeder Organisation auf einige Aspekte besonders geachtet werden:

13.5.1 Leistungsorientierung

Jedes zweckorientierte System hat Leistungen zu erbringen. Es ist allerdings keineswegs sicher, dass dies allen Mitgliedern einer Organisation ausreichend klar ist und sie sich danach verhalten. Die Versuchung, ohne Leistungen an das Belohnungsrepertoire der Organisation heranzukommen, ist zweifellos vorhanden, und in vielen Fällen gross – wobei es häufig auch leicht gemacht wird, ohne Leistungen in den Genuss von Belohnungen durch die Organisation zu kommen.

Es ist daher eine der wichtigsten Aufgaben der Führungskräfte von Organisationen, klar zu machen, worin die Leistungen der Organisation bestehen und was als gute resp. was als nicht akzeptable Leistung verstanden wird. Jede Möglichkeit, ohne adäquate Leistung in einer Organisation "überleben" zu können, muss unterbunden werden. Dass dies im Einzelfall recht schwierig sein kann, versteht sich von selbst; dennoch ist dies eine der wichtigsten Voraussetzungen dafür, dass Selbstorganisation im Dienste des Ganzen steht.

13.5.2 Feedback

Jede Organisation verfügt über zahllose Feedbackschlaufen; jeder Versuch, diese explizit machen zu wollen, wäre müssig. Zumindest *ein* Rückkoppelungsmechanismus aber muss bewusst gestaltet werden: jener zwischen Zielen und Resultaten. Dies erfordert zwangsläufig die explizite Bestimmung von Zielen und eine diesen zugeordnete Ergebnisfeststellung. Beides mag selbstverständlich klingen, ist aber in grossen und komplexen Organisationen schwierig und keineswegs immer gegeben. Eine Organisation, in der dieser Mechanismus nicht funktioniert, wird früher oder später ausser Kontrolle geraten.

13.5.3 Sanktionen und Verantwortlichkeit

Ein wesentliches Element der Selbstorganisation und der Richtung, in welche sie sich auswirkt, sind die Belohnungs- und Bestrafungsmechanismen einer Organisation – und damit die Frage, wer wofür wirklich verantwortlich ist und wie sich Verantwortung manifestiert. Monetäre Belohnungen spielen dabei zweifellos eine sehr wichtige, wenn auch nicht die einzige Rolle. Ein weiteres Element ist die Frage, wie die Organisation Anerkennung und Differenzierungsmöglichkeiten handhabt, und eine dritte Komponente sind jene Entscheidungen, die Menschen betreffen.

13.5.4 Personalentscheidungen

In letzter Konsequenz ist der Regulierungsmechanismus sozialer Systeme in den Entscheidungen zu suchen, die Menschen betreffen. Die Auswahl von Führungskräften, ihre Beförderung, die Kriterien von Aufstieg und Rückstufung sind daher mit Blick auf die Selbstorganisation die vielleicht wichtigsten Fragen, da sie deren Richtung massgeblich mitbestimmen. Dies ist vor allem deshalb der Fall, weil solche Entscheidungen für alle Organisationsmitglieder sichtbar sind und Vorbildcharakter haben. In ihnen wird für jeden klar, welches die wirklichen Spielregeln sind, denen das System unterliegt.

13.6 Organisation zur Selbstorganisation

Die Gewährung weitestgehender Freiheiten in einer Organisation bei gleichzeitig sinnvoller Ausgestaltung und konsequentem Einsatz der besprochenen Komponenten führt zur Lösung des scheinbaren Paradoxons: *ein System so zu organisieren, dass es sich selbst organisiert.* Praktikable Selbstorganisation ist damit weit weniger geheimnisvoll, als man zunächst vermuten möchte. Und selbstorganisierende Fähigkeiten eines Systems sind auch weit weniger philosophisch oder mystisch, als manche Arbeiten zu diesem Thema nahelegen. Die Praxis der Selbstorganisation in sozialen Systemen hat viel eher zu tun mit Einsicht in deren Funktionieren, der wohlüberlegten Gestaltung einiger Elemente und ihrer gewissenhaften Handhabung. Sicher aber gehört dazu auch eine bestimmte Art von Bescheidenheit: der Verzicht, alles und jedes nach seinen persönlichen Vorstellungen anordnen zu wollen.

(1990)

Zitierte und ergänzende Literatur

Bateson, G., Mind and Nature, New York 1979
- Ökologie des Geistes, Frankfurt 1981

Beer, S., Decision and Control, London 1966
- The Heart of Enterprise, Chichester 1979

Conant, R.C. / Ashby, W.R., Every good regulator of a system must be a model of that system, in: Int. Journal Systems Science 1/1970

Foerster, H. von, Sicht und Einsicht, Braunschweig/Wiesbaden 1980

Hayek, F.A. von, Freiburger Studien, Tübingen 1969
- Law, Legislation and Liberty, Vol. 1: Rules and Order, London 1973

Malik, F., Strategie des Managements komplexer Systeme, 5. Aufl., Bern/Stuttgart/Wien 1996

14. Quantitative Prinzipien der Informations-Transmission und ihre Bedeutung für das Management komplexer Systeme

Das Verhalten komplexer Systeme wird im Wesentlichen durch Informationsströme bestimmt. Die Transmission von Informationen unterliegt bestimmten Gesetzmässigkeiten, deren Berücksichtigung für die Verhaltensbeeinflussung von Systemen von entscheidender Bedeutung ist. Es werden einige dieser Gesetzmässigkeiten aufgezeigt und ihre Relevanz für das Management komplexer Systeme, vor allem im Zusammenhang mit Koordinationsproblemen, diskutiert.

14.1 Management und Koordination

Management kann verstanden werden als Herstellung und Aufrechterhaltung einer dynamischen Ordnung zwischen Komponenten eines Systems, im Falle einer Unternehmung etwa Menschen, Maschinen, Materialien, Geld, Produkte, Kunden, Lieferanten, aber auch Meinungen, Überzeugungen usw. Unabhängig von den im konkreten Einzelfall vorliegenden Problemstellungen und den Methoden, die dann zur Anwendung gelangen mögen, ist Management im Wesentlichen Koordination und Integration der Aktivitäten von Systemen, Subsystemen und Elementen in einem vieldimensionalen Raum. Von allen möglichen Kombinationen oder Ordnungen sind jedoch nur ganz bestimmte zulässig oder akzeptabel, wenn wir typische Überlebenskriterien eines Unternehmens – Aufrechterhaltung der Zufriedenheit der Kunden, Sicherung der Liquidität, Erzielung einer bestimmten Rendite, Erhaltung der Motivation der Mitarbeiter usw. – mitberücksichtigen. Typische Beispiele solcher Koordinationsprobleme, die im Grunde darin bestehen, dass aus der Gesamtmenge möglicher Ordnungen nur eine Teilmenge aktualisiert werden soll, sind etwa die Steuerung der Verkehrsströme in einer Stadt, das Lenken des Flugverkehres auf einem grossen Flughafen, die Koordination der Truppenbewegungen während eines Manövers oder in einer Schlacht oder die Abstimmung von Mitarbeitern, Produktions- und Vermarktungsprozessen, Planung usw. in einem grossen Unternehmen.

Bemerkenswert erscheint nun, dass dem *Problem der Koordination* im Rahmen der Betriebswirtschafts- bzw. Managementlehre zwar durchaus Aufmerksamkeit geschenkt, dieses aber häufig nur unter *speziellen* Gesichtspunkten gesehen wird, während der *allgemeine* und *grundlegende* Charakter dieses Phänomens weithin unbeachtet geblieben ist.

Aufgrund von Arbeiten von Ashby[134] und Conant[135] kann gezeigt werden, dass jede wohl definierte Koordination die Transmission einer *bestimmten Mindestmenge* an Information erfordert, so dass die Lösung des Problems mit weniger als dieser Mindestinformationsmenge *absolut* unmöglich ist. Es lässt sich ferner zeigen, dass diese Informationsmenge, zumindest im Prinzip, quantitativ bestimmbar ist, und dass sie bestimmten Gesetzmässigkeiten unterworfen ist. Von Bedeutung ist dabei, dass die erforderliche Transmission zwischen den Komponenten eines Systems auf verschiedenartige Weise erfolgen kann, dass, obwohl die Mindestgrenze nicht unterschritten werden

---

[134] Vgl. Ashby, W.R., Measuring the Internal Informational Exchange in a System, in: Cybernetica, Vol. VIII, No. 1, 1965, S. 5-22; ders., Information Flows within Co-ordinated Systems, in: Rose, J. (Hrsg.), Cybernetics, 1970, S. 57-64 sowie ders., Systems and Their Informational Measures, in: Klir, G. (Hrsg.), Trends, 1971, S. 78-97.
[135] Vgl. Conant, R.C., Information Transfer in Complex Systems - with Applications to Regulation, Illinois 1986.

kann, dennoch eine mehr oder weniger effiziente Problemlösung gegeben sein kann und dass ein und dieselbe Gesamtkoordination – d.h. ein und derselbe Gesamtzustand eines Systems – auf sehr verschiedenartige Koordinationsformen *innerhalb* des Systems zurückgehen kann. Dies bedeutet zum einen, dass Koordination im Wesentlichen ein holistisches Phänomen, d.h. eine Eigenschaft eines Gesamtsystems ist; zum anderen können zwischen je zwei Komponenten X_i und X_j beinahe beliebige Koordinationsformen – verbunden mit der Transmission entsprechender Informationsmengen – auftreten, vorausgesetzt, dass entsprechende Adjustierungen in anderen Teilen des Systems vorgenommen werden.

Es ist nicht Ziel dieser Arbeit, die Theorie der Informations-Transmission umfassend oder systematisch darzustellen. Die Absicht besteht lediglich darin, einige Resultate dieser Theorie aufzuzeigen und dabei auf ein paar im deutschen Sprachraum bisher anscheinend weitgehend unbekannt gebliebene Arbeiten hinzuweisen, in denen die erforderlichen Details zu finden sind. Die damit verbundene Denkweise ist für das Management komplexer Systeme zweifellos relevant, wobei von besonderer Bedeutung ist, dass eine präzise Behandlung der *Grundlagen* des wichtigen Phänomens der Koordination unmittelbar mit Fragen dieser Art verbunden ist.

14.2 Informations-Transmission

In den meisten Fällen werden informationstheoretische Überlegungen im Zusammenhang mit einem Zwei-Variablen-System (X, Y) angestellt, wobei gilt: X = Sender und Y = Empfänger. Rauschen wird eventuell als dritte Variable behandelt. Grundlage hierbei ist die Entropieformel von Shannon:

$$H(X) = \sum_i p_i \log_2 \frac{1}{p_i}$$

Wird nicht mit Wahrscheinlichkeiten p_i, sondern mit Häufigkeiten k_i gearbeitet, so ergibt sich:

$$H(X) = \frac{1}{k}(k \log_2 k - \sum_i k_i \log_2 k_i),$$

wobei $\sum_i k_i = k$.

Nun ist zu beachten, dass die eigentliche Natur der Informationstheorie im Grunde in einem *Zählen* von Ursachen und Effekten besteht. So hat Ashby wiederholt darauf hingewiesen, dass das Grundparadigma der Informationstheorie in der Aussage zum Ausdruck kommt, dass man bei einem Satelliten beispielsweise nicht zehn Manöver bewirken kann, wenn man nur acht Signale zur Verfügung hat. In ihrer hoch-sophistizierten Form, die auch – bzw. vor allem – Fälle umfasst, in denen ein (einfaches) Zählen durch die kontinuierliche Form von Ursachen und Effekten nicht möglich ist, oder solche, in denen relevante mit irrelevanten Ursachen/Effekten (Rauschen) gemeinsam auftreten, lenkt die Informationstheorie häufig von ihren eigentlichen Grundlagen ab, die aber gerade für die Humanwissenschaften wichtiger sind, als die Anwendungen in der Nachrichtentechnik.

McGill,[136] Garner[137] und Ashby[138] haben nun gezeigt, dass die Informationstheorie generalisiert und somit auf den n-Variablen-Fall ausgeweitet werden kann.

---

[136] Vgl. McGill, W.J., Multivariate Information Transmission, in: Psychometrica, 19, 1954, S. 97-116.

Verallgemeinert lautet die Entropieformel wie folgt:

$$H(A,B,C,.....N) = \sum_{ij...m} p_{ij...m} \log_2 \frac{1}{p_{ij...m}}$$

Transmission von Information zwischen zwei Variablen X und Y ist definiert als:

$$T(X:Y) = H(X) + H(Y) - H(X,Y).$$

Im n-Variablen-Fall ergibt sich:

$$T(A:B:C:......:N) = H(A) + H(B) + ...H(N) - H(A,B,......N).$$

Es handelt sich dabei um die *totale* Transmission zwischen den Variablen eines Systems, welche die bestehende Abweichung von statistischer Unabhängigkeit misst. Sommerhoff[139] und Ashby[140] haben gezeigt, dass die Identifikation von "Abweichung von statistischer Unabhängigkeit" und "Koordination" sowohl allgemein als auch präzise ist. T ist somit auch ein Mass für die Koordination zwischen den Variablen eines Systems.

Um die Idee der Transmission T (A,B,....N) zu illustrieren, seien zwei von Ashby im Detail ausgearbeitete Beispiele im Folgenden kurz skizziert:

---

[137] Vgl. Garner, W.R., Uncertainty and Structure as Psychological Concepts, New York 1962.
[138] Vgl. Ashby, W.R., Measuring the Internal Informational Exchange in a System, in: Cybernetica, Vol. VIII, No. 1, 1965, S. 5-22.
[139] Vgl. Sommerhoff, G., Analytical Biology, London 1950.
[140] Vgl. Ashby, W.R., The Set Theory of Mechanism and Homeostasis, in: Stewart, D.J. (Hrsg.), Automaton Theory, 1967, S. 23-51.

14.2.1 Beispiel 1

Ein Seiltänzer[141] hat seine Körperbewegungen in hohem Masse zu koordinieren, damit er sein Gleichgewicht halten kann und nicht vom Seil fällt. Dies erfordert, dass sein Schwerpunkt immer vertikal über dem Seil liegt.

Der Einfachheit halber unterscheiden wir nur die Positionen seiner Glieder G (Arme: G_1, G_2 ; Beine: G_3, G_4), und hier wiederum lediglich fünf Positionen, die Arme und Beine einnehmen können, die (von der zentralen Ebene aus gemessenen) Distanzen -2, -1, 0, +1, +2. Wenn zugelassen wird, dass zwei oder mehr Glieder in derselben Distanz positioniert sind, sind folglich $5^4 = 625$ verschiedene Haltungen des Seiltänzers möglich – und von diesen erfüllen nur 85 die Gleichgewichtsbedingung. Man könnte nun von verschiedenen Verteilungsannahmen aller 625 Gesamtposturen ausgehen, oder auch durch entsprechende Experimente mit untrainierten und trainierten Personen entsprechend empirische Häufigkeiten ermitteln, um die tatsächliche Informations-Transmission festzustellen.

Ein anderer Weg hingegen ist die Frage, welche Transmissionskapazitäten *mindestens* bereitgestellt sein müssen, um sicher zu sein, dass alle 85 Gleichgewichtsposturen – und nur diese – vorkommen, wenn ansonsten, d.h. ohne entsprechende Transmission, alle 625 Haltungen eintreten können.

Die entscheidende Quantität ist also die totale *Transmission*, die *mindestens* erforderlich ist, um das Problem zu lösen:

$$T(G_1:G_2:G_3:G_4) = H(G_1) + H(G_2) + H(G_3) + H(G_4) - H(G_1G_2G_3G_4)$$

---

[141] Vgl. Ashby, W.R., Information Flows within Co-ordinated Systems, in: Rose, J. (Hrsg.), Cybernetics, 1970, S. 57-64.

Der Wert von T beträgt in diesem Fall 2,850 bit je Haltung. Die Bedeutung dieser Grösse ist darin zu sehen, dass mit einer geringeren Quantität das Problem nicht gelöst, die Koordination nicht bewerkstelligt und damit das Gleichgewicht nicht sichergestellt werden kann.

Es muss betont werden, dass die erwähnte Informationsmenge von 2,850 bit je Haltung ein Mindestmass, die Sicherheitsuntergrenze darstellt: Mit weniger geht es nicht, wenn man sicher sein will; mehr kann selbstverständlich vorkommen, ist aber im Allgemeinen unökonomisch. Das Problem würde dann mit geringerer Effizienz gelöst, als möglich.

Es wird somit nicht die *tatsächliche* Kapazität von Kanälen bestimmt, die insbesondere den Sozialwissenschafter vor schwierige empirische Fragen mit häufig zweifelhaften Antworten stellt, sondern die Sicherheitsmindestkapazität ("least safe capacity").

Ein Beispiel[142] mag verdeutlichen, was damit gemeint ist: Angenommen, die vier Nachrichten, die ein Leuchtturmwächter bei Ankunft eines Schiffes zum Hafen zu senden hat, seien wie folgt verteilt:

Lotse erforderlich	p = 0,94
Zoll erforderlich	p = 0,03
Sanitätsinspektorat erforderlich	p = 0,02
Polizei erforderlich	p = 0,01

Wenn von Durchschnitten ausgegangen werden kann, so würde ein Kanal mit 0,415 bit genügen. Dies wäre hier allerdings wenig hilfreich, muss doch der Leuchtturmwächter bei jedem Schiff *gleichermassen* bereit sein, *jede* der vier Nachrichten zu senden. Die "least safe capacity" ist daher 2 bits.

---

[142] Vgl. Ashby, W.R., Systems and Their Informational Measures, in: Klir, G. (Hrsg.), Trends, 1971, S. 78-97.

Die totale Transmissionsquantität mag an sich bereits von Interesse sein. Weitere Überlegungen zeigen aber, dass es nun mehrere Möglichkeiten gibt, die totale Transmission unter Berücksichtigung der Untergrenze sicherzustellen: Da beim Seiltänzer beispielsweise gilt:

$$T(G_1:G_2:G_3:G_4) = T(G_1:G_2) + T(G_3:G_4) + T(G_1G_2:G_3G_4)$$

könnte dies so gelöst werden, dass zunächst die beiden Arme ohne Rücksicht auf die Beine koordiniert werden, dann die beiden Beine ohne Rücksicht auf die Arme und anschliessend das Arm*paar* mit dem Bein*paar*. Die entsprechenden numerischen Werte sind 0,086 + 0,086 + 2,678; in Summe ergibt dies wiederum 2,850.

Andere Partitionen sind ebenfalls möglich, zum Beispiel:

$$T(G_1:G_2) + T(G_1G_2:G_3) + T(G_1G_2G_3:G_4)$$

Dies würde bedeuten, dass zuerst die Arme ohne Rücksicht auf die Beine abgestimmt werden, dann das Arm*paar* mit dem einen Bein und schliesslich alle drei Gliedmassen mit dem zweiten Bein. Dies könnte beispielsweise verschiedenen Trainingsphasen des Seiltänzers entsprechen.

Eine Fülle anderer Partitionen, die mit entsprechend anderen Vorgehensweisen korrespondieren und somit den zahlreich denkbaren Beschränkungen und Besonderheiten *realer* Situationen Rechnung tragen könnten, sind gleichermassen möglich.[143]

---

[143] Vgl. Ashby, W.R., Measuring the Internal Informational Exchange in a System, in: Cybernetica, Vol. VIII, No. 1, 1965, S. 5-22 sowie ders., Two Tables of Identities Governing Information Flows within Large Systems, in: ASC Communications, Vol. 1, No. 2, Juli 1969, S. 3-7.

14.2.2 Beispiel 2

An anderer Stelle untersucht Ashby den informationellen Koordinationsaufwand, der in einer alltäglichen Situation der folgenden Art zu bewältigen ist:[144] Eine Person liest ein Buch und stösst plötzlich auf ein fremdsprachiges (französisches) Wort, das sie nicht kennt. Die Person steht auf, geht quer durch das Zimmer, wobei sie einem im Wege stehenden Stuhl ausweicht, findet das französische Wörterbuch unter 100 im Bücherregal stehenden Bänden, sucht das entsprechende Wort, findet die Übersetzung in der eigenen Sprache und schreibt das entsprechende Wort nieder. Auch hier stellt sich die Frage, welche Informationsmengen im Minimum erforderlich sind, um die erforderliche Koordination des gesamten Handlungsablaufes sicherzustellen. Das Resultat ist 169 bits, wobei hier auf die Wiedergabe der Einzelheiten der Ermittlung der Informationsmenge verzichtet werden soll.

Für sich genommen sind die hier behandelten Beispiele vielleicht keine besonders interessanten Fälle. Sie illustrieren aber, dass die erforderlichen Informationsmengen bestimmt werden können, und dass im Zusammenhang damit interessante Fragen stehen bezüglich der Art und Weise, wie die Koordination bewerkstelligt wird. Auf weitere Aspekte und Interpretationen sowie auf die Frage nach den Grenzen der Koordinierbarkeit wird im Folgenden noch eingegangen.

Die Transmissionsmenge ist noch aus zumindest drei weiteren Perspektiven noch von besonderem Interesse:

1. Die Transmission $T(X:Y)$, die im Seiltänzer-Beispiel auf die *räumliche* Koordination seiner Gliedmassen bezogen war, kann in gleicher Weise als *zeitliche* Koordination verstanden werden: Wenn X und Y zeitlich auseinander liegen, so dass etwa gilt: X =

---

[144] Vgl. Ashby, W.R., Information Processing in Everyday Human Activity, in: Bio Science, Vol. 18, No. 3, 1968, S. 190-192.

Z(t), Y = Z(t+k), dann misst T(X:Y) das Ausmass der Koordination in der Zeit, eine Art von Gedächtnis im System also.[145] Diese Interpretation könnte für die Unternehmungsplanung beispielsweise von besonderer Bedeutung sein, geht es hierbei doch darum, die Unternehmensaktivitäten im Zeitablauf zu koordinieren.

2. Conant konnte zeigen, dass die Kapazität eines Systems als Regler nicht grösser sein kann, als seine Transmissionskapazität.[146] Die Möglichkeiten von Managern, ihre Verantwortungsbereiche unter Kontrolle zu halten, sind somit absolut begrenzt durch ihre Fähigkeiten der Informations-Transmission.

3. Management umfasst zu einem erheblichen Teil Gestaltungsprobleme, wobei sich auch hier das Problem der Transmissionsquantitäten stellt.[147]

In der folgenden Abbildung ist Kanal C von besonderer Bedeutung:

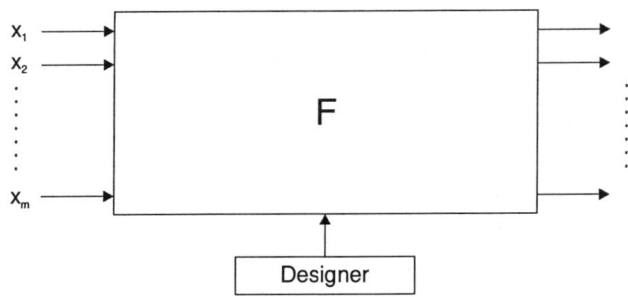

---

[145] Vgl. Ashby, W.R., Systems and Their Informational Measures, in: Klir, G. (Hrsg.), Trends, 1971, S. 78-97.
[146] Conant, R.C., Information Transfer in Complex Systems - with Applications to Regulation, Illinois 1968.
[147] Vgl. Ashby, W.R., Setting Goals in Cybernetic Systems, in: Cybernetics. Artificial Intelligence and Ecology, Proceedings of the Fourth Annual Symposium of the American Society for Cybernetics, 1972, S. 33-44.

F transformiert die Inputs in die Outputs; es gilt also: $Y = F(X)$; $X = (x_1, x_2, ..., x_m)$; $Y (y_1, y_2, ..., y_n)$.

Das Problem besteht nun darin, das richtige F aus der Menge aller möglichen F's zu bestimmen, wobei die Zahl aller Funktionen, die p Input- in q Output-Zustände abbilden, gleich q^p ist. Bei 1'000 Input- und 1'000 Output-Variablen mit je 2 Zuständen ergibt sich $2^{1'000}$ für p und q; die Zahl möglicher Funktionen, aus denen zu selektieren ist, ist folglich:

$$(2^{1'000})^{2^{1'000}}$$

– und die Mindestsicherheitskapazität demnach ca. 10^{300} bits. Hieraus ist auch ersichtlich, dass die Zahl der Input-Zustände erheblich problematischer ist, als jene der Outputs, denn selbst eine massive Verringerung der Output-Komplexität reduziert die erforderliche Transmissionskapazität nur unwesentlich.

Diese Aspekte wiederum sind für Organisationsfragen von besonderer Bedeutung, stellen sich die Grundfragen des Organisierens doch immer in der besprochenen Form, nämlich bestimmte Outputs aus bestimmten Inputs zu transformieren. Die involvierten informationellen Probleme in der hier dargestellten Sicht werden dabei in aller Regel nicht thematisiert. Aus diesem Grunde dürfte die Vermutung nicht unbegründet sein, dass in Unkenntnis der zu verarbeitenden Informationsmengen oft versucht wird, Unmögliches zu tun. Im Zusammenhang mit dem sog. Bremerman'schen Limit wird darauf noch näher eingegangen.

14.3 Transmission und Interaktion

Eine interessante Quantität in diesem Zusammenhang ist auch das Mass Q für die Interaktion. Q ist wie folgt definiert:

$$Q(A:B:C) = T(A:B:C) - T(A:B) - T(B:C) - T(C:A)$$

Während die totale Transmission T ein Mass für den totalen Constraint, den Gesamtbetrag an Regelmässigkeit oder Gesetzmässigkeit eines Systems darstellt, repräsentiert die Interaktion Q jenes Mass an Transmission, das nicht den Variablen paarweise, tripelweise etc. zugeschrieben werden kann, sondern nur dem System als Ganzem, d.h. der Interaktion *aller* Variablen. Q bringt daher zum Ausdruck, in welchem Ausmass das System wirklich ein Ganzes ist und, mit anderen Worten, nicht auf kleinere Subsysteme reduziert werden kann.

Ist Q = 0, so zeigt dies, dass das System nur scheinbar komplex ist und in Wahrheit in Subsysteme zerlegt werden kann. Ein solches System liesse sich somit auch analysieren, indem man seine Subsysteme studiert.

Das Interaktionsmass Q ist aber auch insofern interessant, als Ashby zeigen konnte, dass in einem System mit unabhängigen Teilen zwar Q = 0 ist, dass aber ein System mit Q = 0 nicht notwendigerweise aus unabhängigen Teilen besteht.[148] Ferner konnte er zeigen, dass es Systeme gibt, deren Transmission bzw. Regelmässigkeit (Gesetzmässigkeit) ausschliesslich in der Interaktion liegt, während alle Subsysteme eine Transmission von T = 0 aufweisen.

---

[148] Vgl. Ashby, W.R., Measuring the Internal Informational Exchange in a System, in: Cybernetica, Vol. VIII, No. 1, 1965, S. 5-22.

14.4 Interaktion und Koordination: Das Bremerman'sche Limit

Die Komplexität eines Systems beruht im Wesentlichen auf dem Phänomen der Interaktion. Solange die Teile eines Systems nicht in Interaktion stehen, d.h. solange die Werte der Variablen nicht von anderen Variablen abhängen, ist ein System einfach. Sobald jedoch *Konditionalität* besteht, wird ein System sehr schnell komplex. Während im Fall fehlender Interaktion bei n Variablen, die je k Werte annehmen können, die Zahl reduzierbarer Relationen 2^{kn} beträgt, so dass die Selektion oder Identifikation lediglich $k \cdot n$ bits beträgt, steigt diese Zahl bei voller Interaktion auf k^n bits an. Selbst in Systemen mit einer bescheidenen Anzahl an Variablen ist das Problem der Informationsverarbeitung und Koordination unter diesen Umständen sehr schnell nicht mehr lösbar.

Dies hängt mit dem Bremerman'schen Limit zusammen, einer absoluten, obersten Grenze der Informationsverarbeitung, deren Ursache in den grundlegenden Eigenschaften der Materie, in der Heisenberg'schen Unschärferelation, liegt.

Auch von dieser, für das Verständnis und die Handhabung komplexer Systeme absolut fundamentalen Erkenntnis ist bislang nur sehr begrenzt Kenntnis genommen worden. Insbesondere in den Wirtschafts- und Sozialwissenschaften scheint das Bremerman'sche Limit praktisch unbekannt zu sein.

Bremerman[149] verwendet Erkenntnisse der Quantenphysik zur Lösung der Frage, wieviel Information ein aus Materie bestehendes System

---

[149] Vgl. Bremerman, H.J., Optimization through evolution and recombination, in: Yovits, M.C. et al. (Hrsg.), Self-organizing systems, Washington D.C. 1962, S. 93-106 sowie ders., Quantum noise and information - 5th Berkeley Symposium on Mathematical Statistics and Probability, Berkeley 1965.

verarbeiten kann, und kommt zu dem Ergebnis, dass die Kapazität eines beliebigen, aus Materie bestehenden Systems maximal $mc^2 : h$ bit/sec. beträgt, wobei m = Masse des Systems, c = Lichtgeschwindigkeit und h = Planck'sche Konstante.

Dies führt zu einer absoluten Grenze von $2 \cdot 10^{47}$ bits/g/sec. Diese Zahl mag sehr gross erscheinen, ist in Wahrheit aber klein, wenn wir es mit wirklich komplexen Systemen, mit einem hohen Mass an Interaktion, zu tun haben. Die Funktion k^n nimmt dann sehr schnell Werte an, die weit jenseits des Bremerman'schen Limits liegen: Beherrschung und Koordination einer Unternehmung mit 1'000 Mitarbeitern und voller Interaktion – d.h. Abhängigkeit des Verhaltens jedes Mitarbeiters vom Verhalten jedes anderen Mitarbeiters – würde im Minimum $2^{1'000}$ bit erfordern, wenn wir davon ausgehen, dass jeder Mitarbeiter nur zwei relevante Zustände aufweist, was sicher eine starke Vereinfachung darstellt. Da $2^{1'000} = 10^{300}$, liegen die erforderlichen Informationsmengen weit jenseits des Bremerman'schen Limits, so dass das Problem nicht lösbar wäre.[150]

Nun ist wohl in keiner Unternehmung völlige Interaktion in diesem Sinne gegeben, und somit entfaltet das System auch nicht seine volle Komplexität. Zweifellos gibt es aber sehr alltägliche Koordinationsprobleme, die erhebliche Anforderungen an die hierzu erforderlichen Informationsmengen stellen. Da dies, wie eingangs erwähnt, in der Betriebswirtschafts- und Managementlehre weitgehend unbekannt zu sein scheint, werden nach wie vor Methoden und Konzepte vorgeschlagen, die, obwohl mit dem Anspruch auf Rationalität entwickelt, keinerlei Rücksicht auf die erforderlichen informationellen bzw.

---

[150] Vgl. auch Ashby, W.R., Some Consequences of Bremerman's Limit for Information-processing Systems, in: Oestreicher, H. / Moore, D. (Hrsg.), Cybernetic Problems, 1968, S. 69-76.

kybernetischen Erkenntnisse nehmen und somit zwangsläufig scheitern müssen.

14.5 Konsequenzen für Management

Eine Reihe von typischen Aufgabenstellungen im Management sind Koordinationsprobleme, so etwa die Einsatzplanung eines Mitarbeiterstabes oder Montagetrupps, praktisch sämtliche Planungs- und Organisationsprobleme, Projektmanagement, Zielsetzungsprozesse usw.

Stellvertretend für diese Art von Problemen sei hier dasjenige der strategischen Planung herausgegriffen: In der Regel geht man bei der strategischen Planung davon aus, dass man sich das Gesichtsfeld durch möglichst wenig Einschränkungen verengen lassen sollte. In strategischen Zeithorizonten gibt es für die Unternehmung wenig wirkliche Fixierungen, und es sollen ja bewusst möglichst viele möglichen Zukünfte durchdacht werden. Ein strategischer Plan beruht ferner auf einer Anzahl n an Planungselementen, die es zu überlegen gilt, wie etwa Art und Anzahl von Produkten bzw. Produktgruppen, Operationsgebieten, Kundengruppen, Qualitäts- und Preiskategorien, Investitionen usw. Darüber hinaus wird heute in der Regel für jede strategische Geschäftseinheit eine eigenständige Planung gemacht, da sich die Grundstrategien und Bedingungen in den einzelnen Geschäftseinheiten erheblich unterscheiden. Da ein strategischer Plan für eine strategische Einheit somit aus einer bestimmten Kombination der n Elemente besteht, bedeutet Planung, dass eine Selektion aus 2^n erfolgen muss.

Nehmen wir nun an, eine Unternehmung produziere 7 Produktgruppen, die in 6 Ländern an 3 Kundengruppen in 3 Qualitäts- und Preiskategorien abgesetzt werden. Die Planung hat demnach 378 Elemente zu berücksichtigen, und der strategische Plan ist im Prinzip eine Selektion aus 2^{378} resp. ca. 10^{113} Möglichkeiten. Es liesse sich einwenden, dass gewisse Kombinationen von vornherein ausser Betracht gelassen werden können, die im Prinzip zwar denkbar sind, aber aus offenkundigen Gründen ausscheiden. Dies ist teilweise richtig und führt dazu, dass von Beginn weg nur eine Teilmenge aller Möglichkeiten in Betracht gezogen wird. Nichtsdestoweniger muss eine Selektion vorgenommen werden, und je ernsthafter die strategische Planung betrieben wird, umso weniger leicht fällt diese Ausscheidung.

Noch erheblich komplizierter wird die Situation, wenn man sich vor Augen führt, dass die hier erwähnte Division nur eine unter mehreren ist, was nicht nur eine intra-divisionale, sondern auch eine inter-divisionale Abstimmung erforderlich macht. Denn die Gesamtstrategie der Unternehmung ist eine Kombination aller möglichen divisionalen Strategien, die untereinander entweder unabhängig oder konsistent sein müssen und in jedem Fall um knappe Ressourcen konkurrieren.

Praktische Beobachtungen zeigen, dass viele Führungskräfte sich dieser Tatsachen häufig nicht bewusst sind und in völlig untauglicher Weise an das Problem der Planung und ihrer Organisation, Strukturierung und Koordination herangehen.

Ähnlich verhält es sich mit dem Konzept des "Management by Objectives." Auch hier erfordert die Koordination der Zielsetzungen über mehrere Unternehmungsstufen hinweg Informationsmengen, die, im Lichte des Bremerman'schen Limits betrachtet, oft jenseits des praktisch Realisierbaren liegen. In den meisten Fällen sind die involvierten Informationsmengen zumindest so gross, dass Fragen nach der konkreten Art und Weise der Gestaltung und Koordination dieser Prozesse von eminenter Bedeutung sind.

Das Ignorieren der hiermit verbundenen Probleme resp. die Missachtung der informationstheoretischen Gesetzmässigkeiten führt vorhersagbar entweder zu Ziel-Inkonsistenzen oder zur arbiträren Wahl einer vordergründig mehr oder weniger plausibel erscheinenden Zielkombination aus einer sehr grossen Menge von gleichermassen möglichen Kombinationen. Diese Art der Unternehmungsführung gleicht dann einer Fahrt durch ein weit verzweigtes Flussdelta, wobei man sich allerdings nicht bewusst ist, dass man sich in einem Delta befindet. Der tatsächlich eingeschlagene Weg erscheint dann oft als vernünftig, oder gar als einzig möglich, wird aber im Lichte einer Betrachtung des Gesamtsystems höchstens zufällig eine wirklich gute Alternative darstellen.

Neben den hier beispielhaft aufgezeigten, gibt es auf dem Gebiet des Managements eine grosse Zahl weiterer, strukturell analoger Problemstellungen. Die Anwendung des informationstheoretischen bzw. kybernetischen Ansatzes von Ashby hat erst zögernd begonnen.[151]

14.6 Schlussbemerkungen

Wie einleitend gesagt, ging es hier nicht um eine systematische Darstellung der Theorie der Informations-Transmission. Es konnten lediglich einige Resultate, vor allem aber der grundsätzliche Ansatz aufgezeigt werden:

Die Koordination von Systemkomponenten oder -variablen zur Sicherstellung bestimmter Systemzustände erfordert die Transmission von zumindest im Prinzip bestimmbaren Informationsmengen. Diese Transmission kann zwar auf verschiedene Weisen bewerkstelligt

---

[151] Vgl. Bhanos, A.P., Information Theory Analysis of Leadership and Human Group Behaviour, Ph.D. Thesis, University of Illinois 1972 oder Umpleby, S.A., Some Applications of Cybernetics to Social Systems, Ph.D. Thesis, University of Illinois 1975.

werden, die sich durch unterschiedliche Grade an Effizienz etc. unterscheiden mögen, aber immer die Voraussetzung der erforderlichen Mindestmenge zu erfüllen haben. Diese wiederum kann in praktischen, häufig vorkommenden Fällen so gross sein, dass sie jenseits des Bremerman'schen Limits, einer obersten Grenze physisch möglicher Informationsverarbeitung, liegt. Das fragliche Problem erweist sich, falls diese Voraussetzungen zutreffen, als unlösbar.

In Theorie und Praxis der Unternehmungsführung werden Problemstellungen oft in Unkenntnis dieser Zusammenhänge diskutiert. Eine intensivere Beschäftigung mit den Prinzipien der Informations-Transmission in ihren verschiedenartigen Manifestationen dürfte für das Verständnis der Natur von Management als einer der wichtigsten sozialen Koordinationsfunktionen von erheblicher Bedeutung sein. Angesichts der vielfach äusserst naiven Vorstellungen über Kommunikation, die in betriebswirtschaftlichen Lehrbüchern zu finden sind, liegen hier bedeutende Fortschrittspotentiale.

(1982)

Zitierte und ergänzende Literatur

Ashby, W.R., Measuring the Internal Informational Exchange in a System, in: Cybernetica, Vol. VIII, No. 1, 1965
- The Set Theory of Mechanism and Homeostasis, in: Stewart, D.J. (Hrsg.), Automation Theory, 1967
- Information Processing in Everyday Human Activity, in: io Science, Vol. 18, No. 3, 1968
- Some Consequences of Bremerman's Limit for Information-processing Systems, in: Oestreicher, H. / Moore, D. (Hrsg.), Cybernetic Problems, 1968
- Two Tables of Identities Governing Information Flows within Large Systems, in: ASC Communications, Vol. 1, No. 2, Juli 1969

- Information Flows within Coordinated Systems, in: Rose, J. (Hrsg.), Cybernetics, 1970
- Systems and Their Informational Measures, in: Klir, G. (Hrsg.), Trend, 1971
- Setting Goals in Cybernetic Systems, in: Cybernetics - Artificial Intelligence and Ecology, Proceedings of the Fourth Annual Symposium of the American Society for Cybernetics, 1972

Bhanos, A.P., Information Theory Analysis of Leadership and Human Group Behaviour, Ph.D. Thesis University of Illinois, 1972

Bremerman, H.J., Optimization through evolution and recombination, in: Yovits, M.C. et al. (Hrsg.), Self-organizing systems, Washington, D.C. 1962
- Quantum noise and information - 5th Berkeley Symposium on Mathematical Statistics and Probability, Berkeley 1965

Conant, R.C., Information Transfer in Complex Systems - with Applications to Regulation, Illinois 1968

Garner, W.R., Uncertainty and Structure as Psychological Concepts, New York 1962

McGill, W.J., Multivariate Information Transmission, in: Psychometrica, 19, 1954

Sommerhoff, G., Analytical Biology, London 1950

Umpleby, S.A., Some Applications of Cybernetics to Social Systems, Ph.D. Thesis University of Illinois, 1975

Literaturverzeichnis

Albert, H., Traktat über rationale Praxis, Tübingen 1978
- Traktat über kritische Vernunft, 4. Aufl., Tübingen 1980

Aldrup, D., Das Rationalitätsproblem in der politischen Ökonomie, Tübingen 1971

Ashby, W.R., Design for a Brain, London 1952
- Measuring the Internal Informational Exchange in a System, in: Cybernetica, Vol. VIII, No. 1, 1965
- The Set Theory of Mechanism and Homeostasis, in: Stewart, D.J. (Hrsg.), Automation Theory, 1967
- Information Processing in Everyday Human Activity, in: io Science, Vol. 18, No. 3, 1968
- Some Consequences of Bremerman's Limit for Information-processing Systems, in: Oestreicher, H. / Moore, D. (Hrsg.), Cybernetic Problems, 1968
- Two Tables of Identities Governing Information Flows within Large Systems, in: ASC Communications, Vol. 1, No. 2, Juli 1969
- An Introduction to Cybernetics, 5. Aufl., London 1970
- Information Flows within Coordinated Systems, in: Rose, J. (Hrsg.), Cybernetics, 1970
- Systems and Their Informational Measures, in: Klir, G. (Hrsg.), Trends, 1971
- Setting Goals in Cybernetic Systems, in: Cybernetics - Artificial Intelligance and Ecology, Proceedings of the Fourth Annual Symposium of the American Society for Cybernetics, 1972

Bartley, W., Rationality versus the Theory of Rationality, in: Bunge, M. (Hrsg.), The Critical Approach to Science and Philosophy, New York 1964

Bateson, G., Steps to an Ecology of Mind, New York 1972
- Mind and Nature, New York 1979
- Ökologie des Geistes, Frankfurt 1981

Beer, S., The irrelevance of automation, in: Cybernetica I, 1958
- On Viable Governors, in: Discovery 23, 1962
- Decision and Control - The Meaning of Operational Research and Management Cybernetics, London 1966
- Platform for Change, Chichester 1975
- The Heart of Enterprise, Chichester 1979
- Brain of the Firm, London 1972; 2. Aufl., Chichester 1981

Bhanos, A.P., Information Theory Analysis of Leadership and Human Group Behaviour, Ph.D. Thesis University of Illinois, 1972

Bircher, B., Langfristige Unternehmungsplanung, Bern/Stuttgart 1976

Brauchlin, E., Problemlösungs- und Entscheidungsmethodik, Bern/Stuttgart 1978

Bremerman, H.J., Optimization through evolution and recombination, in: Yovits, M.C. et al. (Hrsg.), Self-organizing systems, Washington D.C. 1962
- Quantum noise and information - 5th Berkeley Symposium on Mathematical Statistics and Probability, Berkeley 1965

Bunge, M. (Hrsg.), The Critical Approach to Science and Philosophy, New York 1964

Buzzell, R.D. / Gale, B.T., The PIMS Principles - Linking Strategy to Performance, New York 1987

Collingwood, R.G., The Idea of History, 1946

Conant, R.C., Information Transfer in Complex Systems - with Applications to Regulation, Illinois 1968

Conant, R.C. / Ashby, W.R., Every good regulator of a system must be a model of that system, in: Int. Journal of Systems Science 1, 1970

Darlington, C.D., The Evolution of Man and Society, London 1969

Dobzhansky, T. / Ayala, F. / Stebbins, G. / Valentine, J., Evolution, San Francisco 1977

Dörner, D., Die Logik des Misslingens, Reinbek 1989

Dörner, D. et al. (Hrsg.), Lohhausen - Vom Umgang mit Unbestimmtheit und Komplexität, Bern 1983

Drucker, P.F., Die ideale Führungskraft, Düsseldorf 1967
- Management: Tasks, Responsibilities, Practices, London 1974
- Technology, Management and Society, New York 1977
- The Changing World of the Executive, New York 1982

Eccles, J.C., Facing Reality, Berlin/Heidelberg/New York 1970
- The Human Psyche, Berlin/Heidelberg/New York 1980

Eigen, M. / Winkler, R., Das Spiel - Naturgesetze steuern den Zufall, München/Zürich 1975

Fischer, H.R., Management by bye?, in: Schmitz, Ch. / Gester, P.-W. / Heitger, B. (Hrsg.), Managerie - 1. Jahrbuch für Systemisches Denken und Handeln im Management, Heidelberg 1992

Foerster, H. von, Some Aspects in the Design of Biological Computers, in: Proceedings of the 2nd International Congress on Cybernetics, Namur 1958, Paris 1960
- Bionics Principles, in: Willamne, R.A. (Hrsg.), Bionics Lecture Series XX, Vol. 1, NATO Advisory Group for Aerospace Research and Development, Paris 1965
- Objects Tokens for (Eigen-)behaviours, in: ASC Cybernetics Forum. Vol. VIII, No. 3+4
- On Constructing a Reality, in: Preiser, W. (Hrsg.), Environmental Design Research II, Stroudsbourg 1973
- Sicht und Einsicht, Braunschweig/Wiesbaden 1980
- Das Konstruieren einer Wirklichkeit, in: Watzlawick, P. (Hrsg.), Die erfundene Wirklichkeit, München 1981

- Principles of Self-Organization - In a Socio-Managerial Context, in: Ulrich, H. / Probst, G.J.B. (Hrsg.), Self-Organization and Management of Social Systems - Insights, Premises, Doubts, and Questions, Berlin 1984

Friedman, Y., Machbare Utopien, Frankfurt 1977

Gälweiler, A., Unternehmensplanung - Grundlagen und Praxis, Frankfurt/New York, 1974
- Marketingplanung im System einer integrierten Unternehmensplanung, Neuwied 1979
- Unternehmenssicherung und strategische Planung, in: ZfbF Schmalenbachs Zeitschrift für betriebswirtschaftliche Forschung, Heft 6, 1976
- Die Gestaltung geschäftspolitischer Grundsätze, in: Haberland, G. (Hrsg.), Der Kaufmännische Geschäftsführer, 3. Aufl., München 1979
- Strategische Unternehmensführung, Frankfurt/New York 1987

Garner, W.R., Uncertainty and Structure as Psychological Concepts, New York 1962

Gomez, P., Die kybernetische Gestaltung des Operations Management, Bern 1978

Gomez, P. / Malik, F. / Oeller, K.H., System-Methodik, 2 Bände, Bern 1975

Haberland, G. (Hrsg.), Der Kaufmännische Geschäftsführer, 3. Aufl., München 1979

Hartmann, N., Der Aufbau der realen Welt, Berlin 1964

Hayek, F.A. von, Studies in Philosophy, Politics and Economics, Chicago 1967
- The Results of Human Action but not of Human Design, in: ders., Studies in Philosophy, Politics and Economics, Chicago 1967

- Rules, Perception and Intellegibility, in: ders., Studies in Philosophy, Politics and Economics, Chicago 1967
- Freiburger Studien, Tübingen 1969
- The Primacy of the Abstract, in: Koestler / Smythies (Hrsg.), Beyond Reductionism, London 1969
- Die Irrtümer des Konstruktivismus und die Grundlagen legitimer Kritik gesellschaftlicher Gebilde, München 1970
- Die Verfassung der Freiheit, Tübingen 1971
- Die Theorie komplexer Phänomene, Tübingen 1972
- Law, Legislation and Liberty, Vol. 1-3, London 1973-1979
- The Sensory Order - An Inquiry into the Foundations of Theoretical Psychology, London/Chicago 1976
- New Studies in Philosophy, Politics, Economics and the History of Ideas, London 1978
- The Fatal Conceit, London 1988

Heinsohn, G., Privateigentum, Patriarchat, Geldwirtschaft - Eine sozialtheoretische Rekonstruktion zur Antike, Frankfurt 1984

Huber, H. / Schatz, O. (Hrsg.), Glaube und Wissen, Wien/Freiburg/Basel 1980

Jantsch, E., Design for Evolution, New York 1975
- Die Selbstorganisation des Universums, München/Wien 1979

Klir, G. (Hrsg.), Trends, 1971

Kneschaurek, F., Der Schweizer Unternehmer in einer Welt im Umbruch, Bern 1980

Koestler / Smythies (Hrsg.), Beyond Reductionism, London 1969

Kohr, L., Das Ende der Grossen - Zurück zum menschlichen Mass, Wien 1986

Krieg, W., Kybernetische Grundlagen der Unternehmungsgestaltung, Bern 1971

- Entwicklung eines integrierten Führungsinstrumentariums - Synergie zwischen Theorie und Praxis, in: Malik, F. (Hrsg.), Praxis des Systemorientierten Managements, Bern/Stuttgart 1979

Lattmann, Ch., Die verhaltenswissenschaftlichen Grundlagen der Führung des Mitarbeiters, Bern/Stuttgart 1981

Lorenz, K., Die Rückseite des Spiegels, München 1973
- Das Wirkungsgefüge der Natur und das Schicksal des Menschen, München/Zürich 1978
- Die ethischen Auswirkungen des technomorphen Denkens, in: Huber, H. / Schatz, O. (Hrsg.), Glaube und Wissen, Wien/Freiburg/Basel 1980

Malik, F., Management-Systeme, in: Die Orientierung, Bern 1981
- Effizienzsteigerung durch optimale Arbeitsmethoden, in: Schweizer Ingenieur und Architekt, Heft 6/1987
- Strategie des Managements komplexer Systeme, 5. Aufl., Bern/Stuttgart/Wien 1996

Malik, F. / Fopp, L., Eignen sich Workshops für die Einführung einer Unternehmungspolitik im Mittelbetrieb?, in: Management-Zeitschrift io, 11/1980

Malik, F. / Stelter, D., Krisengefahren in der Weltwirtschaft, Zürich 1990

Marchetti, C., Society as a Learning System - Discovery, Invention, and Innovation Cycles Revisited, Laxenburg 1981
- On the Role of Science in the Post-Industrial Society - "Logos" - The Empire Builder, in: Technological Forecasting and Social Change, 1983
- On Transport in Europe - The Last 50 Years and the Next 20, Laxenburg 1986
- Fifty-Year Pulsation in Human Affairs, 1986
- Infrastructures for Movement, Laxenburg 1986

Maturana, H.R. / Varela, J.F., Autopoiesis and Cognition, Dordrecht 1980

Mayr, E., Animal Species and Evolution, Cambridge Mass. 1963

McCulloch, W., Embodiments of Mind, MIT Press 1965

McGill, W.J., Multivariate Information Transmission, in: Psychometrica, 19, 1954

Mensch, G., Das technologische Patt, Frankfurt 1975

Menzl, A., Die Gestaltung komplexer Unternehmungsorganisationen, Bern/Stuttgart 1977

Nakicenovic, N., Patterns of Change - Technological Substitution and Long Waves in the United States, Laxenburg 1985
- Transportation and Energy Systems in the United States, Laxenburg 1986

Nozick, R., Anarchy, State and Utopia, Oxford 1974

Oakshott, M., On Human Conduct, London 1975

Oestreicher, H. / Moore, D. (Hrsg.), Cybernetic Problems, 1968

Pask, G., Organic control and the cybernetic method, in: Cybernetica I, 1958
- Conversation, Cognition and Learning - A Cybernetic Theory and Methodology, 1974
- The Cybernetics of Human Learning and Performance, London 1975

Paturi, F., Geniale Ingenieure der Natur, Düsseldorf 1974

Piaget, J., Biologie und Erkenntnis, Frankfurt 1967
- Psychologie der Intelligenz, 5. Aufl., Olten 1972
- Die Entwicklung des Erkennens, Stuttgart 1972/1973
- Die Psychologie des Kindes, Olten/Freiburg i. Br. 1973

Polanyi, N., The Logic of Liberty, London 1951

Popper, K.R., Die offene Gesellschaft und ihre Feinde, 2 Bände, Bern 1958

- Logik der Forschung, 4. Aufl., Tübingen 1971
- Objective Knowledge, London 1972; deutsch: Objektive Erkenntnis - Ein evolutionärer Entwurf, Hamburg 1973

Popper, K.R. / Eccles, J.C., The Self and its Brain, Berlin/Heidelberg/New York 1977

Preiser, W. (Hrsg.), Environmental Design Research II, Stroudsbourg 1973

Probst, G., Kybernetische Gesetzeshypothesen als Basis für Gestaltungs- und Lenkungsregeln im Management, Bern 1981

Quinn, J.B., Strategic Change: Logical Incrementalism, in: Sloan Management Review, Fall 1978

Rawls, J., Eine Theorie der Gerechtigkeit, Frankfurt 1975

Rechenberg, J., Evolutionsstrategie - Optimierung technischer Systeme nach Prinzipien der biologischen Evolution, Stuttgart/Bad Cannstatt 1973

Riedl, R., Die Ordnung des Lebendigen - Systembedingungen der Evolution, Hamburg/Berlin 1975

- Die Strategie der Genesis, München/Zürich 1976
- Biologie der Erkenntnis, Berlin/Hamburg 1979

Röpke, J., Die Strategie der Innovation, Tübingen 1977

Rose, J. (Hrsg.), Cybernetics, 1970

Schmitz, Ch. / Gester, P.-W. / Heitger, B. (Hrsg.), Managerie - 1. Jahrbuch für Systemisches Denken und Handeln im Management, Heidelberg 1992

Schumacher, E.F., Die Rückkehr zum menschlichen Mass - Alternativen für Wirtschaft und Technik, Reinbek 1977

Sommerhoff, G., Analytical Biology, London 1950

Stewart, D.J. (Hrsg.), Automation Theory, 1967

Steinbruner, J., The Cybernetic Theory of Decision, Princeton 1974

Ulrich, H., Die Unternehmung als produktives soziales System, Bern 1968, 2. Aufl. 1971

- Unternehmungspolitik, Bern/Stuttgart 1978

Ulrich, H. / Krieg, W., Das St. Galler Management-Modell, 3. Aufl., Bern/Stuttgart 1974

Ulrich, H. / Sidler, F., Ein Management-Modell für die öffentliche Hand, Bern 1977

Ulrich, H. / Probst, G.J.B. (Hrsg.), Self-Organization and Management of Social Systems - Insights, Premises, Doubts, and Questions, Berlin 1984

Umpleby, S.A., Some Applications of Cybernetics to Social Systems, Ph.D. Thesis University of Illinois, 1975

Vester, F., Neuland des Denkens, Stuttgart 1980

Vollmer, G., Evolutionäre Erkenntnistheorie, Stuttgart 1975

Watzlawick, P. (Hrsg.), Die erfundene Wirklichkeit, München 1981

Willamne, R.A. (Hrsg.), Bionics Lecture Series XX, Vol. 1, NATO Advisory Group for Aerospace Research and Development, Paris 1965

Wilson, E.O., Sociobiology - The New Synthesis, 1975

Wynne-Edwards, V.C., Animal Dispersion in Relation to Social Behaviour, New York 1962

Yovits, M.C. et al. (Hrsg.), Washington, D.C. 1962

Stichwortverzeichnis

Akkommodation 108
Albert, H. 98
Aldrup, D. 273, 294
Alltagsbeobachtung 306
- erfahrung 340
- verständnis 93
Anmassung des Wissens 216
Anpassungsfähigkeit 86, 138, 147, 182, 187, 275, 305
- sprozess
   nicht planbarer 307
- zustand 138, 147
Ansatz
   evolutionärer 113, 115
   konstruktivistischer 111, 113, 114, 135
   konstruktivistisch-technomorpher 103
   systemischer 131, 141
   systemisch-evolutionärer 46, 103, 108, 111, 113, 114, 127, 145, 147
   systemorientierter 94
Anthropologie 178
Anwender-Problem
   lösungsinvariant formuliertes 58
Anwendungszusammenhang 94
A-Rationalität 273
Arbeitszufriedenheit 116
Ashby, W.R. 37, 38, 77, 87, 98, 340, 362, 368, 372, 374, 376, 377, 379, 382, 384, 386, 389, 390
Assimilation 108
Ausbildung 276
- von Führungskräften 81
- skonzepte 265

Automatenargument 196
Autonomisierung 217
Axiome des manageriellens Weltbildes 152
Ayala, F. 178, 207

Bartley, W. 273, 294
Basisinnovationen 61
Bateson, G. 131, 150, 178, 205, 207, 273, 294, 312, 314, 365, 372
Bedürfnisse 27
Beer, S. 35, 37, 75, 77, 87, 88, 98, 125, 150, 204, 206, 207, 227, 228, 239, 258, 267, 312, 313, 335, 365, 372
Befehlshierarchien 186
- struktur
   hierarchische 185
Begreifbarkeit 126
Beharrungstendenzen 258
- vermögen 320
Beherrschbarkeit 160
- von Systemen 147
Beitrag 354, 356
   produktiver 127
- an das Ganze 73
Belohnungsmechanismen 371
- repertoire 370
Beratung 289
Bestrafungsmechanismen 371
Betriebswirtschaftslehre 79, 80, 83, 160, 177, 196, 223, 316
   ökonomisierende 269
Bevölkerungsentwicklung 33

Bewusstsein 162
Bhanos, A.P. 389, 391
Biologie 35, 59, 88, 178, 229, 270
Bionik 204
Bircher, B. 280, 294
Brauchlin, E. 280, 294
Bremerman, H.J. 385, 391
Bremerman'sches Limit 385, 386, 388, 390
Bunge, M. 273, 294
Bürokratieerscheinungen 217
Business-Center 248
- -Schools 152
Buzzell, R.D. 55, 77

ceteris paribus-Klausel 82
Chaos-Management 49
Chaostheorie
   mathematisch-physikalische 109
Collingwood, R.G. 356, 362
Competence-Center 248
Computer 216
   - nutzung 313
Conant, R.C. 368, 372, 374, 382, 391
Constraint 384
Control 35, 39, 40, 147

Darlington, C.D. 171, 178, 207
Darwin, Ch. 166, 206
Definition des Geschäftes 58
Degeneration 172
Delegation 165
Denken
   evolutionäres 223, 225, 321
   Konstrukteurs- 321
   strategisches 58
   systemisches 42, 46, 225, 321

   technomorphes 154, 196, 223, 224, 321
Denkmuster 119
- weise
   technomorphe 197
Depression
   deflationäre 34
Descartes, R. 153
Dezentralisation 165, 328
Dezentralisierung 217
Dezisionismus
   willkürlicher 140
Die Rahmenkonzepte der Management- und Unternehmungs- entwicklung 243
Dienst nach Vorschrift 228
Diffusionsprozesse 59
Dimension
   ökologische 246
   politische 246
   soziale 246
   technologische 246
   wirtschaftliche 246
Dobzhansky, T. 178, 207
Dörner, D. 48, 77, 221
Drucker, P.F. 77, 83, 143, 150, 175, 202, 207, 354, 362
Dynamik 82

Eccles, J.C. 98
Effektivität 49, 71, 73
Effizienz 187
Eigen, M. 150, 161, 167, 173, 178, 188, 207, 283, 294, 312, 314, 335
Eigendynamik 42, 44, 192, 193, 202, 303, 319, 328
   inhärente 138
   selbstorganisierende 196

Eigene Lösungen 288
Einsatzbereitschaft 195
Elimination von Flexibilität 136
Eliten 50
Emotionen 218
entropic drift 75
Entropieformel 375, 377
Entscheidung 315, 319
   - sfindung 111, 116, 316, 329
   - sprozesse
      Steuerung von 308
   - stheorie 139, 315, 316
Entwicklung
   ganzheitliche 196
   soziokulturelle 180, 240
   - sfähigkeit 275
   - spfad 236
   - sprozesse 59, 236
Epistemologie
   empirische und experimentelle 89
   kybernetische 88
Erarbeitung der Ausgangslage 285
Erfahrungskurve 55, 246
Erfindungen 59
Erfolgspotentiale 144, 145
   gegenwärtige 54, 144
   zukünftige 57, 146
Erkenntnisapparate 89
   - prozess 88
   - theorie 86
      biologische 90
      evolutionäre 88, 90
Ertragspotentiale 238
Esoterik 46, 49
Evolution 35, 42, 164, 184, 188, 240, 305, 312, 363
   genetische 168
   geplante 258
   Gesetze der 181
   Mechanismen der 181
   natürliche 283

Prozess der soziokulturellen 110
   soziale 168
   soziokulturelle 168, 172, 176, 189
   Strategie der 168
   - sforschung 35
   - sprozess 175, 368
      kontrollierter 266
   - sprozesse 155, 256, 282
   - stheorie 84, 151, 179, 181, 270
      darwinistische 167
      Missverständnis der 218
      soziokulturelle 188
   - swissenschaften 227
Expertokratie 49
Ex-post-Rationalisierung 200
Extrapolation 54, 57

Face-to-Face-Group 116, 338, 344, 346
fallacy of misplaced generalization 44
Familienstammbaum 227
Feedback 370
Fehlentscheidungen
   Gefahr von systematischen 142
Feindbilder 200
Ferguson, A. 206
Finanz- und Rechnungswesen 139, 160
Finanzspielräume 31
Flexibilität 137, 146, 275, 305
Foerster, H. von 87, 88, 89, 98, 312, 314, 354, 362, 365, 372
Fopp, L. 265, 268
Forschung
   interdisziplinäre 221
Fortschritt
   technologischer 26, 28, 31
Friedman, Y. 124, 150, 339, 340, 362

Früherkennung 36
Führerpersönlichkeiten 71
Führung 120, 125
  operative 237
  strategische 237
  - durch Zielsetzung 116
  - shilfsmittel 253
  - sinstrumente 235, 239
  - skonzept 235, 266, 279, 281, 283, 288
  - smethoden 235, 239
  - smethodik 253
  - smodell 279, 281
    unternehmungsspezifisches 285
  - spraxis 196
  - sprobleme 198
  - srichtlinien 265
  - ssituation
    robuste 74
  - sstil 116
    - diskussion 107
  - ssysteme 252
  - sverfahren 253
  - sverhalten 253
    kooperatives 71
Führungskräfte 127, 194, 253
  Hauptaufgabe von 192
Funktionssicherheit 68
Futurität 315

Gale, B.T. 55, 77
Gälweiler, A. 52, 144, 146, 150, 239, 267
Ganzheiten 272
Garner, W.R. 377, 391
genetischer Code 368
Gesamtführungsprozess 253
Gesamtverschuldung 31
Geschäftseinheit
  strategische 387
Geschäftsfelder
  strategische 248
Geschwindigkeit des Wandels 152
Gesellschaft
  abstrakte 153, 346
  grosse 130
  offene 130, 341
Gesetz der erforderlichen Varietät 38
Gestalten und Lenken von Institutionen 103
Gestaltung 299
  - und Führung von Systemen 80
  - und Lenkung 201
    - von Gesamtsystemen 122
  - von Systemen 42
  - sprobleme 382
Gestaltungs- und Lenkungsprozesse 250, 298
Gewinn 145, 203, 237
  - maximierung 76
  - sdenken 142
Go-go-Phasen 48
Gomez, P. 98, 183, 208, 280, 294
Grösse des Systems 338
Grossgesellschaften 343
  - organisation 341
Gross-Systeme 337, 338, 341, 344, 345, 347
Group Think 48
Grübler, A. 231
Grundsätze von Führungskräften 72
Gruppengrösse 340

Hartmann, N. 155, 173
Hauptsätze der Thermodynamik 38
Hayek, F.A. von 75, 87, 96, 98, 105, 130, 150, 151, 152, 155, 157, 161, 163,

165, 166, 173, 175,
177, 188, 191, 197,
208, 211, 216, 217,
219, 224, 239, 268,
273, 295, 312, 314,
335, 341, 343, 344,
362, 365, 372
Hedonismusprinzip 71
Heuristik 312
Hobbes, T. 153
Hochrechnung 54, 57
Humanwissenschaften 37, 376
Hume, D. 206

Identifikation 71, 195, 203, 327
Illusion der Mach- und
        Beherrschbarkeit 154
Imitation 107
Immunisierungsstrategien 118
indirekte Steuerungsform 194
individuelle Freiheit 165
Informationserhebung 352
  - haushalt 36
  - reichhaltigkeit 134
  - ströme 353
  - theorie 376
  - -Transmission 373, 375, 382,
      389
  - verarbeitung 385
    - skapazität 365
    - sprobleme 188
Innovationen 59, 63
Innovationsbündelungen 30
  - rate 56
  - schübe 64
  - zyklen 62
Input-Output-Beziehungen 357
Instabilität 259
  - spotential 242

Institut für Betriebswirtschaft an der
        Hochschule St. Gallen
        85, 237, 243
Integration 56, 237, 373
Integrierte Management- und
        Unternehmens-
        entwicklung 337
Intelligenz
  künstliche 84
Interaktion 188, 384, 385
  regelgeleitete 212
  - skonstellation 361
  - smuster 131, 133
  - sspielraum 125
  - sweise 134
Internalisierung 107
Interpretationsabhängigkeit 352
  - fixierungen 312
Intuition 163
Invarianzen 301
Inventionszyklen 62
Investmentintensität 55
Involution 172
Irrationalität 273

Jantsch, E. 155, 173, 178, 208, 335
Johnsons Law 315

Katalysator 195
Katastrophenpotentiale 34
Kausalität 110, 227
Kelley, G. 90
Kleingruppenforschung 186
  - moral 218
Klein-Systeme 126, 337, 338
Klir, G. 374, 379, 391
Kneschaurek, F. 95, 98
Koehler, O. 166
kognitive Homöostase 354

kognitives Schema 353
Kohärenz 111, 164, 346
  systemische 298
Kohr, L. 340
Kommunikation 339
  - s- bzw. Wahrnehmungs-
    schwierigkeiten 305
  - sgemeinschaften 341
  - sgesetzmässigkeiten 340
Komplexität 34, 35, 37, 82, 87, 91,
    112, 129, 147, 148,
    165, 187, 226, 275,
    307, 308, 386
  Beherrschung von 103, 169
  Problem der 96
  - als empirisches Merkmal von
    soziotechnischen Systemen 103
  - eines jeden realen Systems 352
  - sbarriere 125
  - sbeherrschung 43, 88, 105, 108,
    363
  - smanagement 275
Konditionalität 385
Kondratieff-Zyklus 63
Konspirationsargumente 198, 200
Konstellation der Umstände 193
Konstruieren im Detail 45
Konstruktivismus 224
  technokratischer 151
  technomorpher 151, 152
Kontext 306
Kontrolle 115, 116, 217
  implizite 92
  intrinsische 92
Kontrollierbarkeit 34
Kontrollmöglichkeiten 125
  - systeme 139
Konversationsprozess 88
Konzept
  finanzwirtschaftliches 248
  leistungswirtschaftliches 248

soziales 248
Kooperationsfähigkeit 356
Koordination 110, 164, 237, 346,
    373, 377, 381, 385, 389
  Problem der 374
  räumliche 381
  zeitliche 381
  - durch Befehl und Weisung 185
  - sformen 184
  - smechanismen 342
Koordiniertheit 64
Korrektur 40
Kostenstrukturen 246
  - untergrenze
    langfristig günstigstenfalls
    erreichbare 55
Krieg, W. 183, 208, 243, 250, 268,
    280, 295
kritische Gruppe 124, 125, 340, 346
Kultur 106, 369
  - technokraten 70
Kundenproblem 238, 246
  - profil 56
Kybernetik 35, 36, 80, 84, 87, 89,
    91, 94, 178, 211, 270,
    300, 365, 368
kybernetische Mechanismen und
    Gesetzmässigkeiten
    312

Lagebeurteilung 48
Lattmann, Ch. 101, 150, 280, 295
Laufbahnplanung 276
Lebensfähigkeit 51, 76, 146, 187,
    203, 236, 250
Legitimation
  soziale 71
Leistung 49, 72
  - sorientierung 370
  - spotentiale 248

Leitfähigkeit 124
Lenkbarkeit 83
Lenkung 299
- sprobleme 90
Lernen 264
  organisationales 42
Lernfähigkeit 138, 275, 305
- inhalte 138
- mechanismen 312
- prozesse 59, 264
Linguistik 84, 156
Liquidität 52, 53, 145
Lorenz, K. 155, 168, 173, 178, 208, 335
Loyalität 195, 203, 327

Machbarkeit 160, 198, 217
- sglaube 218
Macher-Modell 194
Machtzusammenhänge 228
Magie 46
Malik, F. 43, 73, 98, 183, 191, 208, 219, 250, 255, 257, 265, 268, 280, 283, 294, 314, 362, 368, 372
Manageability 139
Management 45, 58, 72, 83, 95, 103, 111, 114, 115, 123, 126, 131, 135, 139, 142, 170, 179, 180, 190, 194, 202, 363, 367, 373, 387, 389
  Aufgabe von 37
  effektives 355
  effizientes 355
  evolutionäres 183
  kybernetisches 302
  modernes 152
  strategisches 160, 248
  systemorientiertes 182

technomorphes 43
  Verbesserung des 337
  Wirksamkeit von 221
- praxis 275
- prinzipien 355
- Standpunkt 102
Management by Objectives 265
Management komplexer Systeme 39, 375
Management Zentrum St. Gallen 237, 243, 263, 269, 337
Managementausbildung 169, 196, 337
Management-Entwicklung 269, 276, 277, 278, 279, 282, 283, 288, 291
- sprozesse 284
Managementkonzeption
  evolutionäre 176, 204
Managementkultur 238
  konstruktivistische 118
Managementlehre 79, 123, 151, 160, 165, 169, 179, 196, 215, 216, 223, 250, 273, 275, 316, 317
  moderne 152, 287
  systemorientierte 84, 85, 93, 94, 269, 271, 337
Managementtheorie 129, 179, 317
  konstruktivistische 142, 147
  systemische 88, 120, 121, 139
  systemisch-evolutionäre 138
Manager 67, 127, 152
- -Entwicklung 276
Mandeville, B. 206
Manipulationstechnik
  kommunikativ-soziale 201
Marchetti, C. 59, 62, 63, 64, 232, 233
Market-Center 248
Marktanteile 55

409

Marshall-Plan 27
  geistiger 48
Maschine 104
Matrix-Organisationen 69
Maturana, H.R. 98
Maximierung der Lebensfähigkeit 142
  - des Gewinnes 142
Mayr, E. 204, 208
McCulloch, W. 89
McGill, W.J. 376, 391
Mechanismen der Wahrnehmung
  und Kognition 312
Mensch, G. 59, 64, 77, 312, 314
Menschenführung 81, 120
menschlicher Schöpfungswille 212
Menzl, A. 280, 295
Metaebene 131, 132, 138, 146, 360
Metavariablen 146
Mikroelektronik 313
Mindestinformationsmenge 374
Missinterpretationen 305
Modell 368
  - lebensfähiger Systeme (VSM) 88
Moore, D. 386, 390
Motivation 195, 327
  Mitarbeiter- 116
Muster der Entwicklung 62
Mutation 166
  - und Selektion 189
Mystik 46

Nachfrage 28, 30
  ungesättigte 26
Nakicenovic, N. 59, 60, 77
Naturgesetze 38, 212
  - wissenschaften 197
Navigationssystem 52
Nebenwirkungen
  unbeabsichtigte 192

unvorhersehbare 185
Nettoneuverschuldung 30
Netzwerk 64, 67, 228
  - diagramme 66
  - gefüge 56
  - strukturen 66, 67
Neurokybernetik 270
Neurologie 270
New Age-Management 49
Newton's Gravitationsgesetz 38
Nichtlinearität 59
Nichtwissen
  unvermeidliches 109
Nische 204
Nozick, R. 177, 208

Oakshott, M. 178, 208
Objekt- und Metaebene 132, 134
Objektebene 131, 146, 360
Oeller, K.H. 98, 183, 208, 280, 294
Oestreicher, H. 386, 390
öffentliche Haushalte 31
Ökologie 32, 270
  der Emotionen 205
  des Geistes 205
  - und Evolution von Ideen 205
Ökonomie 129
ökonomische Perspektive 182
Ökosystem-Forschung 205
Open Society 344
operationelle Einheiten 252
Optimalität 135
Optimierung 138
  - technischer Systeme 169
Optimismus 48
Ordnung 105, 109, 367
  dynamische 373
  entstandene 176
  gemachte 176
  geplante 321

gestaltete 321
gewachsene 176, 321, 323
spontane 75
zweckrationale 107
- smuster sozialen Verhaltens 363
- des Handelns 189
Ordnungen
evolutionäre 158, 163
konstruktivistische 158
kulturell-zivilisatorische 211
künstliche 211
natürliche 211
soziale 364
taxische 217
- von Komplexität 365
ordnungsschaffende Kräfte 212
Ordnungsinstanz
zentrale 213
- komplexität 214
- muster
komplexe 183
Organigramme 66, 316, 353, 359
Organisation 252
informelle 68, 160, 186
- sklima 45
- sreglemente 228
- sentwicklung 186, 283, 337, 344, 352, 355
- lehre 160, 215, 216, 353
- prinzipien 325
- probleme 198
- struktur 66, 227, 253
- verständnis 353
Organisationen 217, 222
Organisierbarkeit 138
Organismus
lebender 105
Orientierung 52, 54, 110, 115
- sgrössen 51, 145
- shilfsmittel 244
- sleistung 109

Osteuropa 32

Palo-Alto-Gruppe 131
Paradigma 105, 148
konstruktivistisches 112
konstruktivistisch-technomorphes 131
paradigmatische Trugschlüsse 305
Partitionen 380
Pask, G. 87, 88, 99, 312, 314
Paturi, F. 204, 208
Personalentscheidungen 371
- wesen 101
persönliche Freiheit 213
Persönlichkeitstypen
kreative und innovative 71
Perspektive
konstruktivistische 134
ökonomische 81
systemische 307
Pessimismus 48
Philosophie 86, 89
technomorph-konstruktivistische 159
Piaget, J. 89, 108, 178, 209, 312, 314, 362
PIMS 55, 229
Planung 116, 217, 248, 316
- sliteratur 160
- ssysteme 139
- stheorien 216
Polanyi, N. 153, 173, 185, 209
Popper, K.R. 77, 86, 89, 90, 99, 130, 150, 153, 155, 159, 173, 178, 198, 209, 223, 341, 362
Potentialbeurteilung 276
Pragmatismus 216
Praxis 81, 95
Welt der 93
- bezug 94

- probleme 93
Prinzipien 70
Problem des Transfers 290
Problemlösungsmethodik 86, 90, 329
Probst, G. 184, 196, 209
Produktionsplanung und -steuerung 134
Produktivität 56
Prognosen 57, 140, 246, 303
Prognostizierbarkeit 140, 216
   der zukünftigen Entwicklung 34
Projektmanagement 253
Prophezeiung
   sich selbst erfüllende 347
Prozess
   evolutionärer 255
   inkrementaler 167
   selbstorganisierender 191
   - der Komplexitätsbewältigung 35
   - flussdiagramm 354, 357, 358
Pseudo-Erklärung sozialer Tatsachen 199
Psychologie 178, 270
   genetische 89

Qualifikation 276
   - ssysteme 265
Quinn, J.B. 170, 173, 283, 295

Rahmenbedingungen
   ökonomische 28
   - konzepte 243, 257
Rationalisierungspotentiale 137
Rationalismus 215, 367
   Cartesianischer 216
   naiver 151, 152, 215, 216
Rationalität 273, 345
   - svorstellungen

klassische 85
Rawls, J. 177, 209
Reaktionsflexibilität 137
Rechenberg, J. 169, 174, 204, 209, 255, 268, 283, 295
Rechts- und Staatswissenschaften 130
reduktionistische Annahme 82
Redundanz
   strukturelle 68
Reduplikation 166
Reformen in den Ostblockländern 31
Regeländerungen 328
   - mässigkeiten 108, 384
      - des Verhaltens 161, 189
   - systeme 165
Regeln 75, 107, 113, 130, 161, 170, 190, 212, 325, 364, 366
   abstrakte 343
   Satz von 368
   - und Regelsysteme 109
   - des Verhaltens 129, 184, 188
Regelungen
   generelle 130
Regelungs- und Koordinationsmechanismen 345
Regelungsmechanismen 240
   - technik 87
   - theorie 87
Regler 39, 382
Regulation 300
   - sprozesse 301
   - ssystem 369
Regulierung 41
   - von Systemen 38
   - smechanismen 342
Reither, F. 48, 222
Rekonstruktion
   abstrakte 125
Relationen

logische 360
relative Marktanteile 55, 246
relative Marktleistungsqualität 55
Reproduktion 166
Ressourcen 137
Resultate 72
Return on Investment (ROI) 55
Revolutionen
  industrielle 30
Rezession 34
Riedl, R. 88, 99, 155, 174, 178, 179,
       209, 221, 223, 226,
       255, 268, 335
Robustheit 76
Röpke, J. 178, 209, 283
Rose, J. 374, 378, 391
Rousseau, J.J. 153
rules of just conduct 343

Sanktionen 371
Sättigung 27
- sprozesse 59
Scheinkonjunktur 32
Scheinsicherheit des
       konstruktivistischen
       Paradigmas 145
Schmid, E. 283
Schuhmacher, E.F. 340
Schulung 290
Selbstbestimmung 165
  - entfaltung 195
    - smöglichkeiten 71
  - koordination 185, 291
Selbstorganisation 42, 56, 68, 71,
       75, 184, 186, 305, 309,
       366, 368, 370
- im Management 363
- stendenzen 70
- von Unternehmungen 315, 318
- skräfte 225

- s-Mythen 66
- sprozesse 64, 308, 312
Phänomen der 320
Selbstregulierung 39, 42, 305
- skräfte 225
Selbsttäuschung
  psychologische 200
Selbstverwirklichung
  Freisetzung von Potentialen durch
  71
Selektion 166
- sdruck 163
- sprozess 364
Sensitivity Training 49
Sich-hinein-Versetzen 356
Sidler, F. 183, 209
Signale
  indirekte 125
Simulationsexperimente 221
Sinneserfahrung 306
Sinnkategorien 239
S-Kurven 59, 62
Smith, A. 206
Soll-Ist-Abweichung 40
Sommerhoff, G. 377, 391
Sozialdarwinismus 110, 164, 189,
       215, 218
soziale Gerechtigkeit 215, 218
soziale Solidarität 215, 217
sozialer Basiskonsens 29
soziales Handeln 363
Sozialtheorie
  evolutionär orientierte 185
Sozialwissenschaften 160
Soziobiologie 178
Soziologie 270
Spezialisierung auf die Ganzheit
  298
Spezialist für Ganzheiten 297
spontane Ordnungen 105, 176, 211,
       214, 217

Sprachforschung 156
- strukturen 339
St. Galler Konzept der integrierten Management- und Unternehmungsentwicklung 235, 243, 245
St. Galler Management-Modell 236, 244
Stabilität 258
Stammesgemeinschaften 343
  kleine 218
Stammesgeschichtliche Instinkte 217
Stammesgesellschaft
  geschlossene 130, 197, 341
  primitive 153
Stammesgruppe 344
Stärken 74
Statushierarchie 228
Stebbins, G. 178, 207
Steinbruner, J. 283, 295
Stellenbesetzung 288
Steuerbarkeit 135, 198
Steuerung 53, 217
  - eines Systems 216
  - sebene 53, 54
  - sgrösse 51, 52, 54, 57
  - ssystem 57, 64
  - s- und Koordinationsprobleme 129
  - s- und Lenkungssystem 54
  - s- und Regelungsmechanismen 102
  - sfähigkeit 139, 141, 146
  - smechanismen 342
  - sorgan
    zentrales 367
Stewart, D.J. 377, 390
Strategie 36, 369
  evolutionäre 254

Strategien 248, 265
strategische Führung 51
  - Konzeption 248
  - Planung 387
Struktur 369
  lebensfähige 228
  - eines Systems 36, 39, 40, 131
  - änderungen 181
subjective re-enactment 356
Substitution
  technologische 58, 59, 146
  - sprozesse 59
Sündenbocktheorie 198
synchrone Entwicklung der Führungsstrukturen 277
Synchronisiertheit 64
System 83, 366, 384
  dynamisches 272
  evolutionäres 324
  Funktionieren eines 359
  lebensfähiges 332
  lernendes 59
  offenes 274
  polyzentrisches 187
  produktives 274
  selbstorganisierendes 317, 325, 330
  zentralistisches 365
  zweckorientiertes 370
Systemansatz 80, 270
  - denken 51, 58
  - diagramm 353, 354, 357
Systeme
  dynamische 81
  einfache 116
  evolutionäre 165
  evolvierende 194
  geistige 155
  kleine 116

komplexe 46, 49, 86, 117, 138, 221, 270, 275
konstruierte 217
konstruktivistische 165
kosmisch-evolutionäre 211
künstliche 211
lebendige 155
natürliche 211
selbständernde 176
- evolvierende 176
- koordinierende 185
- organisierende 170, 176, 185, 194, 212, 364
- regulierende 170
sich umstrukturierende 58
soziale 363
Selbstorganisation von 327
Systemhaftigkeit 182
System-Methodik 85, 91, 92
Systemtheorie 80, 89, 94
- typ 339, 341, 342
- wissenschaften 35, 36, 211, 298, 365
Szenario 62
- methodik 246
Szientismus 216

Technologien
moderne 151
neue 28
Technologieschub 30, 63
technomorphe Methode 45
Telekommunikation 216
Theorie autopoietischer Systeme 88
- der Gestaltung und Führung von sozialen Systemen 198
- des Managements sozialer Systeme 85
- des Wissens 86
- kognitiver Prozesse 90

- komplexer Systeme 87
- lernender Systeme 88
- sozialer Systeme 177
Theorietyp 118
konstruktivistischer 111
konstruktivistisch-technomorpher 104, 127
systemisch-evolutionärer 105
Topmanagement 126, 252
TOTE-Konzept 90
Transferprobleme 293
Transmission 384
- skapazität 382
- smenge 381
totale 377
Trendwende 95
tribal morals 343
Trugschlüsse 312
Turbulenzpotentiale 29

Überlebenskriterien 373
Überlegenheit der menschlichen Vernunft 198
Übermittlungsfähigkeit 339, 340
Überstabilität 258
Überzeugungen 70
Ulrich, H. 80, 81, 99, 183, 209, 240, 243, 247, 249, 250, 268, 269, 270, 280, 295, 306, 337, 362
Umbrüche
strukturelle 95
Umpleby, S.A. 389, 391
Umsatzzuwächse 203
Umwelt 243
relevante 81
- konzept 245, 247, 266
Unführbarkeit 229
universal justice 343

Unkontrollierbarkeit der
	Institutionen 299
Unternehmensberatung 337, 352
- steuerung 51
- strategien 229
- struktur 353
Unternehmung 82, 243
- als System 271
- sführung 79
- sorganisation 353
- s- und Managemententwicklung 237
- sanalyse 352, 358
- sbild 270
- sentwicklung 35, 352
- sführung 81, 169, 243, 328
	- slehre 84, 270
- skonzept 248, 266
- skultur 50, 69
- slehre 80, 84
- spolitik 248
- sstrategie 50
- sstruktur 50, 66
Unvollständigkeit des Wissens 352
Ursache-Wirkungs-Zusammenhänge 36
Utilitarismus 216

Valentine, J. 178, 207
Valenz 124, 339, 340
Varela, J.F. 98
Varietät 37
Verantwortlichkeit 371
- von Führungskräften 49
Verantwortung 76, 127
Verbote 108
vergleichende Verhaltensforschung 178
Verhalten 36
- von Systemen 59

- sforschung 270
- smuster 308
- sordnung 75
Verlaufsmuster des Wandels 59
vernetztes Denken 36, 41
Vernetzungen 52
Vernunft 162
	Herrschaft der 153
Verschuldung 30
	weltweite 27
Verschwörungstheorie 159, 223, 333, 346
Versuch und Irrtum 166
Versuch-Irrtums-Prinzip 168
- s-Strategie 204
Vertrauen 203
- sbasis
	gegenseitige 74
Verunsicherung 242
Vester, F. 205, 209, 312, 314
Vickers, G. 149
Vollmer, G. 178, 209
Voltaire 153, 154, 216
von Foerster, H. 178, 204, 208
Vorbild 107
Vorgehen
	systemisch-evolutionäres 44
- skonzept 244
Vorsorgedenken 305
- massnahmen 141
Vorsteuerungsgrösse 239

Wachstum 237
- sprozesse 59, 230
- srate des Marktes 56
Wahrnehmung 310
- s- und Kommunikationsprozesse 302
- sfilterungen 305, 312
Währungen 29

Wallace, A. 166
Watt'scher Fliehkraftregler 40
Watzlawick, P. 131, 227
Weltbild
  anthropozentrisches 153
Wertberichtigung der Forderungen 30
Werte 70
Werthaltungen 205
  - systeme 239
Whitehead, A.N. 297
Wiener, N. 178
Wilson, E.O. 178, 209
Winkler, R. 150, 161, 167, 173, 178, 188, 207, 283, 294, 312, 314, 335
Wirksamkeit 328
Wirtschafts- und Sozialwissenschaften 84
  - praxis 79
  - wissenschaften 37
Wissenschaft 95
Wissenschaftlichkeit
  Quantifizierung als Pseudo-Kriterium von 145
  - skriterien 96
Wissenschaftssdisziplinen 122

Wohlstandsniveau 214
Workshop 266, 290, 354
Wynne-Edwards, V.C. 204, 209

Yovits, M.C. 385, 391

Zeithorizont
  kurzfristiger 53
Zeitrhythmen 145
Zellteilungsprinzip 332
zentrale Dienste 253
Zentralinstanz 214
Zentrifugalkräfte 297
Ziele 184, 248
Zielrationalität 110
  - setzungen 191
  - setzungsverfahren 139
Zinseszinseffekt 31
Zivilisation 106
Zwecke 217
Zweckmässigkeit 367
zweckrationale Gestaltung 363
Zweckrationalität 105
Zweckvorstellungen 191, 211

Quellennachweise

1. *Turbulenzen – Die Komplexität des Wandels als Herausforderung annehmen*

    Vortrag anlässlich des Gabler Topmanagement Forums in Frankfurt vom 19./20.2.1992; erstmals publiziert in: Schuppert, D. et al. (Hrsg.), Langsamkeit entdecken, Turbulenzen meistern - Wie Sie sich für turbulente und dynamische Zeiten rüsten können, Wiesbaden 1992.

2. *Systemorientierte Managementlehre*

    Erstmals publiziert in: Bauer, L. / Matis, H. (Hrsg.), Evolution - Organisation - Management: Zur Entwicklung und Selbststeuerung komplexer Systeme, Berlin 1989 (gekürzte Fassung von Abschnitt 0.2 in: Malik, F., Strategie des Managements komplexer Systeme, 5. Aufl., Bern/Stuttgart/Wien 1996).

3. *Zwei Arten von Managementtheorien: Konstruktion und Evolution*

    Erstmals publiziert in: Siegwart, H. / Probst, G.J.B. (Hrsg.), Mitarbeiterführung und gesellschaftlicher Wandel - Festschrift zum 70. Geburtstag von Prof. Dr. Ch. Lattmann, Bern/Stuttgart 1983.

4. *Die Managementlehre im Lichte der modernen Evolutionstheorie*

    Antrittsvorlesung an der Hochschule St. Gallen; erstmals publiziert in: Die Unternehmung, Nr. 4/1979, S. 303-316.

5. *Evolutionäres Management: Ordnung und Regeln*

    Erstmals publiziert in: Die Unternehmung, Nr. 2/1981, S. 121-140.

    Dieser Artikel wurde ursprünglich unter dem Titel "Evolutionäres Management" als Publikation der Autoren F. Malik und G. Probst veröffentlicht. Er wurde aber zur Gänze von mir geschrieben. G. Probst hat damals freundlicherweise die Übersetzung ins Englische besorgt.

6. *Welches sind die Hemmnisse für spontane Ordnungen?*

   Erstmals publiziert in: Innovatio, Juli 1989.

7. *Evolution und Management*

   Vortrag anlässlich des Symposiums "Evolution und Management" der Österreichischen Investitionskredit AG, Wien vom 26.2.1987; erstmals publiziert in: Evolution und Management, Band 16 der Schriftenreihe der Österreichischen Investitionskredit AG, Wien 1987.

8. *Das St. Galler Konzept der integrierten Management- und Unternehmungsentwicklung*

   Erstmals publiziert in: Brauchlin, E. (Hrsg.), Konzepte und Methoden der Unternehmungsführung, Bern/Stuttgart 1981.

9. *Systemorientierte Management-Entwicklung*

   Erstmals publiziert in: Malik, F. (Hrsg.), Praxis des Systemorientierten Managements - Festschrift für Prof. Dr. Dr. h.c. H. Ulrich, Bern/Stuttgart 1981.

10. *Gestalten und Lenken von sozialen Systemen*

    Erstmals publiziert in: Probst, G.J.B. / Siegwart, H. (Hrsg.), Integriertes Management - Bausteine des Systemorientierten Managements, Festschrift zum 65. Geburtstag von Prof. Dr. Dr. h.c. mult. Hans Ulrich, Bern/Stuttgart 1985.

11. *Die Selbstorganisation der Unternehmung: Entscheiden im Kontext komplexer Systeme*

    Vortrag anlässlich der internationalen Tagung "Entscheidung auf neuen Wegen" vom 8./9.4.1981 im Gottlieb Duttweiler Institut, Rüschlikon; erstmals publiziert in: Entscheidung auf neuen Wegen, Rüschlikon 1981, S. 155-174.

12. Organisationsentwicklung im Spannungsfeld von Klein- und Gross-Systemen

    Erstmals publiziert in: Hinterhuber, H.H. / Laske, St. (Hrsg.), Zukunftsorientierte Unternehmenspolitik, Freiburg 1984.

13. Selbstorganisation im Management

    Erstmals publiziert in: Kratky, K.W. / Wallner, F. (Hrsg.), Grundprinzipien der Selbstorganisation, Darmstadt 1990.

14. Quantitative Prinzipien der Informations-Transmission und ihre Bedeutung für das Management komplexer Systeme

    Erstmals publiziert in: Pfeiffer, R. / Lindner, H. (Hrsg.), Systemtheorie und Kybernetik in Wirtschaft und Verwaltung - Beiträge zur Tagung der Gesellschaft für Wirtschafts- und Sozialkybernetik 1981, Berlin 1982.

Hauptthema Management

Fredmund Malik

Management-Perspektiven

Wirtschaft und Gesellschaft – Strategie –
Management und Ausbildung

3. Auflage 2001. 422 Seiten 20 Abbildungen, gebunden
€ 29.90 / CHF 48.–
ISBN 3-258-05898-9

Wirtschaft und Gesellschaft durchlaufen enorme Veränderungen. In wenigen Jahren wird kaum noch etwas so sein, wie es jetzt ist. Komplexität, Ungewissheit, Unprognostizierbarkeit und Turbulenzen sind Kennzeichen des grossen Transformationsprozesses. Management hat die Aufgabe, diesen zu steuern. Dieses Buch zeigt die wesentlichen Perspektiven auf und setzt Orientierungsmarken für den Massenberuf unserer Zeit: Management.

«Die Bücher eines Fredmund Malik überleben alle Modeströmungen und zeitgeistigen Managementtheoretiker.» *(Perspektiven/Selection)*

⋮ Haupt   **Verlag Paul Haupt** Bern · Stuttgart · Wien
verlag@haupt.ch · www.haupt.ch

Hauptthema Management

Fredmund Malik

Strategie des Managements komplexer Systeme

Ein Beitrag zur Management-Kybernetik evolutionärer Systeme

7., durchgesehene Auflage 2002. XXIV + 589 Seiten, 86 Abbildungen, 17 Tabellen, gebunden
€ 49.– / CHF 78.–
ISBN 3-258-06482-2

Wirtschaft und Gesellschaft befinden sich in einer Periode tiefgreifender Transformationen. Von der Umwälzung sind fast alle Aspekte unseres sozialen und wirtschaftlichen Lebens betroffen: was und wie wir administrieren und regieren, wie wir lernen, lehren, forschen und innovieren. Im Zuge dieser grossen Veränderung wird sich vor allem eines ändern müssen: unsere Art zu organisieren und zu führen. Die heutigen Organisationen und ihr Management sind Ergebnis von Denkweisen, Theorien und Erfahrungen der letzten hundert Jahre. Unsere Aufgabe ist es, Strukturen, Systeme und Managementformen für die nächsten hundert Jahre zu schaffen.

Für Fredmund Malik kann der Weg in die Zukunft nur über die systemisch-evolutionäre Denkweise und ihre Anwendung auf das Management führen. Denn Organisationen sind komplexe Systeme mit ihren eigenen Gesetzmässigkeiten und Verhaltensweisen, Systeme also, die ein ihrer Komplexität entsprechendes Management und eine adäquate Strategie fordern. Maliks Ansatz erlaubt ein entscheidend verbessertes Verständnis von Organisationen, ihrer Architektur und ihres Verhaltens und stellt damit eine echte Alternative zur im Management noch immer dominierenden technomorphen Denkweise dar. Jenseits einer blossen Theorie des neuen Managements der Komplexität liefert Malik aber auch Grundsätze und Methoden für den wirksamen Umgang mit komplexen Organisationen, wie sie gerade für den Praktiker – Unternehmer oder Manager – unverzichtbar sind.

«Das Werk vermittelt eine Vielzahl neuartiger Einsichten, die dem Denken im Managementbereich wichtige Impulse geben können.» *(Wirtschaftswoche)*

Haupt   **Verlag Paul Haupt** Bern · Stuttgart · Wien
verlag@haupt.ch · www.haupt.ch